永納山《えいのうさん》城南東部の尾根と復元された城壁

永納山城は，日本古代国家形成期に対外防衛の拠点として，西日本の要衝を守るために築かれたとされる古代山城の一つである．しかし，同時に古代山城は，いまだ謎の多い城でもある．

来島《くるしま》城空撮写真（愛媛県教育委員会提供）

海賊衆の中で最高の海賊とされた来島通康《みちやす》の居城であった来島城の周囲には棚状の岩礁が広がり260基近い岩礁ピットが確認されている．大潮の干潮時には歩いて島の岩礁を一周することができる．

松山城，連立式天守（南東から，松山市教育委員会提供）

賤ヶ岳の七本槍の一人加藤嘉明が築城した松山城は，姫路城・和歌山城と並んで三大連立式天守を持つ平山城で，麓の三の丸，中腹の二の丸と山頂の本丸を登り石垣で連結させた典型的な近世城郭である．

宇和島城天守（宇和島市教育委員会提供）

現存天守（重要文化財）は，藤堂高虎の創建（慶長6年〈1601〉）後，伊達家2代宗利《むねとし》が新築．慶長20年（1615）伊達政宗の長男秀《ひで》宗《むね》入城以来，伊達家9代の居城となる．

岡豊城《おこう》航空写真（高知県立歴史民俗資料館提供）

岡豊城は，南国市の北西部に所在し城跡の南側には国分川が東西に流れる．丘陵の北側麓には，長宗我部家歴代墓と瑞応寺《ずいおうじ》跡が所在している．東西１キロ，南北500メートルの丘陵全体に曲輪等が構築され，標高97メートルの頂部には主郭の詰が築かれるなど長宗我部氏の本拠としてふさわしい大規模な城郭である．

粟井城詰ノ段土塁外側の鉢巻石《はちまきいし》

高知県の山間部に構築された小規模な城郭であるが，主郭を取り巻く土塁には内側と外側に石積みがみられる．土佐の山城に多く認められ，土佐型石積みとも呼ばれている．

中村城復元石垣

中村城御城詰《おしろつめ》の曲輪で発掘調査された石垣を移転復元したものである．長宗我部氏が，中村支配の拠点とした城で文禄年間に構築した石垣と考えられる．

鶴ヶ城《つるがじょう》堀切（竪堀）

宿毛市芳奈に築かれた，鶴ヶ城の大規模な堀切である．長宗我部氏の重臣である細川宗桃《そうとう》が構築したものと考えられ，この城を拠点に伊予侵攻を行っている．

松田直則・日和佐宣正［編］

四国の名城を歩く

愛媛・高知編

吉川弘文館

刊行のことば

愛媛県と高知県は、四国山脈を背に瀬戸内海と太平洋に面しており、海や山の豊富な自然に恵まれている地域である。特に四国西南部では、歴史的にも瀬戸内海や太平洋ルートの流通経路を抑えることから、中世前期には有力公家が荘園を領有している。

伊予では、鎌倉時代に西国の御家人として厚遇された河野氏が室町時代には伊予国守護職を世襲するようになったが実効支配は東伊予（東予）の周布《すふ》郡から中伊予（中予）までにとどまり、戦国時代に湯築城を拠点に勢力を保持した。東予の宇摩《うま》郡・新居《にい》郡では細川家が守護職となり守護代による支配が行われ、芸予諸島では海賊衆の能島《のしま》・来島《くるしま》村上氏が勢威を誇り、西伊予（南予）では宇都宮氏や西園寺氏などの有力な武将が伊予の歴史を紡いでおり、多くの城郭が機能している。伊予国所在の城郭の大部分が、廃城の運命をたどるきっかけは、羽柴秀吉による四国平定の戦いであった。秀吉による四国平定を契機として、その城割策は強力に推進されて、多くの城が廃城となり、主要な少数の城に整理されるに至った。天正十三年（一五八五）以降は、小早川氏等の豊臣大名が据え置かれ、江戸期には伊予八藩が地域支配を行っている。

土佐では、細川京兆家が守護を務めたが在京したままで、一五世紀には細川家の一族が守護代を務め一六世紀初頭まで南国市の田村城館で守護領国制の支配を行っている。しかし、西部では鎌倉時代に九条家から一条家に譲渡された幡多《はた》荘があり、その支配まではおよばなかった。戦国時代に入ると、有力な国人が台頭し中央部では本山氏と長宗我部氏が永禄期に対峙し、長浜戸《ながはまと》の本《もと》合戦で長宗我部氏が土佐中央部を支配している。その後天正三年（一五七五）に、一条兼定を追放し土佐を統一している。長宗我部氏は、天正三年以降に隣接地域に侵攻をはじめ天正十三年には羽柴勢に降伏し土佐一国の領有を許された。豊臣傘下の大名として、岡豊城から浦戸城に移城するが土佐国内に築かれた城は拠点地域の城以外はその多くが廃城となる。関ヶ原合戦以降は、山内氏が入部し江戸期を通して土佐の統治を行っている。

愛媛県では、昭和五十九年（一九八四）度から三カ年間にかけて城館分布調査を実施しており、一二〇〇カ所にのぼる城館跡の基礎資料を得ている。その中の地域別城郭数を見ると、東予地域三七六カ所、中予地域二九七カ所、南予地域五六一カ所となっており、南予地域が際だって多いことが確認できる。高知県では、昭和五十八年（一九八三）に高知県教育委員会が城館分布調査を一年間で実施し報告書を刊行している。県の城郭分布調査が実施された影響は大きく、山城の多い市町村でも城郭調査が独自で実施され、より詳細な報告書が刊行されていることが高知県で特筆されるところである。西部の幡多・高岡地域で三九〇カ所、中部で一九五カ所、東部で一三一カ所となっており公家大名の一条氏の拠点である中村地域や、東進し支配下に入れた地域で城館分布が多いことがあげられる。両県の城郭分布調査は、昭和五十年代後半に行われ測量図が作成されているが、今回はその多くが編者によって新たに作成された縄張図を使用している。

高知県では、芳原城や中村城など大規模な山城調査が昭和五十八年頃から実施されており、中村城では織豊期の石垣や瓦が出土しており注目された。その後も、西部ではハナノシロ城や西本城、西山城、中央部では芳原城、木塚城、小浜城などが調査され土の城の様相が解明されている。愛媛県では、守護である河野氏の湯築城、東予では能島城、南予でも河後森城等が発掘調査されており、いずれも国史跡として整備されている。湯築城では、大手門に葺かれたと考えられる瓦類が出土しており高知県の中村城や岡豊城から出土した長宗我部系の瓦と同紋であるなど興味深い資料も存在する。

四国の名城を歩くシリーズは、徳島・香川編と愛媛・高知編の二分冊の刊行となるが、本書はその一冊として編んだものである。伊予と土佐の城館の中で六〇城を選んで掲載しており、各地域の戦国時代を語る上で重要な城を選んでいる。執筆者も各自治体で文化財を担当している方を中心にお願いしている。四国の中でも、多くの名城が存在しており、この地域の城を巡るには欠かせない一冊となることと思う。四国は遍路が有名であるが、本書を手にして両県の名城も巡っていただき、青い国四国の城を満喫していただければ幸いである。

令和六年七月

松田直則
日和佐宣正

目次

愛媛県の中近世城郭

日和佐宣正

【愛媛県の概況】　愛媛県は四国の北西部にあり、旧国の伊予《いよ》が該当する。東は讃岐（現香川県）と阿波（現徳島県）、南は土佐（現高知県）に接している。北は瀬戸内海を介して山陽道の備後・安芸（現広島県）、周防（現山口県東部）に面し、西は豊後水道《ぶんごすいどう》（豊予海峡）を介して、九州の豊前南部・豊後（現大分県）に接している。今治市から北に群集する島々からなる芸予諸島は瀬戸内海を東西に二分しており、芸予諸島の東西から見て島々が連なって見えるため、どの島の間を抜けて進めばよいか分からないような状況である。そのため、芸予諸島を含む伊予は古代以来大陸と近畿地方をむすぶ大動脈であった瀬戸内海の交通の要衝であった。

また、生産力の面においても、伊予国は江戸時代初期で約四〇万石の生産高があり、四国の他の三国を圧倒しており、陸の面でも大国であった。平安時代半ばから播磨と並んで伊予は受領《ずりよう》補任《ぶにん》人気の高かった国で、国内有数の国力を有することもあって、摂関家や天皇家に近しい者が伊予守に補任されている。

このような地政学的要因から、天正十五年（一五八七）豊臣秀吉が伊予に入部する子飼いの武将福島正則に対して「九州中国之かなめ所ニ候間」と激励しており、伊予は中央政権からみて西日本における要衝の国であった。

地勢では県中央北部の高縄《たかなわ》半島の東に道前平野（西条平野・周桑《しゅうそう》平野）等の県東部（東予地方）や、高縄半島の南西に道後平野（松山平野）がありその南は山間地である（中予地方）。県南西部（南予地方）はリアス式海岸地形で海沿いにわずかな平地があるが、内陸部にいくつかの盆地が形成されていて総じて山勝ちである。そのため、平地城郭は伊予国守護河野家の居城として知られる松山平野にある**湯築城**《ゆづき》（松山市）など数例が知られるのみで、県内の城郭のほとんどが山城である。その一方、高縄半島から北に島々が連なる芸予諸島およびその陸地部には戦国期から江戸時代初期に船で出入りする海城《うみじろ》が発達していたのは大きな特徴である。

【室町期までの城館】　伊予国は瀬戸内海に面しており、主要航路である山陽道沿いからは離れているものの、白村江《はくすきのえ》の戦い（六六三年）の後に西日本各地に古代山城が築かれた際に瀬戸内海南岸の古代山城の一つとして築城されたのが、西条市・今治市境の丘陵に占地する**永納山城**《えいのうさん》（西条市・今治市）である。

古代日本の律令化が進む中、大宝律令の制定で（七〇一年）、伊予国は伊余《いよ》、怒麻《ぬま》、久味《くみ》、小市《おち》、風速《かざはや》の五国造があったと伝えられていた体制から（『国造本紀』）、東より宇摩《うま》、新居《にい》（最初神野《かみの》）、周敷《すふ》、桑村《くわむら》、越智《おち》、野間《のま》（濃満）、風早《かざはや》、和気《わけ》、温泉《ゆ》、久米《くめ》、浮穴《うけな》、伊予、喜多《きた》（貞観八年〈八六六〉に宇和郡から分離）、宇和《うわ》の一四郡がおかれ（『倭名類聚抄』）、越智郡に国府が置かれた。

平安時代中期には承平天慶《しょうへいてんぎょう》の乱として知られる藤原純友の乱があり、日振島《ひぶりじま》の**城ヶ森城**《じょうがもり》（宇和島市）は純友築城の伝承があるもののその遺構は戦国期のものである。

平安時代末期の治承寿永の内乱（源平合戦）では、風早郡の土豪河野通清《こうのみちきよ》が平氏に反して挙兵したが平氏方の備後国額入道西寂《ぬかにゅうどうさいじゃく》に攻められ**高縄城**《たかなわ》（松山市）に籠もって戦ったが、破れて敗死している。なお、高縄城の遺構も確認されていない。

鎌倉幕府の滅亡時や建武の新政期には、**府中城**（今治市）や**赤瀧城**《あかたき》（西条市）、**立烏帽子城**《たてえぼし》（西条市または松山市）での合戦が史料にあるが、いずれも城郭遺構は確認できていない。

【室町期の城館】 南北朝の内乱期には、西条市・今治市境の丘陵にあった**世田山城**《せたさん》（西条市・今治市）等が戦乱の舞台となった。興国三年（康平元年、一三四二）に阿波に勢力を張った武家方（北朝）の伊予国守護細川頼春《よりはる》が伊予に攻め入ったため、宮方（南朝）の伊予国守護大舘氏明《おおだてうじあき》は、今治平野にあった伊予国府を護る東側の防衛線である丘陵にある世田山城に籠もって戦ったが、敗死した。その後は河野通盛が武家方で勢力を伸ばしたが、細川頼春の息細川頼之《よりゆき》が貞治二年（南朝正平十九年、一三六四）にふたたび伊予に攻め入り、世田山城に籠って戦った伊予国守護河野通朝《みちとも》を敗死させている。

なお、細川頼之は四国各国の守護を兼帯し応永四年（建徳二年、一三七一）の史料では「四国管領《しこくかんれい》」と呼ばれている。通朝の後を継いだ河野通尭《みちたか》は九州に逃れて征西府懐良親王に降り、勢力を整えた後に伊予に戻って宮方を糾合して伊予を回復した。その後通尭は北朝に転じたが、ふたたび細川頼之が康暦元年（天授五年、一三七九）に攻めてきたので、通尭は先例である世田山城での籠城が不利と考えたのか世田山城の南約六キロの佐志久原《さしくがはら》（西条市）に陣を張って細川勢を迎え撃ったものの、敗死している。しかし、室町幕府の斡旋により細川頼之と通尭息の河野通義《みちよし》が、東の宇摩郡・新居郡の守護職を細川氏（実質的には細川本家の京兆家ではなくその庶流が守護）に、残りの各郡伊予国守護職を河野氏とすることで和睦し、以後河野氏は伊予国守護の地位をほぼ世襲することとなった。

その後、通尭の後継通義が若くして死したことが原因で河野氏は**湯築城**に拠る本宗家・対州家と**港山城**

（松山市）に拠る予州家に分かれて対立し、応仁の乱の時期には本宗家の河野通教《みちのり》（通直）と予州家の河野通春《みちはる》が激しく争ったが、徐々に本宗家の優位が確定した。

【戦国期の城館】　戦国期の河野氏は伊予国の中央部と東予西部を支配するに止まり、東部の宇摩郡・新居郡は守護細川氏の守護代である石川氏が在国し、**高峠《たかとうげ》城**（西条市）に拠っていた。また、南予地方の喜多郡には喜多郡地頭職の宇都宮氏（下野国宇都宮氏の庶流）が**地蔵ヶ嶽《ちぞうがたけ》城**（後の**大津《おおつ》城**・**大洲《おおず》城**、大洲市）に拠っていた。その南の宇和郡には知行国主西園寺氏が宇和荘地頭を兼帯してその庶流が下向して在国し、**松葉《まつば》城**（後に**黒瀬《くろせ》城**に移る。いずれも西予市）に拠っていた伊予西園寺氏が宇和郡の在地土豪の盟主的存在となっていた。

　この時代、伊予国内では各地の小領主が独自の城を築き、愛媛県教育委員会の調査（一九八七年）では一二三四の城館が存在したと報告されている（そのうち、遺構が確認できたものは七六六であった）。そのほとんどは、主郭のほかいくつかの郭を持つ程度の小規模なもので複雑な縄張の城館は少なかった。複雑な縄張の城館の少なさは、伊予国内では戦国期に小規模な争いはあったものの、戦国最末期の南予地方での合戦や羽柴秀吉による四国攻め以外大規模な戦乱がなかったことが反映しているものと思われる。

　戦国時代後期になると守護河野氏の支配がおよぶ中予地方や、中央政権と関係の深い細川氏が守護であった宇摩郡や新居郡と違い、南予地方は宇都宮氏や西園寺氏の権力関係が曖昧であったためか周辺の豊後大友氏や土佐一条氏（後には長宗我部氏）から侵略を受けることがたびたびあった。そのため、戦国時代に近い慶安年間（一六四八〜一六五二年）の石高をもとに石高当たりの城館数を比較すると、南予地方では東予地方・中予地方と比較して倍近い城館が築かれていたことが分かっている。また、同じ階層程度の国人領主の城館を比較しても、南予地方のものが圧倒的に大規模で、籠城時は東予地方や中予地方では武士やその被官層までの籠城が想定されていたのに対して、南予地方では武士階級のみならず領民も城に籠もることが想定されていたものと考えられている。戦乱にともなう乱取りや苅田狼藉に備え、いわゆる「村の城」が存在していたと考えられている。

戦国末期になると河野氏は喜多郡の支配を目指して兵を進め、永禄十一年（一五六八）には安芸毛利氏の支援を受けて地蔵ヶ嶽城の宇都宮豊綱《とよつな》を攻めたため、宇都宮氏は土佐一条氏に来援を求めた。一条氏は当主兼定《かねさだ》自ら出陣し、高島（大洲市梅川）の戦いで勝利したものの、背後を襲われる可能性を排除するため喜多郡と宇和郡との境**鳥坂《とさか》城**（西予市）付近に攻め寄せ、河野氏・毛利氏の連合軍と戦ったが敗退した（鳥坂合戦）。その結果、破れた宇都宮氏は地蔵ヶ嶽城に籠もり続けたものの、大規模な毛利氏の増援によって城から退去させられた。しかし、毛利氏が九州方面の状況から兵を退いたため、宇都宮氏の勢力は喜多郡内に残ることとなった。一方、鳥坂合戦の敗北により一条氏は勢力を失い、替わって長宗我部元親が台頭すると、南予地方はふたたび土佐勢の侵攻を受けることとなり、天正九年（一五八一）には侵攻した土佐勢に対して、**大森《おおもり》城**主（宇和島市）土居清良《きよよし》が**岡本城**をめぐる戦いで長宗我部氏重臣の久武《ひさたけ》親信を討ち取っている（岡本合戦）。この武勲に守護河野通直が感状《かんじょう》を発給しているように、この時期には宇和郡に対しても河野氏が守護家の権限を及ぼす状況が生じていた。

天正十一年（一五八三）から河野氏は喜多郡の平定戦を本格化し、天正十二年七月には通直が安芸の福《ふく》成《じょう》寺（広島県東広島市）に赴いて毛利元就と会談し、加勢を要請して承諾されている。その一方、長宗我部元親は同年十月には黒瀬城の西園寺氏を降して南予地方を北上していた。

【近世の城館】 天正十三年（一五八五）になると羽柴秀吉と四国の大部分を征圧していた長宗我部元親との国分《くにわけ》交渉が行われ、土佐一国に加え伊予国内の長宗我部氏の実効支配地は長宗我部氏のもの（「只今長曽我部かたへ進退候分」）となるような条件提示があったため、長宗我部氏は南予侵攻を本格化させ、喜多郡北部の横松（大洲市白滝）周辺が来援した毛利氏との最前線となっていた。しかし、毛利氏の強い要請によって伊予は毛利氏の領国とすることになったために国分交渉は決裂し、秀吉による四国出兵が行われた。伊予国は毛利勢の攻撃を受け、長宗我部元親に誼《よしみ》を通じていた金子元宅《かねこもといえ》（**金子城**主、新居浜市）らが**高尾《たかお》城**（西条市）等で激しい抵抗を試みたものの、短期に制圧され、伊予全域はほどなく秀吉の支配下にはいった。

秀吉の命で蜂須賀正勝や黒田孝高のよる城地の受け取りや城割の後、伊予一国は小早川隆景・安国寺恵《え》瓊《けい》、**鹿島《かしま》城**（松山市）の来島通総《みちふさ》、**恵良《えら》山城**（松山市）の得居通幸《とくいみちゆき》（来島通総庶兄）に与えられた。小早川隆景は湯築城にかわる新城の築城を行っていたが、豊臣秀吉の九州攻めの後に筑前名島《なじま》に移され、替わって東予地方と蔵入地を預かる福島正則が湯築城に入り、後に**国分山《こくぶさん》城**（今治市）に移った。南予地方と蔵入地を預かる戸田勝隆は大津城（後の大洲城）に入った。

福島正則が尾張清洲城二四万石に移封の後には池田秀雄《ひでかつ》が国分山城に入ったが、秀雄が慶長の役に安骨《アンゴル》浦《ポ》で客死したため、小川祐忠《すけただ》が入りその後関ヶ原合戦に至る。南予地方の戸田勝隆は文禄の役に際して朝鮮で病没し、替わって藤堂高虎が入封し**板島《いたじま》城**（**宇和島《うわじま》城**）（宇和島市）を本城とし、蔵入地の大津（後の加藤氏の時代に大洲と改められた）城を支城とした。文禄四年（一五九五）には、中予地方の蔵入地管理もかねて**松前《まさき》城**（伊予郡松前町）に加藤嘉明が入っている。

その後、関ヶ原合戦（一六〇〇年）の後、伊予は松前城（後に**松山城**《まつやま》に移る）の加藤嘉明、**宇和島城**の藤堂高虎がそれぞれ約二〇万石の城主となった。慶長十三年（一六〇八）春には藤堂高虎が居城を**今治城**《いまばり》（今治市）に移そうとしたが、同年八月には今治城周辺の越智郡二万石を飛び地として伊賀一国・伊勢二郡に転封になり、今治城には養子の藤堂高吉が残った。その他の藤堂氏旧領には富田信高が宇和島城へ入れ替わって入封した。その後も領主の変遷をへて、元和の一国一城令で伊予国内各地の支城が破城され、伊予は八藩（四城・四陣屋）と天領で構成されることとなる。

松山城の松山藩は、加藤嘉明が奥州会津に転封になった後、蒲生氏が領主となったが嗣子《しし》なく断絶の後に、寛永十二年（一六三五）に伊勢国桑名から松平定行が入って明治維新まで続いた。今治城の今治藩は藤堂高吉が寛永十二年に伊勢国に移封後（後伊賀名張に移される）、伊勢国長島から松平定房（松平定行実弟）が入って明治維新まで続く。

宇和島城の宇和島藩には、大坂冬の陣の功績により伊達政宗に与えられた宇和島一〇万石を庶子の秀宗が別家をたてて宇和島伊達家を成立させ、明治維新まで続いた。伊達領一〇万石から秀宗五男宗純が三万石を分知されて吉田藩を成立させ、**吉田陣屋**（宇和島市吉田町）が築かれた。

大洲城の大洲藩は、慶長十三年に淡路国洲本より脇坂安治が入り、元和三年（一六一七）に伯耆国米子より加藤貞泰が入って加藤氏が明治維新まで続いた。貞泰次男の直泰が大洲領のうち一万石を分知されて新谷藩を成立させ**新谷陣屋**（大洲市新谷）が築かれた。

東予地方では、寛永十三年（一六三六）に宇摩郡・新居郡・周敷郡および播磨加東郡六万八〇〇〇石の領主として一柳直盛《ひとつやなぎなおもり》が封ぜられたが、入部の途次大坂にて没したため、遺領は長子直重の西条藩三万石、次子直家の川之江藩二万三〇〇〇石（他に加東郡五〇〇〇石）、三男直頼の小松藩一万石に分割され、それぞれ陣屋が築かれた。西条藩は直重期に**西条陣屋**《さいじょうじんや》（西条市明屋敷）を整備して藩庁とした。直重の後に子の直興が怠慢等のため改易になり、寛文十年（一六七〇）に紀州徳川頼宣の三男松平頼純が入封し明治維新まで続いた。川之江藩は直家没後、末期養子のために幕府により没収され消滅した（播磨加東郡一万石は養子直次によって小野藩として存続）。一柳氏として唯一直頼の小松藩は明治初年まで存続し、**小松陣屋**（西条市新屋敷）を藩庁とした。

　このように中央政権中枢から離れた地方の一国である伊予が、室町時代には河野氏・細川氏・宇都宮氏・西園寺氏と分割され、江戸時代には八藩と天領に分割統治されることとなったのは、既述のような伊予国の地政学優位性によるものであろう。つまり、伊予国が一つの権力ないしは二つや三つの権力で統治された場合、周辺国に対する影響力が中央政権の西国統治を揺るがしかねないと怖れられていたものと考えられる。

　なお、明治六年（一八七三）の廃城令（全国城郭存廃ノ処分並兵営地等撰定方）により、宇和島は存城となり、西条、小松、松山、新谷、大洲、吉田の城郭・陣屋は廃城となった（そのため、宇和島城の史跡指定名称は「宇和島城」）。今治城は明治二年（一八六九）に主要建物が大破したため、今治藩が廃城とし、残った建物も払い下げられていたため、廃城令の存廃の対象とされていなかった。今日では、宇和島城と松山城は現存十二天守に数えられ、現存十二天守が二城もあるのは愛媛県のみである。

【参考文献】愛媛県教育委員会『愛媛県中世城館跡分布調査報告書』（一九八七）、愛媛県史編さん委員会『愛媛県

史　古代Ⅱ・中世』（愛媛県、一九八四）・『愛媛県史　近世上』（愛媛県、一九八四）、川岡勉『中世の地域権力と西国社会』（清文堂出版、二〇〇六）、山内譲『伊予の中世を生きた人々―鎌倉～南北朝時代―』（愛媛文化双書刊行会、二〇二一）、山内譲『伊予の中世を生きた人々２―室町時代―』（二〇二三）

高知県の中近世城郭

松田直則

【土佐の戦国時代】 土佐の戦国時代の始まりは、一五世紀代に吾川・土佐・長岡・香美・安芸郡を中心に、守護領国体制で支配をしていた守護代の細川氏が土佐をさり京都に帰京した頃からである。細川氏が拠点とした守護代所は、南国市に所在する**田村城館**《たむらじょうかん》で主郭や外堀、内堀の発掘調査が実施され成果が上がっている。この時期の守護代所周辺は、平城が多く構築されており山城は数少ない。細川守護代は、西は仁淀《によど》川流域までしか守護領国化を進めていくことができなかったようで、有力国人たちの割拠状態にあった高岡郡は統治に悩まされたり、一条家の荘園であった幡多《はた》郡には支配権がおよばなかったのが土佐の特徴である。頼益流細川氏は、土佐守護代を世襲した一五世紀半ばから後半にかけて最盛期を迎えることが、城館主郭の出土遺物から見てもわかる。

その後、永正四年（一五〇七）に細川政元が暗殺され細川氏の分裂や抗争が始まり、土佐守護代最後の当主である政益は土佐と京都を往復していた。政益が、いつまで守護代所で政務をとったのか不明である。田村城館の外堀で大永年間（一五二一〜一五二八）の御札が出土したことで、田村城館の外堀がこの時期までは機能していたと考えられることから、考古学的に推察すれば大永から享禄年間までは存続し守護代所としての機能が残存していた可能性が考えられる。

一六世紀初頭の頃細川氏の影響が薄れてくると有力国人の台頭が始まり、土佐における戦国時代の突入となる。軍記物では、一条氏は別格として当時の有力国人や諸豪族たちについて記載されており、本山《もとやま》（**本山城**）・安芸（**安芸城**《あき》）・大平（蓮池城《はすいけ》）・山田（楠目城《くすめ》）・香宗我部（香宗城《こうそ》）・津野（**姫野々城**《ひめのの》）・吉良（吉良城）・長宗我部（**岡豊城**《おこう》）が挙げられている。多くの豪族名が見られ、それぞれ居館を構え各地域を支配していくが、自己の判断で同盟や離反を繰り返し戦国の乱世が始まることになる。応仁・文明の乱の戦禍が広がると、前関白である一条教房は京都を離れ幡多郡に下向している。この時蓮池城を拠点に勢力を持っていた大平氏の大船で幡多に向かっている。

また、応仁の乱後、守護代細川氏の力が緩んでくる頃になると、諸豪族や有力国人たちが多くの山城を各地域で構築し始める。また、有力国人が各地域の諸豪族を傘下にいれ、土佐の群雄割拠が始まりその後長宗我部氏が土佐を統一していくことになる。

【岡豊城の落城】　戦国時代に入り、土佐での大きな出来事として永正年間の合戦がある。長宗我部に対して、本山城主の本山氏、吉良城主の吉良氏、蓮池城主の大平氏、山田楠目城主の山田氏らの連合軍が攻撃を加えたことである。長宗我部氏の居城である岡豊城が落城し、当主の長宗我部兼序（元秀）は戦死し、その子国親は一条氏のもとに逃れ一〇年にわたり養育された説がある。この岡豊城の落城時期であるが、通説では軍記物の『土佐物語』などの記述で永正六年（一五〇九）頃とされていたが、最近の研究では相国寺の禅僧仁如集堯《しょうぎょう》の詩集『鏤氷集《るひょうしゅう》』に収録された国親の年齢から誕生が一〇年近く下ることから、国親が六歳の時に落城したとすると、大永元年（一五二一）頃の落城と考えられている。

岡豊城の発掘調査で詰《つめ》の曲輪から炭化物を多く含む層が検出されていることから、主郭の建物跡も焼かれたことなどが推定できる。その後国親は岡豊に帰城して、長宗我部氏の再興に乗り出している。香宗我部氏や本山氏を懐柔し周辺諸豪族を傘下にしていった。天文十六年（一五四七）の頃になると、大津城の天竺《てんじく》氏や介良《けら》の横山氏、十市《といち》の細川氏や池氏らを帰服させている。さらに天文十八年（一五四九）には、山田基通を打倒し楠目城を奪取しさらに香宗我部家の養子として三男の親泰を送りこんでいた東部の長岡郡から香美郡の一部を制圧している。

その後国親の晩年には、本山氏と対峙し永禄三年（一五六〇）には元親の初陣となった長浜戸の本の合戦で本山氏を退けた。その時に本山氏が占拠していた**浦戸城**《うらど》や筆山の潮江城を支配下に入れている。両城跡から連続竪堀群《たてぼり》が確認されており、長宗我部氏が最新の構築技術を取り入れて改修していることがわかる。元親は、重臣である十市宗桃に**神田南城**《こうだみなみ》を構築させ、本山氏の拠点である**朝倉城**《あさくら》攻めを行っている。永禄六年（一五六三）に本山氏が土佐中央部支配の拠点とした朝倉城を占領し、十市宗桃は朝倉城に据え置かれた。また吾南平野の支配と同時に弘岡吉良城を奪取し、弟の親貞に名族吉良氏を継がせている。

【一条氏の東部侵攻と長宗我部氏の台頭】　土佐西部では、高岡郡の津野氏が勢力を持っていたが、一条氏が公家大名化し勢力を拡大していく中で一条房基が東進し始めて、天文十二年（一五四三）に津野基高と交戦しこれを降し、仁淀川沿いの大平氏の蓮池城まで掌中に収めている。この時、利用された城の一つが発掘調査された中土佐町の西山城である。西山城は、連続堀切・竪堀群が検出されており、一条氏の構築技術を見ることができ、出土遺物も貿易陶磁器の奢侈品《しゃしひん》等が出土している。蓮池城は、弘治三年（一五五七）に本山茂辰に奪われるが、永禄三年の長宗我部氏と本山氏の戦いの間に一条氏が奪回している。

元親は、土佐中央部を支配下に入れると永禄十二年（一五六九）に土佐東部に勢力を持っていた安芸氏の安芸城を攻撃している。翌年には、安芸国虎が自刃し東部も長宗我部氏の支配に入ることになる。さらに元親の弟である吉良親貞が謀略により一条氏がいた蓮池城を奪取し、元亀元年（一五七〇）には一条氏の傘下にいた戸波城や津野氏の内紛に絡んで姫野々城も奪取し、三男の親忠を津野家に入嗣させ長宗我部氏の傘下に入れている。長宗我部元親は、土佐を統一する最後の年となった天正二年（一五七四）に、土佐西南部を支配し公家戦国大名となった一条兼定を内訌《ないこう》に乗じて幡多の中村に侵攻し兼定を豊後に追いやった。元親は、兼定の子である内政と自分の娘を娶《めと》らせ、岡豊城に近い大津城に迎えて御所体制を敷いた。

一条兼定は、翌年の天正三年（一五七五）には、大友宗麟の支援を受けて**中村城**《なかむら》の奪還を狙って四万十川（渡川《わたりがわ》）合戦を引き起こすが、決定的な敗北のなか宇和海の小島に逃れ天正十三年（一五八五）に波乱に富んだ生涯を終えている。長宗我部元親は、天正三年には、中村城に親貞や姫野々城に親忠を据え置き幡多や高岡両郡を支配下におきながら、東部では香宗我部親泰が野根や甲浦に勢力を持つ野根氏を打倒し土佐統一をしている。

【四国制覇と拠点城郭の改修】 長宗我部氏の本拠である岡豊城からは、天正三年と箆書《へらが》きされた瓦が詰の礎石建物付近から出土しており、この時大きく普請《ふしん》や作事《さくじ》も含めて岡豊城が改修された可能性がある。元親は、この岡豊城を拠点として四国制覇に乗り出していくことになる。

この頃は、明智光秀を介して織田信長と親交を開始しており、元親の嫡子が「信」の一字を与えられて信親と名乗っている。元親は、四国三国に侵攻の準備を進め、阿波には、安芸城にいた香宗我部親泰を総司令官として侵入させ、中村城の吉良親貞に総指揮を取らせ伊予侵攻の準備をさせた。その頃阿波は、三好氏が勝瑞館を拠点に強い勢力を持っていたが、天正四年（一五七六）には阿波国南部の海部氏や日和佐氏を服属させ徐々に中央部に支配の網を広げていった。

また、翌年には阿波国西部で大西氏の拠点である白地城を攻略し、西部や南部で戦いを繰り広げながら三好氏拠点の勝瑞に迫っていった。一宮城にも三好氏と小笠原氏の混乱に乗じて一宮氏からの依頼を受けて元親は家臣団を送り込んでいる。天正十年（一五八二）の中富川の合戦では、元親軍が勝利し三好存保を讃岐に追いやった。この時期の城郭には、徳島市の一宮城で長宗我部氏の家臣である江村親俊と谷忠澄が構築した遺構が残っており、鳴門市の木津城などでは発掘調査で長宗我部氏が築いた畝状竪堀群の遺構が確認されており、天正十一年（一五八三）頃の構築と考えられる。

伊予方面では、中村城にいた総指揮官の吉良親貞（元親弟）が天正四年に亡くなっており、その後重臣の十市宗桃が宿毛《すくも》の芳奈城に入り伊予攻めに向かっている。また、西土佐と高岡方面からは久武親信軍が南予に侵攻している。天正七年とか九年の説があるが、土居清良と伊予岡本《おかもと》城で戦って親信は戦死している。その後天正十一年頃には弟の久武親直が再度侵攻しており、黒瀬城を拠点とした公家の系譜を継ぐ西園寺氏を攻略し中予の河野通直の湯築城を目指した。久武親信か親直か定かではないが、宇和島市三間《みま》に所在する岡本城を改修をしたと考えられる畝状竪堀群が確認できる。

また西園寺家居城である黒瀬城郭群の一部である我古城にも同じように畝状竪堀群が確認できる。大洲市の元城も発掘調査で畝状竪堀群が検出されており、この地域までは長宗我部氏の勢力が浸透していたと考えられる。伊予東部は、金子・石川氏など元親に属している。讃岐では、まだ研究が進んでいないが上佐山城などでも同様な遺構が確認できることや、天霧城には元親の次男親和が養子に入り、天正七年（一五七九）には長宗我部氏の勢力が西讃岐まで覆っている。しかし、天正十三年（一五八五）には、秀吉の弟である羽柴秀長を総大将とした豊臣軍の四国攻めが始まり、元親は屈服し土佐一国を安堵され秀吉傘下に入ることになる。

【長宗我部氏最後の居城】　豊臣大名として土佐一国を秀吉から与えられ、居城も岡豊城から大高坂城に移城するも数年間で浦戸城に移った。元親は、文禄・慶長の役に翻弄されながら城造りを行ったが、元親の死去後の関ヶ原合戦で西軍に付いたこともあり改易となる。長宗我部氏最後の居城である浦戸城は、秀吉の強力な支援で城を再構築しており、石垣が検出されているが、その手法も伏見城や肥前名古屋城と類似した構築方法が採用されている。天守台も存在し、土佐で初めての天守が作事されたと考えられる。瓦片も多く出土しており、御殿や天守に瓦が葺かれていたことがわかる。出土瓦の中には鯱瓦片もあり、城下の寺院である受法寺に保管されていた鬼瓦には文禄四年という紀年銘が認められる。この頃には、織豊系城郭として天守が存在していた可能性がある。

【参考文献】平井上総『長宗我部元親・盛親』（ミネルヴァ書房、二〇一六）、市村高男「海運・流通から見た土佐一条氏」『中世土佐の世界と一条氏』（高志書院、二〇一〇）、児玉幸多・坪井清足『日本城郭大系』（新人物往来社、一九八〇）、『高知県史古代・中世編』（高知県、一九七一）、『高知県の歴史』（山川出版社、二〇〇一）、『高知県南国市中世城館跡』（南国市教育委員会、一九八五）

●高知県名城マップ

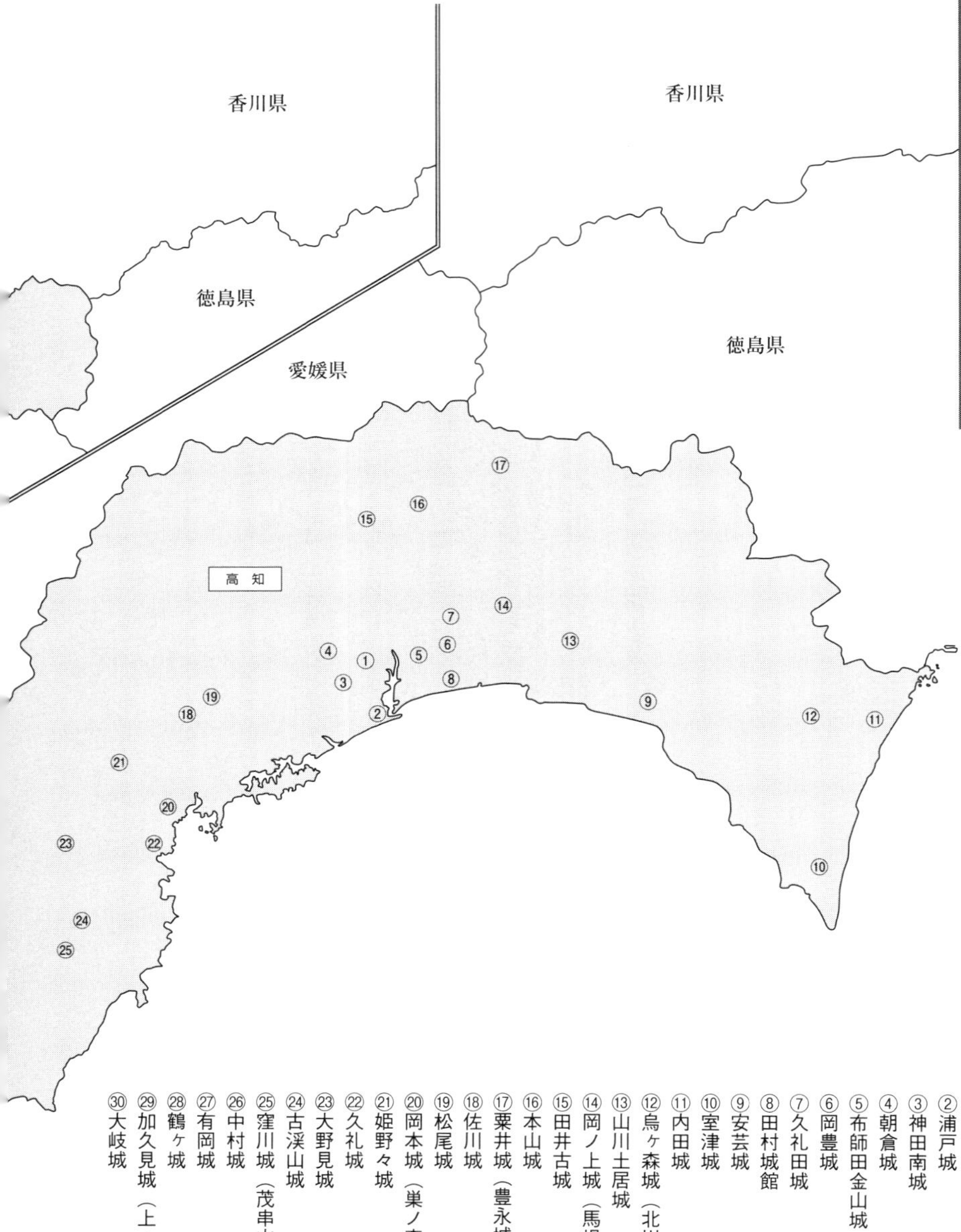

〔高知〕

①高知城
②浦戸城
③神田南城
④朝倉城
⑤布師田金山城
⑥岡豊城
⑦久礼田城
⑧田村城館
⑨安芸城
⑩室津城
⑪内田城
⑫烏ヶ森城（北川城）
⑬山川土居城
⑭岡ノ上城（馬場玄蕃城）
⑮田井古城
⑯本山城
⑰粟井城（豊永城・下土居城）
⑱佐川城
⑲松尾城
⑳岡本城（巣ノ森城）
㉑姫野々城
㉒久礼城
㉓大野見城
㉔古渓山城
㉕窪川城（茂串山城）
㉖中村城
㉗有岡城
㉘鶴ヶ城
㉙加久見城（上・下）
㉚大岐城

●愛媛県名城マップ

〔愛媛〕

①渋柿城
②西条陣屋
③高尾城
④象ヶ森城
⑤世田山城
⑥永納山城
⑦甘崎城
⑧能島城
⑨来島城
⑩国分山城
⑪今治城
⑫小手ヶ滝城
⑬鹿島城・恵良山城
⑭横山城
⑮湯築城
⑯松山城
⑰荏原城
⑱大友城
⑲大除城
⑳由並本尊城
㉑大洲城
㉒笠間城
㉓飯森城
㉔三滝城
㉕鳥坂城
㉖黒瀬城
㉗宇和島城
㉘大森城
㉙河後森城
㉚猿越城

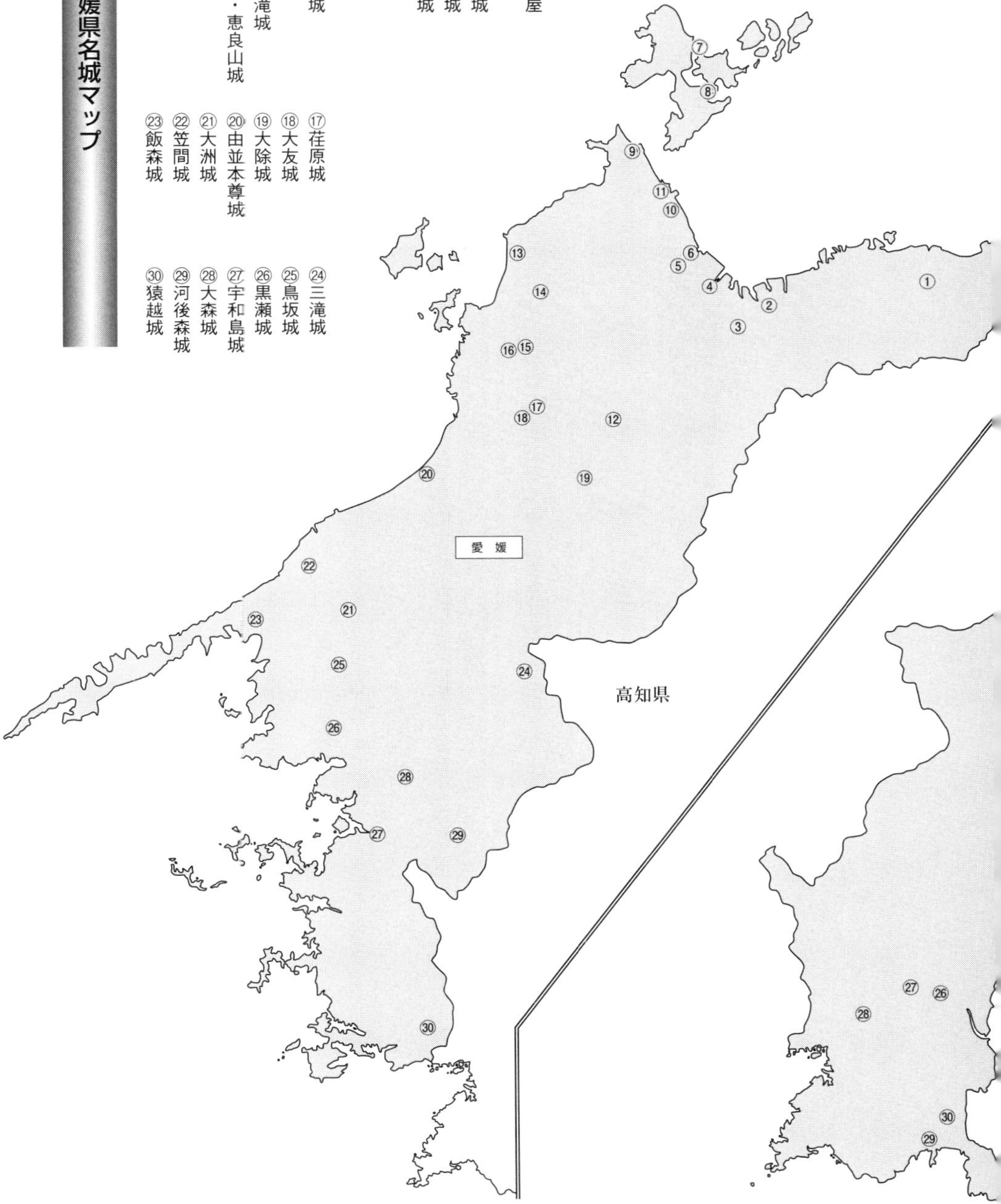

愛媛

河後森《かごもり》城西第十曲輪整備状況

渋《しぶ》柿《がき》城《じょう》

●竪堀・堀切を巧みに配置した城

〔所在地〕四国中央市土居町小林
〔比　高〕約一七〇㍍《メートル》
〔分　類〕山城
〔年　代〕一六世紀第４四半期
〔城　主〕薦田氏等
〔交通アクセス〕ＪＲ予讃線伊予土居駅下車後、国道を東へ徒歩約二〇分、南に約一五分で北東麓。

【城の歴史】　渋柿城の築城や廃城の経緯については同時代史料などの明確な史料が残っていないが、西条藩主の命により同藩の儒学者日野和煦《にこてる》が天保十三年（一八四二）に完成させた『西條誌』によると、

〇渋柿城跡　薦《こも》田《だ》治部進義清これに居しと云、天正陣実記ニハ、渋柿の城主薦田市之丞國行とあり、薦田氏の始末、慥《たしか》ニ不分ラ、口碑に遺《のこ》れるには、河野家に属し居たるが、讃岐の細川氏攻来り、河野と當村にて合戦あり、治部進、其時討死す、天正年中の事也と云

との記載がある。戦国期の城主とされる薦田氏が河野氏に従っていたというのは、伊予国東部の宇摩郡・新居郡を河野氏が当時実効支配できていなかったことから史実に反し、天正年中に細川氏が来攻したというのも天正十三年（一五八五）の羽柴秀吉の四国出兵の誤認であろう。なお、薦田氏は、戦国時代当地方の在地領主連合「方角《ほうがく》衆《しゅう》」の一員で、有力国衆であった。

●—渋柿城遠景

【城の構造】　城は四国山地から北に派生する尾根の先端部に築造さ

れている。主郭は標高二七二・六メートルの場所にあり、南端を最高所とする土塁が北側に高さを減じながら設けられている。この主郭の南尾根続きには五重の堀切があり、愛媛県下では横山城（松山市）・猿越城（愛南町）と並んで最多である。五重の堀切は、主郭直下の堀切が城内側一〇・二メートル、城外側二・六メートルと防御に圧倒的に有効であるが、南の三重は城外側のほうが高いということで高低差の防御力ということより多重にするということの意識が強かった可能性が高い。

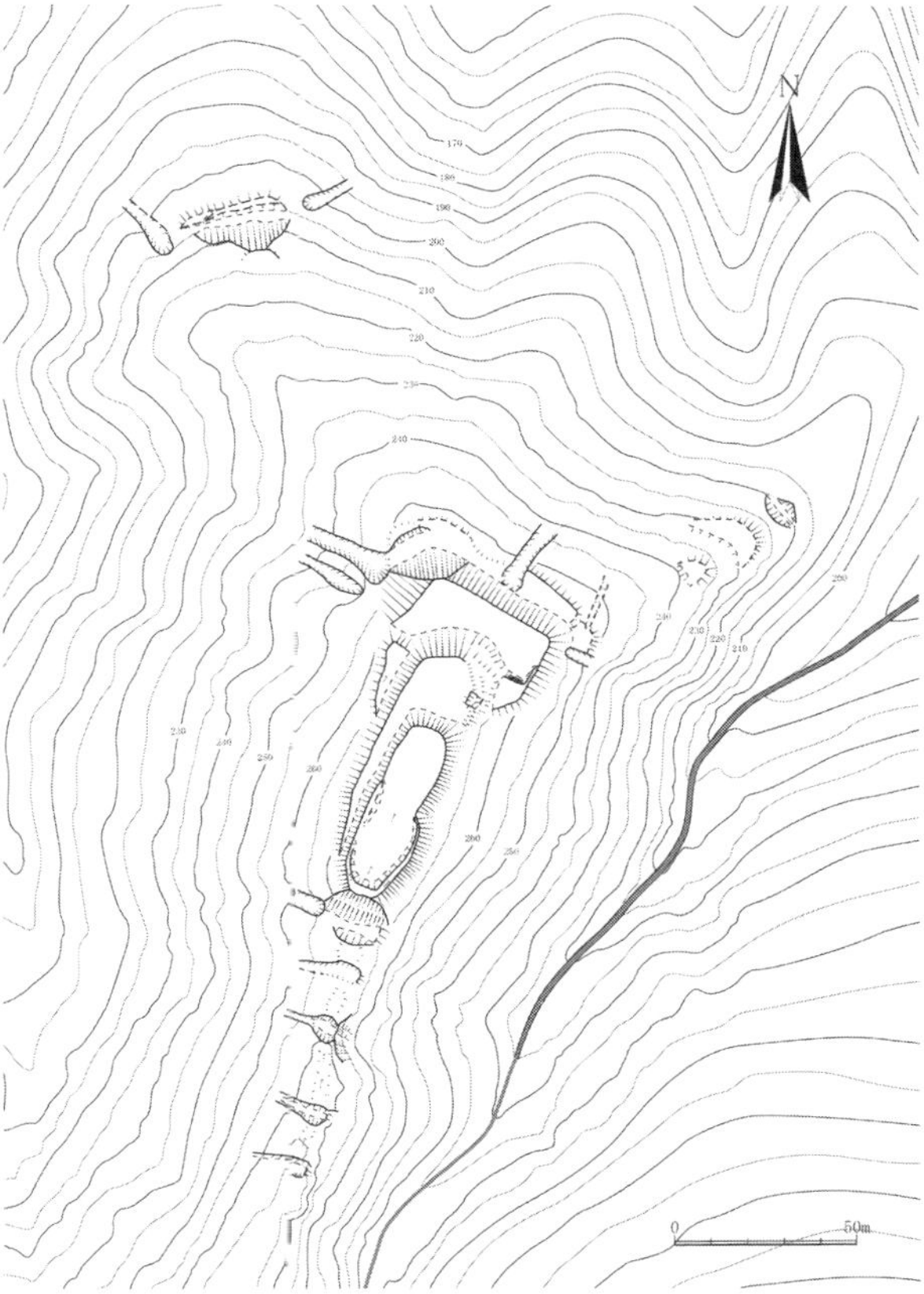

●—渋柿城縄張図（日和佐宣正作図）

　主郭から尾根先に対して二段の広い郭があり、さらに北西と北東に伸びる尾根に対して堀切と竪堀を配している。北西一〇〇メートル余りに大きな堀切があることから、北西尾根が大手筋と認識されていたと思われる。郭群の北西直下にも大きな堀切が築造されており、堀切に足止めされた攻城兵が左右に展開するのに対して竪堀が穿たれている。また、北東尾根に対してはまず堀切で防御し、二段の小規模な郭で防御した後、左右の竪堀を配して郭に敵兵がとりつくのを防いでいる。

　このように多重の堀切を使ったり、竪堀と堀切を有効に活用したりしている事例は、愛媛県東部では他になく、この地方で独自に発展した技法とは考えられない。竪堀や連続堀切を多用した土佐国の勢力が関与をした可能性が高い。

【参考文献】『愛媛県中世城館跡分布調査報告書』（愛媛県教育委員会、一九八七）、松田直則編『土佐の山城』（ハーベスト出版、二〇一九）

（日和佐宣正）

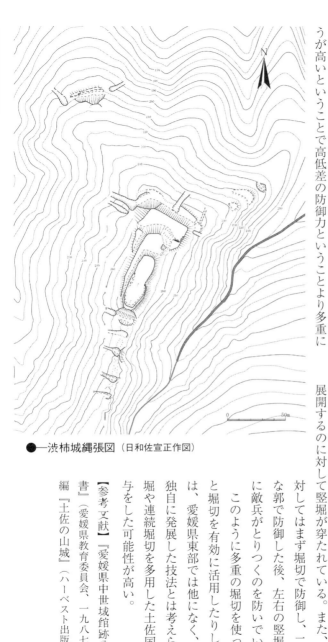

●藩主が数回しか来なかった陣屋

西《さい》条《じょう》陣《じん》屋《や》

〔西条市指定史跡〕

〔所在地〕西条市明屋敷
〔比　高〕ほぼ〇メートル
〔分　類〕平城
〔年　代〕江戸時代
〔城　主〕一柳氏・松平氏（紀州徳川家分家）
〔交通アクセス〕ＪＲ予讃線伊予西条駅下車、北西方向に徒歩二〇分弱。

【西条藩の成立】　伊予半国を領していた藤堂高虎が伊賀・伊勢に転封になると、寛永十三年（一六三六）に伊勢神戸《かんべ》の一《ひとつ》柳《やなぎ》直盛《なおもり》が六万八六〇〇石に加増されて伊予東部に入封した。しかし、江戸から伊予に向かう途中病により大坂で没し、嫡子直重《なおしげ》が西条三万石、次男直家《なおいえ》が川之江二万八六〇〇石（内一万石は播磨）、三男直頼《なおより》が小松一万石を受け継いだ。直重は西条領の支配に努めたが、直重の後を受けた直興《なおおき》が寛文五年（一六六五）に役目不行届を理由に改易され、西条は幕領となった。

寛文十年（一六七〇）に紀州徳川家の松平頼純《よりずみ》が西条三万石を与えられて入封し、以後一〇代頼英《よりひで》が版籍奉還し廃藩置県が行なわれるまで松平氏の支配が続いた。西条松平氏は紀州徳川家の分家と位置付けられ、西条松平氏から三人が紀州徳川家の藩主になっている。また、西条松平氏は定《じょう》府《ふ》であったため、約二〇〇年の中で藩主がお国入りしたのはわずかに九回にとどまり、西条藩の支配も和歌山藩の影響が強かった。

●—西条藩陣屋　大手門前

【陣屋の歴史】　寛永十三年に西条に入部した一柳直重は直ちに領国支配の拠点として陣屋の整備を進め、西条平野の形成河川である加茂川と渦井《うずい》川の中間にあたる地に、陣屋を築造した。陣屋の周囲には堀をめぐらせ、湧水を集める新町川、喜多川の流路を変えて堀に水を引き込み、北に新たに陣屋川を穿って海に排水させた。陣屋の東西は武家屋敷地とし、東の武家屋敷のさらに東に町人町を整備した。陣屋地は、現在では県立西条高等学校などの敷地となっている。

【陣屋の構造】　陣屋の規模は中心部で東西約二一〇メートル、南北約二二〇メートル（堀を除く）である。周囲の堀幅は正面の東（大手門前の土橋《どばし》）で三七・四メートル、北御門橋部分で八・七メートル、西御門橋部分で九・二五メートル、南側二一・〇メートルで、正面側ではない南の堀幅が広いのはそのさらに南が沼地で残ったように、湿地が広がっていて陸地化することが困難であったためであろう。このように、実質的に正面側のみ広い堀幅となっているのは、元和偃武（一六一五年）後に構えられた陣屋なので、戦闘を前提にしたものではなく、あくまで権威付けを意識したためである。陣屋を象徴する大手門は寛政年間に建て替えられた薬医門《やくいもん》で、現在西条高等学校の正門となっている。大手門の両側には高さ二メートル前後、幅約一一メートルの土塁が設けられていて裾に二段程度の石垣が張られており、大手門を一層厳かにしている。

廃藩置県の後、陣屋の建物はほとんど失われたが、北御門が大手門の南にある愛媛民芸館前に、藩主の住居「御私邸」の門である広敷御門が市内大通寺山門として残るなどしている。

【参考文献】　久門範政編『西條市誌』（西條市、一九六六）、愛媛県史編さん委員会編『愛媛県史 近世上』（愛媛県、一九八六）

（日和佐宣正）

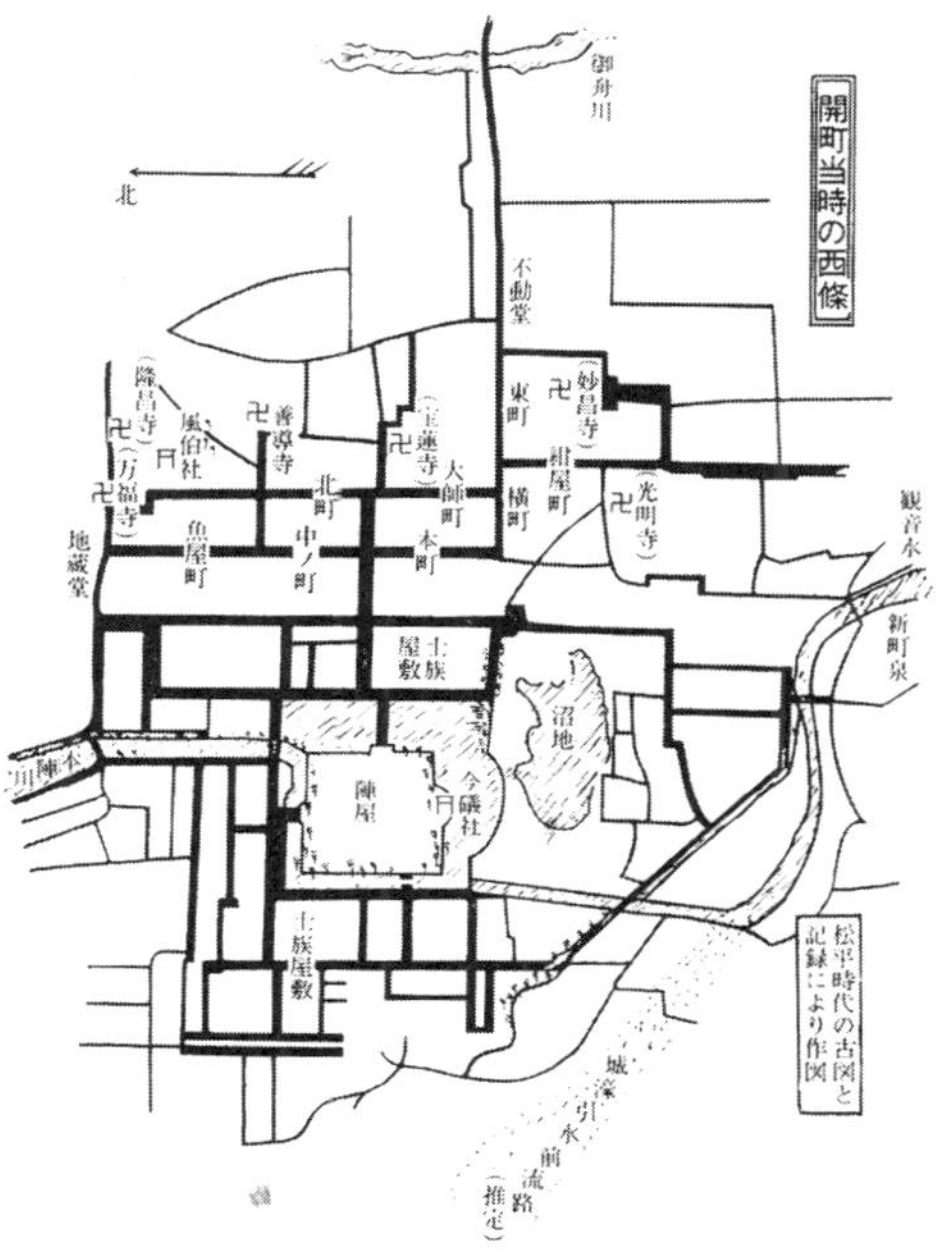

●―開町当時の西條（『西條市誌』より）

●羽柴秀吉に対する伊予最後の抵抗

高《たか》尾《お》城《じょう》

〔所在地〕西条市氷見
〔比　高〕約一八〇《メートル》
〔分　類〕山城
〔年　代〕一六世紀第四半期
〔城　主〕金子氏、（高橋氏）
〔交通アクセス〕ＪＲ予讃線伊予氷見駅下車、南に徒歩二〇分、城跡の北西側猪狩川上流に登城口。

【城の歴史】　高尾城の築城経緯については明確な史料が残っていないが、その落城については史料が豊富である。羽柴秀吉は四国のほとんどを制圧していた長宗我部元親と国分《くにわけ》交渉を行なっていたが、伊予の領有をめぐって決裂し、天正十三年（一五八五）六月から四国に兵を進めた。伊予には毛利輝元勢小早川隆景・吉川元春配下四万が攻め寄せた。

　南北朝時代より宇摩郡・新居郡（現四国中央市・新居浜市・旧西条市域）は伊予国守護河野氏とは別に細川家が守護で、戦国時代末期には長宗我部元親と同盟を結んだ金子元宅《もといえ》が主導権を握っていた。毛利勢の侵攻に対して、元宅らは徹底抗戦することとし高尾城に籠もったが、七月五日に今治に上陸した毛利勢が早くも十四日に高尾城を包囲し十五日には城攻

●—高尾城遠景

めが始められた。十七日亥刻《いのこく》（午後十時頃）に落城し、その時元宅をはじめとして六〇〇余が討ち取られたという。毛利勢が夜戦を厭わず一気呵成に攻め落とそうとしたことがわかる。高尾城の落城を聞いた周辺の城が次々に自落し、最終

的には河野氏らも降伏したことからこの攻城戦が中世伊予での最後の戦いとなった。

【城の構造】 城は四国山地から北西に派生する尾根の先端部に築造されている。主郭は標高二五二・〇メートルの場所にあり、北の尾根先側に二つの郭と堀切、南の尾根続きには三条の堀切を設けている。主郭は南北約四三メートル、東西約二七メートルで、南側が幅約七・五メートル、約一・六メートル高くなっており、主郭の土塁となっている。北には三・八メートル下に長軸約二一メートルの南北に長い台形状の郭がある。籠城側の兵士が駐屯可能なスペースはこの二つの郭であるから、誇張があるにせよ六〇〇人を討ち取ったというには籠城するには狭すぎるので、討ち取った人数は攻城戦前後を含めた数であろう。いずれにせよ、小さな城で大軍相手の籠城ではいかんとも仕方なかったのであろう。

●—高尾城縄張図（日和佐宣正作図）

なお、高尾城主は後世の地誌では高橋氏となっているが同時代史料には見られず、金子氏の持ち城であった可能性が高い。

【参考文献】『愛媛県中世城館跡分布調査報告書』（愛媛県教育委員会、一九八七）、藤田達生「「天正の陣」後の伊予国衆―「野田家文書」を素材として―」（『伊予史談』三三五号・三三六号、二〇〇四・二〇〇五）、桑名洋一「金子元宅―生き残りをかけた国人の多方面外交」『戦国武将列伝一〇 四国編』（戎光祥出版、二〇二三）

（日和佐宣正）

●戦国時代から近世初頭の転換期の城郭群

象《ぞう》ヶ《が》森《もり》城《じょう》

〔西条市指定史跡〕

〔所在地〕西条市上市
〔比　高〕約一三〇メートル
〔分　類〕山城
〔年　代〕一六世紀第四半期
〔城　主〕櫛部氏
〔交通アクセス〕ＪＲ予讃線壬生川駅下車、せとうち周桑バス上市下車、観念寺裏より登城。

【象ヶ森城の歴史】　象ヶ森城は周桑平野北西に平野を見下ろす標高一八四メートル余の半独立丘陵に立地している。『伊予温故録』によれば、「得能《とくの》氏（筆者注：河野氏庶流）の支流重見《しげみ》氏代々これに居る。元亀中より櫛部《くしべ》出雲守兼氏《かねうじ》、其子肥後守兼《かね》久《ひさ》居る」とある。また、『伊予温故録』に先行して幕末に成立した『愛媛《えひめの》面影《おもかげ》』によれば天正七年（一五七九）に金子城主の金子元宅《もといえ》に夜襲され落城したとあるが、東の鷺森《さぎのもり》城領を天正十年以降元宅が権益を根拠に慎重に自領としようとしていたことから史実とは認めがたい。ただ、落城にまつわる伝承が他にもあることから何らかの事象があった可能性もある。

なお、羽柴秀吉による四国攻めのさいの状況についてはわかっていないが、ほぼ抵抗なく開城したものと思われ、その後、象ヶ森城（史料上「櫛邊」）と鷺森城（史料上「壬《にゅ》生川《うがわ》」）はともに羽柴秀吉による四国平定後の城郭整理で存置の検討対象とされているが（激戦が展開された新居郡・宇摩郡の城は対象となっていない）、ほど

●―象ヶ森城遠景

●—象ヶ森城縄張図（日和佐宣正作図）

なく廃城になったようである。

【象ヶ森城の構造】　象ヶ森城は周桑平野の形成河川の一つである大明神川《だいみょうじんがわ》沿いにある。麓との比高約一三〇メートルの山頂部に主要な郭を二つ配し、主郭と同じ規模の郭が構えられる広さがある西の尾根を放置しつつ攻城軍が集中する可能性の高い東の尾根続きに郭を三つ配して縦深性を増し、周囲の尾根には堀切を配置するという、極めて理にかなった縄張となっている。

主郭（Ⅰ）は東を底辺とする台形状で、東の底辺約三一メートル、西の上辺約二一メートル、東西約三一メートルの郭で、西側は高さ約二メートルの土塁となっている。主郭と第二郭（Ⅱ）との間は大規模な堀切で、深さは城内側約九メートル、城外側約四・五メートル、上端間約一九メートルと県内最大

●—象ヶ森城井戸跡

規模を誇る。堀底の中心には内径約一・二メートルの石で四角に囲われた井戸と思われる遺構がある。愛媛の山城では井戸の存在は希有で、立地からは水が溜まる可能性があるものの籠城戦には十分な水量は期待できない。第二郭は東西南北とも二八・五メートルのほぼ正方形の郭で西側には〇・五メートル程度の低い土塁があり、その西には主郭同様深さ約九メートルの堀切が穿たれている。その西は郭を設けるには十分な広さがある尾根であるが、籠城する兵力からすれば、守り切れないものと判断されたのか自然地形のまま放置されている。

主郭の東にも九メートルの深さの堀切があり、その東に三つの郭群が設けられている。それぞれの郭は尾根方向で一一～一四メートルの小規模なもので、東端の郭から派生する二つの尾根にそれぞれ堀切を穿っている。

また、主郭から南東に伸びる尾根には深さ四メートルと深さ六メートルの堀切を築造している。

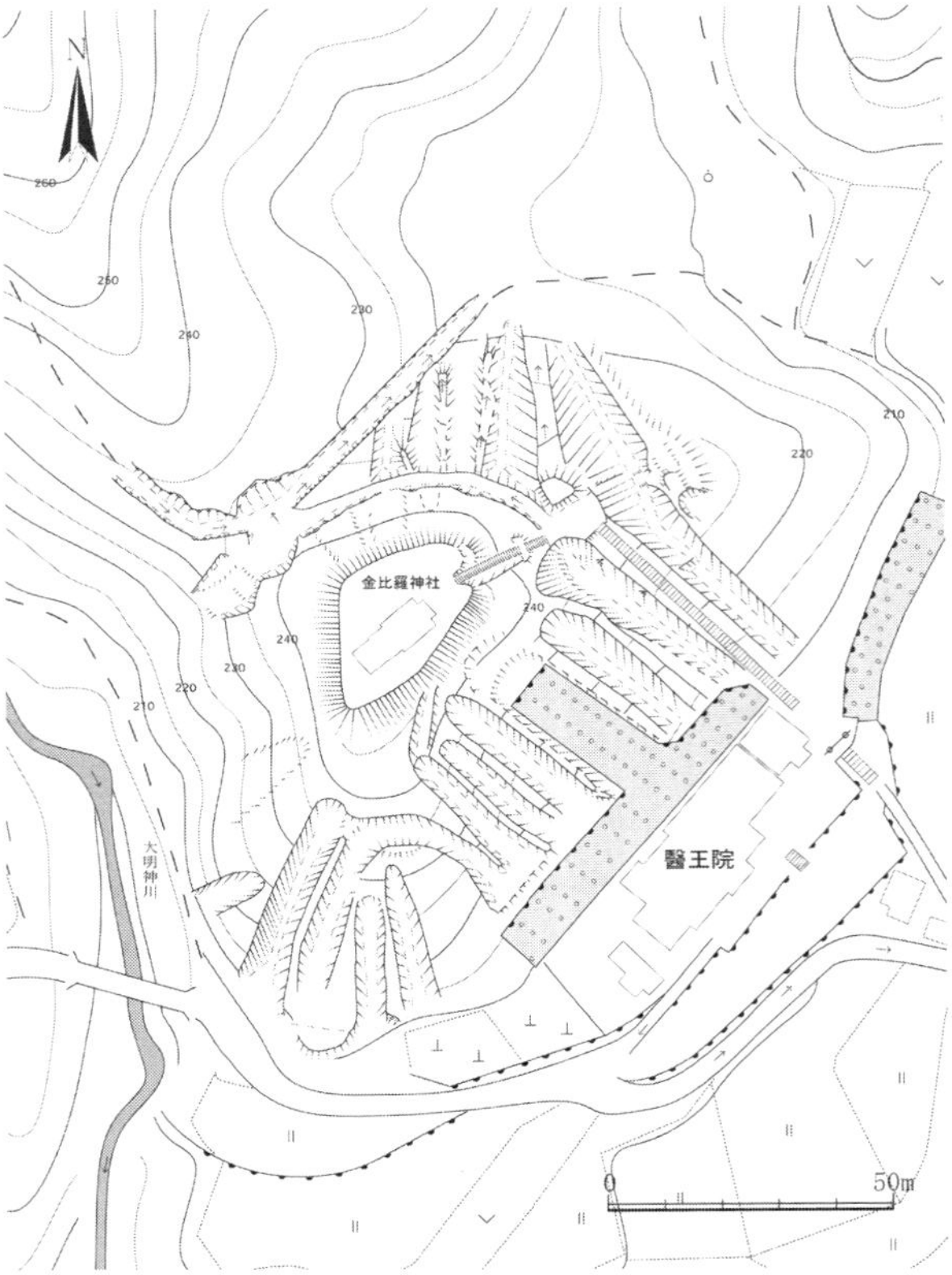

●―杉尾山城縄張図（日和佐宣正作図）

【杉尾山城】　象ヶ森城の接する大明神川の上流直線距離で約二キロの場所に、単郭ながら周囲をハリネズミのような竪堀と堀切とで防御を固めた山城がある。この城は愛媛県教育委員会が行なった悉皆調査でも報告されておらず（昭和五十九～六十一年度）、その後の東予市教育委員会（現西条市教育委員会）の悉皆調査で平成十三年（二〇〇一）に初めて報告されたものである（杉尾山城の城名は麓の醫王院《いおういん》の山号から筆者が命名した）。したがって、この城に関する文献は今のところ確認されておらず、具体的な歴史はわかっていない。

縄張は、標高二四八・一メートルに主郭を設け、麓の醫王院との比高は約四〇メートルある。主郭の規模は北東—南西軸約三五メートル、北西—南東軸二〇・五メートルである。北東側の大明神川下流から攻め上ってくる敵兵に備え、主郭から東北東に延びる尾根に対して大規模な堀切を配し、北側に四条、南東側に六条（その他にコンクリートで急傾斜地対策法面が整備された箇所があり、その一つは元々竪堀であった可能性が高い）、南側に五条の竪堀を穿っている。復元を含めると一六条の竪堀を設けて徹底的に守り抜く縄張である。一つしかない郭を守り抜くにしても、攻城勢の気勢をそぐに十分な遺構である。

●—杉尾山城竪堀

このような特異な城が成立した背景を考察すると、竪堀の技術は伊予国ではほとんど採用されておらず他国の勢力によって築造された可能性が高く、さらにこのように放射状に竪堀を築造するのは、天正十三年（一五八五）に羽柴秀吉の四国攻めでこの地方に侵攻してきた毛利勢しか考えられない。高尾城（西条市氷見）以東において毛利勢に対して激しい抗戦が一次史料によって裏付けられている反面、周桑平野以西では伝承こそ小早川隆景に攻められ落城したという城がいくつかあるものの一次史料で裏付けられているものはない。このような状況から考えると、伊予東部で制圧後も叛乱が発生し毛利勢が退勢を余儀なくされたさいに比較的安全なこの地で援軍の来援を待つという構想から、このような特異な城が築城され、その一過性から地元にも伝承がなかったのではなかろうか。

【鷺森城の歴史】　鷺森城は文化年間（一八〇四～一八一八）に成立した『伊予二名《ふたな》集』によれば、新居・宇摩郡の地頭人らが境界を犯すので河野氏が一族の桑原《くわばら》河内守通興《みちおき》に命じて鷺森城を築城させたという。この桑原氏が後に地名の壬生川氏を名乗った。『予陽河野家譜』には文明年間の細川氏の来攻などいくつかの事件が記載されているが、一次史料の裏付けがとれていない。一次史料から確実なのは、天正十年（一五八二）に城主壬生川行元《ゆきもと》が伊予を出奔し、新居郡金子城主の金子元宅《もといえ》が壬生川氏の北条の領地を継承しようとして同盟関係の長宗我部元親と連署状を作成している。

　秀吉の四国攻め後、天正十四年の小早川隆景自筆書状によれば湯築城や象ヶ森城などと並んで存置の検討対象であったが廃城になったようで、近世に入って福島正則領時代や江戸時代も代官所として機能していたことが知られており、そのため堀跡が今日に残ったのであろう。また、城の前面は「壬生川浦」として江戸時代を通して松山藩領の物資の積み出し港として機能していた。

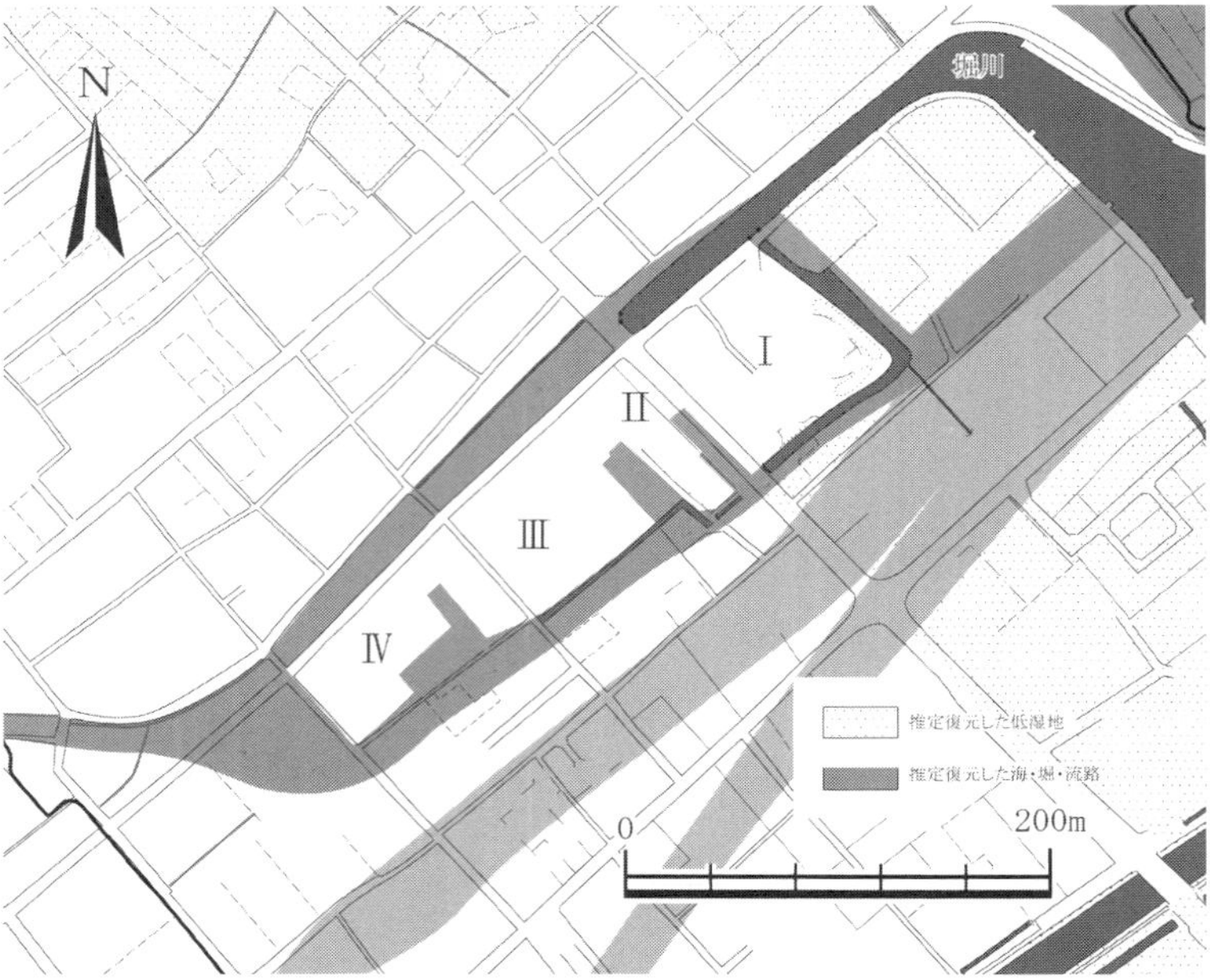

●—鷺森城縄張復元図（日和佐宣正作図）

【鷺森城の構造】 鷺森城の遺構を現在確認できるのは、主郭（Ⅰ）の北東側と南東側の堀と土塁のみである。堀は北東側の最大幅で一二・五メートル、南東側は約五メートル幅で、土塁は鷺森神社の本殿・拝殿の北東側と南東側に幅約六・五メートルで、北東側の高さ約〇・二メートル、南東側の高さ約〇・四メートルで残っている。主郭の規模は北東—南西軸で約八八メートル、北西—南東軸で約九〇メートルである。北西側は現在堀川につながる河川で、南西側は国道一九六号となって堀は確認できない。

しかし、天正十三年の小早川隆景書状に「壬生川事者外構迄」とあるので、もともとは複数の郭があったと考えられる。元の縄張を検討するため、明治九年（一八七六）の畝順帳・地籍図から復元したのが上図である。それによれば、最大で四つの郭があった可能性があり、それぞれの郭間の堀は、主郭と第二郭（Ⅱ）との間は最大一一・五メートル幅、第二郭と第三郭（Ⅲ）との間は一八メートル幅、第三郭と第四郭（Ⅳ）との間は九メートル幅があったようである。主郭から第四郭までの北東軸—南西軸は約三一五メートルあったと考えられる。

また、現在の堀川に流れ込む新川旧河道（旧小島川）の幅は約二二メートル、南東側の堀幅も約一五メートルあったようである。主郭の周囲は小島川や旧大曲川（「古河」の地名が残る）が海に注ぎ込む前の低湿地であり、堅固な構えであったようである。主郭の北東側はホノギ「城ノ下」で、第四郭の南西側には「番匠《ばんじょう》木《ぎ》」や「横町」の地名があり、職人給や城下集落に起源を持つものと考えられる。

戦国時代の地域権力の拠点であった平城が、江戸時代に入って代官所としての機能のみに限定されるなかで、主郭以外の大規模な郭群が整理されたものと考えられる。

●―鷺森城北西側堀跡

【伊予の近世移行】　ここで取り上げた三つの城により、伊予の国における戦国時代から江戸時代への転換をうかがうことができる。象ヶ森城は在地の城として極めて合理的な縄張を持っているものの、四国攻めの後の城郭整理で示された城領が「二万貫餘之儀ならて八」存置しないとの方針で廃城となった（江戸時代初期の慶安年間で周敷郡・桑村郡を合わせた石高は三万石余で、両郡で二城存置できない）。

戦国末期から江戸時代への大規模な転換における領主交代や制度変更にともなう在地の動揺や反発に対する備えとして、占領軍により杉尾山城という異様な縄張の山城が築造された可能性が高いと考えられる。鷺森城は江戸時代に規模を縮小して、代官所として存続されたものと考えられる。

【参考文献】『東予市誌』（東予市誌編さん委員会、一九八七）、『東予市中部の遺跡』（東予市教育委員会、二〇〇一）、川岡勉「戦国・織豊期における国郡知行権と地域権力―河野氏への東伊予返還を中心に―」・桑名洋一「天正期伊予における「境目」領主についての一考察―新居郡国人領主金子氏の動態について―」『四国中世史研究』第八号（四国中世史研究会、二〇〇五）、日和佐宣正「道前平野北部の中世城郭について―伊予入封後の小早川隆景の城郭政策の一端について―」『戦乱の空間』創刊号（戦乱の空間編集会、二〇〇二）、同「伊予国桑村郡鷺之森城について―地籍図・都市計画図から窺う立地と構造―」『戦乱の空間』第二号（戦乱の空間編集会、二〇〇三）

（日和佐宣正）

●南北朝時代伊予国府防衛を担った城

世《せ》田《た》山《やま》城《じょう》

〔所在地〕西条市楠・今治市朝倉上
〔比　高〕約二九〇メートル
〔分　類〕山城
〔年　代〕一四世紀
〔城　主〕大館氏明、河野通朝
〔交通アクセス〕JR予讃本線伊予三芳駅下車、県道を西へ一・二キロ、北へ二・六キロで栴檀寺。山道を二〇〜三〇分登坂で城跡、徒歩約三〇分。

【伊予の中心地】　伊予国の国府は古代に今治平野におかれた。

室町時代に、伊予国守護となった河野氏が拠点を松山平野の道後に移すまで、今治地方は伊予の国政の中心地であった。南北朝時代、四国の守護を多く兼帯した細川氏が伊予も勢力下に収めようとして三度にわたって来攻したため、多勢に無勢の伊予勢はそのうち二度にわたって国府防衛の最終ラインである世田山に籠城した。

【興国三年・康永元年の戦】　鎌倉時代末期に河野家庶流の土《ど》居通増《いみちます》・得能通綱《とくのうみちつな》が後醍醐天皇の討幕に呼応して後、建武の新政崩壊後もおおむね伊予においては宮方（南朝方）の勢力がさかんで、懐良親王が九州に移った後、伊予の宮方の中心

●—東から見た世田山城遠景

となるべく脇屋義助《わきやよしすけ》（新田義貞実弟）が興国三年・康永元年（一三四二）に伊予国分寺に入った。しかし、ほどなく義助が病死したため、『太平記』によれば、宮方の動揺をみて阿波守護細川頼《より》春《はる》が伊予・讃岐・阿波・淡路の大軍を率いて来襲し、伊予守護大《おお》

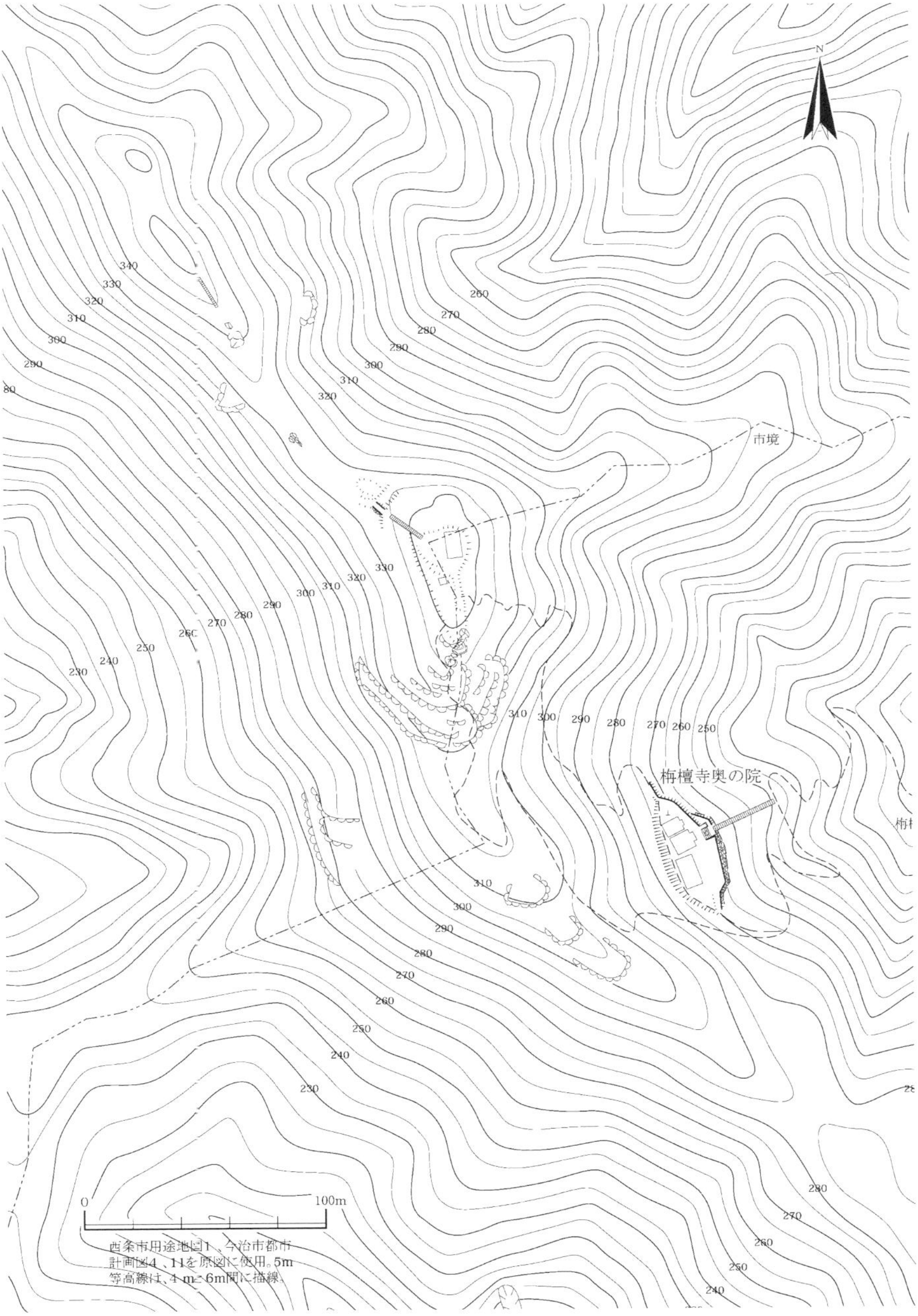

●—世田山城縄張図（日和佐宣正作図）

舘氏明《だてうじあき》が世田山城に籠って迎え撃った。細川方一万余騎が八月二十四日から城攻めを始め、城内の食料も乏しくなり、九月三日には氏明らが打って出て細川勢を麓まで追い落とした後に自害し落城したという。

【正平十九年・貞治三年の戦】 幕府執事の細川清氏《きようじ》が有力諸将の反発を招いたため、正平十七年・貞治元年（一三六二）に四国に逃れたので、幕府の追討令を受けた従兄弟の細川頼之《よりゆき》が清氏を讃岐国白峰に敗死させた。

頼之は伊予も勢力下におこうとし正平十九年・貞治三年に伊予に侵攻した。伊予では、守護に任じられた河野通朝《みちとも》が十一月六日に世田山城に籠もって抗戦しようとしたが、城内の斉藤氏の一手が細川方に通じて兵を引き入れたため、通朝らは自害し落城したということである（『築山本河野家譜』）。

世田山城では、城郭の遺構は現地で確認することはできない。そのことは『築山本河野家譜』に「城ノ拵《こしらえ》俄ニシテ堅利ナラス」とあるように、急な籠城であったため土木工事などには手が回らず、天険を頼みにするものであったことを物語っている。世田山の尾根は痩せ尾根なので、北の尾根続きの笠松山も利用した可能性がある。麓の世田山医王院栴檀寺は高野山真言宗の寺院で、寺伝によれば開基は神亀元年（七二四）行基によるものとされており、山頂近くの奥之院の平地や建造物が南北朝時代にすでに設けられていたのであれば、籠城に利するものとして期待されたのかもしれない。

【天授五年・康暦元年の戦】 なお、管領細川頼之は康暦の政変で失脚した後に将軍足利義満から追討令が出されるが、機先を制して頼之は再び伊予に進攻した。父通朝の死後南朝に頼って勢力を回復し北朝に復帰していた守護河野通尭《みちたか》は、先例を考慮したのか世田山城に籠城せず、東の佐志久原に布陣して迎え撃ったが、細川方の伏兵により敗死している。

【参考文献】『愛媛県史　古代Ⅱ・中世』（愛媛県史編さん委員会、一九八四）

（日和佐宣正）

●瀬戸内海の要衝を見据える古代山城

永《えい》納《のう》山《さん》城《じょう》

〔国指定史跡〕

〔所在地〕西条市河原津ほか
〔比　高〕約一三二・四メートル
〔分　類〕古代山城
〔年　代〕七世紀後半～八世紀初頭頃
〔城　主〕――
〔交通アクセス〕ＪＲ予讃線「伊予三芳駅」下車、徒歩約四五分で南部登口。

【立地】　永納山城は、本州と四国を結ぶ「しまなみ海道」の愛媛県側の出発点となる高縄半島の東側付け根に位置する独立丘陵上に築城された。現地からは、北は古代伊予国の中心地であった今治《いまばり》平野、南は県内第二の面積を誇る道前《どうぜん》平野を見渡すことができる。また、東は瀬戸内海（燧灘《ひうちなだ》）が眼下に広がり、西側ふもとには古代官道「南海道」の有力な想定ラインが通る。このような立地環境から永納山城は、当時の海・陸両方の交通の要衝を押さえる場所に築かれていたことがうかがえる。

【歴史】　永納山城は、日本の古代国家形成期である七世紀後半、国家防衛の一翼を担うために築かれた古代山城の一つと考えられる。ここで古代山城に対する一般的な認識について、少し触れておきたい。当時、朝鮮半島では高句麗・百済・新羅の三国が半島の覇権を争い、さらに半島を支配下に治めようとしていた中国大陸の唐も加わり、戦乱が続いていた。このような中、斉明六年（六六〇）に唐・新羅の連合軍によって百済が滅ぼされた。天智二年（六六三）、日本は交流の深かった百済の援軍要請に応え半島へ出兵したが、大敗を喫した（白村江《はくそんこう》の戦い）。この敗戦により、唐・新羅の侵略を恐れた日本は、百済の亡命貴族たちの指揮・監督を受けて、九州北部から瀬戸内海沿岸地域の要衝に山城を築くこととなった。このような山城築城についての記載は『日本書紀』や『続日本紀』にみられるものである。

残念ながら永納山城の名前は、これらの文献には出こない。しかし、遺跡の発見以降、断続的に実施された発掘調査により、永納山城はこれらの山城とほぼ同時代のものであることが明らかとなっている。

ただし、古代山城築城の詳細な時期や目的については、近年、各地の山城で実施された最新の調査成果を踏まえた研究が目まぐるしく進展していて、従来の考え方では収まらない

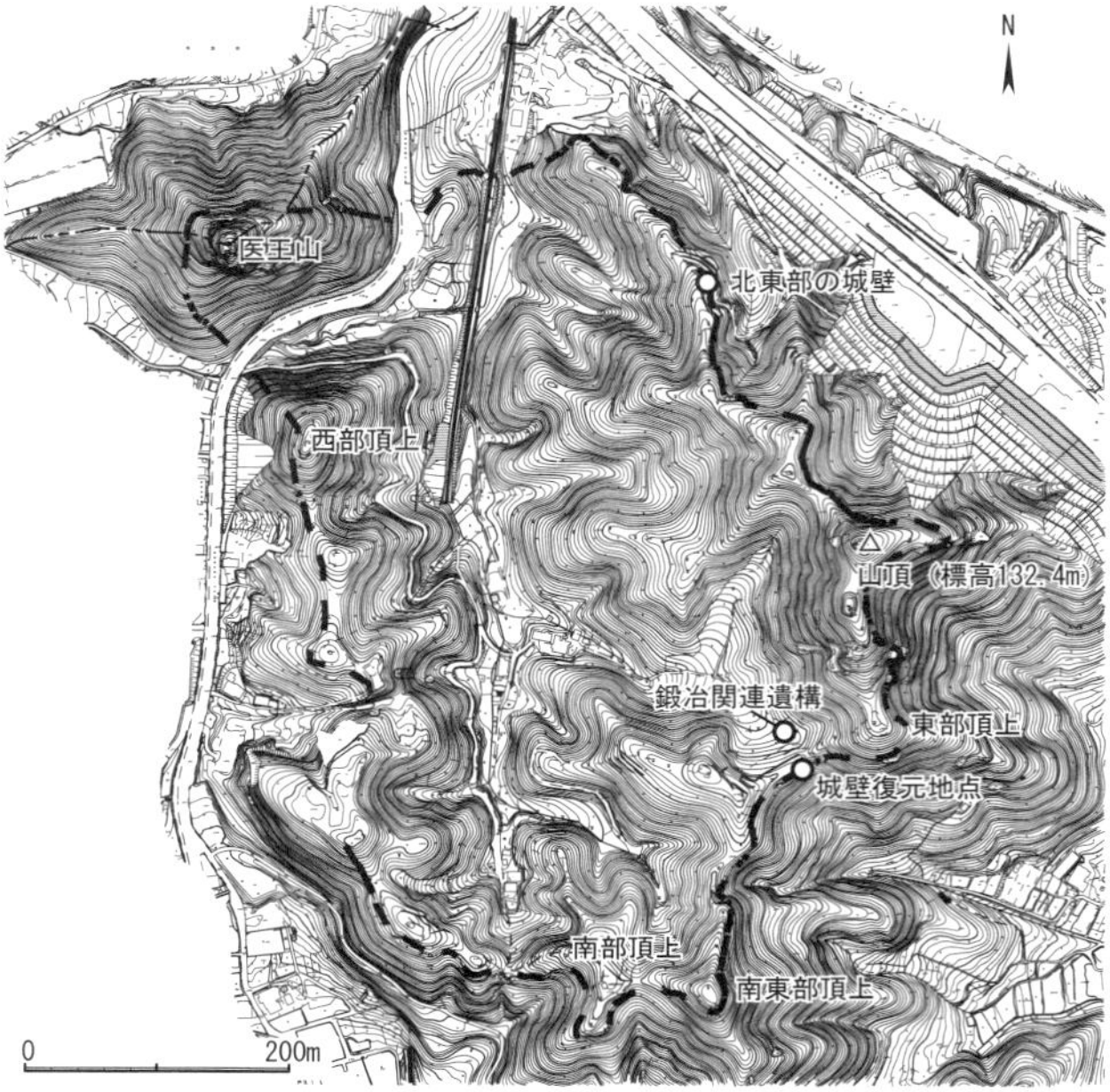

●—永納山城跡地形図（西条市教育委員会提供）

可能性も指摘されている。古代山城は、いまだに謎の多い遺跡といえよう。

【地形を巧みに利用した城壁】 永納山城の規模は、東西七八〇《メートル》・南北九八〇《メートル》におよび、史跡指定面積は約四〇《ヘクタール》である。永納山城が築かれた丘陵は、北側に向け開口する大きな谷を中央に有し、尾根はその谷を取り囲むようにU字状に延びる。城壁は、この尾根の外側斜面に全長約二・五《キロ》の長さで、尾根の傾斜に沿うようにめぐらされる。

なお、城壁には人工的なものと自然地形を利用したものとがみとめられ、人工的な城壁では、古代山城に特徴的な列石と土塁による城壁が主体となり、部分的に石積みによる城壁も築かれている。

まず、列石と土塁による城壁をみると、城壁の基礎となる列石の大きさは標準的なもので幅三〇〜四〇《センチ》程度である。場所によっては幅一《メートル》を越えるものも存在するが、この使い分けに対する明確な答えはまだ見つかっていない。これらの列石は、直線的に並べられ、変換点は角をもつ折れ構造をなす。また、列石の石材は、永納山山中から調達された可能性の高い花崗岩類の割石や自然石が使用されている。次に列石の上に築かれる土塁は、いわゆる版築工法によるものが主体となるが、粗い盛土によって積まれた場所も確認されるな

ど、多様である。城壁の高さは、現在確認されている中でもっとも高いものが約二・六メートルを測る。これらの城壁は、現在も史跡南西部や北東部の尾根で間近に見ることが可能である。

　一方、石積みによる城壁は、現在のところ東部・西部・北東部の城壁線の三カ所で確認されている。

●—尾根に沿ってめぐる城壁（西条市教育委員会提供）

また、それぞれの立地はまったく異なっていて大変興味深い。東部の石積みは切り立った岩盤の鞍部を埋めるように積まれるのに対し、西部の石積みは尾根頂上付近にめぐらされる。前者は長さ約五メートル程度、後者は約二〇メートル程度の区間で築かれ、両者ともに石は最大で四段積まれている。そして北東部の石積みは、列石の連続する緩やかな尾根斜面に突如現れる。石積みの長さは二・五メートルと短く、北端には高さ一・五メートルの石が立柱状に立てられる。なお、これらの石積みの石材は、列石同様に花崗岩類の割石が使用されている点で共通する。
　最後に自然地形を利用した城壁は、尾根沿いの急峻な斜面に見られる。一言に自然地形利用といっても、その状況は多様である。列石が長区間めぐらされない絶壁区間や、列石のみ配置されてその背後には土塁が築かれず岩盤が切り立つ区間もある。また、城壁線上には、列石区間と岩盤区間とが短い間隔で繰り返される部分もみられ、これはあたかも現地に露出した岩盤を基準として、その間を人工的な城壁で補っているかのようである。

【城内の遺構】　現在、城内で唯一確認されている遺構が、城内南東部で調査された鍛冶遺構である。鍛冶遺構は、鉄器を作るための鍛冶炉一基と金床石《かなとこいし》一点、そして燃料の炭を置いていたと考えられる炭置き場一基で構成される。なお、鍛冶炉は、直径約二二センチと小型であり、武器類の製作というよりは工具類の製作や修理を目的としていた可能性が高い。また、金床石は花崗岩製であるが、分析の結果、列石とは異なり城外から持ち込まれたことが明らかとなっている。
　鍛冶に関連する遺物としては、鍛冶遺構の周囲から出土し

●—南東部の尾根と復元された城壁（西条市教育委員会提供）

た多量の鞴《ふいご》の羽口や炉底滓などがある。本来は、複数の鍛冶炉が存在していたのであろう。これらの遺構、遺物は、城内での生産活動の一端を現在に伝える貴重な資料である。

【遺跡の時代を探る手掛かり】 永納山城の年代を探る手がかりとしては、発掘調査で出土した土器と鍛冶遺構にともなう炭による放射性炭素年代測定の結果がある。出土土器には須恵器の杯蓋や畿内系土師器などがあり、その特徴をみると八世紀初頭前後に位置づけられるものが多い。一方、放射性炭素年代測定の結果は、七世紀後半を示す。このような状況から、永納山城が古代山城であることはまず間違いない。では、これらの年代は、永納山城のどの段階を示しているのであろうか。築城の時期を示すのか、それとも城として機能していた時期か、その特定には至っていない。この時代は、国内・国際情勢ともに目まぐるしく変化していて、数年の違いが築城目的の違いに反映されていた可能性が高い。永納山城の築城目的の解明のためにも、詳細な年代決定が必要であり、今後の資料増加が望まれる。

【進む史跡整備】 現在西条市により、永納山城の保存整備が進められている。令和三年度末に第一期整備として南西部から南東部の整備が完了し、現地では尾根沿いにめぐらされた列石や復元された城壁を見学できる。

【参考文献】 西条市教育委員会『永納山城跡』（二〇〇五）・『史跡 永納山城跡Ⅰ』（二〇〇九）・『史跡 永納山城跡Ⅱ』（二〇一二）・『史跡 永納山城跡Ⅲ』（二〇一八）・『史跡 永納山城跡Ⅳ』（二〇二二）

（渡邊芳貴）

●近世城郭化した唯一の中世海城

甘《あま》崎《ざき》城《じょう》

〔愛媛県指定史跡〕

〔所在地〕今治市上浦町甘崎
〔比　高〕約一七・五メートル
〔分　類〕海城
〔年　代〕一六〜一七世紀初頭
〔城　主〕今岡氏、来島村上氏、藤堂氏
〔交通アクセス〕西瀬戸自動車道大三島ICから南に九〇〇メートル。大潮の干潮時東に砂嘴を徒歩一六〇メートル。

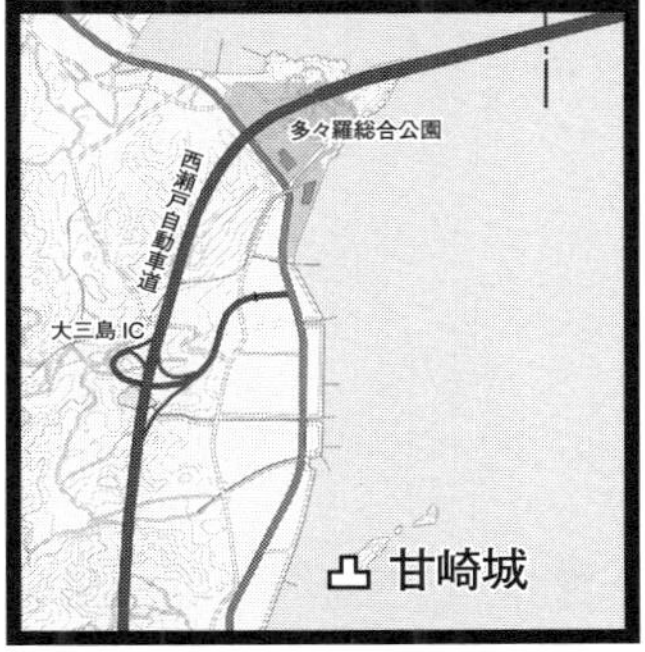

【地理と歴史】　甘崎城は、今治市上浦町甘崎に所在する。対岸の水場集落から一六〇メートル沖合にある三つの島の最南で（古《ふる》城《しろ》島、地元では「城山《しろやま》」と呼ばれている）、瀬戸内海を最短で通行するルート（沖乗り）に面している。西側に砂嘴《さし》が形成され、大潮の干潮時は歩いて渡ることができる。

史料上の初見は天文十年（一五四一）である。その城主としては中世では能島村上氏系の今岡氏、来島村上氏の村上吉《よし》継《つぐ》が知られている。関ヶ原の戦いの後、藤堂高虎領となると、安芸の福島正則の動向を監視するため近世城郭として総石垣の城に大改修され、藤堂大学頭が城代であったが、高虎の伊勢転封にともない廃城になった。後に松山藩主が参勤交代で帰国する際の狼煙場《のろしば》が設けられていた。

【甘崎城の調査】　甘崎城の測量図面については、浅野文庫蔵『諸《しょ》国《こく》古《こ》城《じょう》之《の》図《ず》』「伊予　天崎」（以下「古図」と呼ぶ）が一七世紀後半に原本作成されたものとして知られている。愛媛県教育委員会が平成十二〜十三年度に芸予諸島域の総合的な文化財調査を実施した報告書により（以下「報告書」と呼ぶ。なお、主たる調査担当者は筆者）甘崎城の概要を記す。

【城の構造】　甘崎城には、南の島の頂部に三つの郭があり、中央の郭Ⅱ（中心部の標高一六・三メートル、古図「二ノ丸」）が鞍部のようになっている。北郭（郭Ⅰ、中心部の標高一九・六メートル、古図「本丸」）と南郭（郭Ⅲ、中心部の標高一七・五メートル）とは、規模においては郭Ⅲが上回っているが、郭Ⅰの方が高所にあり、また郭Ⅱに面する虎口は間口奥行きともより大きく造ら

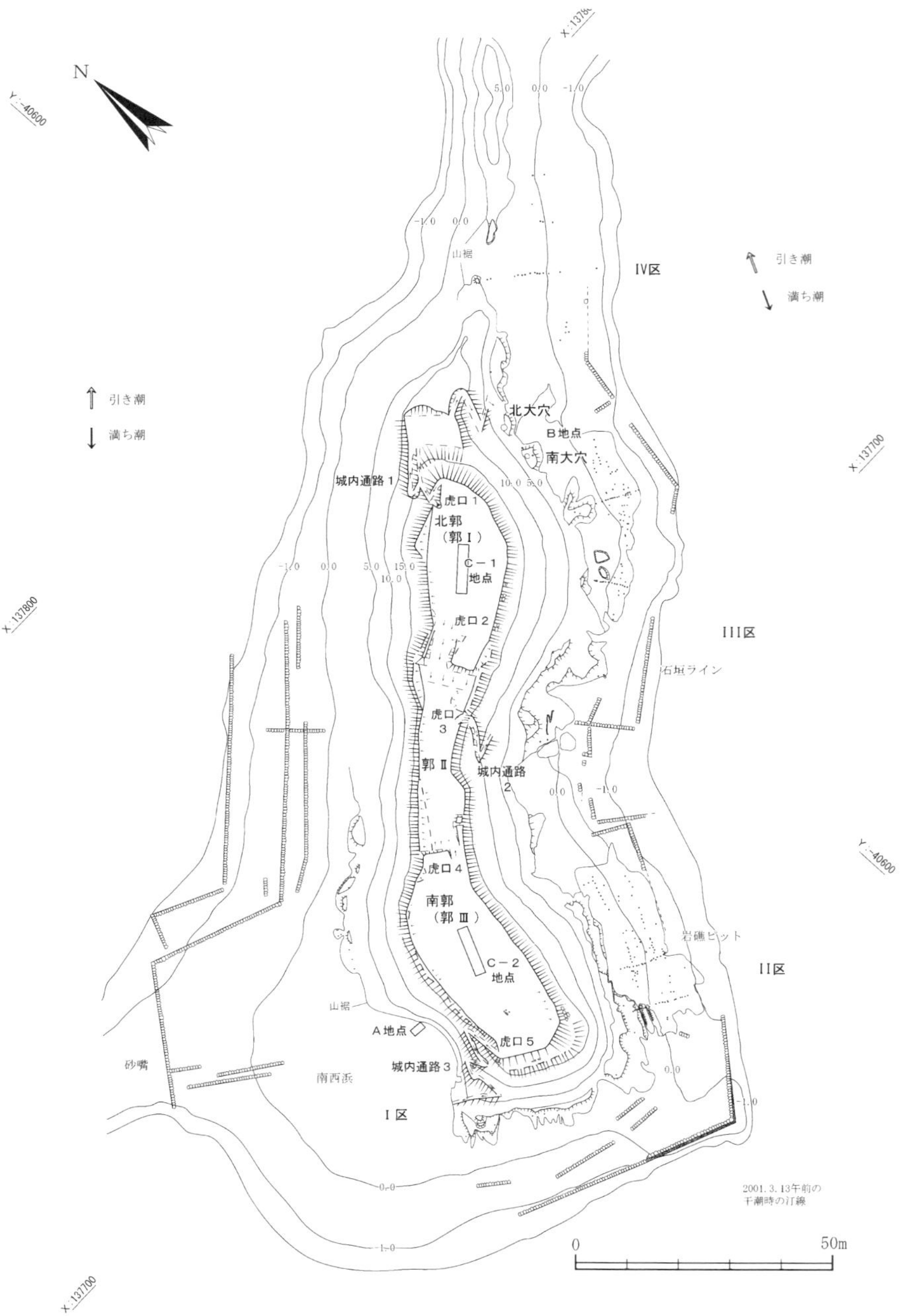

●—甘崎城測量図（『しまなみ水軍浪漫のみち文化財調査報告書—埋蔵文化財編—』より）

れていることから、主郭は郭Iと考えられる。

　北郭（郭I）は、長軸約三六・五メートル、短軸約一五・八メートルの北西側が欠けたおおむね長方形で、北西端と南西側に虎口が設けられている。郭IIは、長軸約三六・五メートル、短軸約九・二メートルのいびつな長方形である。南郭（郭III）は、長軸約四五・〇メートル、短軸約一六・五メートルの北東側が欠けたおおむね長方形で、北東端と南西端に虎口が設けられている。南郭北東端の虎口4は間口約二・二メートル、奥行き約二・〇メートルで東には袖が伸びており、古図では食違《くいちが》い虎口として表現されているが、現存遺構では片袖が張り出しただけの構造である。南郭の南斜面では数ヵ所で野面積みの石垣を確認している。なお、郭の南部には石をいびつな方形（長軸約一・一メートル、短軸約〇・六メートル）に組んだものがあり、近世の烽火の施設の可能性がある。

　これらの郭のうち郭Iと郭IIIでは、発掘調査の結果、瓦や礎石が確認されており、また郭の塁線にも石垣が一部残っていることから、いわゆる織豊系城郭の考古学的要素を備えている。

●―甘崎城岩礁ピット

　北郭の北にある城内通路1を降りた箇所に大穴が二基あることは、大穴の機能を考察する上で示唆的である。郭IIに東から入る城内通路2は、郭近くではよく残っているが下部は地表面観察では不明で、海際の岩礁の張り出しにつづいていたものと思われ、近世城郭化した際には大手道として使われていたと考えられる。

【岩礁ピット】　本城の縄張を考察する

上で、大まかに中世と近世との段階を想定できよう。その際、岩礁ピットと石垣は欠かせない要素である。現存する石垣の最高所は満潮時に水没する場合もあることから、さらに高く石垣が積まれていたと考えられ、平坦面として造成されていたならばその近くの岩礁ピットは盛り土により埋没していた可能性が高く、岩礁ピットの機能した時代には石垣はなかったものと判断するのが妥当であろう。したがって、算木《さんぎ》積《づ》みの導入を考慮すると、石垣の構築は近世初頭で、岩礁ピットはそれ以前の中世の遺構と考えられる。

●—甘崎城南端の石垣

　岩礁ピットは南の島の南東海岸を中心に二六〇基以上が確認できる。中でも一五～二〇基の岩礁ピットが海岸線に対して直交して並ぶ縦列岩礁ピットが五条あり、来島城と並んで特徴的である。深さは一〇センチから二〇センチのものが多いが四〇センチあるものもあって興味深い。このように無数の岩礁ピットがうかがわれたのは、来島村上氏の当主通総《みちふさ》が織田方に走ったので、河野・毛利陣営に残った重臣の吉継が来島村上系の海賊衆を統率する上で多くの係留施設が必要となったためと考えられる。

【石垣】　石垣は、山上の郭の周囲ではわずかに確認できる程度であるが、海岸部では直線状の石垣列を単位として、合計三八列の石垣列が確認されている。遺存状態がもっとも良いのは南端の隅角部で約一・二メートルの高さである（基底部は地山の岩盤を利用しているので積み増された部分のみの高さ）。この箇所は、算木積みが明瞭で、角石に粗割り石を使用し左右の引きが整い、控えの長さの比率が一対二となっていることから、堀口健弐の編年で文禄期に盛行し慶長前半期まで徐々に減少しながら存続するとされるものである。その他の大部分の石垣列は一石ないしは二石程度しか残っていない。なお、古図には、北郭周辺で一丈二尺（約三・六メートル）、東海岸で三間半（約六・四メートル）と高石垣によって島全体が総石垣化された状況が記されている。

【縄張の機能】縄張について言えば、総じて甘崎城の山上部の構造は単純であり、郭配置そのものは中世に遡る可能性が高い。各虎口にしても、虎口2こそ内枡形構造を持つものの、他の虎口は平入りであり、ほとんど改修されていない可能性が高い。総石垣化したさいも旧来の縄張をほぼ踏襲し、土木工事量から想定しても改修の主たる箇所は海岸部であり、旧来の岩礁を石垣で囲い干拓して新たな郭を創出しているのであり、改修者が甘崎城に期待した機能の多くを新たな海沿いの郭が担っていたと考えられる。つまり、甘崎城は中世には無数の岩礁ピットを持ちながらも人員や物資の集積機能には限界があり、鼻繰瀬戸周辺の限定された海上交通を掌握する地域的拠点であったが、近世初頭には人員や物資の集積機能をより高めた結果、他の海城が廃城となっていたこともあり、さらに広範囲な海上活動を支える拠点として整備されていたものと考えられる。

県教育委員会の調査ではトレンチから出土した遺物のほか周囲の海岸から土器などを採集しており、遺物の種類は瓦のほか、土師器・瓦質土器・備前焼・瀬戸美濃焼・中国陶磁器・朝鮮陶磁器などで、供膳具・貯蔵具・調理具・煮炊具が揃っており、一五世紀前半から一七世紀前半までのもので、一六世紀のものが充実している。

甘崎城は、特徴的な縦列岩礁ピットを多数持つ瀬戸内を代表する中世の海城の一つであり、島全体を総石垣に改修した形態を今に留める全国唯一の海城である。

なお、先に大潮の干潮時に砂嘴を歩いて渡ることができると記したが、夢中になって時間を忘れると潮が満ちて砂嘴が見えなくなるのでくれぐれもご注意を（筆者は首まで浸かって携帯がダメになったことも）。

【参考文献】山内譲「瀬戸内海の海賊衆と海城―伊予甘崎城の場合―」『瀬戸内海地域史研究第五輯』（瀬戸内海地域史研究会、一九九四）、愛媛県教育委員会編『しまなみ水軍浪漫のみち文化財調査報告書―埋蔵文化財編―』（二〇〇二）、日和佐宣正「甘崎城」『季刊考古学』第一二〇号（吉川弘文館、二〇一二）

（日和佐宣正）

●島全体を城郭化した村上海賊の城

能《の》島《しま》城《じょう》

〔国指定史跡〕

〔所在地〕今治市宮窪町宮窪
〔比　高〕約二五メートル
〔分　類〕海城
〔年　代〕一四世紀頃から一六世紀
〔城　主〕能島村上氏
〔交通アクセス〕村上海賊ミュージアム前の船着き場から「能島上陸&潮流クルーズ」に乗船（要予約）。

【立地】　瀬戸内海のほぼ中央部に位置する芸予諸島。この地には、小さな島全体を城郭化した全国的にも珍しい城が点在する。その中で唯一の国指定史跡が能島城跡である。

能島城は、芸予諸島の大島・鵜島《うしま》・伯方島《はかたじま》に囲まれた宮ノ窪瀬戸に位置し、周囲八四六メートルの能島と隣接する周囲二五六メートルの鯛崎《たいざき》島の両島全体を城郭化している。山内譲は、このように特異な島の城を「海城《うみじろ》」とし、海賊衆との関わりを強調した。ちなみに網野善彦は、「岬に構えられ、海に対する警固所・関所としての役割と防御機能をもった城郭」を広く海城として定義している。

現在も小島の姿をとどめる海城は芸予諸島の愛媛県側に集中しており、その海岸部には、「岩礁ピット」と呼ばれる接岸施設の痕跡が顕著にみられる。時に一〇ノット（時速約一八キロ）にもなる激しい潮流が取り巻くその環境から、しばしば「天然の要塞」と称される。

【村上海賊】　能島城の城主は、いわゆる「村上海賊」三家の一つ、能島村上氏とされる。一般には、応永二十六年（一四一九）に村上雅房が築城したとする説が流布されているが、このことを示す当時の史料は皆無であり、その信憑性は低い。

能島村上氏が確かな史料に姿を現すのは、貞和五年（一三四九）である。この頃、「塩の荘園」として有名な芸予諸島の弓削《ゆげ》島では、小早川一族による「濫妨《らんぼう》」が問題化しており、荘園領主の東寺はその停止を求めるため、使者の派遣を幕府に要請した。弓削島に向かうその使者を迎えるにあたり、東寺は「野嶋」に「酒肴料」という名目で「三貫文」を支払ったという（『東寺百合文書』）。「野嶋」とは能島村上氏を、「酒肴料」は警固料を示すと考えられ、このことは村上氏が歴史上に姿を現した頃には、すでに海上警固を行なっていたことを示している。

一五世紀中ごろには、守護から遣明船の警固を命じられた「備後海賊村上」「伊与周防等海賊」「四国海賊」（『満済准后日記』）が姿をみせ、山内や網野らが指摘したように、南北朝時代以降になると海賊のイメージが大きく転換し始めた。「賊的ニュアンス」は消えることはないが、鎌倉時代以前とは異なり、海上警固への期待、そして海上交通を下支えし、その活発化を促す勢力としても存在感を高めていくことになる。

●—史跡能島城跡と宮ノ窪瀬戸（村上海賊ミュージアム提供）

【築城ラッシュ】　海賊たちの台頭とともに芸予諸島の景観は大きく変化した。柴田圭子によると、一五世紀以降に港湾機能を持った集落が湾入した海浜部に展開し、それと連動して、網目状の航路を睨むように、小さな島や岬・鼻の先端、海を望む丘陵上に次々と城が築かれた。

発掘調査成果によると、能島城跡でもっとも古い遺物群の年代は一四世紀中ごろから後半であり、この頃に能島の本格的な利用が開始されたとみられる。また少なくとも一五世紀前半以前に郭が形成されていることから、築城は一四世紀中ごろから一五世紀前半までの間となり、他の海城に先行して築城された可能性がある。先に述べた文献にみる能島村上氏の台頭時期と概ね合致しているとみてよいだろう。

二〇〇年以上の長きにわたる能島城の存続期間の中で、郭の拡張や改修、通路の補修、海岸の埋め立てなどが繰り返し行なわれてきたが、現在にその姿を伝える城の最終形態は、一六世紀中ごろに完成したようだ。

【文献にみる能島城】　天正十四年（一五八六）、堺を出港した宣教師ルイス・フロイスら一行は「ある島（々）」に到着し、そこで「多数の部下や地所や船舶を有し」た「大きい城」を目にしたという。その島には「日本最大の海賊」が住んでおり、この海賊が「能島殿」であった（『フロイス日本史』）。

そこでフロイスら一行は瀬戸内を安全に通行するため、能島村上氏に「紋章が入った絹の旗と署名」を求めたという。これがのちに「過所船旗《かしょせんき》」と呼ばれる「通行保証状」である。これらの記述から描かれる景観は能島城とその周辺をおいて他にみあたらない。この頃の城は能島村上氏の居所であり、多様な海上活動の拠点として機能していたと推測される。

ところで、能島村上氏の安全保障といえば過所船旗のほかに「上乗《うわのり》」というシステムがよく知られている。上乗とは、海賊の同乗による水先案内のことで、これを得るためには海上公事（税）を村上氏に納める必要があった。船頭との交渉をへて税を徴収し、その対価を提供する場の一つとして能島城が機能したと考えられる。税の徴収に応じない船に対しては容赦なく制裁を加えたであろう。

【廃城】 明確な記録はないが、天正十五年（一五八七）の小早川隆景《たかかげ》の筑前国替えにともない、能島村上氏が能島城を退去したと考えられている。出土遺物の年代もおおむね合致することから、廃城時期は一六世紀末ごろと捉えることができよう。廃城後の文禄三年（一五九四）に能島沖を航行した島津氏の家臣新納《にいろ》忠元《ただもと》は、「野島とやらん、昔は盗賊を明ける所なれ共、殿下殿の御徳にて、今は上下の船心安く侍りながら沖中にいかりをおろして」（『旧記録雑録後編』巻三十二）と述べている。能島村上氏の海域の象徴として、廃城後もその存在感を失っていなかった。

【構造】 能島は島全体を三段に削平しており、頂部の郭（曲輪）Ⅰ、それを取り巻くいわゆる「帯曲輪」の形態の郭Ⅱ、その西側には郭Ⅲが接している。郭Ⅰと郭Ⅱ、郭Ⅱと郭Ⅲの間の急峻な斜面は切岸となる。

南側、北東側に張り出した尾根にもそれぞれ小規模な平坦面が形成され、出曲輪とされている。また南西側には、海岸を埋め立てた南部平坦地と呼ばれる広場がある。海辺の広大な郭と言えよう。さらに隣接する鯛崎島の頂部も平坦に削平され郭Ⅵとしている。主要な郭のほかにも斜面部には主に通路として岩盤を削平した小平坦面があり、盛土によって段階的な改修も行なわれている。

また、郭の縁辺には土塁の痕跡はみられず、堀切や竪堀《たてぼり》、そして複雑な虎口構造も発掘調査においても確認できなかった。郭を取り囲む柵の痕跡も発見されていないが、郭の縁辺部は過去の災害などで崩落している可能性もあるため、まったく存在していなかったとは言い切れない。

城自体の防御施設と言えるものは、それぞれの郭をつなぐ斜面の切岸と、郭と海岸部をつなぐ急峻な崖を除いては明確ではないと言える。総じて簡素な防御構造と捉えることができるだろう。なお、能島城の存続期間の中で技巧的な縄張を施した状況は発掘調査では確認できなかった。

【自然の防備性】　一方で、防御構造は簡素でありながら、実際には能島城が容易に落城していないことを示す一次史料が確認できるという。元亀二年（一五七一）の能島城合戦では、七月の段階で毛利輝元が勝負は早々に決着すると予測しながらも、少なくとも翌年三月までは攻防が続いていることが確認できる。さらに和睦は十月以降であることから、半年以上は合戦が続いていたことになる。

毛利氏が攻めあぐねたとも解釈できるこの状況の要因として、縄張図には示されない能島城の防御力、つまり海面や潮流による自然の防備性を主張する見方がある。確かに大潮・中潮時の最強時間は激しい潮流が渦巻き、この主張を裏付けるに足る迫力がある。しかし、六時間を周期とする潮止まりや最大でも二ノット程度の小潮時もあることから、自然の防備性は恒常的に機能したわけではない。近年では、船による防御線の構築や、他の島や岬・鼻の城、さらには瀬戸などの自然条件が巧みに利用された戦略の可能性など、能島城の防御性に関するさまざまな議論がなされているが、いまだ明快な回答は得られていない。

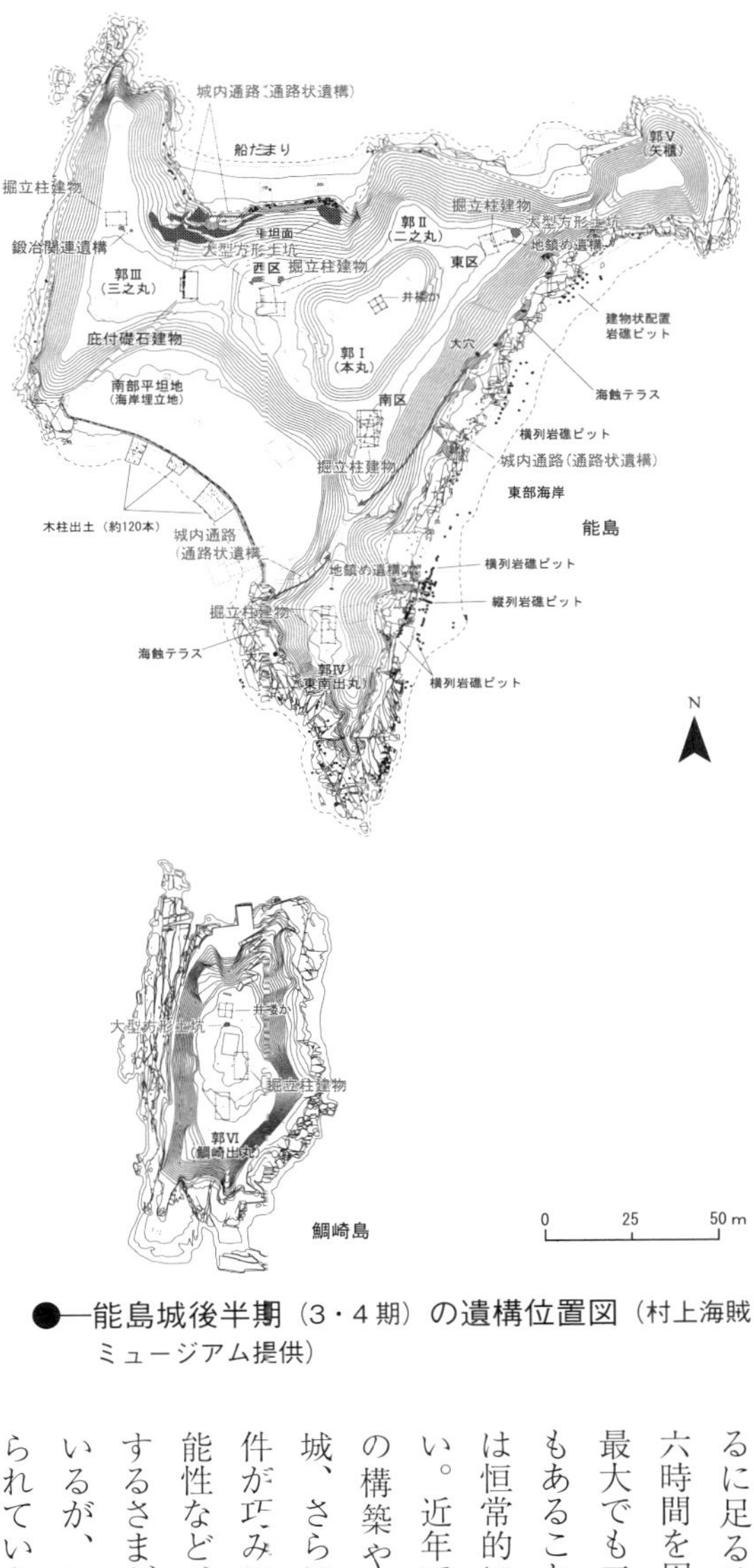

●—能島城後半期（3・4期）の遺構位置図（村上海賊ミュージアム提供）

●―岩礁ピット（村上海賊ミュージアム提供）

【水際の遺跡】　ところで、能島城の最大の特徴は海岸部にあるといっても過言ではない。能島城が近年「水際の遺跡」として水中遺跡の分野で注目される理由であるが、海岸部には岩礁ピット（柱穴）、海蝕テラス（通路、作業面）、海岸の埋め立てなど、特徴的な遺構が存在する。岩礁ピットの位置や配列を見る限り、明らかな防御施設と位置づけられるものは現状では見いだせず、むしろ船の発着や海岸での活動に利便を図った開放的な構造とみてよいだろう。

広い砂浜のある能島北側の船だまりは対外的な窓口となる主要な船着場、東部海岸は海賊たちの船着場かつメンテナンスの場所、そして南部平坦地は荷上場としての利用や軍事演習などさまざまな用途が想定されるヤードとして利用したと想定でき、戦時の備えというよりは、平時の海上活動や生活に密着した海岸部の整備と評価できる。

【変遷】　能島城が機能した時期は郭の形成や展開、出土遺物の盛期からおおむね四期に区分できる。

能島城一期（一五世紀前半以前）は能島の利用開始期にあたり、盛土で海岸を埋め立てて南部平坦地の造成を開始するなど、郭の形成期にあたる。続く二期（一五世紀中ごろから後半）は、明確に郭が形成される時期で、郭Ⅱには掘立柱《ほったてばしら》建物やいわゆる「地鎮め」の遺構がみられ、中国陶磁器の搬入量も増加するなど、利用が活発化する。

三期（一五世紀末から一六世紀前半）は、出土遺物と遺構からみた能島城の盛期であり、梁間《はりま》側二間（一間は約六尺五寸）、桁行《けたゆき》側三間もしくは四間の住居または倉庫が最大で六〜七棟併存した可能性がある。建築や廃絶に際しては、丁寧な地鎮めの祭祀を行なっていることもわかる。

遺構の検出状況や出土遺物から、郭Ⅰは儀礼や饗宴を行なう非日常的空間、郭Ⅱはおもに居住空間が想定できる。上級武士的な人物が常駐していたとすれば、日常品とともに高級で珍しい中国陶磁器が豊富に出土した郭Ⅱ西側がそうであろう。

郭Ⅲには、現状では能島城で唯一の礎石建物があった。船だまりや南部平坦地に荷揚げされた物資を保管する「倉」と考えられる。その近隣には鍛冶遺構も検出され、鉄釘や鉄鏃といった小型の鉄製品を生産・補修する場を城内に備えていたことがわかる。

郭Ⅱ・郭Ⅲで確認された掘立柱建物には一辺が二メートル以上にもなる大型方形土坑が隣接するケースが顕著にある。この遺構には屋根があった痕跡がなく、さらに壁面と床面に黒色の粘質土が貼り付けられていることから、水溜めと推測された。雨水を有効利用していたのだろう。

四期（一六世紀中頃から後半）は、中国陶磁器や備前焼などの物量が減少する時期である。生活の実態は不明な点が多いが、継続的に利用されていたことは明らかである。能島村上氏を取り巻く政治情勢の変化や当主の交代、流通をめぐる構造の変化などさまざまな要因を背景として、能島城の役割が変遷したと考えられる。郭Ⅰの井楼と考えられる建物や鯛崎島の利用の活発化はこれらの事情を反映したものだろう。

【生活・文化】 一期は生活容器の出土、二・三期はその豊富な出土に加えて、掘立柱建物の存在と建替えから能島城が恒久的な生活空間であったことがわかる。四期も最終段階の生活用具を携えて城を退去した結果として出土遺物量が乏しいと考えることもできる。かつては、出城や見張り場など軍事施設としてのみの評価が主流であったが、発掘調査によって恒久的な生活の場としての役割がみえてきた。

七万片以上の出土遺物のうち、海外産の陶磁器は約五パーセントを占め、中国陶磁器は碗・皿以外の例えば青磁盤、香炉、天目《てんもく》茶碗、茶入れなどが一定量出土することが特徴と言える。流通への関与とともに、しばしば猛々しいイメージで語られる海賊の文化的な側面を垣間見ることができよう。

【特殊性と対岸の遺跡】 簡素な縄張や開放的な海岸整備は、能島城が平時にも有効に機能したことを示しているのではないだろうか。航路に面した最前線の活動拠点として海賊が常駐する場であり、同時に自らのナワバリ（支配海域）を示す象徴的存在であったと考えられる。

多様な海上活動の拠点が能島城だとすれば、その後背には生活の本拠となる集落の存在が想定できる。コウガ屋敷遺跡など発掘調査が進む平野部の遺跡の動向にも注目したい。

【参考文献】網野善彦「太平洋の海上交通と紀伊半島」『海と列島文化八　伊勢と熊野の海』（小学館、一九九二）、山内譲『中世瀬戸内海地域誌の研究』（法政大学出版局、一九九八）、同『中世瀬戸内の旅人たち』（吉川弘文館、二〇〇四）、同『瀬戸内の海賊―村上武吉の戦い―〈増補改訂版〉』（新潮社、二〇一五）、『史跡能島城跡―平成十五〜二十七年度整備に伴う調査総括報告書―』（今治市教育委員会、二〇一九）

（田中　謙）

●日本最高の海賊「来島殿」の海城

来《く》島《しま》城《じょう》

〔国指定名勝「波止浜」内〕

〔所在地〕今治市来島
〔比　高〕約四〇メートル
〔分　類〕海城
〔年　代〕一五〜一七世紀初頭
〔城　主〕来島村上氏
〔交通アクセス〕JR今治駅からバス約二〇分、波止浜港から定期船所要五分（一日一〇便）。

【地理と歴史】　来島城は、今治市来島に所在し島全体を城郭として利用した海城で、来島海峡の西に位置している。来島海峡は激しい潮流のため瀬戸内海の東西通行上の海の難所とされる。来島と対岸の陸地との間には幅約二八〇メートルの来島瀬戸があり、対岸の大浦地区には「水場」という地名が残っており、真水が得られない来島の給水地であったと言われる。

来島城の文献上の初見は宝徳三年（一四五一）とされ、また来島村上氏がはっきりと姿を見せるのは大永四年（一五二四）であるが、発掘調査の成果からも一五世紀初頭まで遡る可能性が高い。

来島村上氏は因島《いんのしま》村上氏・能島《のしま》村上氏と並んで有力な海賊衆であったが、村上通康《みちやす》の代に伊予国守護河野氏の重臣の地位を得て、影響力を高めた。『予陽河野家譜』などでは守護河野家の当主通直《みちなお》が家督争いから湯《ゆ》築《づき》城から追放されて来島城に逃げ込んだとあり、河野家とのゆかりが深い城であった可能性が高い。

●—来島城遠景

来島城が大きな戦いの場となったのは、天正十年（一五八二）に城主村上通総《みちふさ》（通康嫡子）が主家河野氏を見限って織田方についたため、五月頃から河野・毛利・能島村上軍の激しい攻撃を受け、翌年三月には落城し、通総は羽柴秀吉のもとに退避している。

天正十三年（一五八五）の羽柴秀吉の四国平定後に通総は帰国を果たし、風早郡《かざはや》に一万四〇〇〇石を与えられ鹿島城を居城とした。通総は慶長の役に際して、慶長二年（一五九七）に鳴梁《めいりよう》の海戦で戦死し、嫡子康親《やすちか》が後を継ぐが、関ヶ原の合戦で西軍に加わったため戦後に赦されたものの慶長六年（一六〇一）に山国の豊後国森（大分県玖珠郡楠玖珠町）に転封されて来島城は廃城になった可能性が高い。また、来島村上氏（二代森藩主通春が久留島に改姓）も海賊衆としての性格を失った。

ルイス・フロイスの『日本史』には、「日本中で最高の海賊としてその座を競い合ってきたのはただ二人だけで、（中略）その人は今述べた能島殿であり、他の一人は来島殿と称する。」と記されている。

【来島城の構造】　甘崎城と同じく愛媛県教育委員会の調査報告書により来島城の概要を記すこととしたい。

島は、東西約一八〇ﾒｰﾄﾙ、南北約三五〇ﾒｰﾄﾙで、島の中心よりやや北に丘陵の頂部（標高四〇・八ﾒｰﾄﾙ）があり、山頂から南北および南東に尾根が張り出している。丘陵斜面は、東西とも急で、尾根に挟まれた谷部のみが比較的緩斜面である。島の周囲の潮流は干満時には激しく、埋め立てが進む以前は南に伸びる尾根に守られる現在の漁港付近は比較的緩やかで、かつては浜であったと考えられる。

丘陵には複数の郭が営まれており、干潮時に姿を現す周囲の岩礁には無数の岩礁ピットが穿たれている。現在島の南部海岸は造成により埋め立てられているが、北部同様に多数のピットが穿たれていた可能性が高い。

【郭群】　山頂郭1が主郭と考えられ、南北約六九ﾒｰﾄﾙ、東西は最長部で約一七ﾒｰﾄﾙ、東西の斜面は極めて急で、南の郭4からの通路は郭1からの横矢が可能であるが、特段の虎口構造はともなっていない。東から郭北部に上がる通路には間口約三・八ﾒｰﾄﾙ、奥行き約四・〇ﾒｰﾄﾙの掘り込みがある。

主郭の北には、四つの郭が認められ、岩礁への通行のためか海蝕崖直上までつづく。南に続く尾根には六つの郭があり、南東の尾根には三つの郭がある。郭5から下の谷は自然地形のままで、心月庵《しんげつあん》のある郭14から下には数段の郭が造成されている。この心月庵のある場所を館に比定する説もあるが、守護河野家の重臣でもあった河野通康の館とするには無理がある。

丘陵部にある郭群下位の海岸沿いの平坦部には民家が建てられて旧状をうかがいがたいが、県教委の発掘調査では石組の溝や礎石が検出されており、一五世紀前半の備前焼や一六〜一七世紀初頭の肥前陶器も出土しており、この平坦部に館が建てられていた可能性が高い。

●—来島城測量図（『しまなみ水軍浪漫のみち文化財調査報告書—埋蔵文化財編—』より）

【岩礁ピット】 来島城の北部岩礁には無数のピットが穿たれており、その数は認定次第によるが約二六〇基が確認できる。特徴的なのは一〇条の縦列ピットがあることである。岩礁ピットは繋船施設と考えられているが、これらの縦列岩礁ピットは主要な船舶用の係船施設の可能性が高い。

今では島の南側三分の二は干拓によって陸地化しているが、北側の海蝕テラスがほぼ平坦に分布している状況からすれば南側にも同じような海蝕テラス広がっていた可能性が高い。島の北側三分の一だけで二六〇近い岩礁ピットが確認されていることからすれば、七〇〇基以上の岩礁ピットが往時は穿たれていたと考えられる。フロイスが最高の海賊と言うように、来島村上氏の指示で無数の船が来島に集結することがあるためにこのような施設が設けられていたのであろう。

来島城の見所は岩礁ピットであり、それらがみられる大潮の干潮時に合わせて訪問することがお薦めで、潮位表を確認した上で訪問日程を決める必要がある。

【主要参考文献】山内譲「中世瀬戸内海の海城」『四国中世史研究』第二号（四国中世史研究会、一九九二）、同『海賊衆 来島村上氏とその時代』（二〇一四）、愛媛県教育委員会編『しまなみ水軍浪漫のみち文化財調査報告書―埋蔵文化財編―』（二〇〇二）、土居聡朋「村上通康・通総―海賊衆から豊臣大名への転身」『戦国武将列伝一〇 四国編』（戎光祥出版、二〇二三）

（日和佐宣正）

●―来島城 A-2 縦列岩礁ピット（『しまなみ水軍浪漫のみち文化財調査報告書―埋蔵文化財編―』より）

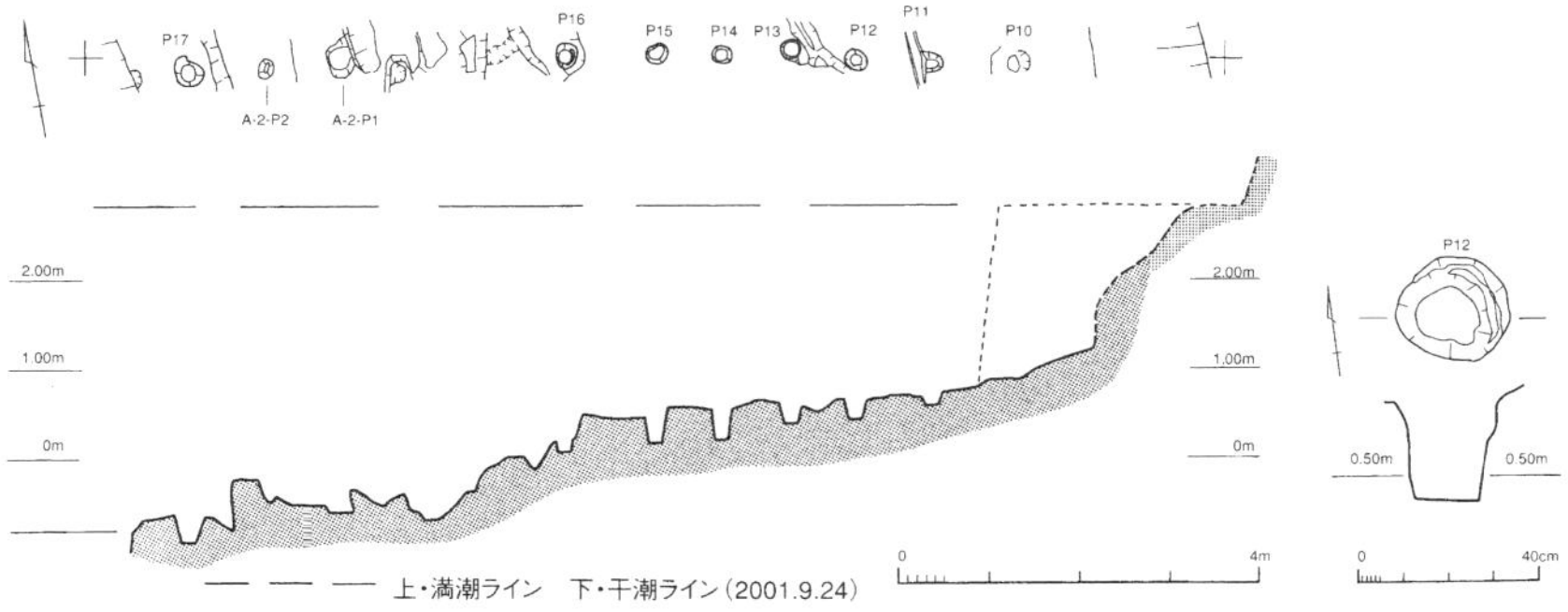

●―来島城 A-2 縦列岩礁ピット平・断面図
（『しまなみ水軍浪漫のみち文化財調査報告書―埋蔵文化財編―』より）

●福島正則の居城

国《こく》分《ぶ》山《さん》城《じょう》

〔所在地〕今治市古国分・国分
〔比　高〕約一〇〇メートル
〔分　類〕平山城
〔年　代〕一六世紀第4四半期
〔城　主〕村上武吉・福島正則ほか
〔交通アクセス〕JR今治駅から唐子浜バス停までバス約二〇分、西に徒歩一〇分余り登る。

【国分山城の歴史】　国分山城は築城に関する史料が残る伊予では希有な事例である。天正十二年（一五八四）に比定されている伊予国守護河野通直《こうのみちなお》が能島《のしま》村上氏の当主村上元吉《もとよし》に宛てた書状で、「国分山に築城したことは、こちらでは事前に承知していなかったし、現地での調整もなかったので府中（今治地方）では騒動になっている。」（筆者意訳）とし、村上武吉《たけよし》（元吉の先代当主）がその子細については説明すべきであるとの通達をしているので、築城が天正十二年のこととわかる。

その後、羽柴秀吉による四国攻めの後、当地は小早川隆景領となり隆景の筑前名島《なじま》に転封後は、福島正則、池田秀雄《ひでかつ》、次いで小川祐忠《すけただ》が居城とした後、関ヶ原の戦いの後は藤堂高虎領となり、地域の中核として今治城が築かれたため、国分山城は廃城になったものと思われる。

【城の構造】　国分山城は比高約一〇〇メートルの通称唐子山に主郭を置き、主として北東方向に伸びる尾根に七つの郭を配し、南の尾根にも一つの郭がある。最大の特徴は東山麓に約一五〇メートル四方の居館部（X）があることである。

主郭（I）は約三〇メートル×約二七メートル四方で南東側に約一〇メートル四方の県下ではあまり類例がない枡形状の虎口があり、過去には主郭周囲には石垣があったとの報告もあるが、現状では確認できない。地籍図の調査によると主郭は小字「唐子山」であるが、南側には「唐子山臺《だい》」という小字があり現状ではなんの遺構もないが天守台があった可能性もある。

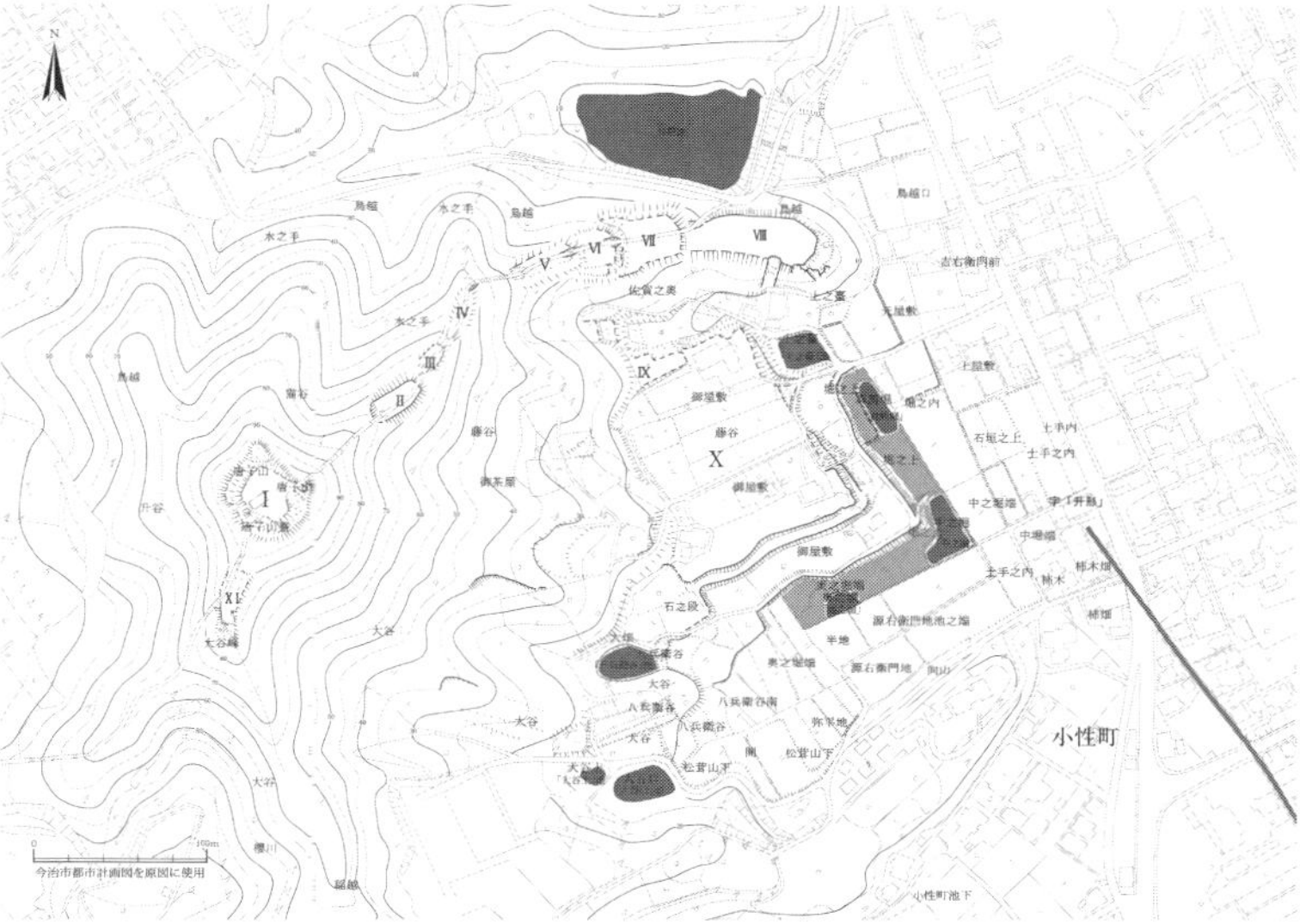

●—国分山城縄張図（地名は小字。日和佐宣正作成）

山の尾根沿いの郭は地形を最小限に造成して平坦面を作り出したものである。麓の居館部は、主郭との比高約九〇メートルで、北東側と南東側には池が三つあり、それらを結ぶと幅二〇メートル前後の堀に囲まれていたと考えられる。居館部の北側には深さ約四メートル、幅二二～二六メートルの空堀が掘られている。東側は堀から控えて二〇メートルあたりで二段になっている、南東側は堀から控えて二二メートルあたりで三段になっており段差は上段約二・五メートル、下段は約四・五メートルある。なお、この居館部は福島正則によって整備された可能性が高い。

地籍図の調査では、居館部は字「御屋敷」、堀の東端の先には「升形」という地名があり、そこから現桜井河口港まで道が伸びていたようである。このような立地が海賊衆である村上武吉が国分山に城を構えた理由であろう。また、周囲には「元屋敷」、「上屋敷」、「土手之内」、「石垣之上」、「小性町」（本義は小姓町か）、「水之手」など、城に関連する小字が残っている。北東側に「土手之内」、「石垣之上」という地名もあるので、さらにもう一重の堀があった可能性もある。

【参考文献】長井数秋「国分山城」『日本城郭大系　第一六巻』（新人物往来社、一九八〇）、池田誠「国分山城」『図説中世城郭事典　第三巻』（新人物往来社、一九八七）、日和佐宣正「近世初頭の支城伊予加藤嘉明領拝志城—地籍図の検討及び国分山城との関連より—」『戦乱の空間』第一〇号（戦乱の空間編集会、二〇一一）

（日和佐宣正）

●内枡形状の船入を持った最強の海城

今《いま》治《ばり》城《じょう》

〔愛媛県指定史跡〕

〔所在地〕今治市通町
〔比　高〕約一〇メートル
〔分　類〕海城
〔年　代〕慶長七年（一六〇二）～明治二年（一八六九）
〔城　主〕藤堂高虎・高吉、久松松平氏
〔交通アクセス〕JR今治駅からバス約一〇分。

【今治城の歴史】　今治城は、関ヶ原の戦いの後伊予半国（通称二〇万石、近年の研究では一九万石余）に加増された藤堂高《とうどうたか》虎《とら》が、慶長七年（一六〇二）から築城を開始し、慶長九年には完成したとされる城である。明治五年（一八七二）に本丸跡に吹揚《ふきあげ》神社が建てられている。

今治の地は羽柴秀吉の四国攻めの後、小早川隆景、福島正則、池田秀雄《ひでかつ》と藩主がかわり関ヶ原の戦いのさいは小川祐忠《すけただ》が支配していた。しかし祐忠が西軍に属したため、所領没収となり高虎領となった。しかし、高虎領は越智郡内では二万石程度で、高虎の居城は引き続き宇和島城であった（慶長十一年に六歳の嫡子高次《たかつぐ》が徳川家康・将軍秀忠に拝謁するために出発したのは宇和島であった）。

●—今治城中心部　東から

高虎が今治城を居城にしようとしたのは、藤堂藩が作成した高虎の一代記『高山公《こうざんこう》実録』では「今治ノ城ヲ居城ニセント欲シ玉ヒ近年造築アリ大凡ニ功成ル」とあり慶長十三年（一六〇八）春であったが、その八月には伊賀一国・伊勢二郡・伊予越智郡に転封となり、越智郡二万石が養子藤堂高吉に留め置かれた。

寛永十二年（一六三五）高吉も伊勢国に転封され（後に伊賀国名張に移される）、替わって伊勢長島の久松松平氏の定房《さだふさ》（松山藩主松平定行の実弟）が今治へ加増入封し、今治藩三万石（後に四万石）が成立して幕末まで続いた。

明治二年（一八六九）に城郭が大破したため（「今治城大破、当今時勢不用之品ニ付」）、今治藩は明治六年の廃城令より早く今治城を廃城にした。

【今治城の立地】 今治城は既述のように来島海峡を望む平野部にあるが、その距離は海峡から南に六キロである。今治平野を形成した蒼社川《そうじゃがわ》と北にある浅川の間に立地している。今治城の南西側外堀跡に沿って走る県道主要地方道今治波方港線、それに直線状に接続する国道三一七号の道路標高を今治市の都市計画図で確認すると、北から浅川付近で一・四メートル、市役所付近で二・五メートル、今治城本丸南西で三・六メートル、蒼社川北岸で三・七メートル、南岸で二・八メートルである。つまり、蒼社左岸の自然堤防上に本丸を置いて縄張がなされ、大手の今治湊のあった浅川河口である北西側から本丸に徐々に高まるようになっている。

【今治城の構造】 今治城は現在では本丸など約五〇メートル幅の内堀に囲まれた中核部と一部の石垣しか残っていないが、盛時の状況は今治城に残された「正保城絵図」（以後「正保図」と呼ぶ）から判明しており、かつては外堀・中堀・内堀と三重の堀に囲まれた大城郭であった。正保図による推定復原図から考察すると、海岸線に平行するように方形に区画された外堀は海岸線に平行する北西―南東軸で約一二〇〇メートル、北東―南西軸で八〇〇メートル余である。東側は当時は蒼社川の後背湿地であったためか、外堀が海岸まで至らず、途中で内側に屈折している。当時の主要港である今治津方向に土塁による内枡形の大手口が設けられ、南東側の搦手《からめて》拝志《はいし》口は石垣造りの複雑な虎口となっている（緊張関係にあった加藤嘉明領を意識したものと思われる）。

中堀は約七〇〇メートル四方で、海に面した北東側は堀をともなわないが高石垣（正保図では高さ二間四尺）の上に多数の櫓を連ねていた。さらに大手の鉄御門枡形の前面には鈎《かぎ》状の堀を配置して防御を固めていた。また、内堀より海側の中堀ラインは石垣が築造されている反面、陸地側は土塁である。それとともに海側では一一基の二重櫓があるのに、陸地側には櫓が一切なく、徹底して海側に対して重装備化しているとともに、視覚的効果を高めている。

現存する内堀内は、北西―南東軸で約二五〇メートル余、北東―南西軸で三一〇メートル余である。大手の鉄御門前の堀幅は七〇メートル

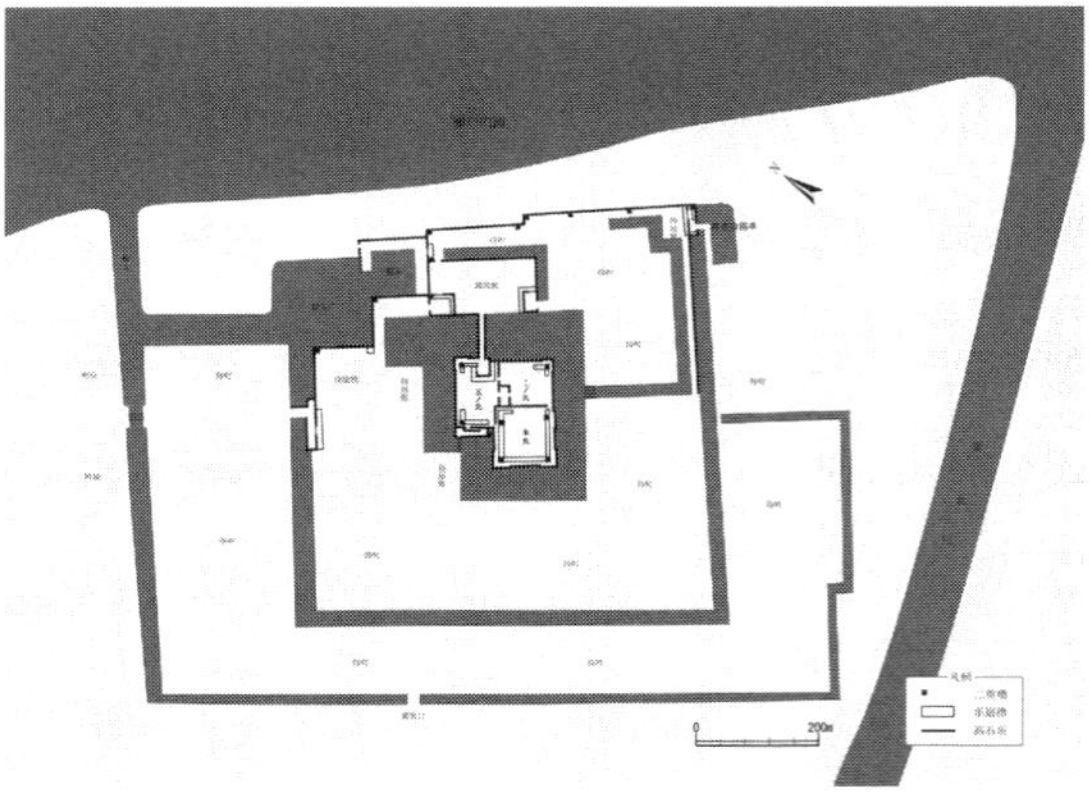

●—今治城江戸時代前期の推定復元図（「正保城絵図」をもとに日和佐宣正作図）

弱で、他の三面の堀幅は五〇メートル前後である。本丸の標高は一二・三メートル、二ノ丸の標高は八・一メートルで内堀に面して多門櫓が建造できるように櫓台（城内側からの高さ二・五メートル前後）が全周しており、それぞれのコーナーには二層櫓があげられていた。

今治城の縄張は、海側に対しては石垣で固め、縄張も徹底的に複雑なものにし、虎口は内枡形や外枡形で厳重にし、櫓で重装備にしていたのに対して、陸側は中堀の外は堀と土塁だけで簡素である。つまり、今治城は領国支配の象徴ではなく、海に対して見栄えとともに重装備化した完全な海城であった。なお、高麗門と櫓門から構成される虎口空間を有する枡形虎口は、徳川政権による築城に多く採用され「定型化した枡形虎口」とも評価されている。

正保図にみられる今治城は、高虎・高吉の後に今治に入封した松平定房が三万石しか領していなかったことから本格的に整備することはできなかったとの認識があり、高虎段階である程度完成されていたものと従来考えられていた。しかし、最新の研究では寛永四年（一六二七）に四国を探索した公儀隠密による今治城図（以下「隠密図」という）などと正保図との比較から、高吉段階では、二重櫓も内堀内の四基に止まり、ほとんどの門が棟門（隠密図では切妻《きりつま》屋根と入母屋《いりもや》屋根が描き分けられている。江戸時代は単層の門は冠木《かぶらぎ》門と総称されていた）で、櫓門は現在の山里櫓横の門だけであった。前後の二重の門からなる閉塞された枡形虎口もなかった。

『高山公《こうざんこう》実録』（成立は、一八世紀中葉に成立した藤堂藩の史書『宗国史』の引用があり、江戸時代中期以降とされる）中の『言行録』に「慶長十三年の暮今治の殿主を壊き船に積大坂へ運置其外殿門多以伊賀に引寄城内の御殿の所々に用之造立なせる処なり」とあるので、高虎転封時にどこまでの門が伊賀に移築されたかはわからないが、二万石では不要と判断されたのか外堀や内堀にはほとんど門がなく、枡形でも内側の門しかない。移築したのは殿主と殿門だというのであれば、今治城の縄張自体は高虎時代にできていたものの建造物の本格的な整備まではおよばず、海城・水軍の拠点として築城されたに止まり、正保図にみられる大城郭は松平定房による大改修をへて完成されたものであった可能性が高い。

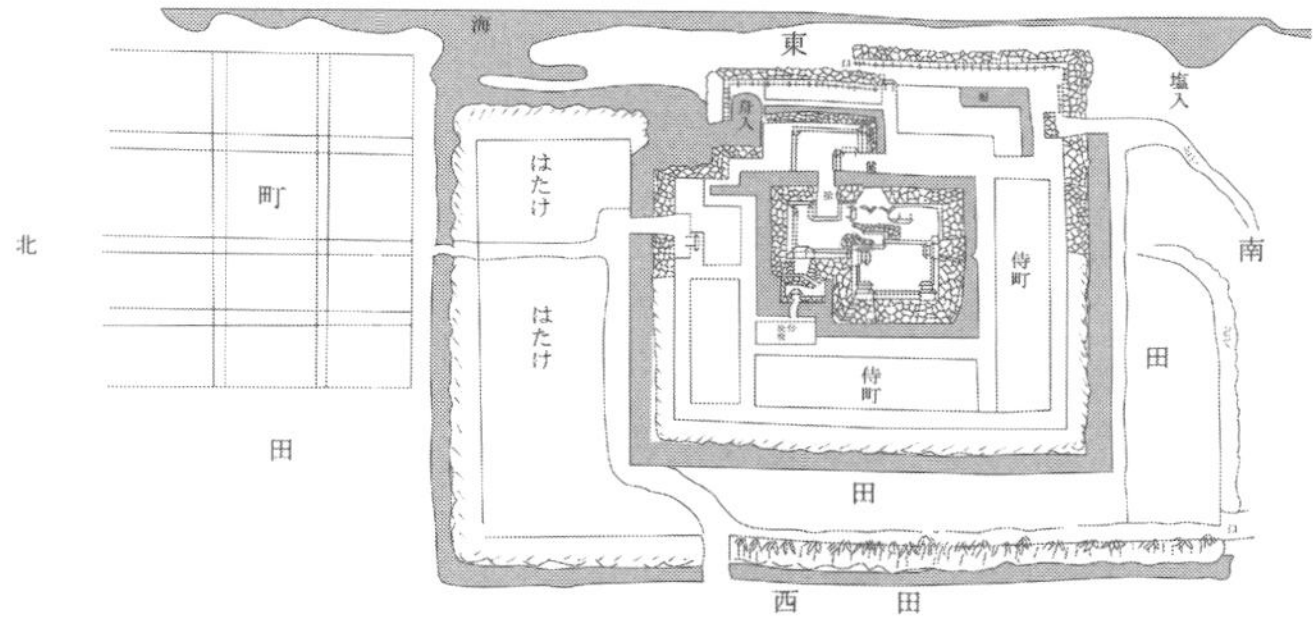

●—今治城『讃岐伊予土佐阿波探索書』添付図トレース
（日和佐宣正作図）

【船入】　今治城の天守に上るとかつての舟入であった今治港内港と、その先に来島海峡が眼下に納められ、城の立地がよくわかる。かつて内堀の北は外堀の船入からつづく約一五〇メートル四方の船入があり、さらに内側には七五メートル四方の船入があり、これらの船入はいずれも多数の櫓に守られ、侵入した敵船を撃退できるようになっていた。このような船入に敵船が侵入した場合に備えた船入や、まして内枡形状の船入は近世海城の代表である高松城や三原城にも見られない全国唯一のもので、海側にのみ石垣を整備して無数の二重櫓を備えていたことも合わせると、今治城が日本最強の海城と評価できる点である。

【今治城天守】　現在本丸北側には昭和五十五年に市制六〇周年を記念して建てられた模擬天守が建っており、最上層に登ると来島海峡やしまなみ海道、今治平野を一望することができる。天守の存否は確認できていないが、近年では本丸中央に天守台をともなわない直置きの天守が建てられていたという説もある。

　このことに関して史料上は、『寛政重修諸家譜』の高虎の項に、「十五年丹波国亀山城普請のことをうけたまはり、且《かつ》今治の天守をたてまつりてかの城に移す。ときに台徳院殿より御自筆の御書をたまふ。」とあることなどを根拠にして、今治城の天守を亀山城に移したとして亀山城の天守を参考に復元したこととなっている。ただ亀山城は古写真では層塔型の天守で、古写真では周囲の建造物からさらに高い位置にあり天守台上に築かれていたようだが、今治城の模擬天守は望楼型でその位置も史料上根拠のない場所である。

●—今治城模擬天守

天守台などの遺構がない天守が存在した根拠とされているのが『寛政重修諸家譜』のほか『高山公実録』や『宗国史』、亀山藩の地誌『桑下漫録《そうかまんろく》』（亀山藩士が文化五年から天保十五年にかけて編纂）であるが、いずれも江戸時代中期以降の成立で、天守献上の記載は江戸時代前期に諸家から集められた資料を基に成立した『寛永諸家系図伝』にはみられない。『寛政重修諸家譜』に天守献上の記事の直後に徳川家康が駿府の高虎邸を訪れ猿楽《さるがく》を堪能して高虎に拝領品を与えたことが記載され『寛永諸家系図伝』にも同様の記載があるのに、『寛政重修諸家譜』には亀山城天守献上に関して将軍秀忠から自筆の書状をもらったとありながら『寛永諸家系図伝』にその記載がない。また、亀山藩内の『桑下漫録』の記載であるが、亀山城築城時の亀山藩主岡部長盛《ながもり》の『寛永諸家系図伝』の記載には天守に関わる逸話はみられない。このことから、亀山城に天守を移設したというのは藤堂藩において江戸時代中期以降に将軍家への奉公の一つとして創造され、『寛政重修諸家譜』などに影響を与えた蓋然性が高いと判断できる。

構造的にも本丸自体が地盤より一〇メートル近く造成された盛土であり入念に転圧したにせよ圧縮沈下は避けられず、盛土の厚みによる沈下が終息するのに砂質土で数年かかると言われることから、築城開始直後に高層建築物が直置きで建てられたとは考えられない。事実、正保図に記載された単層や二層の櫓はいずれも石垣上に建てられている。天守台のような基礎をともなわない場合は不同沈下や建造物重量による圧密沈下の恐れから建造物の建つ範囲以上の広範囲を転圧しなければならず非効率ではなかろうか。

また、高虎本来の居城である宇和島城の三重天守以上の天守が今治城に建てられていたとは考えにくく、今治城を居城とすることにした慶長十三年春から天守の建造を始めたとしても八月までは余りに時間が足りない。先の隠密による報告から櫓などの建築物の整備が不十分であったこともあわせ考えると、現状なんの遺構も残っていない天守はそもそも建てられてなかったと考えるのが合理的ではないだろうか。

【今治城の見所】　今治城の海城らしさを感じさせてくれるのが、内堀でスズキやクロダイなどの海水魚が泳いでいることである。これは、内堀の北端付近が水路で今治内港に続いているためで、潮の干満に応じて堀の水位が変わる。

また、内堀に面しては、地盤に配慮して犬走り《いぬばし》が設けられており（後の高虎居城である伊勢国津城にもあるが令和五年の発掘調査で本丸南堀の犬走りは、高虎の改修以前のものである可能性が高くなっている）、犬走り上に直線的な稜線の石垣が積まれている。石垣石の多くは花崗岩であるが、中には白い大理石も混じっている。

●—今治城復元鉄御門

天守の建造に続いて、御金櫓《おかねやぐら》や山里櫓が外観復元され、平成十九年（二〇〇七）には大手の鉄御門《くろがねごもん》などが史料や発掘調査により木造で忠実に再現され、枡形の勘兵衛石（築城にあたった高虎の重臣渡辺勘兵衛了《さとる》にちなむ縦二・四《メートル》、横四・六《メートル》の巨石）も鏡石《かがみいし》として本来の場所に戻されている。一の門にあたる高麗門は城内に人家があり緊急車両通行のために復元されていないが、鉄御門は内部も公開されている。

内堀に面して多門櫓が建てられるよう櫓台が全周するように築かれており、高虎が宇和島城で志向し始めていた多門櫓による主要部囲郭が今治城で完成していたことがうかがえる。

今治城の中堀、外堀などの痕跡はほとんど残っていないが、少し東に足を伸ばせば東門町で海に面していた石垣をみることができる。また、今治港に続く銀天街商店街の南東側の水路はかつての外堀の痕跡をとどめており、大城郭であった名残をうかがわせている。

【主要参考文献】越智齊『今治城築城・開町四〇〇年記念 藤堂高虎と今治（城と街）今治の礎を築いた人』（今治城築城・開町四〇〇年祭実行委員会、二〇〇二）、日和佐宣正「海城の頂点 今治城～その時、高虎は～」『今治史談』合併号二一号（今治史談会、二〇一五）、井上淳「初期今治城絵図に関する一考察」『特別展図録 高虎と嘉明—転換期の伊予の両雄—』（愛媛県歴史文化博物館、二〇一七）、三浦正幸『図説近世城郭の作事 天守編』（原書房、二〇二二）、高虎サミットin今治実行委員会編『第一二回高虎サミットin今治 今治城・今治市村上海賊ミュージアム特別展総合図録 海と高虎—瀬戸内が育んだ今治の歴史—』（二〇二二）

（日和佐宣正）

●戦国期の攻城戦をうかがわせる山城

小《こ》《お》手《て》ケ《が》滝《たき》城《じょう》

〔所在地〕東温市井内
〔比　高〕約一三〇㍍
〔分　類〕山城
〔年　代〕一六世紀
〔城　主〕戒能氏
〔交通アクセス〕東温市則之内交差点から県道美川川内線を南に約五㌔（井内公民館から一㌔南）に登城口。

【小手ヶ滝城の歴史】　地誌には建武年間に河野氏によって築かれたという記載があるが、裏付けとなる史料はない。また、後世小手ヶ滝城主とされる戒能《かいのう》氏も一次史料に現れるのは至徳四年（一三八七）からで、守護代の地位にあった。天文年間には浮穴《うけな》郡大除《おおよけ》城（上浮穴郡久万高原《くまこうげん》町）主大野利直《としなお》と加勢する周敷《しゅうふ》郡剣山《つるぎさん》城（西条市丹原町）主黒川通俊によって小手ヶ滝城の戒能通運《みちゆき》が攻められたものの、通運は大熊《おおくま》城に移って籠城して寄せ手を撃退したという。羽柴秀吉による四国攻めの後、廃城になったものと思われる。

【小手ヶ滝城をめぐる合戦】　小手ヶ滝城をめぐる戦いは伊予国守護河野家の家譜である『予陽河野家譜《よようこうのかふ》』に年次不詳ながら次のように記載されている。

●—小手ヶ滝城

天文十三年（一五四四）、（中略）この頃伊予国は不穏になり、しばしば内乱がおこるようになった。久万大除城主の大野紀伊守利直《としなお》は軍兵を率いて浮穴郡小手滝城を攻めたので、小手滝城主戒能伊賀守通運《みちゆき》は矢を放ったり石を投げたりして防戦した。勝敗がつかないので利直は城の水の手を絶った。そのため、通運は城を守り切れず、秘かに城を抜け出て大熊山城に引き籠った。利直は兵を進めて大熊山城を囲んだ。大熊山城は高い山の頂に築かれており、攻め手の軍勢は深い谷間を進まなければならないため、守り手と攻め手とは天地のような高低差があり、城内から放たれた矢は寄せ手の兵の真ん中に落ちてあたり、攻め手から射られた矢は茂った木々や岩の出っ張りにあたってしまい、なかなか城壁まで達しない。まして険しい岩場は上ることもできず、寄せ手の人馬は立ち尽くすばかりである。そのため兵士はやる気を失い、手立てても尽きてしまって、いたずらに城壁を見るばかりであった。日はすでに西の山に入り、月が東の空にあがった。利直は老臣らを集めて策を巡らせてみたがよい計略もなく、かえって城兵は寄せ手の隙を伺っているようで、寄せ手の兵士は疲れ切ってしまった。とうとう落城させることもできず、囲みを解いて撤退しようとしたところ、城兵が勝ちに乗じて激しく追撃したため、大野勢は慌てふためき、その数がわからないほど多数の者が打ち取られてしまった。

（筆者意訳）

この記事は『予陽河野家譜』にしかなく、軍記物的記載が多いものの、戒能氏と大野・黒川氏との対立・抗争そのものは事実とみなされていて、籠城側が弓矢や投石で応戦していること

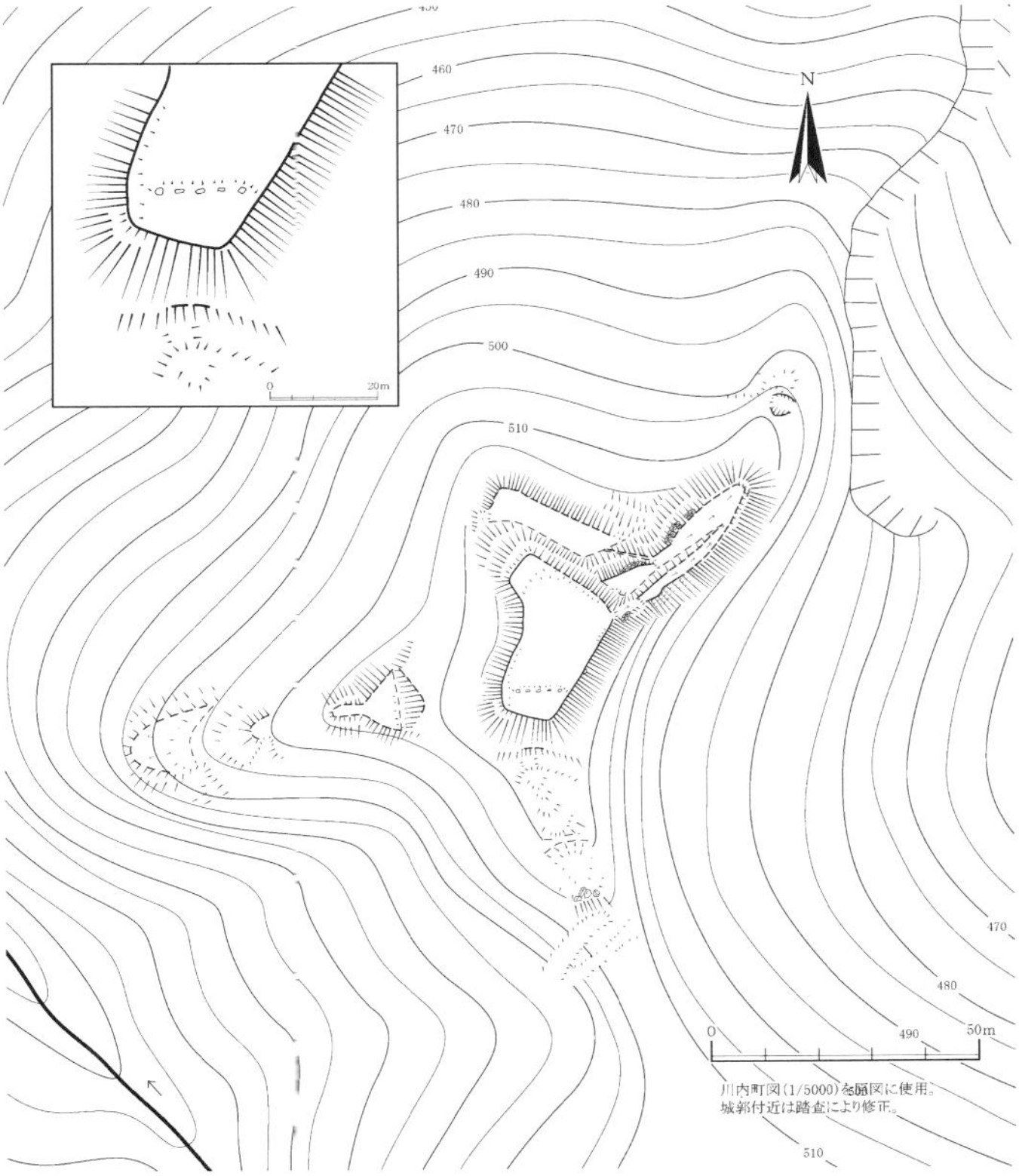

●―小手ヶ滝城縄張図（日和佐宣正作成）

●―小手ヶ滝城から見た大熊城

や、地理不案内な場所での野営を避けようとすることなどは当時の合戦の慣行からして首肯できる内容で、合戦の推移をある程度反映している可能性がある。

【小手ヶ滝城の構造】　小手ヶ滝城は尾根の先端（標高五二九・三㍍）にあり、麓には緩やかな斜面に沿って散村形態を示す井内《いうち》集落（平均標高約四〇〇㍍）がある。南側尾根鞍部に堀切を配して独立させ、北東と西に伸びる尾根に郭を配している。鞍部の堀切は、四条あるが深さは〇・五〜一・〇㍍程度しかなく、曖昧である。

郭1は、L字状になっており、南北約二七㍍、東西約一三㍍で、郭面はよく整地されている。郭1の南側南北約六㍍が郭内より約〇・二㍍程高くなっており、その北側に表面が扁平な石が並んでいる。これらの石は一辺が三〇〜六〇㌢の長方形に近い形をしており、石中心の間隔が一九〇〜二〇〇㌢と規格性をもって配置されている。一列しか確認できていないが、表面が扁平な石がこれだけ規則正しく配置されていることから、戦国時代後期に一般化する六尺五寸の間取りの礎石建物が堀切側に面して建てられていた可能性は高い。

郭1の北東より一段下がって約四㍍下に郭2があり、さらに郭2につづいて北に約一・二㍍ほど下がって郭3がある。郭2と郭3の東部に両者を一体化させる土塁が設けられており、土塁の東は垂直に近い急斜面で諸所に岩盤が露出し、岸壁となっている。郭3の先端から約一五㍍のところに浅い堀切があり、城域を画している。

郭1から西に小規模な尾根が張出しており、整地の不十分な郭5がある。その規模は東西約一二㍍で、西側では痩尾根状となっている。その先にも小規模な郭6があり、それより西は自然地形となっている。家譜に記載のある水の手にあたる可能性が高い。

【大熊城の概要】　大熊城は地誌では、則之内《すのうち》村にあって戒能氏の居城であったとのことである。小手ヶ滝城の北東直線距離二・一二㌔にある山城で、標高九一四㍍の山から西に伸びる尾根の頂部（標高八五六・二㍍）にある。その比高は一番近い奥物田谷《おくそうだたに》集落からも約三七〇《メートル》で、小手ヶ滝城の麓からは比高約五〇〇《メートル》である。

大熊城は西側の郭7などの遺構群と郭1を中心とする遺構群が別の構成となっている。急傾斜の切岸による防御に主体を置く東の郭群と、曖昧な切岸しか持たない西の郭群とでは防御のシステムが異なる。全体として、郭群の東西の両端に堀切を配置して一体の構造のようにはなっているが、堀切1の東および郭6の西はいずれも急な斜面であり、東の郭群自体が一つの城として成り立ちうる。東の郭群と西の郭群との間の鞍部付近にも堀切を設けていてもよいと思われるが、実際には堀切が存在しない。また、尾根筋に対して明確な切岸を持たない郭7は最前線の郭としては機能しえないので、このような郭群が構築された理由はわからない。

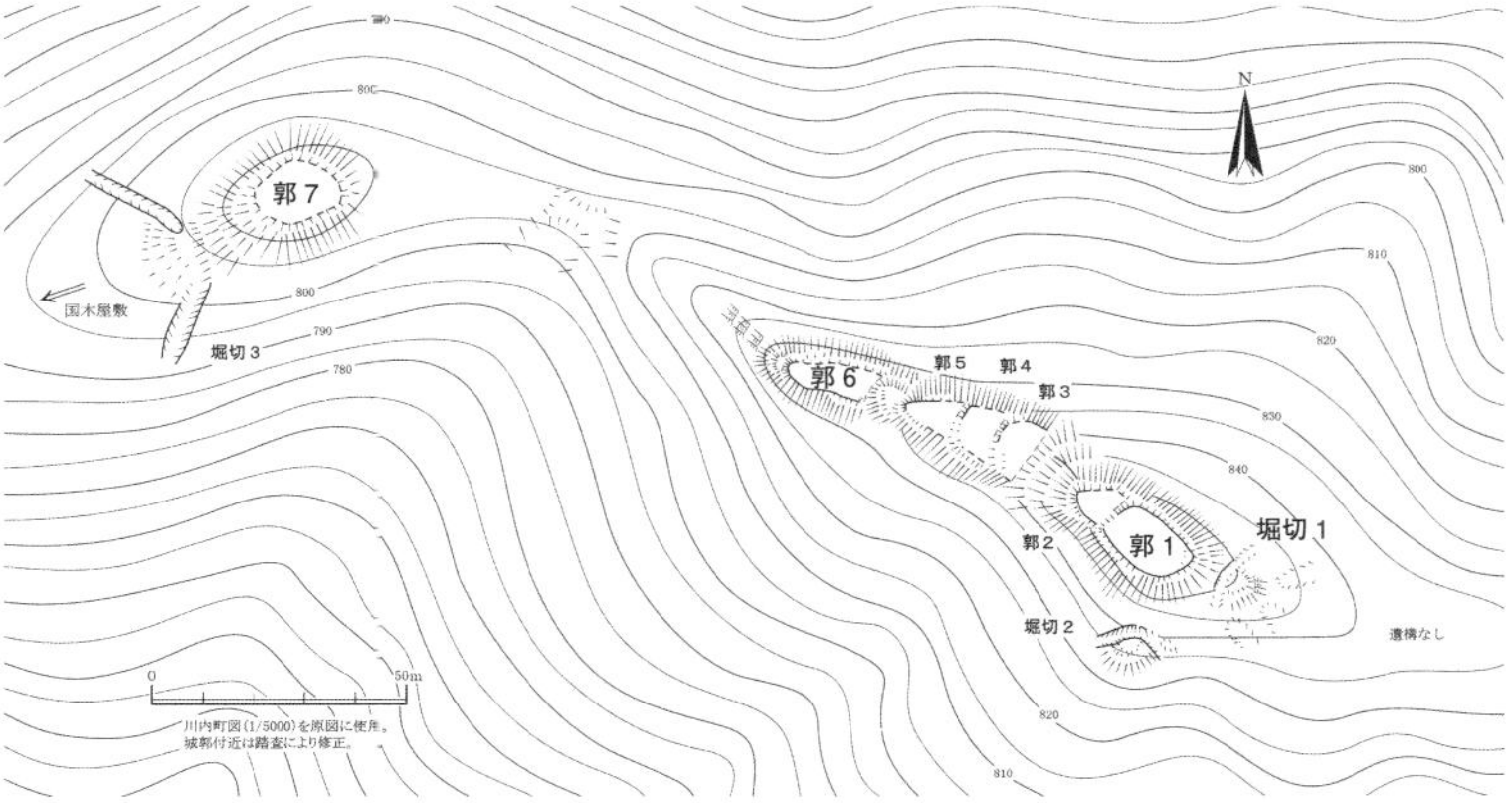

●—大熊城縄張図（日和佐宣正作成）

城の西の標高約五九〇《メートル》のところに「国木屋敷」と呼ばれる平坦地があり、戒能氏の居館の地であった可能性が高いと指摘されている。しかし、大熊城とは大きな比高があって戦国期の居城とするには難がある。一方、小手ヶ滝城は礎石建物を持つ可能性が高いことから、地域の中でも権威の高い城館であったと思われる。『予陽河野家譜』では大熊城をめぐる戦闘に主眼をおいて著述されているためか、後世の地誌類では大熊城が当時の戒能氏の居城であるとされているが、小手ヶ滝城が戒能氏の居城であったと考えられる。

【参考文献】山内譲「標高八五〇メートルの山城—戒能氏と大熊城—」『中世伊予の領主と城郭』（青葉図書、一九八九）、日和佐宣正「伊予国道後平野東部の中世城館—旧川内町の城館を中心に—」『東温史談』第二号（二〇〇七）

（日和佐宣正）

●海賊衆の海城・山城

鹿島城《かしまじょう》・恵良山城《えらさんじょう》

〔所在地〕松山市北条辻（鹿島城）
〔比　高〕一一四・一《メートル》
〔分　類〕海城
〔年　代〕一六世紀
〔城　主〕来島村上氏
〔交通アクセス〕ＪＲ伊予北条駅前から西に徒歩七分、鹿島公園渡船で所要三分。

【城の環境】　鹿島城と恵良山《えらさん》《えりよう》城は松山市北部の北条平野にあり、いずれも海賊衆来島村上氏が伊予における最後の段階で活躍した城である。鹿島城は、北条港の沖合約五五〇《メートル》にある東西約四五〇《メートル》、南北約三〇〇《メートル》の島に築かれた海城で、恵良山城は北条平野の北にそびえる安山岩の険しい独立丘陵標高三〇二・一《メートル》の恵良《えりよう》山に築かれており、両者の山頂の直線距離は三・八五《キロ》である。なお、恵良山城は愛媛県指定史跡「恵良城跡」である。

【鹿島城と恵良山城の歴史】　鹿島城・恵良山城がいつから機能したのかは明確な史料がない。鹿島城については地誌類ではおおむね『伊予二名《ふたな》集』の記載が集約的で、「久留島《くるしま》出雲守通康《みちやす》枝城。後当城得井半右衛門尉預之。」とある。「久留島」は来島村上氏が豊後森に移ってから称したもので、通康は守護河野家の重臣として活躍した。得井半右衛門尉は村上通康庶子の得居《とくい》通幸《みちゆき》のことである。恵良山城は地誌類では、難波《なんば》次郎長浦の居城であったとか、鎌倉幕府滅亡時期に赤橋重時《あかはししげとき》が籠城したとか、貞治年間には望月六郎左右衛門の居城であったとかあるが、一次史料の裏付けはな

●―鹿島城

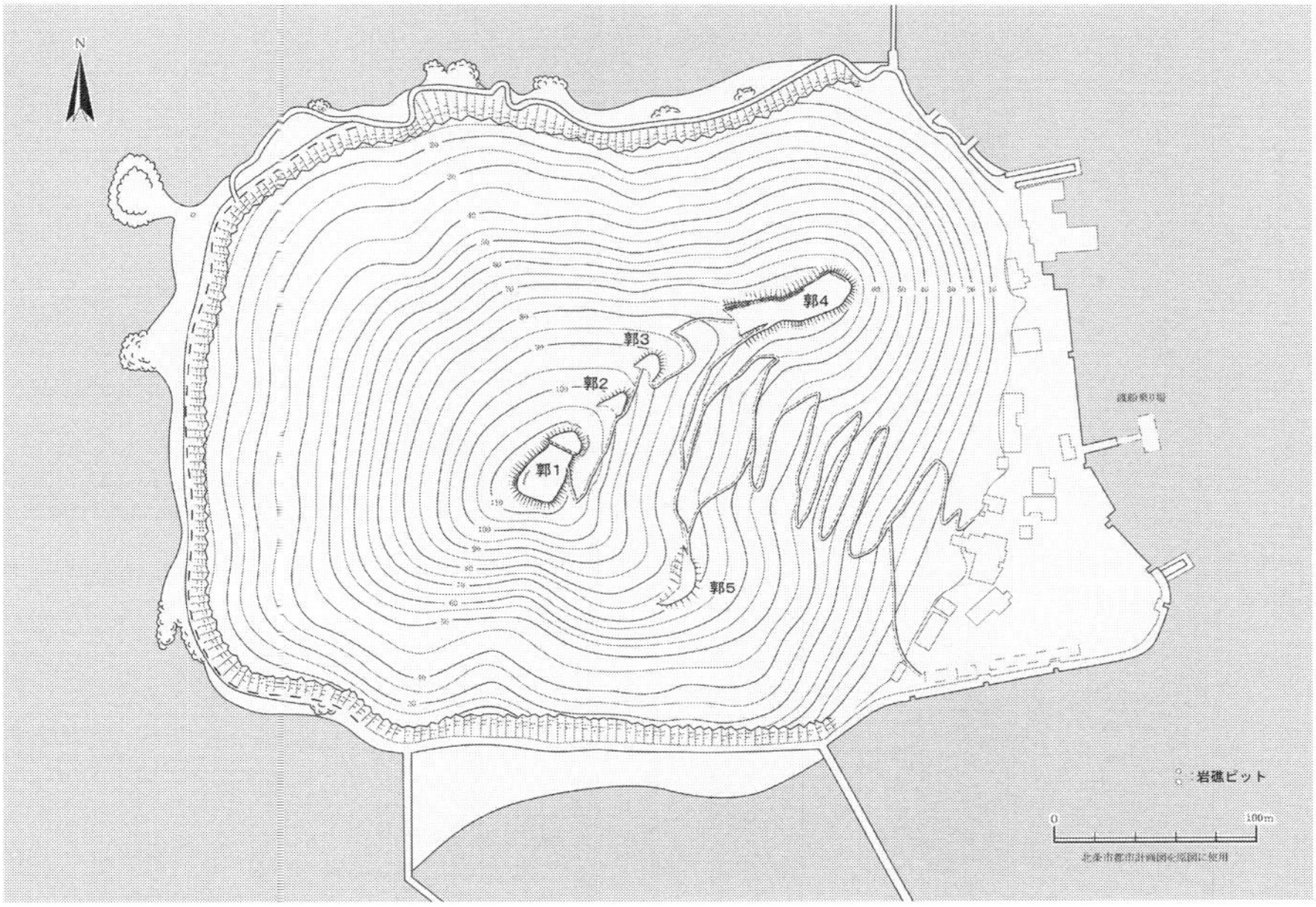

●—鹿島城縄張図（日和佐宣正作成）

い。

史料上明らかなのは、天正年間に西に勢力を伸ばす織田信長方から来島村上氏・能島《のしま》村上氏に織田方につくようさかんに勧誘がかけられ両家とも去就に苦慮し、能島村上氏は河野・毛利方に止まったものの、天正十年（一五八二）には来島村上氏の通総《みちふさ》が織田方についたことが明らかとなった。そのため、同年五月頃から河野・毛利・能島村上軍によって通総の来島城に激しい攻撃をかけられ、同時に通総の庶兄得居通幸の籠もった鹿島城にも攻撃がかけられた。

来島城は翌年三月には落城し、通総は羽柴秀吉のもとに退避したが、鹿島城の籠城は続き、毛利勢は安宅船《あたけぶね》まで動員して攻撃を続けた。鹿島城に対して大船にて鉄炮を射かけたというが、この攻撃は山上の郭（大船の吃水《きっすい》からして二〇〇～二五〇メートルの距離があり、さらに上向きの射撃になる）や山麓の施設（同じく一五〇メートルの距離がある）に対しては距離がありすぎるので、東の浜に係留していた城方の船に対して行なわれたものであっただろう。毛利氏は鹿島城に対して付城《つけじろ》で構えて攻めたので、八月には鹿島城・恵良山城も毛利方に明け渡された。

その後、天正十三年（一五八五）の羽柴秀吉の四国攻めによって、通総が風早《かざはや》郡内に一万四〇〇〇石を与えられて鹿島

●—恵良山城（左は腰折山）

城を居城に、通幸が同じく三〇〇〇石を与えられ恵良山城を居城とした。通総・通幸がともに朝鮮の役で戦死し、関ヶ原の戦いでは通総嫡子康親《やすちか》が最初西軍に属したために慶長六年（一六〇一）に豊後森（大分県玖珠郡玖珠町）に移封となり、鹿島城と恵良山城も廃城になったと思われる。

【鹿島城の構造】　鹿島城のある鹿島の山頂標高は一一四・一メートルで北東に尾根はあるものの、ほとんどお椀を伏せたような山容で、安山岩からなる島の西側斜面は急傾斜で、閃緑岩《せんりょくがん》の東側斜面では少し緩い傾斜から麓には岩が風化した砂浜がつづいている。東の砂浜から山頂へは大きくつづら折れが十折れしてつづき、主郭（郭1）北東の郭4にたどり着き、西に尾根を上って主郭に着く。

主郭は長径約四〇メートル、短径約二〇メートルの郭で周囲には土留めの石垣があり、北側は少し下がった段になっている。北東に小規模な郭が二つあり、さらにつづいて城内最大規模の郭4がある。郭4は長径約六〇メートル、短径約一五メートルの規模で、北西側にのみ石垣があり、さらに北側切岸沿いに上端幅約〇・五メートル、長さ約四〇メートルの石塁が築かれている。明らかに北の沖合を通る船に対しての見栄えを意識したものであろう。

東側山麓には現在多数の建物があるが、海城として機能していた時代も建物が建てられていたと考えられ、東に広がる砂浜が港湾機能を果たしていたのであろう。

【恵良山城の構造】　恵良山城山頂は標高三〇二・一メートルあり、麓の難波《なんば》集落との比高は二八〇メートルから二九〇メートルとなる。標高一五〇メートルあたりまでは緩やかな斜面が広がる山で、そこから山頂までは四〇度近い急傾斜となる安山岩の岩山で、頂上も岩場となっている。その岩場の東に東西約六メートル、南北一三・五メートルの狭小な削平地があり、頂上岩場の南西下には恵良神社奥之院の社が建てられている。

山頂部には兵士が籠城できるスペースは十分ではなく、長期間籠城できる空間は山頂主郭より約二〇メートルの標高下の郭2のみである。郭2は東西約四二メートル、南北約二四メートルの長方形状の郭で北西にやや張り出しがあり、現在郭2には山頂直下に通夜堂が建てられており、往時にも主殿などの建物が建てら

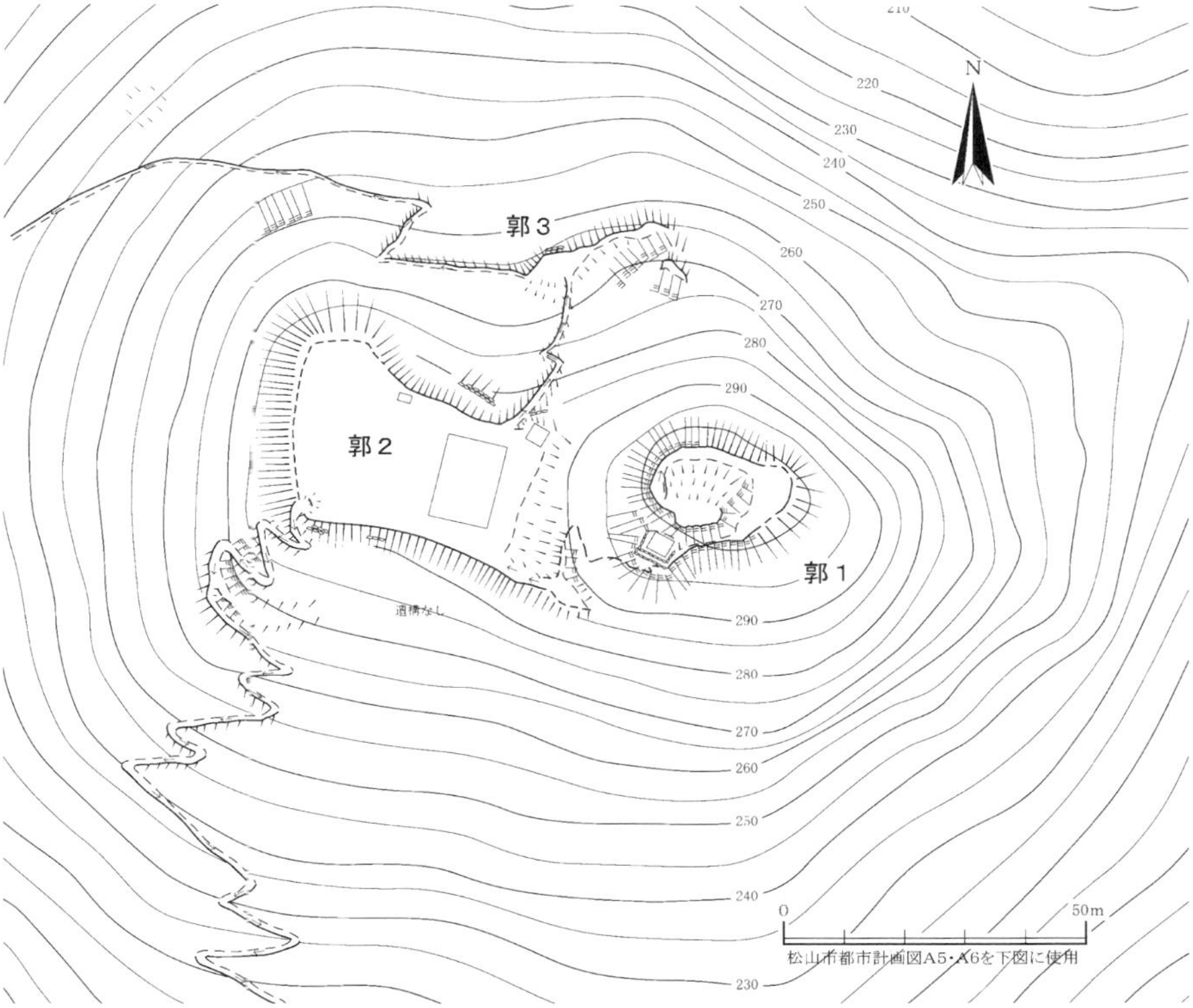

●―恵良山城縄張図（日和佐宣正作成）

れていたと思われる。また、籠城時には主殿のような建物ばかりではなく兵士の小屋も増築されていたのではないだろうか。郭2の北に比高約二〇㍍で不整形な郭3があり、現在西につづく道が確認できる。

鹿島城・恵良山城とも安山岩の岩山で、山頂部はともに狭小で、二の郭に相当する尾根に最大の郭を設けている点で縄張的には似通っている。また、籠城時には不可欠の飲み水が岩山であるために得られにくいはずであるが、一年以上にわたって籠城できたのは何らかの方法で水の手が確保できていたためであろう。

【参考文献】池田誠「恵良山城」・「鹿島城」『図説中世城郭事典　第三巻』（新人物往来社、一九八七）、土居聡朋「村上通康・通総—海賊衆から豊臣大名への転身」『戦国武将列伝一〇　四国編』（戎光祥出版、二〇二三）

（日和佐宣正）

●五重の堀切を持つ堅城

横《よこ》山《やま》城《じょう》

〔愛媛県指定史跡〕

〔所在地〕松山市麓
〔比　高〕約二五〇メートル
〔分　類〕山城
〔年　代〕室町時代
〔城　主〕南氏
〔交通アクセス〕松山市野外活動センター北西ハイキングコース入口から西に歩く。

【地理と環境】　横山城は松山平野の北部に位置する北条平野東の山地に位置する。北条平野から東に三・三キロの山間の麓集落から登城する山城であるが、平成の初年に南東に松山市野外活動センターが開設され北西端の体育館側の園路に横山城跡登り口があり、五〇メートル足らずで城跡の堀切にたどり着くことができる。

【横山城の歴史】　横山城は地誌によると建武年間に河野通武《みちたけ》が居城し、その後南氏を称したことになっている。天正十三年（一五八五）の羽柴秀吉による四国攻めの後、伊予を領国とした小早川隆景が国内の城郭の統廃合を検討しているが、天正十四年書状では存置対象とした城には含まれず横山城は廃城になったと思われる。

【横山城の構造】　横山城は北条平野に東から注ぐ粟井川の奥にある標高二〇〇メートルの西向きに展開する麓集落直上にある。つまり粟井川流域を眼下に納め支配する領域支配の城であったと考えられる。

城域でもっとも標高が高いのは郭1の四五〇・一メートルであるが、郭5の岩場も四四五・四メートルと二つの岡が並び立つような城構えだが、各郭の構成からすると主郭に相当するのは郭1と考えられる。しかし、自然地形を最小限度に加工して郭を造成している郭1から郭4までの小規模な郭からなる南の郭群と、狭小な岩場の尾根を石垣で土留めし造成して平地を作り出している郭5から郭7の三つの郭からなる北の郭群ではその成り立ちからして明らかに異なっている。

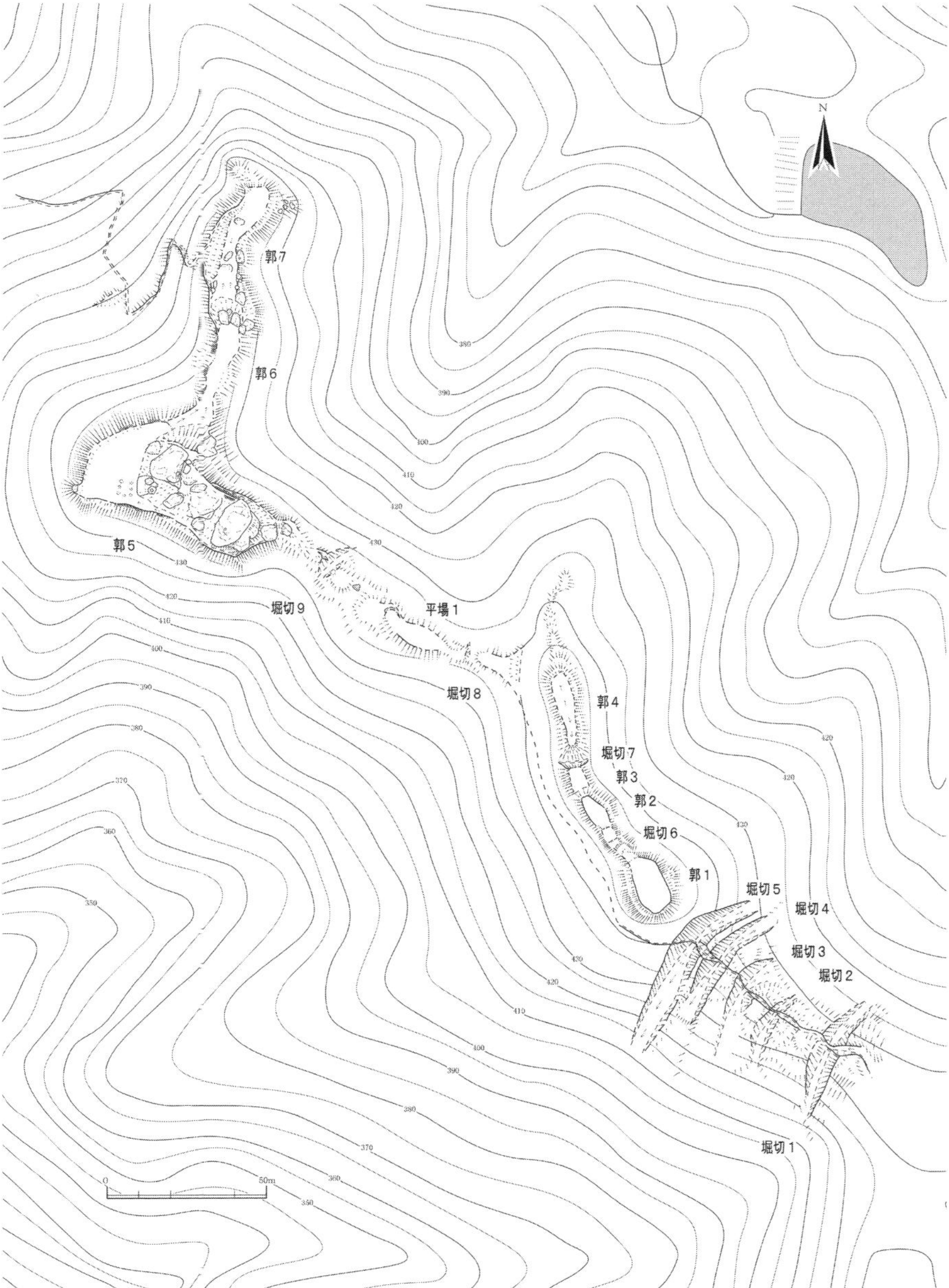

●―横山城縄張図（日和佐宣正作成）

●—郭5の礎石

●—郭5の岩盤に穿たれた柱穴

南東から城に入ると、まず五重の堀切が圧巻である。そこから尾根に登ると南の郭群があり、それぞれの郭の規模は、郭1長径一九メートル・短径九・四メートル、郭2長径一六・五メートル・短径五・三メートル、郭3長径七・〇メートル・短径五・〇メートル、郭4長径一三・三メートル・短径五・八メートルと狭小な郭がつづいている。堀切7では南東側が、反対に堀切9では北西側が深く穿たれ、堀切7と9の間で、敵兵の想定侵攻方向が逆になっている。

南の郭群を北に抜けると堀切8とわずかな平場1、堀切9があり、さらに北西に岩場を登ると北の郭群に出る。各郭の規模は、郭5長径六三・七メートル・短径一七・〇メートル（最大ヵ所三〇・〇メートル）、郭6長径二八・〇メートル・短径六・二メートル（最大ヵ所七・三メートル）、郭7長径三八・〇メートル・短径四・〇メートル（最大ヵ所八・一メートル）である。郭5の南側三分の二は岩場で、「太鼓岩」とも「天狗岩」とも呼ばれる巨岩があり、岩に柱穴がうがたれ、礎石と考えられる表面が平坦な石も地表面観察できる。その配置から少なくとも二間×二間以上の礎石建物があったことはまず疑いがなく、郭5はスペースを確保するため端部には石垣が積まれて、ある程度恒久的な居住空間として造営されていたと考えられる。

【五重の堀切】 横山城でもっとも特徴があるのは、南西の五重の堀切である。それぞれの規模は、

堀切1　上端幅八・六メートル、南東側法面深さ二・五メートル、北西側法面深さ二・五メートル、

堀切2　上端幅四・七メートル、南東側法面深さ〇・五メートル、北西側法面深さ一・七メートル、

堀切3　上端幅八・〇メートル、南東側法面深さ二・〇メートル、北西側法面深さ二・三メートル、

堀切4　上端幅七・七メートル、南東側法面深さ一・五メートル、北西側法面深さ二・五メートル、

堀切5　上端幅九・一メートル、南東側法面深さ一・三メートル、北西側法面深さ四・〇メートル（郭1まで高さ約一四メートル）となっている。

このような五重の堀切を持つ城は県内では、渋柿城（四国中央市）と猿越城（愛南町）のみで、他国の勢力の影響を想定できない中では特異である。

【横山城の改修】　以上のことから、横山城の歴史的変遷を推察すれば、次のようになるだろう。

一期　郭1〜4の丘陵を利用　　　　南北朝期か
二期　郭1〜4の造成と堀切築造　　戦国初期か
三期　郭5〜7の追加　　　　　　　戦国中期か
四期　郭5に主殿などを建築　　　　戦国後期か
五期　五重の堀切増築　　　　　　　戦国末期か

おもしろいのは、郭1の役割の変化である。西の北条平野に対して一番奥にあって主郭であったが、三期に郭5〜7が築造されると、その地位は一城別郭として相対化してしまい、四期になると礎石建物の主殿が営まれて実質的に主郭は郭5となり郭1は松山平野側から侵攻してくる敵に対する前線となる。さらに最終五期になると敵の攻撃主体が南からと想定され五重の堀切まで構え、最前線となってしまう。郭1の南側は主郭であった段階では郭2〜4と同様に曲線的であった可能性が高いが、堀切に対して敵正面となるため守城側足場をより確保するため直線的な切岸に改変されたと考えられる。

県下でも珍しい五重の堀切や、時代とともに変化する郭群、礎石や柱穴がみられる点で横山城は必見で、車で松山市野外活動センターに行けばほんの数分で本格的な山城の遺構群をみられる点で希有な山城である。

【参考文献】日和佐宣正「伊予国における多重堀切に関する一考察」『戦乱の空間』第七号（二〇〇八）

（日和佐宣正）

●—堀切5

●二重の堀と土塁を構える平山城

湯《ゆ》築《づき》城《じょう》〔国指定史跡〕

〔所在地〕松山市道後公園
〔比　高〕約三〇メートル
〔分　類〕平山城
〔年　代〕南北朝期～天文四年（一五三五）
〔城　主〕河野氏
〔交通アクセス〕伊予鉄市内電車「道後公園」下車徒歩すぐ。

【立地・特徴】　湯築城は、愛媛県内屈指の観光地である道後温泉から五〇〇メートル南に所在し、現在は道後公園（以下公園）となっている。城の中央の独立丘陵は、標高七一・四メートルで、これを囲むように二重の堀と土塁が構えられている。現存の規模は東西三〇〇メートル、南北三五〇メートルで、北東は大きく屈折している。一四世紀代には、城がすでに存在していたことが文献から確認できるが、この時期の痕跡は発掘調査では見つかっておらず、一五世紀代の遺構が丘陵部を中心に確認されている。

湯築城は、丘陵のみを山城とした時期（「湯築城前期」以下前期）をへて、一六世紀前半に周辺の平地部を取り囲むように土塁と堀が構築され、平山城として拡張される（「湯築城後期」以下後期）。前期の遺構は、丘陵の頂部より一段下がった郭から礎石建物が検出され、丘陵中壇で発見された堀切もそのころと考えられている。また丘陵西側では郭や土塁が見つかっている。後期は、外堀土塁の構築により拡張された平地部に居住区が整備された。なお、湯築城跡から約八〇〇メートル東に位置する現在の石手寺付近が、讃岐《さぬき》街道や土佐街道、伊予国衙へ向かう街道の分岐点となっており、周辺は陸上交通の要衝である。

【歴史】　湯築城の城主である河野氏は、もともと風早《かざはや》郡河野郷（松山市北条）の豪族であった。源平争乱における活躍によって、一族の勢力が増し、鎌倉に幕府が開かれると西国の御家人としては厚遇された。承久の乱においては通信《みちのぶ》が京方となり敗れて没落したが、通久《みちひさ》が武家方として参陣したため、久米郡石井郷（松山市内）を与えられた。一族の勢力回復には、蒙古襲来（弘安の役）における通有の活躍を待つこととなる。南北朝期の通盛《みちもり》の代には、一族の本拠地を河野郷から道後湯築城へ移したと伝わるが、実際にはそれよりも少し後の一四世紀後半代になると考えられている。

室町時代になると、河野氏は伊予国守護職を獲得するようになり、湯築城は伊予国支配の中枢となった。一族同士の内紛、細川氏の介入をへて、戦国期になると、周防大内氏による軍事的緊張が西瀬戸内地域全体に影響を与えるようになる。この状況下で、湯築城では城の防御性を高めるために、外堀（「温付堀」）を築造したと推定され、天文四年（一五三五）

●―道後公園　湯築城跡全景（平成14年3月撮影・愛媛県土木部2003より）

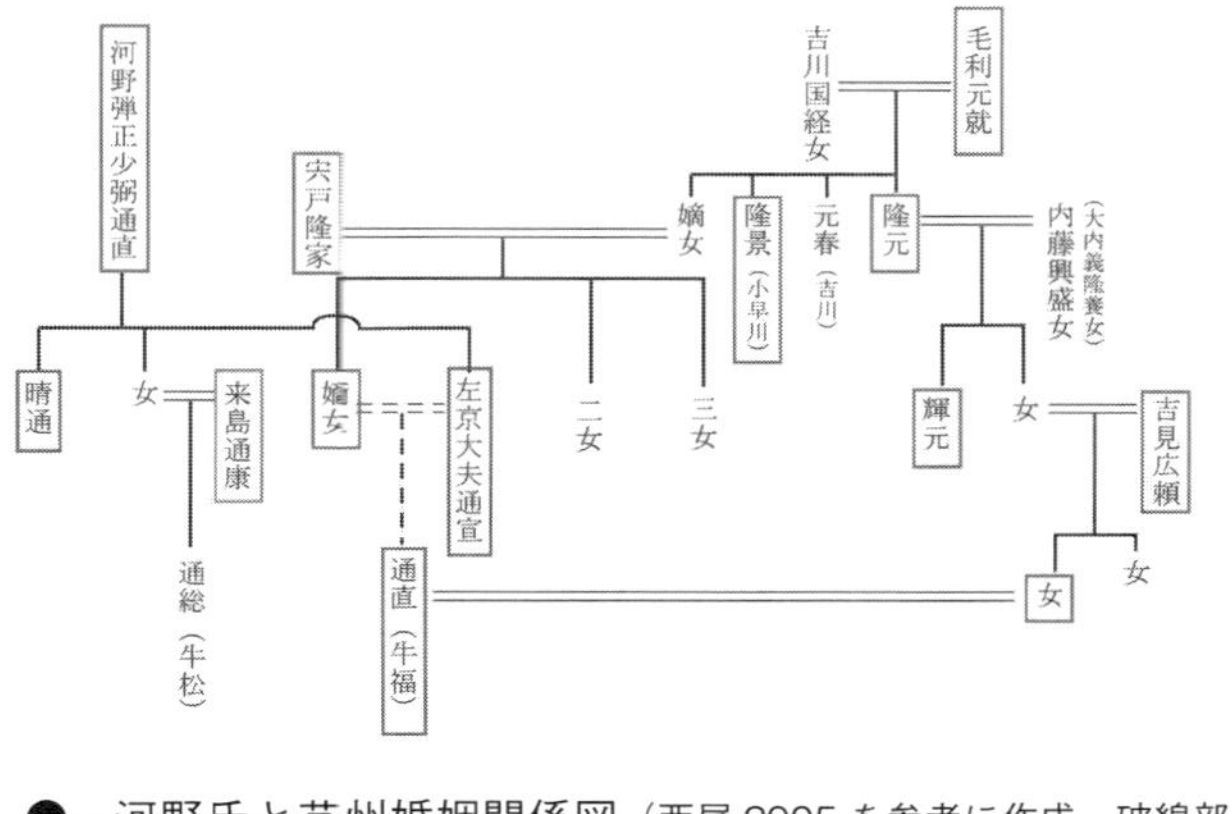

●―河野氏と芸州婚姻関係図（西尾2005を参考に作成，破線部については諸説ある）

に人足徴用を行なったことが文書によって確認されている。

一六世紀中頃の西瀬戸内地域全体を巻き込んでの対立は、河野内部の対立を呼びおこし、通直《みちなお》（弾正少弼）が、湯築城を放逐されるという事件も起こっている。

通宣《みちのぶ》の代には、土佐一条氏との間で争いが起こり、毛利氏の援軍を得て退けた。この合戦は「鳥坂《とさか》合戦」とよばれ、伊予戦国期最大の合戦とも言われている。最後の当主通直（牛福）の代にいたると、これまで河野氏権力の中枢にいた来島村上氏との不和や離反、喜多郡の抵抗勢力、対外的には土佐長宗我部氏への対応などに迫られ、国内外に多くの課題を抱える状況となった。通宣と通直（牛福）は二代にわたり毛利氏との姻戚関係を重ね、毛利氏・小早川氏の家臣が湯築城に逗留している様子や使者の往来があったことが文献から確認されている。天正十三年（一五八五）、羽柴秀吉により四国出兵が実施されると、通直（牛福）は小早川軍に無血開城し、ここに河野氏による伊予支配は終焉をむかえた。開城後、通直は道後に蟄居させられ、その様子はポルトガル人宣教師の記録に残る。小早川隆景が筑前に転封し、福島正則が入封し、国府山城（今治市）に移ると、湯築城は廃城となったとされるが諸説ある。道後を退去した通直は、母方の縁を頼り竹原（広島県竹原市）へと向かうが間もなく没し、伊予河野氏は四百年の歴史に幕を閉じた。

【湯築城の発掘調査】 調査はかつての動物園区域（公園南部平坦地）を中心に行なわれ、その他の地区では、トレンチ調査が実施されている。湯築城跡の外郭を構成する外堀土塁は、外堀を掘削した土を盛り上げて造られており、基底部の幅が二五メートル、高さが五メートルあったことが、断割り調査によって判明した。外堀土塁の内側に道路と排水溝がめぐり、居住区はさらにその内側に整備されている。道路と排水溝は、居住区改変の際に細かな付け替えが行なわれている。内堀土塁は、発掘調査によってはじめて確認された遺構であり、平坦地の居住区が整備される前にすでに構築されていた。後期における城内の空間構成を考えるうえで特に重要なのが、西口から居住区に入ったところにある「大型土塀」と、公園南部中央にある「土塀・通路」、そして東口付近の「東口内堀土塁」である。これらの施設は防御機能を持つことは当然ながら、区画を明示する機能を併せ持つ。つまり城内の南部は、三つの施設を区切りとして性格の異なる空間が広がっていることが確認できている。

西口の「大型土塀」から中央の「土塀・通路」までは、土塀や石列によって細かく区切られた各空間に礎石建物が配置され、比較的均質な生活の場となっている。「土塀・通路」

●—湯築城跡（公園南西部・家臣団居住区）

から「東口内堀土塁」にいたる区画は、広い空間を使って、池を中心にした庭園と礎石建物が配置される。これらから前者を「家臣団居住区」、後者を「庭園区・上級武士居住区」と呼んでいる。「庭園区・上級武士居住区」は、調査成果から、河野氏当主などの居住域の可能性が指摘されている。

その理由として、①外堀土塁が高く残る、②「東口内堀土塁」と「外堀土塁」によって東口から居住区への入口は狭い通路となり、侵入を防ぐための門があった可能性がある、という点から防御性の高さがあげられ、③庭園をともなった広い空間に礎石建物があり、最大規模の土器廃棄土坑がある、④出土品の中でも最高級の貿易陶磁器が多く出土するという点からは、生活空間としての優位性があげられる。

そのほか、西口や東口で重要な調査成果がある。西口（搦手）では外堀に近接した門跡が発見され、城内へは木橋《きはし》を使用したと考えられる段階（古段階）から、門が城内側へと移され、土橋《どばし》に付け替えられた段階（新段階）への変遷が確認されている。東口（大手）では門に至る石列や、丘陵へと直線的につづく道路が見つかっている。東口から入った箇所は、城内でもっとも広い平坦地であることから、重要な施設の存在が推測されるため、今後の調査再開に期待をしたい。

また、湯築城跡の遺構を理解する上で重要視されるのが、基本土層である。一六世紀前半の外堀掘削から廃城までの約五〇年間の土の堆積は、後期一段階から三段階まで設定されている。この間に二度の大幅な改変（二段階・三段階）が行なわれている。後期二段階は火災によって焼失したため、炭層（Ⅲ層）に覆われており、豊富な遺物が出土している。そして、この火災が、河野氏の歴史上、どう関連したものであるのか検討され、通直（弾正少弼）と晴通の対立（天文伊予の乱・一五四二年）や通直（弾正少弼）と通宣の対立（楯鉾・一五五三年）が可能性として示されている。

【城内の出土品】　後期二段階と三段階を中心に、約二五万点の遺物が出土している。そのうちの約七五パーセントが土師質土器の皿・杯類である。酒宴の場において使用された土師質土器は、その場限りで廃棄される。廃棄場所は、城内のいたるところに確認されるが、これまでの調査において最大級のものは、庭園区・上級武士居住区で見つかっている。一六世紀後半以降の丘陵部は、出土品の大部分が土師質土器であることから、生活空間とは考えにくく、儀式や宗教行事などを行なう特殊な空間であった可能性が推定されている。日常食器は、中国産の白磁や青磁、青花《せいか》の碗・皿類が使用され、調理や貯蔵などの道具は備前焼が主に使われた。瀬戸美濃産の天《てん》目茶碗《もくぢゃわん》や中国産の茶入れなど喫茶に関する道具、青磁壺や青磁香炉に代表される高級陶磁器、鏃《やじり》や薙刀《なぎなた》の石突《いしづき》などの武器・武具、硯や水滴の文房具、瓦や土壁、鉄釘など建築に関するものなど、城内からは多種多様な遺物が出土している。城内で使用された焼き物は、近郊や国内のみならず、中国や朝鮮半島、遠くはタイからの流通によってもたらされている。

【見学のポイント】　公園南部は、発掘調査の成果をもとに復元され、歴史公園となっている。資料館にはパネルや出土遺物が展示されており、希望があればボランティアガイドの案内が受けられる。そして西口や展望台など複数個所において、復元グラフィック映像を使った見どころ解説が視聴できるように整備されている。さらに、屋外の外堀土塁展示室は、土塁の築造方法が理解できる国内でも珍しい施設であり、東口内堀土塁の裾にめぐる排水溝は、城内で唯一、発掘された本物の遺構が見学できるポイントとなっている。

【湯築城周辺の発掘調査】　周辺地域では道路拡張などにともなって、数ヵ所の発掘調査が行なわれている。特に城の西側にあたる道後町遺跡から検出された大溝は、一町四方の方形館の一辺と推定されている。溝の出土遺物から、一五世紀中ごろから後半にかけて使用されたと考えられ、湯築城が平山城へと拡張する以前は、守護所であった可能性も指摘されて

●—復元区域　武家屋敷１内部

いる。この他、一六世紀前半から後半までの遺構や遺物が確認され、後期以降に城下町として整備された可能性も指摘されている。

【参考文献】川岡勉『増補 河野氏の歴史と道後湯築城』（青葉図書、一九九八）、愛媛県埋蔵文化財調査センター『湯築城跡』第1分冊～第5分冊（一九九八・二〇〇〇・二〇〇二）、日和佐宣正「伊予国における地域権力の本拠」『中世城郭研究』第十六号（中世城郭研究会、二〇〇二）、『道後公園（湯築城跡）整備工事報告書』（愛媛県土木部道路都市局都市整備課・愛媛県松山地方局、二〇〇三）、西尾和美『戦国期の権力と婚姻』（清文堂、二〇〇五）、松村さを里「遺跡からみた湯築城下—道後町遺跡の調査から—」・柴田圭子「湯築城跡における段階変遷と年代観再考」『河野氏と湯築城をとりまく諸問題』（伊予の遺跡と中世史研究会、二〇〇七）、中平景介「河野通直（牛福）の家督相続について—代替わり時期の検討を中心に—」（『伊予史談』３４４号、二〇〇七）、柴田圭子「守護所としての湯築城と周辺景観」『新・清州会議資料集』（新・清須会議実行委員会、二〇一四）、山内治朋編『論集 戦国大名と国衆18 伊予河野氏』（岩田書院、二〇一五）

（神石　都）

●堅固な縄張と現存天守を誇る城

松《まつ》山《やま》城《じょう》

〔国指定史跡〕

〔所在地〕松山市丸之内・堀之内
〔比　高〕約一三二メートル（本丸広場）
〔分　類〕平山城
〔年　代〕慶長七年（一六〇二）〜明治維新
〔城　主〕加藤氏、蒲生氏、久松松平氏
〔交通アクセス〕伊予鉄道市内電車「大街道」電停下車徒歩五分で城跡（松山城ロープウエイ駅舎）。

【城の概要】　松山城は、松山平野の中心にある勝山の山頂に高石垣で囲まれた連立式天守（本壇）をともなう本丸、西南の山麓に高石垣と堀（内堀）で囲まれた二之丸、土塁と堀（外堀）で囲まれた三之丸を設け、本丸と二之丸を南北の登り石垣（南のみ完存）で連結するという、他に類を見ない堅固な縄張となっている。このような高い防御性に加え、本丸石垣にみられる出入りの鎬《しのぎ》角の連続（＝地形的制約と戦略性の両立）、石垣における鏡石《かがみいし》の不使用（＝意匠性の排除）なども考え合わせると、徹底した実用性・機能性（＝防御性）の重視が、その特徴といえるだろう。また、城下には、惣構《そうがまえ》を企図した可能性がある土塁（砂土手）と堀（念斎堀《ねんさいぼり》）が、勝山の東裾から城下町の北東側にかけて設けられた（現存せず）。

●—連立式天守（南東から。松山市教育委員会提供）

なお、松山城でよく取り上げられる登り石垣については、文禄・慶長の役（一五九二〜九八）の際、日本側が朝鮮半島に構築した倭《わ》城《じょう》との関連が指摘されている。確かに、加藤嘉明《よしあき（よしあきら）》も役に際して実際に渡海し、脇坂安治《わきさかやすはる》や九《く》鬼《き》嘉隆《よしたか》とともに安骨浦倭城を構築しており、当該城郭には登り石垣がともなっている。しかしながら、安骨浦倭城を含め、倭城の登り石垣は、城から城下の港を囲うように設けられている場合が多く、松山城のように、城内の郭を連結し、郭間（の斜面）を城内化するようなものではない。以上を踏まえると、倭城は、海を渡った前線基地であり、城だけでなく本国からの兵《へい》站《たん》の確保のための港が極めて重要であり、その防衛のために登り石垣が多く用いられた。また、嘉明は、倭城での経験で登り石垣の高い防御性を認識し、居城の松山城の築城に際しては、城内の郭を連結するという形に応用して城の防御性を高めたと考えるのが妥当であろう。

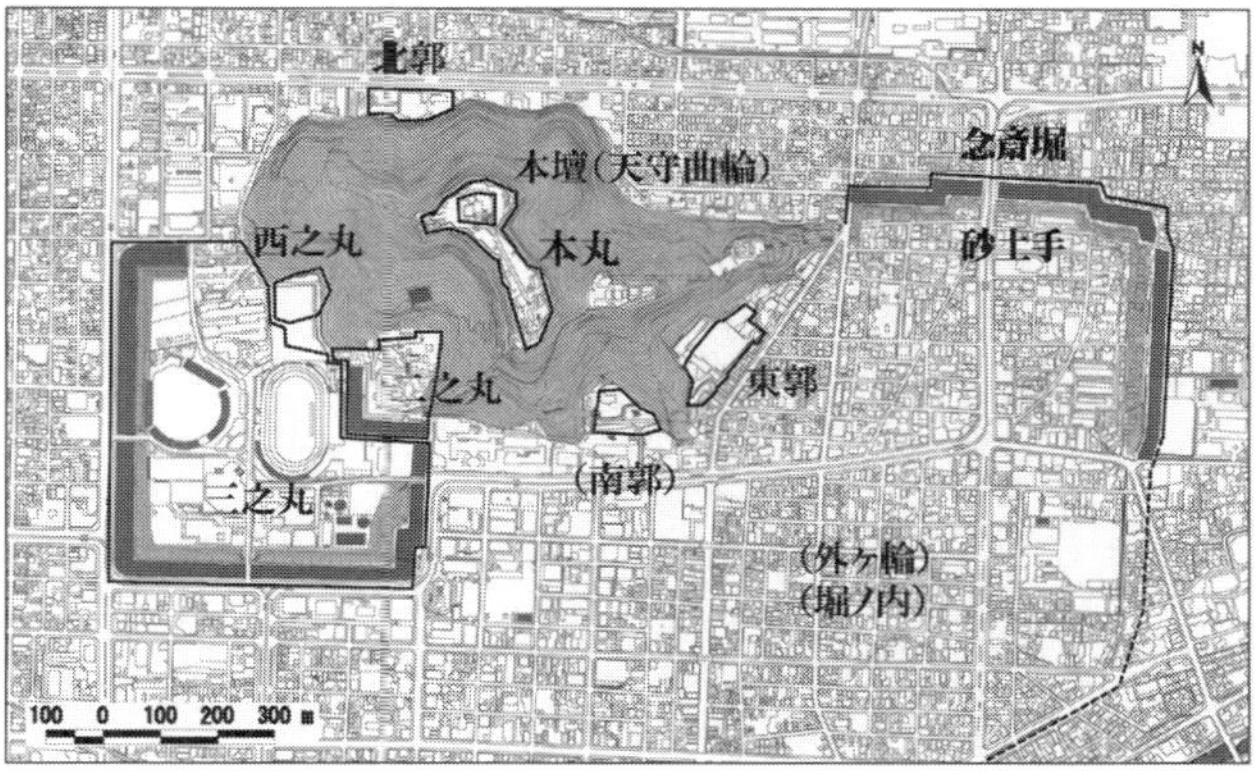

●—縄張図（松山市教育委員会提供）

また、石垣をはじめ、堀、土塁、天守、櫓、門、塀など、城郭全体を通して遺構がよく保存され、江戸時代の城郭遺跡として価値が高いことから、城のほぼ全域が、「松山城跡」として国の史跡に、天守をはじめとする江戸時代以来の建造物二一棟が、国の重要文化財に指定されている。なお、天守は幕末に再建されたもので、江戸時代から現存する全国一二の天守の最後の事例である。また、山腹の樹叢《じゅそう》は、「松山城山樹叢」として愛媛県の天然記念物に指定されている。

【城の歴史（築城以前）】 松山城が所在する勝山は、古来さまざまに利用されてきた。古くは縄文時代や弥生時代の遺物が確認されており、中でも注目されるのは、『史跡松山城跡保存活用計画』の作成にともない行なった詳細地形測量で、南斜面を中心に五〇基以上の古墳（主に古墳時代後期の群集墳）が確認されたことである。二之丸南面石垣の解体修理にともなう調査でも、石垣の裏側から、石垣構築の際に破壊された古墳（城之内三号墳）が確認され、その横穴式石室からは貴重な双龍環頭《そうりゅうかんとう》（大刀の柄頭）が出土した。また、中世段階では、「長州河野家文書」などに、勝山の旧名である「味《み》酒《さけ》山」に城が築かれていたことを示唆する記載がある。この点については、遺構的な裏付けを欠いていたが、先述の詳細地形測量で、北向きの尾根上に、中世段階の山城にともなう可能性のある複数の平坦面が確認され、注目される。

【城の歴史（築城後）】 その後、慶長七年（一六〇二）、加藤嘉明により松山城の築城工事が開始された。その完了は、寛永四年（一六二七）に入封した蒲生忠知《ただとも》の頃で、築城には四半世紀を要したと考えられている。この間、嘉明が江戸城や大坂城、名古屋城など、多数の公儀普請に参加していることは注目される。その後、寛永十二年（一六三五）に徳川家康の甥にあたる松平定行《さだゆき》が入封して以降は、明治維新までの約二三〇年間、一五代にわたって久松松平家の居城となった。

この間、松山城では久松松平家により数多くの改修が行なわれた。主なものだけでも、寛永十六年（一六三九）～同十九年（一六四二）にかけての初代定行による本檀の改修、貞享四年（一六八七）の四代定直《さだなお》による三之丸御殿の新設、天明四年（一七八四）の落雷による天守などの焼失と嘉永五年（一八五二）の一二代勝善《かつよし》による再建（落成式は嘉永七年〈一八五四〉）などが挙げられる。

【城の歴史（明治以降）】 明治以降は、城内に複数回県庁が設置されるなどした後、明治六年（一八七三）、いわゆる「存城廃城令」で廃城となる一方、同じ頃から三之丸を中心に陸軍の駐留が開始された。以降、明治十八年（一八八五）には、二之丸に衛戍《えいじゅ》病院が設置されるなど、陸軍の駐留は終戦まで続いた。一方で、陸軍の所管する以外の城域については、明治七年（一八七四）に「聚楽園《じゅらくえん》」として公園化された。明治十九年（一八八六）に「聚楽園」が陸軍の所管となり閉園されたものの、市民による公園復活の声の高まりを受け、同四十三年（一九一〇）には「松山公園」としてふたたび公園化された。現在の古町口登城道と県庁裏登城道は、この「松山公園」設置にともない設けられたものである。

そのような中、大正十二年（一九二三）、旧藩主松平定昭《さだあき》の養嗣子である久松定謨《さだこと》は、大蔵省から本丸周辺の払い下げを受け（三万円）、管理費（四万円）を付して松山市へ寄付を行なった。これが大きな要因となり、近世城郭と緑豊かな樹叢が一体となった松山城の良好な景観が今日まで残されることになった。その後、昭和十年（一九三五）に天守など三五棟が国宝に指定されたが（旧国宝保存法）、その前後、同八年（一九三三）には小天守など九棟が放火で、同二十年（一九四五）には天神櫓など一一棟が空襲で焼失した。

戦後は、昭和二十三年（一九四八）に城域が「城山公園」として都市計画決定されたことを嚆矢《こうし》とし、昭和二十四年（一九四九）には山腹の樹叢が愛媛県の天然記念物に、昭和二十五年（一九五〇）には天守など二一棟の江戸期からの建造物が国の重要文化財に、昭和二十七年（一九五二）には城域が国の史跡に指定されるなど、文化財および都市公園の両面から、松山城の法的な保護が図られようになった。

そのような中、昭和二十四年（一九四九）には、GHQが衛生面から命じた外堀の埋め立てが、市民の反対運動により撤回された。また、全国の城跡で戦災により焼失した天守などの再建が鉄筋コンクリート造で進められる中、松山城では、本丸の二〇棟を越える焼失建造物が、三〇年以上の歳月をかけて本来の「木造」で再建された（現在、再建後五〇年をへた建造物から、国の有形文化財への登録が順次進められている）。これらのことは、戦前の久松定謨《さだこと》の本丸周辺の寄付とともに、市民の松山城への特別な思いによって、松山城の良好な景観が今日まで残されたことをよく物語っている。

その後、平成四年（一九九二）の二之丸史跡庭園の完成、平成二十二年（二〇一〇）の松山城三之丸（城山公園堀之内地区）第一期整備の完成と、松山市により着実に整備が進められ、現在は、松山城三之丸（城山公園堀之内地区）第二期整備が進捗中である。

【本壇】　本壇は、本丸広場北端に位置し、高さ約一〇メートルの高石垣に囲まれ、連立式天守や多数の門や櫓などをともなう。一ノ門から天守中庭に至るまで、執拗なまでの折りとともに、それに対応した多数の門と桝形《ますがた》が連続し、城内でもっとも厳重な構えである。絵図の検討や石垣調査などの成果から、現在の本壇は、松平定行による寛永期の改修により構築されたもので、石垣は、北側がその際のもの（割石積・布積）、南側が幕末の天守などの再建のさいに積み直されたもの（切石積・布積）であることがわかっている。また、絵図の検討や発掘調査の成果から、加藤嘉明による築城期の本壇は、現在のものとは大きく異なり、鎬《しのぎ》が連続する多角形で、位置はやや北東に位置していた可能性が高い。なお、天守をはじめとする一三棟の重要文化財のほか、筋金・内両門の門部分が現存するだけでなく、多数の焼失建造物が戦後に木造で再建され、往時の景観を取り戻している。

【本丸】　本丸は、勝山山頂に位置し、主郭（本丸広場）と南の帯郭からなり、本丸広場北端には先述の本壇がともなう。山頂部ながら高さ一〇メートルを超える高石垣に囲まれ、形状は南北に細長く、途中少し幅が狭くなる。面積は約二万平方メートルを測るが、山頂部にこれほどの広面積を確保するため、その構築にあたっては、南北二つの峰を削り、間の谷を埋めたとの伝承が残る。近年の試掘調査でも、北側の本壇周辺や南側の太鼓門周辺では地山がすぐに確認される一方、途中の幅が狭くなる辺りでは地山は確認されず、この伝承の信憑性は高い。帯郭から本丸広場へと続く大手道は、折りと不整形な枡形とともに、戸無門、筒井《つつい》門・隠《かくれ》門、太鼓門が連続する厳重な防衛線が構築されている。搦手《からめて》道も乾一ノ門と乾門とで不整形な枡形が構築される厳重な構えである。石垣は、部分的に後世の改修がみられるものの、北面を中心に江戸時代初期の加藤嘉明による築城期のもの（粗割石・乱積～布崩し積）が多く残る。なお、発掘調査により、本丸広場北側で栗石群（＝石垣の裏込）が確認されているが、これらは本檀の部分で述べた加藤嘉明による築城段階の本檀石垣の一部である可能性が高く、注目される。なお、城内で最古とされる野原櫓や乾櫓をはじめとする八棟の重要文化財が現存するだけでなく、多数の焼失建造物が戦後に木造で再建され（馬具櫓を除く）、往時の景観を取り戻している。

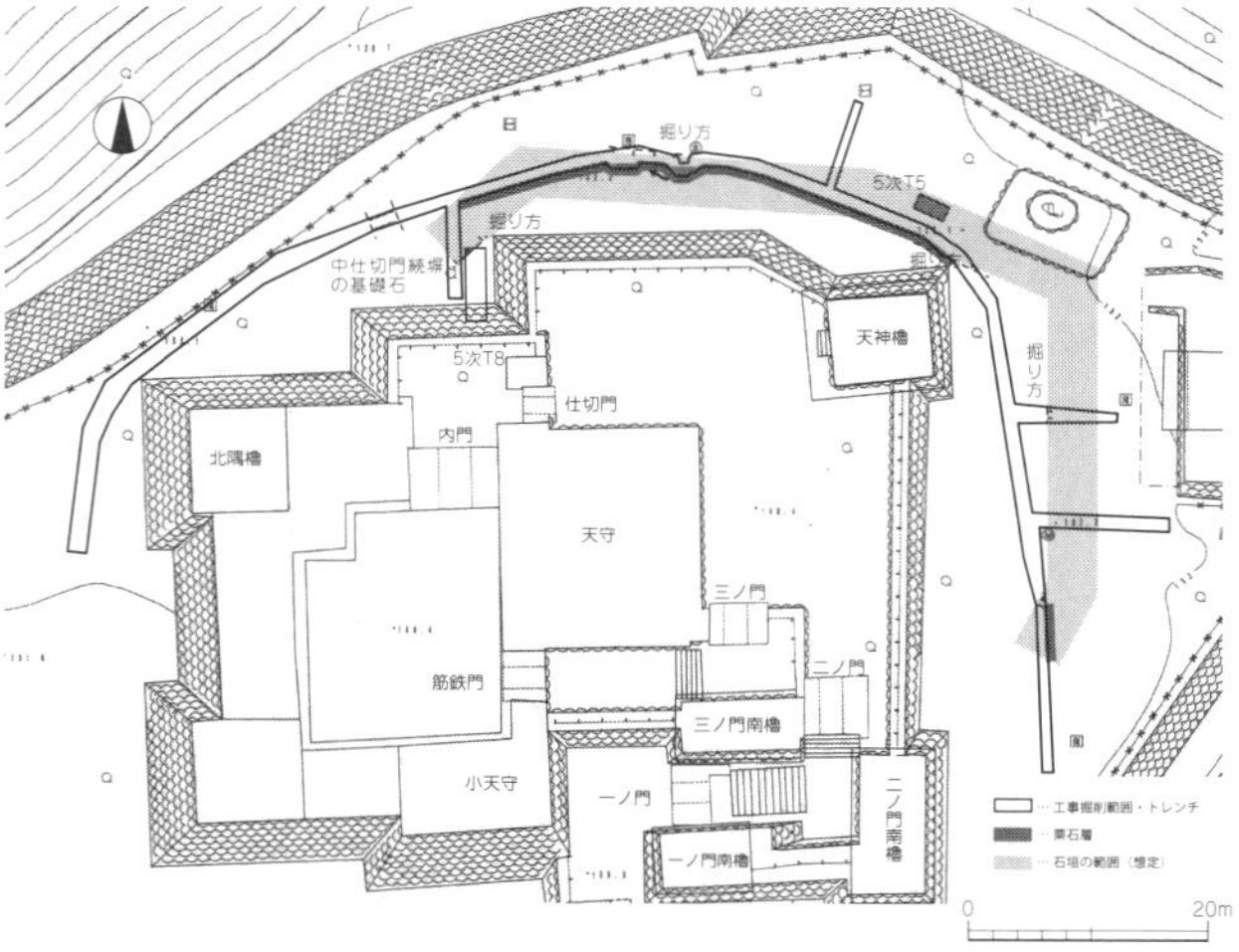

●—本丸内栗石層確認地点及び築城期本檀石垣想定範囲図（松山市教育委員会提供）

●—栗石層確認状況（北東から，松山市教育委員会提供）

【二之丸】　二之丸は、勝山の南西山麓に位置し、主郭（二之丸御殿）と南西のL字形の帯郭、三之丸との画期を成す黒門から二之丸御殿へとつづく大手道からなる。黒門からの大手登城道は、一〇〇メートルほどの間に、折りと不整形な枡形とともに、黒門、栂《つが》門、槻《けやき》門（城内最大の二重二階の櫓門）、埋門（現存せず）が連続する厳重な構えである。帯郭の周囲は高さ約一二メートルを超える高石垣に囲まれ、二之丸御殿の周囲はさらに多門櫓をともなう石垣に囲まれている。二之丸御殿（貞享四年（一六八七）の三之丸御殿の新設に伴い、機能は三之丸御殿へと移った）や多門櫓をはじめとする複数の門や櫓などが設けられていたが、現存する建造物はない。石垣は、御殿の周囲を中心に後世の改修が目立つものの、大手登城道北側、城内で最も高い高さ約二〇《メートル》を測る西大砲台から東に続く高石垣などに、江戸時代初期の加藤嘉明による築城期のもの（粗割石・乱積～布崩し積）が残る。なお、発掘調査により、御殿の礎石や排水路などの遺構に加え、国内最大規模の桝形池（大井戸）が良好な状態で確認されており、その成果を踏まえ、平成四年（一九九二）、「二之丸史跡庭園」が整備された。整備は、二之丸御殿の表面表示（表向：柑橘・草花園、奥向：流水園）と大井戸の露出展示を主体とし、周囲の多門櫓や門、壁など、一部の建造物が復元されている。

【三之丸】 三之丸は、勝山の南西山麓に位置し、東西約四八〇《メートル》、南北約五三〇《メートル》の巨大な郭で、北と東に櫓門（西と南の出入口は明治期に新設）、周囲に土塁と堀（外堀）を擁する厳重な構えである。北側には三之丸御殿や小普請所などの藩の施設、南側は中・上級の武家屋敷が建ち並んでいたが、現存する建造物はない。北端の三之丸御殿は、貞享四年に新たに設けられたもので、絵図の検討や発掘調査の成果から、幅広の溝と多門櫓をともなう石垣に囲われており、単独の郭の様相を呈する。なお、発掘調査により、道路とこれにともなう排水溝や土塀基礎、貯水池、建物礎石などの遺構が確認されており、その成果を踏まえ、平成二十二年（二〇一〇）には南側の第一期整備が完成し、江戸時代の区画や道が広場や園路として再現されている。現在、北側の第二期整備が進捗中である。

【参考文献】 松山市『史跡松山城跡保存活用計画』（二〇一九）、松山市・松山市教育委員会・松山市埋蔵文化財センター『史跡松山城跡―史跡整備等に伴う遺構確認調査等総括報告書（平成十三～二十九年度）―』（二〇二二）、松山城編集委員会編『松山城 増補第五版』（松山市観光協会、一九九四）、楠寛輝「松山城にみる石垣構築技術」『金沢城研究』第七号（石川県金沢城調査研究所、二〇〇九）、宮尾克彦「加藤期における伊豫松山城―本丸・本壇、惣構、西ノ丸の構造について―」『伊予史談会平成二十六年六月例会発表資料』（二〇一四）、長坂整史「松山城濠埋立て反対運動について」『伊予史談』第三五四号（伊予史談会、二〇〇九）、溝口彰啓「安骨浦城」織豊期城郭研究会編『倭城を歩く』（サンライズ出版、二〇一四）

（楠　寛輝）

●県下で数少ない方形平城

荏《え》原《ばら》城《じょう》

〔愛媛県指定史跡〕

〔所在地〕松山市恵原町
〔比　高〕約〇メートル
〔分　類〕平城
〔年　代〕一六世紀
〔城　主〕平岡氏
〔交通アクセス〕国道一一号久米窪田交差点から県道二〇七号松山三坂線を南に四・六キロ、西に二五〇メートル。

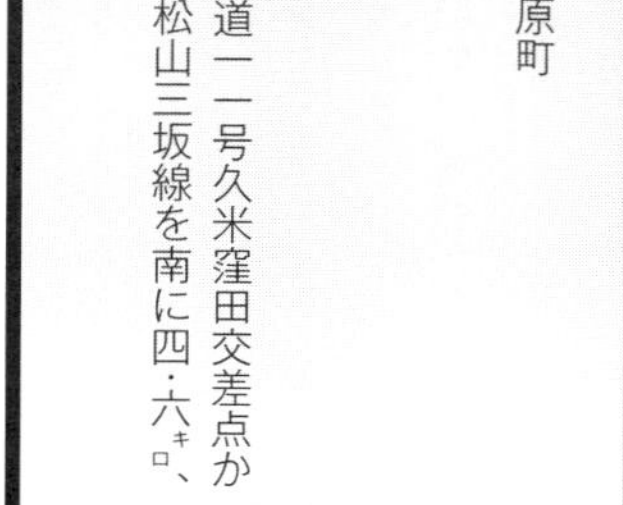

【荏原城の歴史】　荏原城の築城に関する史料は残っていないが、諸書では平岡氏が城主となっている。平岡氏は伊予守護河野家の重臣であったが、天正十三年（一五八五）の羽柴秀吉による四国攻めの後に廃城になったと考えられる。その後、小早川隆景の筑前名島《なじま》移封にともない河野家最後の当主通直《みちなお》が安芸竹原に移るにさいして荏原城主であった平岡通倚《みちより》が付きしたがったという。史料で荏原城の記載が豊富なのは関ヶ原の戦いのさいに伊予国内で起こった争乱である。東軍に属した領主加藤嘉明《よしあき》に対して西軍の毛利勢が伊予に攻め込み、国内でも河野氏遺臣が蜂起した。『伊予温古録』などによれば、平岡善兵衛が毛利勢を引き入れて廃城となった荏原城に立て籠もって河野家再興をはかったものの、伊予侵攻軍

●—荏原城航空写真（国土地理院）

が三津で破れたために籠城兵は久米《くめ》如来寺に転戦した後に敗退し鎮圧された。

【城の構造】　荏原城はほぼ正方形な内郭を持ち、南辺・北辺八八・五メートル、東辺九七・七メートル、西辺九五・三メートル

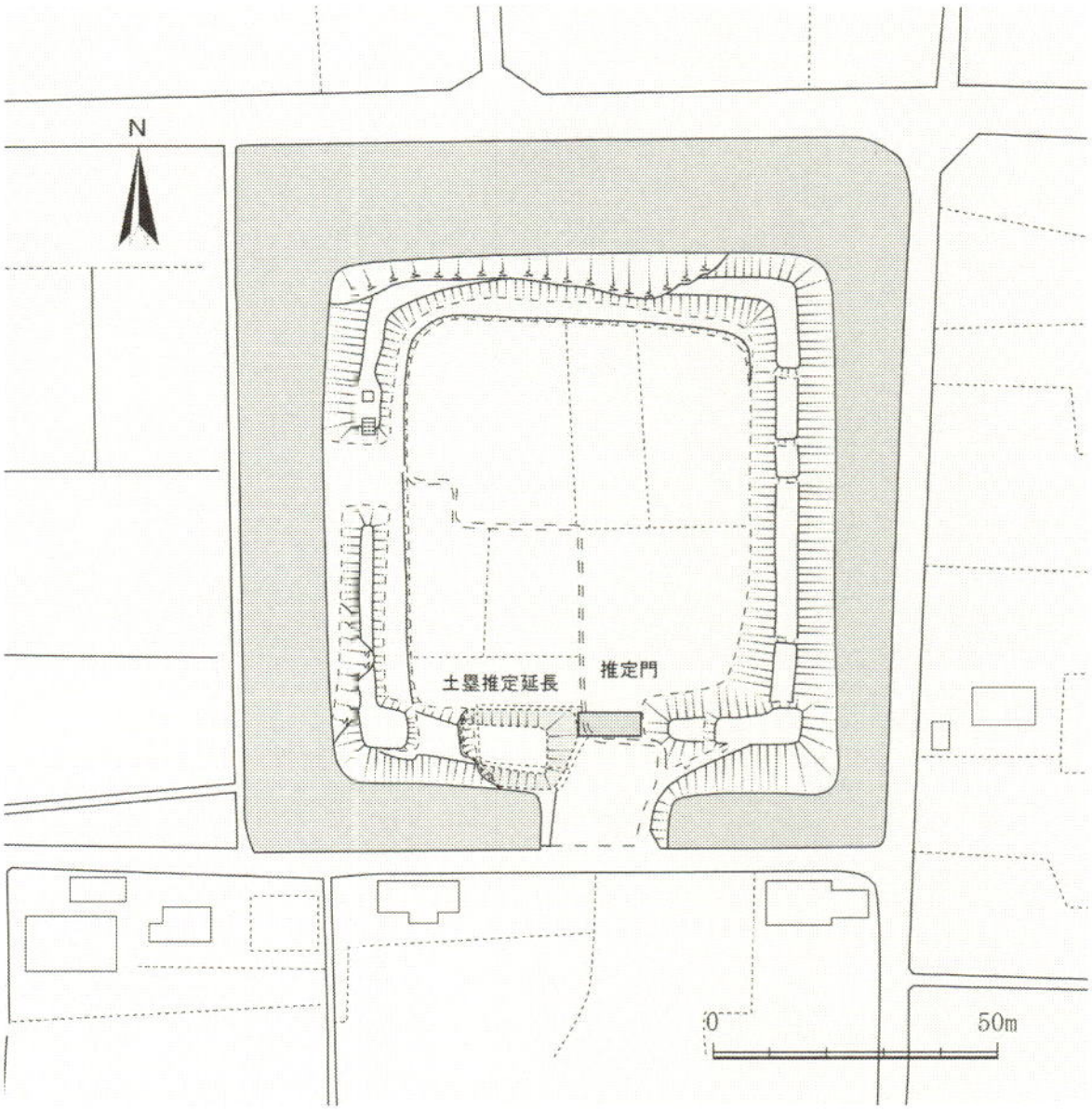

●—茌原城縄張図（日和佐宣正作成）

を測る。周囲の堀幅はそれぞれ中心部で、南堀一〇・八メートル、東堀約一〇・六メートル、北堀二〇・三メートル、西堀一四・八メートルを測り、堀を含めた規模は南辺一一三・三メートル、北辺一一九メートル、東辺一二九メートル、西辺一二八・五メートルを測り、ほぼ方一町の方形館である。

内郭の周囲には土塁が築かれており、南辺中央部と西辺中央やや北よりに開口部がある。南の開口部の幅は約二九メートルあり、その前面は幅二二メートルの土橋《どばし》となっている。開口部の西側土塁に取り崩した痕跡があるのでかつては東に伸びていたが、土塁を崩した土で南の堀を埋めて土橋を広げている可能性が高い。南辺東側土塁の一段目は高さ約五・〇メートル、そこからさらに南東隅までは〇・六メートル上がる。南東隅の土塁は北東側に張出があり、ほぼ東西四メートル・南北六メートルの隅櫓《すみやぐら》が建てられていたものと考えられる。南辺西側土塁の一段目は高さ約四・一メートル、さらに南西隅には一・二メートル上がり、約六・五メートルの方形区画があって、そこにも隅櫓が建っていた可能性が高い。南辺土塁幅は東西辺の土塁と北土塁と比較して土塁幅が厚く、東辺・北辺・西辺の土塁の高さがいずれも五メートル程度で南辺より低く、南側が正面と意識して隅櫓まで東西に構えられていたものと

●—茌原城南側土塁

●—荏原城西堀と南西隅櫓跡

考えられる。なお、堀の深さは南の堀の南端で二・一メートルである。

西辺の開口部は土塁裾部で約一一メートルあり、前面は水堀なので木橋が架かっていたものと考えられる。郭内は地籍図を調べると大きく田の字形に分かれており、南の開口部は表のハレに相当するエリアに面しており、西の開口部は裏のケに面している。西側に開口しているのは、城跡の西一〇八メートル（一

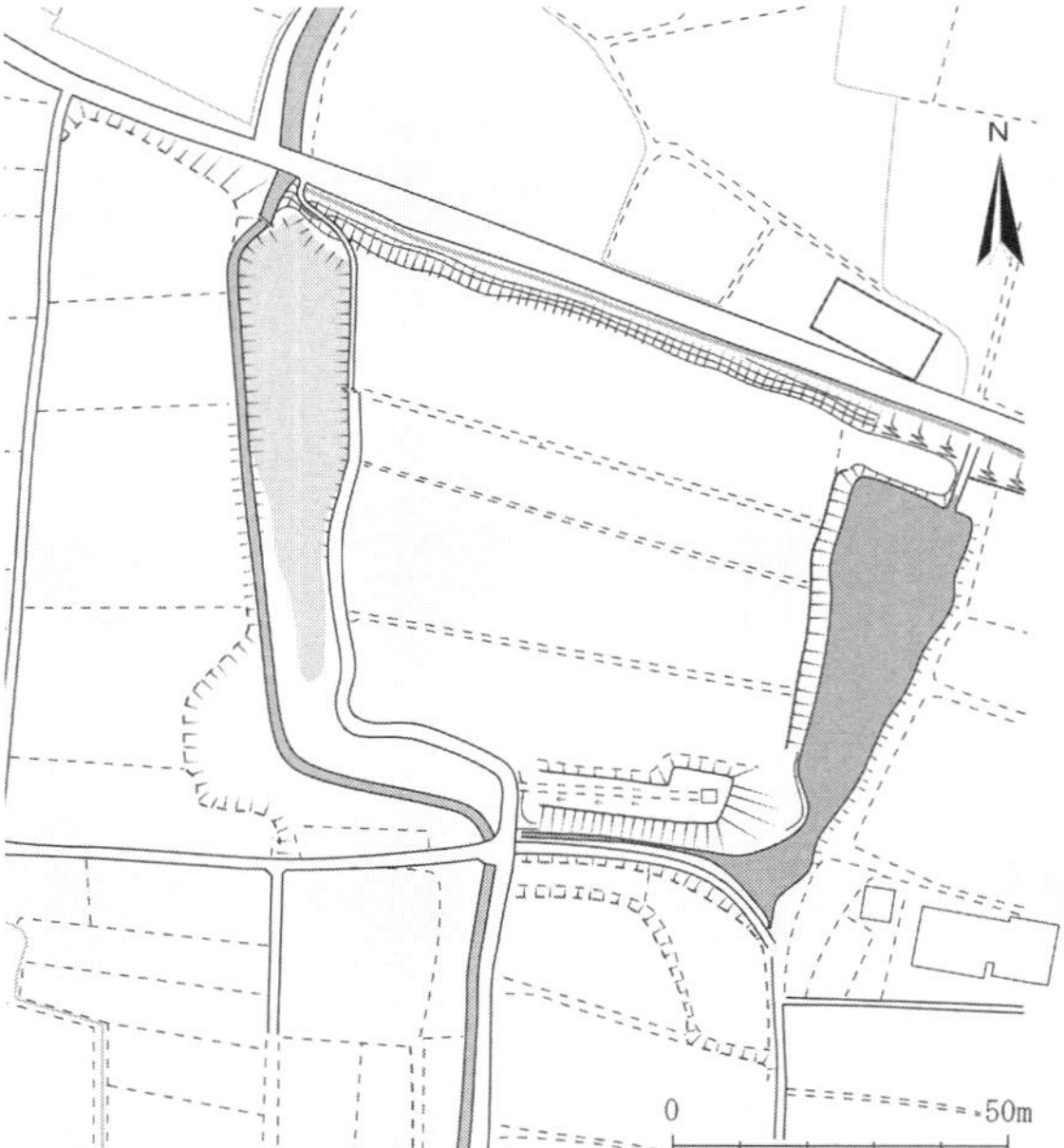

●—新張城縄張図（日和佐宣正作成）

町）に松山から高知につながる土佐街道があり、中世には松山の町も高知の町もなかったが、伊予には守護河野家の湯築城と土佐の守護代所田村城館（南国市、後には長宗我部氏の岡豊城）とを結ぶルートがあったと思われ、近世の土佐街道とほぼ同じような道があった可能性が高く、それを意識していたものと考えられる。

【新張城の概要】 荏原城の南南東約七〇〇メートルに荏原城と同じような平地の堀に囲まれた逆台形状の区画がある。新張《にいばり》城（縫針《ぬいばり》城、縫針砦）と呼ばれている。地誌では源頼政《よりまさ》弟の土岐氏の居城とか平岡氏持城となっている。

堀が東西と南にあり、北辺は崖である。この崖は御坂《みさか》川が

現河道になる前に御坂川によって形成された河岸段丘崖で、約四メートルの高さがある。東辺には約二〇メートル、西辺には約一七メートル幅の堀があり南側が細くなっている。南辺に面しては東側にわずかな水路が残存しているが、一〇メートル程度の堀があったと思われる。

南辺に対しては東側が高くなる土塁があり、東端は郭内から約二メートルの高さがある。西側は開削されて土塁の痕跡はとどめていない。北東端は河岸段丘崖との間に幅約六メートルの土橋状となっていて、もともと大手口であった可能性がある。現在では東西の堀ともほぼ埋め立てられている。

郭の規模は中心部で東西約七〇メートル、南北約八〇メートルあり、堀まで含めると方一町の城跡である。

●—新張城南辺土塁

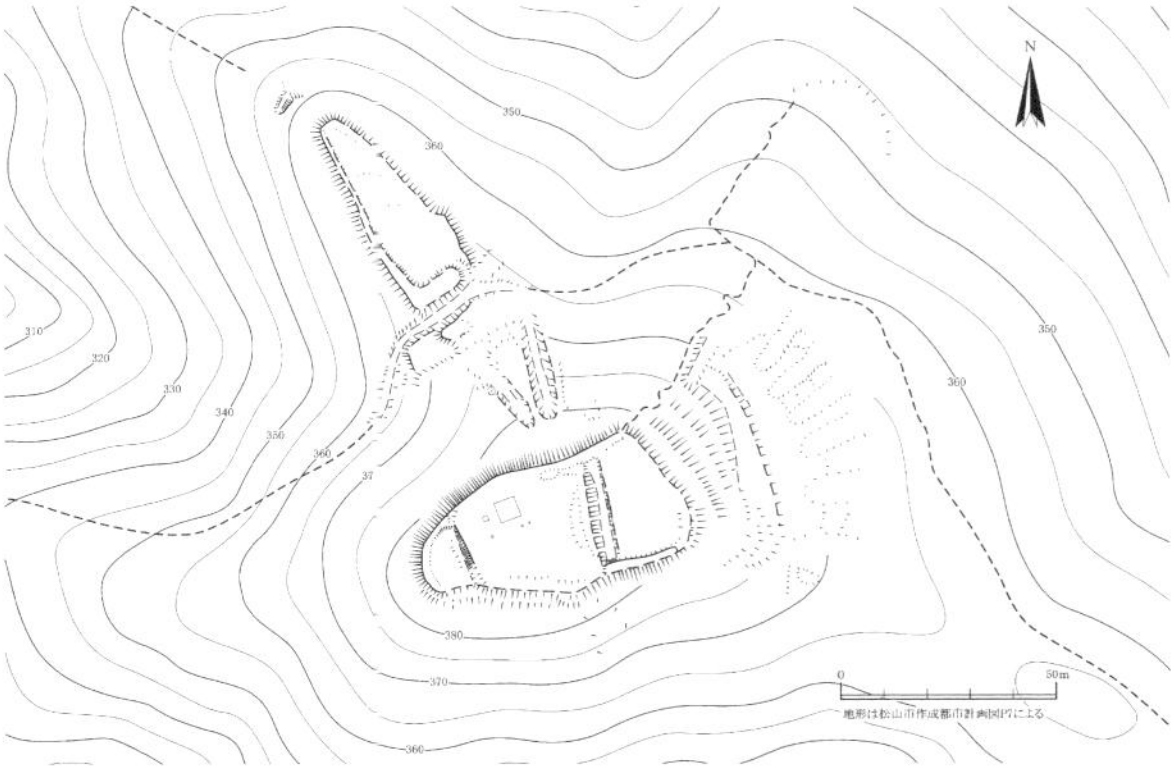

●—尉の城縄張図（日和佐宣正作成）

【尉の城の概要】　愛媛県教育委員会の報告によると、新張城の東約二・四キロ、標高三八四・六メートルに尉の城があり、新張城が本陣城、尉の城がその山城と評価されている。地誌でともに土岐氏の城とされ、後に平岡氏の城とされているからであろうが、明確な根拠はないものの参考までに縄張図を示しておく。

【参考文献】　愛媛県教育委員会『愛媛県中世城館跡分布調査報告書』（一九八二）、池田誠「荏原城」『図説中世城郭事典』第三巻（新人物往来社、一九八七）

（日和佐宣正）

●愛媛県下最大の横堀を持つ山城

大友城《おおとじょう》（大戸城・大唯城）

〔所在地〕松山市浄瑠璃町・伊予郡砥部町宮内
〔比　高〕約二七〇メートル
〔分　類〕山城
〔年　代〕一六世紀
〔城　主〕不詳
〔交通アクセス〕四国霊場四七番札所八坂寺霊園北側入り口西一七〇メートルから登る。

【大友城の歴史】　大友城は、四国山地の北西に派生する尾根続きの先端大友山のさらに北西の尾根先の頂部（標高三五一・八メートル）を中心に築かれている。

大友城には、大洲藩側の地誌に仁賢天皇の時代に大友真鳥《まとり》が居城したとするものがあるが浄瑠璃本からの曲解で、また平岡氏の属城とするものもあるが明確な史料がなく、その歴史については不明である。

【城の構造】　城域は長軸約二四〇メートル、短軸約一五〇メートルにおよび、大友城は中予地方では傑出した規模と言っていい。主郭（郭1）には切岸沿いの郭端部に部分的に土塁も認められる。主郭の南側には四メートル四方の方形の土壇があり、石垣によって二段に築造されている。高さは約〇・七メートルあり、中心部には土

●—大友城，北より

製の人形が祀られており、その一つは役行者《えんのぎょうじゃ》の可能性がある。麓の四国霊場第四七番札所八坂寺はもともと修験の寺で、背後の山が奥之《おくの》院《いん》という伝承がある。

郭2は郭1から約三・〇メートル下にあり、西に延びる尾根に対

して二重に堀切が設けられており、堀切2の堀底から郭2までの比高は約九メートルもあり薬研堀《やげんぼり》であった可能性がある。堀切2の先に堀切1が設けられており、外側の法面の方が深くなっている。

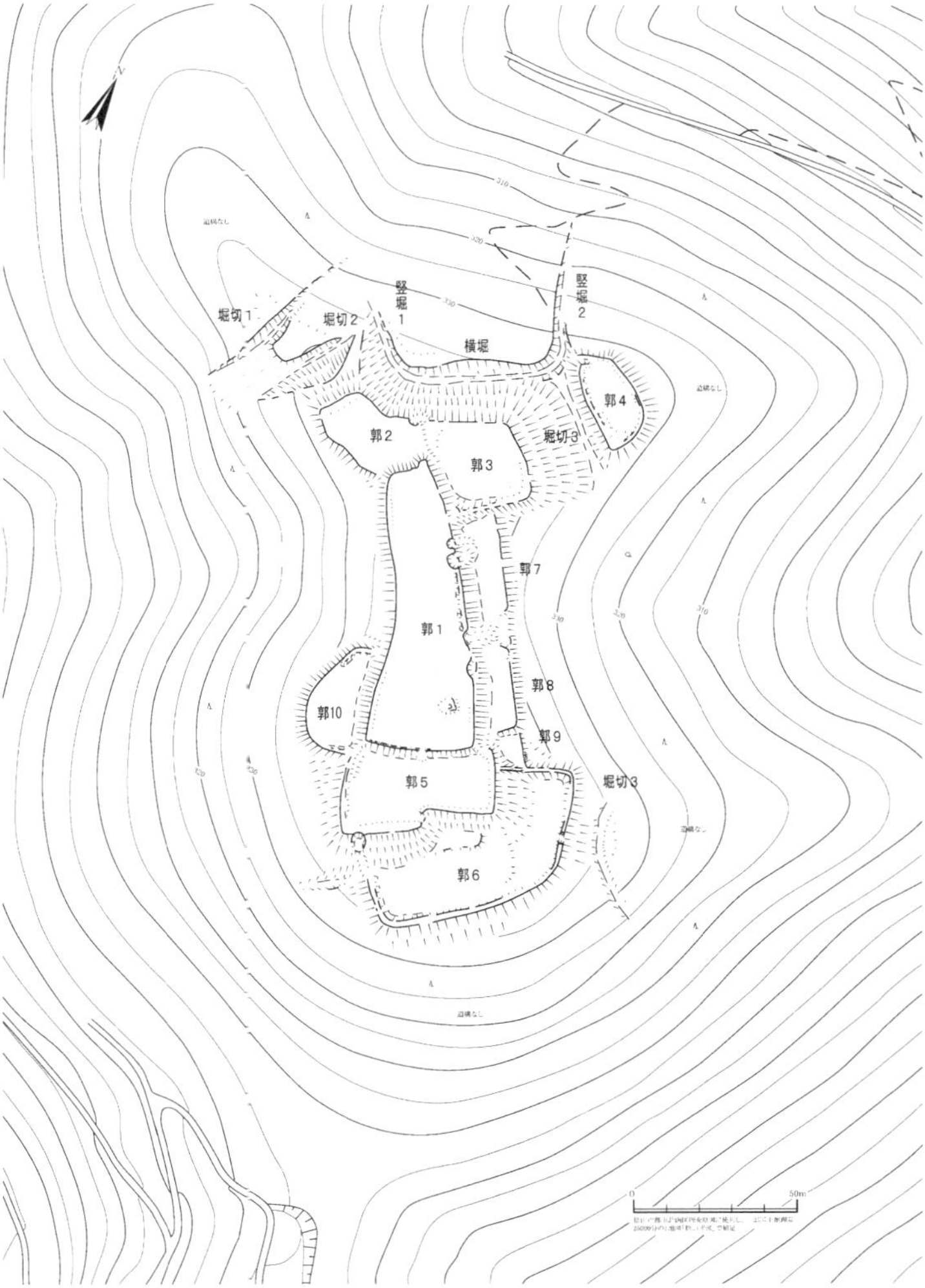

●—大友城縄張図（日和佐宣正作成）

郭2の東に曖昧な段が二段あり一メートル下に郭3がある。郭3の北東には巨大な堀切3があり、堀切幅（郭3と郭4の上端間）は約二四・五メートル、堀切の深さ（郭3の面と堀切3の堀底との比高）は約八・五メートル、郭4からは約二・五メートルである。現地では堀切というより巨大な横堀という印象を受け、これほどの幅を持つ堀切は県下に類例がない。

郭3の北西側には巨大な横堀があり、両サイドは竪堀1と竪堀2となって、「コ」の字状の堀である。横堀の堀底と郭2との比高は約六・五メートルで、郭3ともほぼ同じである。郭3の切岸上端と横堀対岸との距離（堀幅）は約二〇メートルを測る。このような巨大な横堀は県下に例をみない。愛媛県内では横堀はほとんど確認されておらず、南予地方のいくつかの山城に存在することが報告されているが、その堀幅は発掘調査が行なわれた元城（大洲市新谷）のものが約五・五メートルで、筆者による縄張調査でも岡城（西予市宇和町）で六メートル余り、岡本城（宇和島市三間町）のもので最大約七・五メートル、猿越城（南宇和郡愛南町増田）のもので八・五メートル前後など、一〇メートルを越える規模のものはない。この大友城の横堀は、堀切3を削り込むように掘られていることから、工事としては堀切3の掘削後に横堀が穿たれたと考えられる。

郭1の南東には比高約三・〇メートル下に郭5があり、郭の周囲には高さの違いはあるものの土塁が巻いている。中でも南西側の土塁が高く（高さ二・〇メートル）、郭1の南西コーナーからだらだらと続いている。郭の南東側の土塁は高さ〇・五メートル程度であるが、中央部で五メートル程度の喰違い虎口となっており、やや緩い傾斜で比高五・五メートル下の郭6と連絡している。なお、北東側の土塁の高さは〇・二メートルである。郭5の喰違い虎口を東に下ると郭6に入る。

郭6の塁線は全周土塁に囲まれている。土塁の高さは南西側で約二・〇メートル、南東側で約一・五メートルである。北東側の土塁は中央部で三・四メートルほど途切れているが、後世の開削と考えている。郭6の東に尾根の張出があり、深さ約〇・五メートルの浅い堀切が掘られており、その尾根先では遺構を確認することができなかった。また、郭6の南西は標高約二九七メートルの鞍部につづくが、遺構を確認することはできなかった。

郭1の北東側には腰郭状に郭7〜8がある。

【大友城の構造特徴】 大友城の縄張には共通するものと、一貫性がないものとがある。共通するのは、ほとんどの郭が不整形な形状である。また、各所で使われている土塁が上部の郭と接するものでは、下部の郭との連絡に使えるよう緩やかな坂路となっている。

一方、一貫性がないのは、戦闘の最前線になると考えられる尾根方向の処理である。北部の北西方向の尾根に対しては2重の堀切を施し、北東方向の尾根に対しては郭4の切岸が最前線になり、その背後に巨大な堀切3を構えている。南部の鞍部に繋がる南西方向に対しては、土塁をともなう郭6の切岸のみで、北東方向の尾根には浅い堀切を穿っている。

城全体の郭配置の中で横堀と竪堀さらに堀切3は既存の縄張に強引に押し込まれた構造で、北西方面からの進攻に対して極めて厳重に対応しようとしている。郭4は横堀・竪堀と堀切3から構成される強力な防御線の外に放置されたような存在になっている。

各郭には部分的に土塁もみられるがそのほとんどが膝までの高さで、その中で郭6は塁線に明確な土塁が全周している。その高さは西側で約二・〇メートル、東側で約一・五メートルある。しかも、東側では土塁幅が約二・〇メートルあり、土塁上で山腹への射撃を想定しており、土塁の外側の切岸は急傾斜になっておらず、土塁際での防御は想定されていない。また、このような土塁の違いに加え、郭６の形状は多くの郭が自然地形の名残を留めているのに対して、明確に方形が志向されていることから、郭６は後から増設されたものと考えられる。

●—堀切３

　郭６の上にある郭５も方形に近い形状だが、郭の南東側の塁線を見ると、西側の塁線を東に延長すると南東のコーナーにほぼあたることから、喰違い虎口が後から増設されたもので、虎口下にあるひな壇は塁線を削り落とした残土と考えられる。

　西側の尾根には二重の堀切があるが、それを掘削し一つの巨大な堀切にしようとしていたもののようで、工事が完成していれば堀切幅は約二六・五メートルとなり、ほぼ堀切３と同じ堀切幅を持つこととなっている。北から進攻する敵に対して、尾根の巨大な堀切と尾根間の横堀と竪堀で防御するという伊予国で希有な山城となっていたと考えられる。

　大友城の歴史や存在を語る文献資料は余りに少ない。立地や縄張の考察から、横堀の技術を持つ勢力が、大友城に対する北側（松山平野側）からの攻撃に備えて、既存の山城を大改修したものと考えるのが妥当である。伊予国で類例のない大規模な横堀と堀切を持つということから、中予地方を支配した道後湯築城の伊予国守護河野氏が伊予国から退去した後、元和の一国一城令までの間の改修と考えられる。それも極めて短期間に使用され、廃城となった山城の可能性が高いと考えている。

　なお、本来の登城道ではないであろうが、伊予鉄道バス砥部線宮内バス停を降りて、東に徒歩三〇分余り登ると城跡南の尾根鞍部に出ることができるので、北側より比較的登りやすい。

【参考文献】日和佐宣正「伊予国大友城について―伊予国で異例の巨大横堀を持つ山城―」『戦乱の空間』第二〇号（戦乱の空間編集会、二〇二一）

（日和佐宣正）

●登り石垣のある山城

大《おお》除《よけ》城《じょう》

〔所在地〕上浮穴郡久万高原町東明神
〔比　高〕約一六〇㍍
〔分　類〕山城
〔年　代〕一六～一七世紀初頭
〔城　主〕大野氏、佃十成
〔交通アクセス〕松山インター出口から国道三三号を南に二三・五㌔、町道を東に一・三㌔西に歩く。

【大除城の歴史】　大除城は『伊予温古録』によれば、「河野家より土佐押の為めこれを築き、喜多郡宇津の城主大野安芸守直家《なおいえ》をして移住せしむ。其子山城守直昌《なおしげ》居る」とある。直家は『大野系図』では朝直《ともなお》とあり、直昌は朝直の子紀伊守利《とし》直《なお》の子とある。天正十三年（一五八五）の羽柴秀吉の四国攻め後は、伊予国主となった小早川隆景の城郭整理の一つの方針である「二万貫餘之儀ならてハ」という基準には現久万高原町域で慶安年間（一六四八～一六五二）の石高で八〇〇〇石に満たないので合致しないが、久万盆地を見下ろし域内最大の城郭で、土佐への押さえとして存置されたのではないだろうか。なお、直昌は天正十五年（一五八七）に河野家最後の当主通直《みちなお》が安芸国竹原に移るのに随従して伊予国を去っている。

●―大除城遠景

関ヶ原の合戦後に加藤嘉明領となると、重臣佃十成《つくだかずなり》が城代をつとめたが、元和の一国一城令により廃城になったと考えられる。

【城の構造】　大除城は、久万盆地の中央やや北の東から張り出した尾根の先端、標高六九三・九八㍍を中心

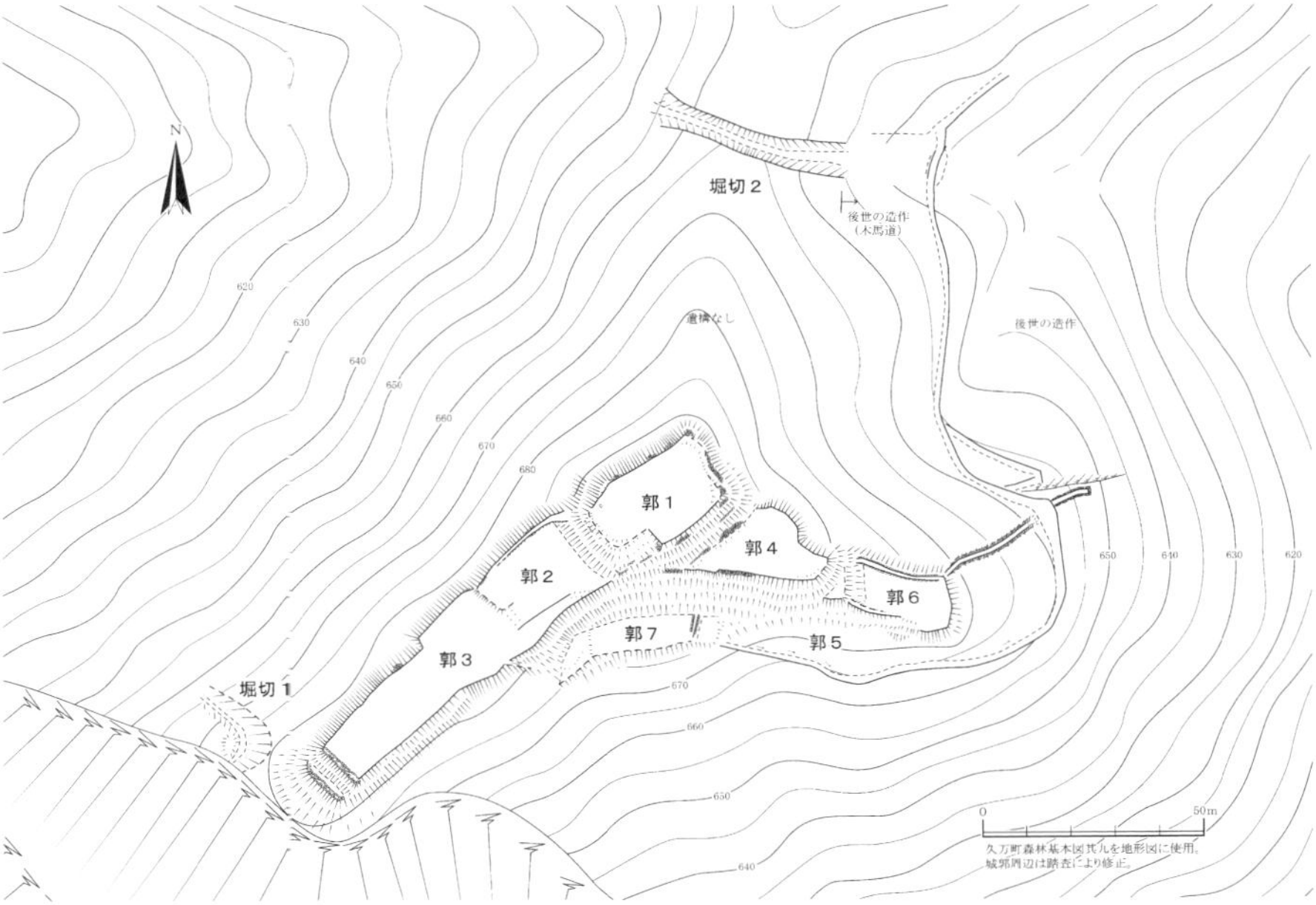

●—大除城縄張図（日和佐宣正作成）

に築かれている。

大除城の主郭（郭1）の南西に二つの曲輪がつづき、主郭から南東にも三つの曲輪がつづいている。郭1は長軸約三〇メートル、短軸約一八メートルの長方形に近い郭で、南西が八×五メートルほど方形に欠けている。周囲の切岸には石垣が随所に見られ、総石垣の郭であったようだ。石垣自体は、粗割り石の野面《のづら》積みで、伊予国内でも各所で見られるものである。曲輪内の北西部には、四八×六一センチの方形で上部が扁平、厚さは二〇センチほどの石があり礎石として利用されていたと考えられる。県内では、このような礎石は東温市の小手ヶ滝城などにも見られるが、礎石の位置が動いていないのであれば、郭2に面した張出しに礎石建物が存在した可能性がある。南西の欠けた区画の切岸下部には鉤《かぎ》の手に積まれた石垣があり、この箇所が内枡形《うちますがた》の虎口を形成していた可能性がある。

郭2は、主郭との比高約七メートル、長軸約二一メートル、短軸約一九・五メートルの長方形の郭で、北側に主郭切岸からつづく土塁が設けられている。南側は〇・九メートルほど一段下がって通路状になっており、石垣が積まれている。

郭3は、郭2との比高約一・七メートル、長軸約五二メートル、短軸約一二・五メートルの曲輪で、南西側の先端部に幅約一メートル、高さ〇・三メートル程度の石垣が積まれている。その南西には、比高四・五メートル

●—主郭礎石

で一段下がった腰郭状の小規模な平坦部が設けられており、郭3と同じく南西側に、石垣が積まれている。この石垣は、外側が〇・五メートル、内側は〇・二メートルの高さがあり、幅は一メートル程度である。これより南西側は採石により大きく削られており、旧状を観察することができない。郭3の北西は、尾根状になっていたようで、それに対して堀切1が設けられているが、西側は同じく採石によって抉られており、掘削前に池田誠によって描かれた縄張図では石垣に囲まれた二つ程度の郭があったようである。

主郭の南にある郭7は、長軸約三七メートル、短軸約七・五メートルの郭で、東側には低い石垣が積まれその東側は東西五メートル×南北六メートルの小規模な空間となっており、虎口としての機能を持たされていたようである。そこから東に通路が伸び、鞍部近くを通って槻《けやき》之沢《さわ》集落までつづいているが、後述する登り石垣を切って通されており、登り石垣の機能が期待されていた時期には使用されてないかったルートと思われる。

郭4は、主郭との比高約七メートル、長軸約二二メートル、短軸約一四メートル程度の不整形な郭で、南側切岸には石垣が顕著にみられる。小規模な郭5を挟んで郭6があり、長軸約二〇メートル、短軸約一一メートルを測る。郭5の南東側切岸から南東に土塁が伸びており、土塁上を下れば郭6に入る。その間の比高は約四メートルである。南側の天端は既述の土塁が中央部まで伸びて消失し、その東側切岸（郭6南塁線中央部）が不明瞭で法面が緩くなっており、もともとこの箇所が虎口であったようである。曲輪6の北側には土塁ではなく石塁が築かれていて、曲輪内からの高さは六〇センチ程度で、東に行くにつれ低くなり東端で消失している。

主郭から北に伸びる尾根は、比較的緩やかな斜面ではあるが、堀切2まで遺構らしいものは見受けられない。堀切2は尾根の鞍部を利用して設けられており、上端間で五・五メートル、底部幅は一・五メートルの箱堀である。切岸の高さは、内外とも一・七メートルで、鞍部の西斜面ではほどなく消失しているが、東斜面ではさらに規模を増して長くつづいている。しかし、その間を通る通路が設けられ、その都度斜面が調整されており、その最下部から南に向けて同様な開削が行なわれていて、軍事的にはまったく意味のないものであることから、後世材木を搬出するために設けられた木馬道と思われる。

郭7から東にのびる通路は、先の登り石垣を過ぎた箇所で二手に分かれており、その屈折した箇所に井戸が設けられている。この井戸は登り石垣の外にあり、堀切2からは内側にあることから、登り石垣築造以前の可能性がある。

【大除城の登り石垣】　郭6の石塁に北東斜面に石塁がつづいており、蛇行しながら、約四〇メートルつづいている。その間の標高差は二〇メートルにおよぶ。石垣の中ほどでは、上端幅約一・五メートル、内外とも高さ約〇・七メートルである。石垣の先端部では、正面形は台形状となっており南側で高さ一四七センチ、北側で高さ一五〇センチ、上端間一二〇センチ、下部で幅一七〇センチを測る。厚さ一〇センチまで、平均五～六センチ、幅三〇～五〇センチの扁平な石で積まれている。先端部の石材は、主郭周辺でみられるような粗割り石ではなく、板状節理の発達した安山岩である。築石部では他の箇所にもみられるような野面積みであるが、先端部のみ板状節理を利用した整層積みである。

登り石垣の外側（北側）には竪堀をともなっていないが、下部では岩盤が露出して、背丈を越える高さの壁面となっており、実質的には竪堀のような役割を果たしている。

全国的に類例の少ない登り石垣であり、松山城や彦根城（彦根市）、洲本城（洲本市）のものが知られている。江戸時代の城代である佃十成は加藤嘉明に従って朝鮮の役の出陣経験があることから、倭城の技術を倣った可能性が高い。

【参考文献】池田誠「大除城」『図説中世城郭事典 第三巻』（新人物往来社、一九八七）、日和佐宣正「登り石垣のある大除城」『戦乱の空間』第一二号（戦乱の空間編集会、二〇一三）

（日和佐宣正）

●—大除城登り石垣末端

●—大除城登り石垣末端正面

●福島正則の居城

由《ゆ》並《なみ》本《ほ》尊《ぞん》城《じょう》

〔所在地〕伊予市双海町上灘
〔比　高〕約一八五㍍
〔分　類〕山城
〔年　代〕室町時代
〔城　主〕合田氏、河野氏、津々喜谷氏
〔交通アクセス〕伊予インターから国道五六号・三七五号で南西に約九・二㌔、天一稲荷神社裏より登る。

【由並本尊城の歴史】　由並本尊城に関しては、『予陽河野家譜』によれば、建武三年（一三三六）に合田貞遠《ごうださだとお》が松前《まさき》城（松前町）に立て籠もったものの、建武政権に叛旗を翻した足利尊氏方の河野通盛《みちもり》勢の大祝《おおほうり》安親に落とされ、残党とともに由並城に籠もったがやはり落城させられたという。諸書では南北朝時代には南朝方の得能《とくのう》氏の名もあり、その後には河野氏の名もある。戦国時代末期には滝の城（大洲市）主津々木《つづき》（津々喜谷《つづきや》）氏が城主であったとの記録もある。

天正十三年（一五八五）の羽柴秀吉の四国攻め後は存置対象として検討されたが、明確な廃城期は不明である。

【城の構造】　由並本尊城は松前城と肱川河口の長浜城（大洲市）のほぼ中間に位置し、周辺にはほとんど平地がない地域にありながら、長軸が二〇〇㍍におよぶ中予地域では異例な巨城である。城の南側を流れる上灘川《かみなだ》を遡れば、伊予市中山町左礼谷犬寄峠に出るので、松山平野から西の喜多郡に至る主要ルートを扼する位置で、伊

●—由並本尊城

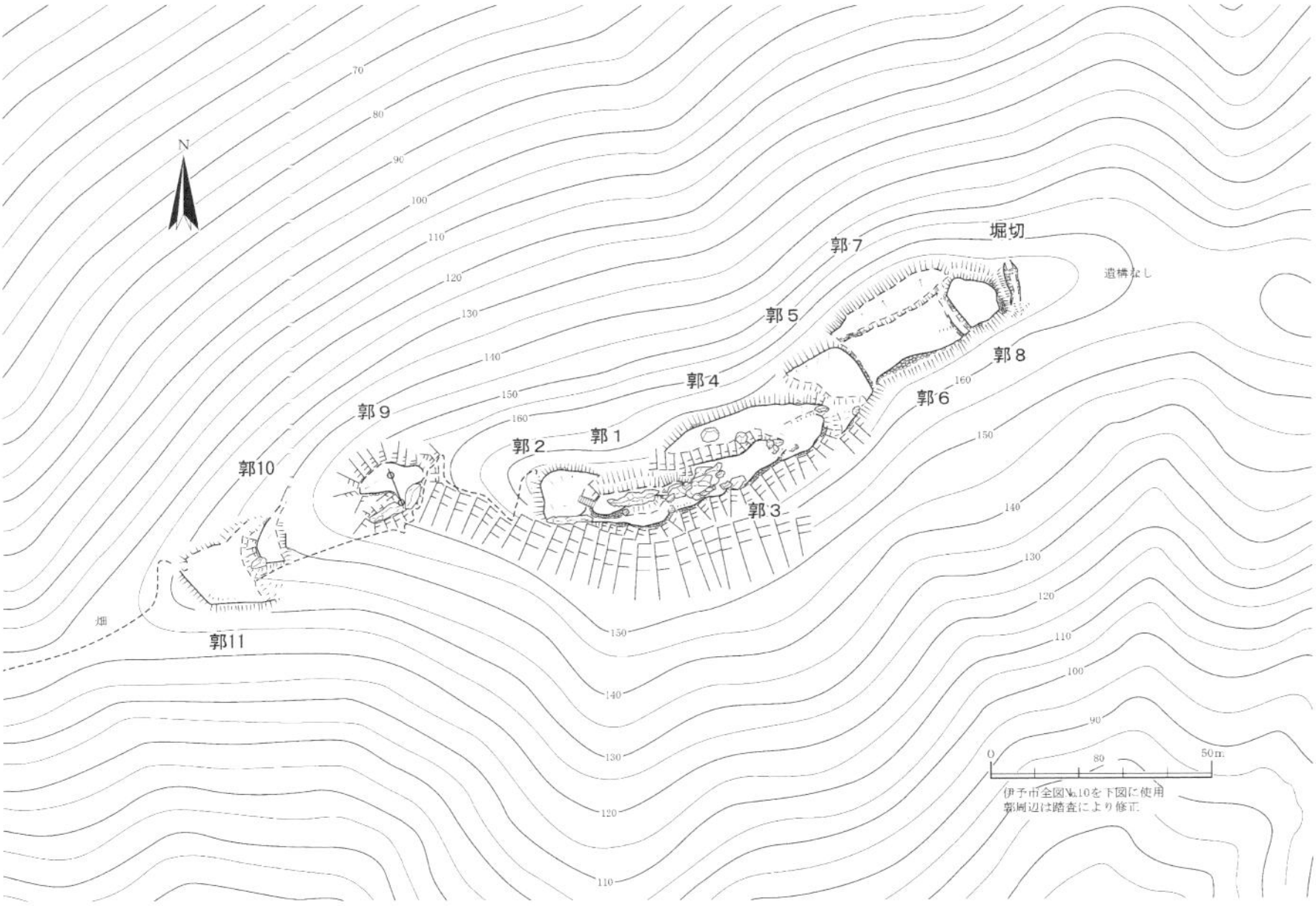

●—由並本尊城縄張図（日和佐宣正作成）

予灘にも面しており、陸上海上の要衝と認識されていたと思われる。

城の構造としては、岩山の主郭（郭1）と東西に派生する郭を階段状に配し、郭を尾根上に連ねるいわゆる連郭《れんかく》の縄張であり、当地域に一般的なものである。特異なのは石垣の多用であり、その規模である。城域の南側斜面は、上灘川の開《かい》析《せき》によって急峻な崖となっており、その南側切岸にほとんどの箇所で石垣が築かれている。単に平坦面を広く確保すればよいのなら、尾根先へと郭の数を増やすという方法もあるが、あえて足場の悪い場所に高石垣を築いて面積を確保している。郭6の南側では高さ四メートルを測り、その他随所に石垣が用いられている。

縄張こそ他地域の技術をうかがわせるものはないが、城の規模と石垣の築造には目を見張るものがあり、単に地方領主の山城とするには無理がある。伊予国が豊臣政権下に入った段階で、何らかの改修を受けた可能性が高いと考えられる。

【参考文献】日和佐宣正「城郭にもとめられるもの―愛媛県伊予市の悉皆調査から―」『戦乱の空間』第一六号（戦乱の空間編集会、二〇一七）

（日和佐宣正）

●南伊予を押さえた拠点的城郭

大洲城《おおずじょう》

〔愛媛県指定史跡〕

〔所在地〕大洲市大洲
〔比　高〕約二五㍍
〔分　類〕平山城
〔年　代〕鎌倉末期頃〜明治維新
〔城　主〕宇都宮豊綱・小早川隆景・戸田勝隆・藤堂高虎・脇坂安治・加藤貞泰以降加藤家一三代
〔交通アクセス〕JR伊予大洲駅下車、徒歩約二五分。

【地蔵ヶ嶽城から大洲城へ】　大洲城は愛媛県下最長の河川肱《ひじ》川《かわ》の中流域にある大洲盆地に位置している。かつては「大津」と表記され、その名が示すように肱川沿いには大きな川港があったとされている。舟運を利用すれば南伊予の各地に行くことができ、河口までは約一八㌔と瀬戸内海へも容易に出ることができた。また、陸路においても江戸時代には北へ向かう松山往還、南へ向かう宇和島往還、西へ向かう八幡浜往還の起点となるなど、これら陸上および河川交通の結節点に位置する大洲城は、交通の要衝を押さえていたわけである。

大洲の地を最初に本拠としたのは中世の喜多郡地頭の宇都宮氏であった。通説では宇都宮豊房が元弘元年（一三三一）に地蔵ヶ嶽に城を築いたのが始まりとされ、代々宇都宮氏の居城となった。この地蔵ヶ嶽城が、大洲（津）城の前身と考えられる城である。宇都宮氏は下野国宇都宮氏の分流で、鎌倉時代末期以降は喜多郡地頭として当地域を強固に支配していたと考えられる。戦国期に入ると喜多郡内でも数々の争乱が発生し、河野氏、一条氏、長宗我部氏ら周辺勢力の干渉も加わり始め、永禄十一年（一五六八）、喜多・宇和両郡の境にある鳥坂《とさか》峠において宇都宮氏・一条氏と、河野氏・毛利氏との間で、戦国時代の伊予国最大の合戦とされる鳥坂合戦が勃発した。この戦いで宇都宮・一条連合軍が敗れると、喜多郡一帯は混乱を極め、宇都宮氏の勢力は衰退し求心力を失っていった。最後の地蔵ヶ嶽城主となった宇都宮豊綱は、家臣であった大野直之に領主の座を奪われたとも伝えられる。

天正十三年（一五八五）、羽柴秀吉の四国攻めによって小早川隆景《たかかげ》に伊予一国が与えられると、南伊予には養子の小早川秀包《ひでかね》が派遣され大津城へ入城した。天正十五年（一五八七）に隆景が筑前国へ転封となると、秀吉子飼いの家臣であった戸田勝隆《かつたか》が南伊予（喜多・宇和・浮穴郡）の領主となって大津城に入城した。文禄三年（一五九四）に勝隆が朝鮮出兵中に病死すると、戸田氏は嗣子がなかったために断絶した。

次いで、文禄四年（一五九五）に藤堂高虎が喜多郡の蔵入代官、宇和郡七万石を与えられて入封した。本城は所領の板島城（宇和島市）としたが、蔵入地であった大津城にも在城し、朝鮮出兵へは大津城から出陣した。その後、宇和島城を築城すると主城を宇和島へと移し、慶長五年（一六〇〇）の関ヶ原合戦後には伊予半国二〇万石が与えられた。

慶長十三年（一六〇八）、高虎が伊賀一国・伊勢国二郡・越智郡二万石へ転封となると、慶長十四年（一六〇九）に淡路国洲本城主であった脇坂安治《やすはる》が、喜多郡を中心とする五万三五〇〇石で入封して大津城主となった。安治は秀吉の古参の家臣で、福島正則・加藤清正らとともに賤ヶ岳《しずがたけ》七本槍の一人として活躍した。関ヶ原合戦では当初西軍に属していたが、小早川秀秋らとともに徳川方へ組した。

元和三年（一六一七）、安治の跡を継いだ脇坂安元が信州飯田へ転封となると、加藤貞泰が伯耆国米子から六万石で入封して大洲城主となった。その後は大洲藩加藤氏一三代の居城として存続した。なお、地名が「大津」から「大洲」へ変わるのはこの加藤氏入封以降のことである（城の名称について、ここでは加藤氏以降を「大洲城」、それ以前は「大津城」を使用した）。

●—地蔵ヶ嶽城時代の石積み（大洲市教育委員会提供）

●—地蔵ヶ嶽城時代の土器廃棄遺構（大洲市教育委員会提供）

【中世地蔵ヶ嶽城の痕跡】 大津城が近世城郭化される前の中世段階の様相については、これまで明確になっていなかったが、近年の発掘調査では複数の調査地点で一四世紀以降の中世段階の遺物が少なからず出土しており、近世城郭化される以前から何らかの土地利用があったことが推測されていた。

令和元年に行なわれた本丸東側部分の調査において、本丸盛土内から石積みの一部が発見された。この石積みを覆っていた盛土内から一六世紀中頃までの陶磁器が出土したことにより、これが一六世紀中頃以前の遺構であることが確認された。石積みは郭の周囲を囲んだ城郭の遺構と想定され、これにより中世地蔵ヶ嶽城の存在が明らかになった。さらに、この盛土内からは多くの炭化物とともに木舞《こまい》の痕跡を残す焼けた土塊が多数出土し、火災などにより焼失した建物の存在が想定された。一六世紀中頃は喜多郡一帯が混乱を極め、地蔵ヶ嶽城においても多くの合戦が行なわれたとされる時期であり、焼失した建物の存在はこうした戦乱期の様相を反映したものといえよう。

また、本丸の一段下に位置する本丸井戸曲輪部分の調査では、近世城郭化以前の盛土の下から多量の土師器《はじき》を廃棄した遺構が見つかった。ともに発見された陶磁器から一五世紀代の遺構と想定されており、こちらも地蔵ヶ嶽城時代のものである。

中世地蔵ヶ嶽城の痕跡として発見されているものは少なく、近世城郭化にともなう大規模な造成あるいは江戸期の改修などによってその痕跡が大きく破壊されている可能性も否定できないが、今後の新たな発見を期待しておきたい。

【近世城郭化された大津城】 中世地蔵ヶ嶽城は後に近世城郭として整備されていくが、整備された時期や内容については判然としておらず、実は近世大洲城の天守建築年や建築主さえも明らかにはなっていない。一般的に戸田氏以降、藤堂氏や脇坂氏らによって徐々に近世城郭化されていったと考えられているが、発掘調査によってその状況が明らかになりつつある。

平成十一年に天守復元事業にともなって実施された発掘調査では、近世大洲城の天守台の下から一段階古い天守級建物の基礎石列が発見されており、天守が建て替えられた可能性の高いことが明らかになっている。天守の建て替えが誰の段階に行なわれたのかが問題になるが、基礎石列の前面に廃棄された瓦からそれを推測することができる。瓦は古い段階の天守に葺かれていたとみられるもので、河後森城（北宇和郡松野町）や宇和島城（宇和島市）と共通するものや、宇和島城や今治城（今治市）と関係がうかがえるものが確認されている。こうした瓦の存在は、当時の大津城主がこれらの城も領していたことを表しているといえ、古い段階の天守はこれらの城を領した戸田氏もしくは藤堂氏の段階と考えられるのである。となると新天守への建て替えを行なったのはその後任の段階ということになろう。一方で、脇坂氏が淡路国洲本城から大津城へ天守を移築してきたという天守移築説なども唱えられており、新天守の建築主は脇坂氏が有力になりつつある。

【大洲城とその後】 近世の大洲城は肱川に面した小丘陵を中心とした平山城で、頂上の本丸には北西隅に四重四階の天守を置き、その脇には高欄《こうらん》櫓と台所櫓を配置し、本丸全体を多《た》聞《もん》櫓で囲んだ堅固な構えであった。西・南麓に向かって二の丸を配置し、これを西・南面の内堀が囲んでいた。さらに内堀を隔てて西と南面に鍵形の三の丸を配置して武家屋敷を置いた。これを外堀が囲んでいたが、外郭線の一部は小丘陵を利用して土塁の代わりとした特徴的なものであった。こうした縄張は江戸時代前期にはほぼその原型が整っていたと考えられ、基本的には元禄五年（一六九二）の絵図から大きく変わることなく明治期を迎えている。

明治六年（一八七三）に廃城となると、城内の土地は払い下げられ、本丸を除く大部分が民有地となった。近年まで本丸付近まで民有地が残っていたが、天守復元を機に城内の公有地化と公園整備が進められている。天守は明治二十一年（一八八八）に解体されたが、平成十六年に江戸期の絵図、明治期の古写真、発掘調査の成果、さらに江戸期の木組み模型である天守雛型など、豊富な資料を基に木造により復元された。最近はこの木造天守に宿泊する一泊百万円のキャッスルステイが大きな話題となっている。

●—新旧天守の基礎石列（大洲市教育委員会提供）

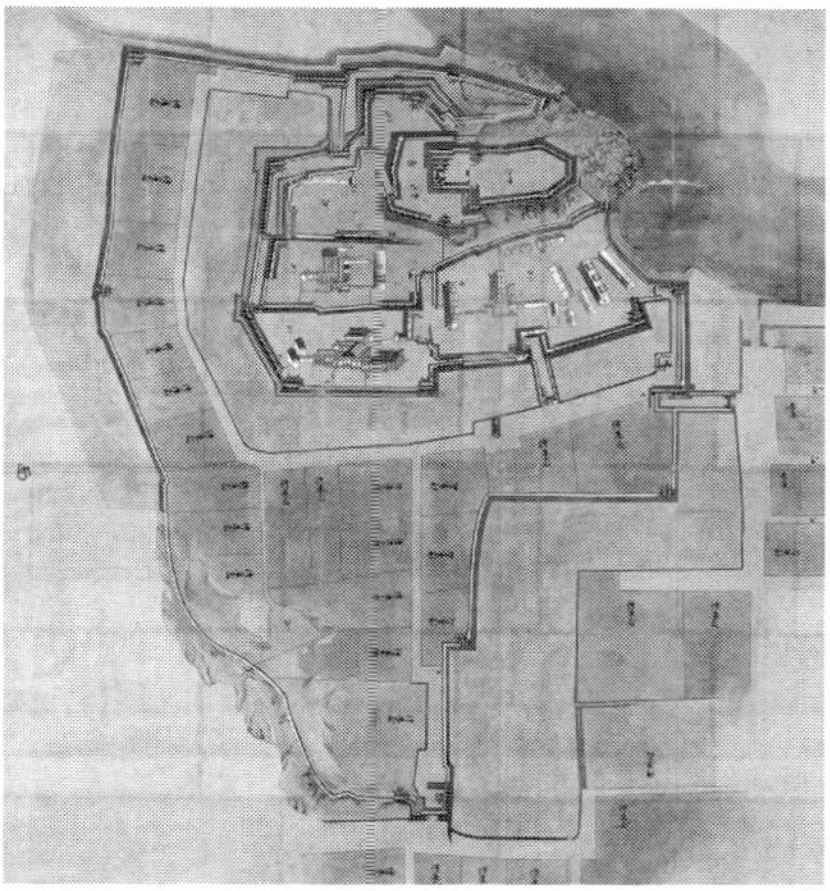

●—元禄五年の「大洲城絵図」（大洲市立博物館蔵）

【参考文献】『大洲城天守閣復元事業報告書』（大洲市商工観光課、二〇〇四）、藤田達生『江戸時代の設計者 異能の武将・藤堂高虎』（講談社、二〇〇六）、『平成二十二年度特別展図録 伊予の城めぐり―近世城郭の誕生―』（愛媛県歴史文化博物館、二〇一〇）、『大洲城下物語』（愛媛県大洲市、二〇一九）

（岡崎壮一）

●毛利氏の戦略の山城

笠《かさ》間《ま》城《じょう》

〔所在地〕大洲市豊茂
〔比　高〕約七〇メートル
〔分　類〕山城
〔年　代〕一六世紀第４四半期
〔城　主〕笠間氏（宇都宮氏）・毛利氏
〔交通アクセス〕大洲インターから肱川東岸を北に一一・七キロ、大和橋を渡って西に六・九キロ。

【地理と歴史】　愛媛県下最大の流域面積を持つ肱《ひじ》川河口から上流二二・八キロ地点で西から合流する大和川の上流約六・八キロの両岸に笠間城、永田城、花林城が相接するように築かれている。

笠間城は地誌類では城主として、笠間蔵人尉政綱《まさつな》・笠間蔵人朝末《ともすえ》・大洲城主宇都宮清綱《きよつな》の男笠間蔵人正綱《まさつな》の名があげられている。

【城の構造】　笠間城は大和川に北西に伸びる尾根先の標高二六〇メートルの場所に立地し、麓からの比高は約七〇メートルである。尾根上に三つの郭を配し、南東の尾根側には主郭より高い丘陵（標高二六三メートル余）があるが、そこには人工的な加工は加えられていない。地域支配の効力からすると最高所に主郭を設けるのが効果的で、その尾根先はより低くなり防御的に不利である。尾根先端の必要最小限の地形をのみ城郭として改変していることから、少ない兵力で川筋に対して防御力を発揮するための極めて戦略的な築城であると考えられる。

城地は長さ一三〇メートル余りの丘陵の中央に幅八・六メートルの堀切1を設けて分断し、北西側のみを城郭として利用している。主郭は長軸三六・五メートル、短軸二三・三メートルで、南東側は土塁状に高まり（郭面からの高さ二・七メートル）、上面の幅は約三・〇メートルを測る。北側から幅約二メートルの土塁が北西に高さを減じながら続いている。土塁上から堀切の深さは五・六メートルを測る。堀切中心部は土橋《どばし》になっており、土塁中心部は開削され道になっている。

主郭の北西側には比高一・二メートル下に郭2があり、南東—北西軸一八・八メートル、北東—南西軸二五・五メートルを測る。北東面には高さ〇・六メートル、幅一・二メートルの低い土塁がめぐらされており、郭2の北西面の中心部までつづいている。郭2の北西側には幅一二・五メートルの堀切2がある。郭2と堀底との比高は五・九メートルを測り、郭3との比高は一・四メートルある。堀切の中央やや東には土橋《どばし》が設けられており、法面は石垣で覆われている。この土橋に向け郭2の土塁が開削されている。いずれも後の改変である。郭3は、長軸二一・一メートル、短軸一四・九メートルあり、主郭・郭2と同様に北東面に土塁が設けられており、これも主郭・郭2と同様に南端が郭面からの高さ一・二メートルでもっとも高く、北に行くにつれ高さを減じている。それぞれの郭に土塁があり、尾根先に行くにつれて低くなる土塁の築造は、肱川流域で広くみられるもので、在地の技術であろう。

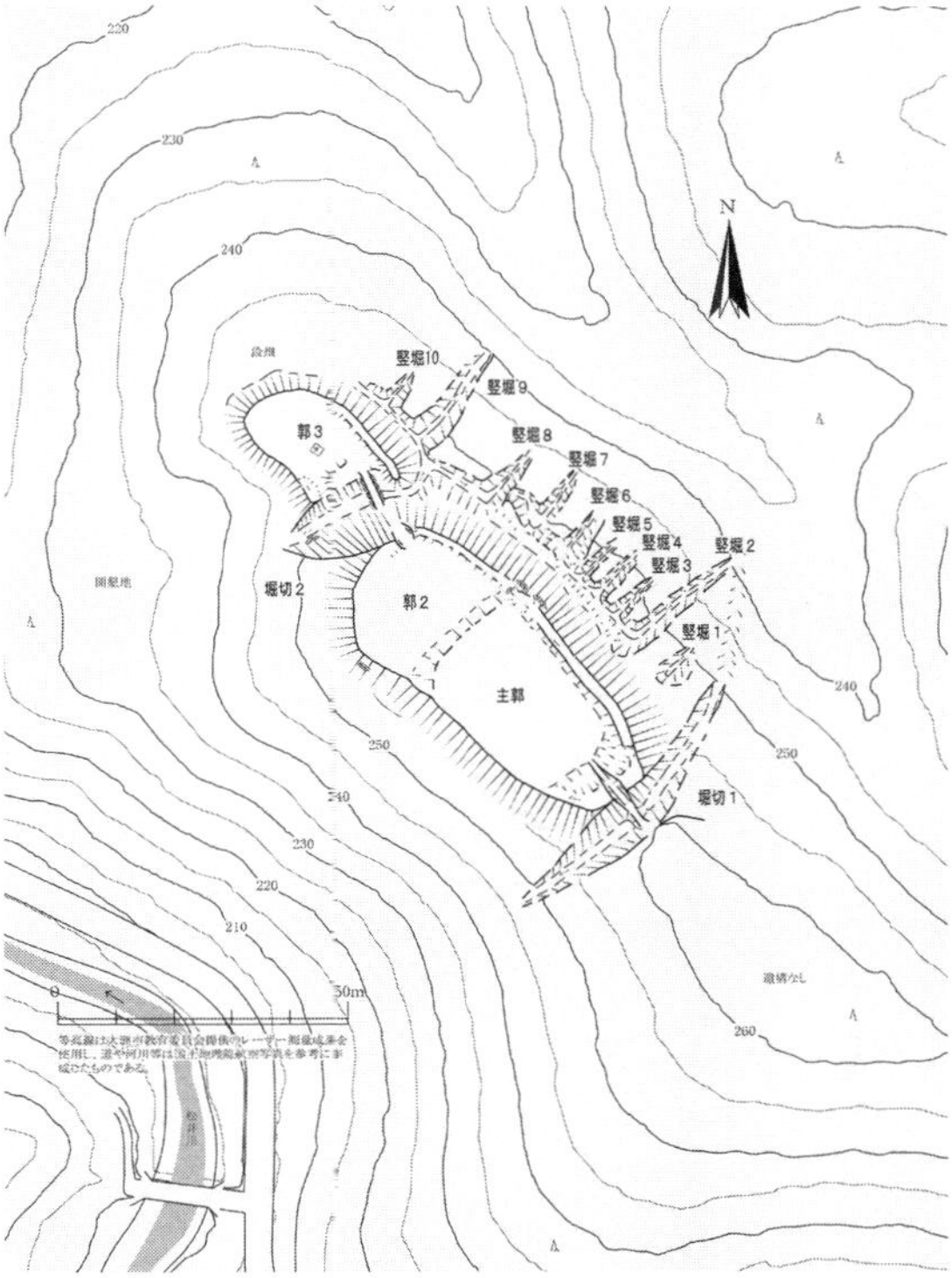

●—笠間城縄張図（日和佐宣正作成）

【笠間城の連続竪堀】 この笠間城の最大の特徴は北東面に対して一〇条の竪堀が連続して掘削されていることである。竪堀1は単独で掘削されており幅五・四メートル、長さ八・五メートルと他の竪堀ともつながっていない。竪堀2から竪堀10は上部が横堀で連結されている。それぞれの堀幅と長さは、竪堀2が幅四・一メートル長さ二六・七メートル、竪堀3が幅三・〇メートル長さ九・二メートル、竪堀4が幅二・九メートル長さ一〇・二メートル、竪堀5が幅二・三メートル長さ九・四メートル、竪堀6が幅五・〇メートル長さ七・九メートル、竪堀7が幅三・三メートル長さ一〇・〇メートルで、これらの上部にある横堀は竪堀8に切られている。竪堀8が幅五・二メートル長さ一〇・五メートル、竪堀9が幅六・二メートル長さ一九・八メートル、竪堀10が幅四・二メートル長さ七・一メートルで、竪堀8から竪堀10の上部は一つの横堀でつながっている。つまり、竪堀1と、竪堀2から竪堀7と、竪堀8から竪堀10と三つのグループから成り立っている。その切り合い関係から、竪堀2から竪堀7が掘削された後、竪堀8から竪堀10が築造されたことになる。

堀切の築造状況と竪堀の築造状況から考えると、第一段階では主郭と郭2と堀切1と堀切2が最初に築造され、その後第二段階では竪堀1から竪堀8が追加され、さらに第三段階で郭3の築造にともない竪堀9から竪堀10が造られたという経緯が推定される。第二段階と第三段階は竪堀形状がバラバラであることから、比較的短期に大和川の下流側である北側および北西側の増強が随時なされてきたことがわかる。

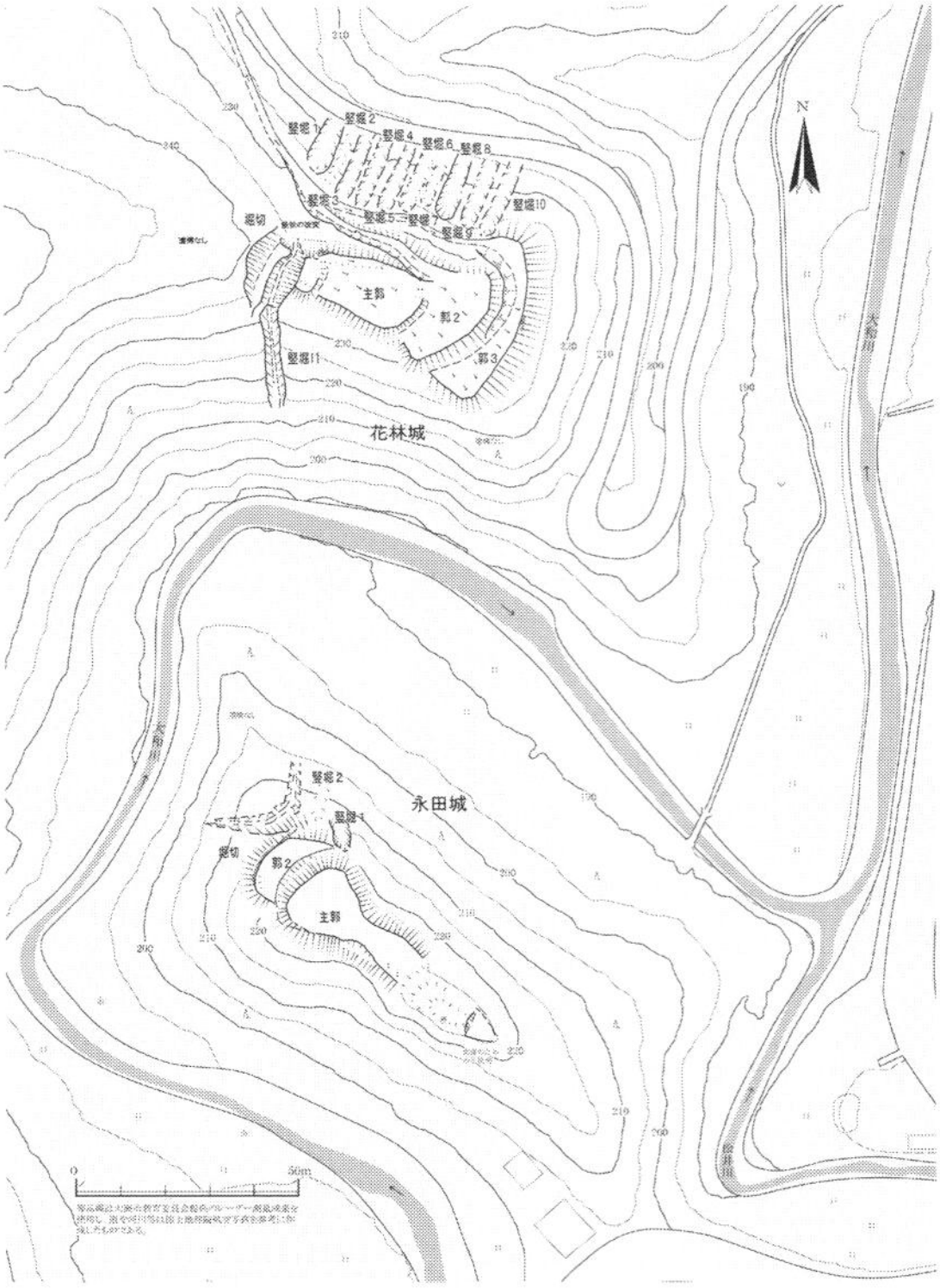

●—花林城・永田城縄張図（日和佐宣正作成）

【花林城の概要】　笠間城の北西二一〇メートル余りに、大和川を挟んで花林城が対峙しており、三城でももっとも下流側に位置する。花林城は大和川に向かって東に張り出す尾根上に占地し、標高は主郭中心部で二三七メートル、麓からの比高は約五〇メートルしかない。堀切の上部には緩傾斜地が広がり現在集落が展開しており、もっぱら大和川沿いに対する城である。

本城は東南東に張り出す尾根を幅一二・八メートルの堀切で断ち切り、その東側に連続する三つの郭がある。堀切から南に伸びる竪堀11は堀切に追加して造営されたもののようである。主郭は長軸二七・五メートル、短軸一三・三メートルで、西側堀切沿いには土塁が設けられ、この土塁があるため城外側の尾根が高いにもかかわらず、城外から主郭内を見通すことはできなくなっている。

郭2は西北西—東南東軸一一・五メートル、北東—南西軸二五・四メートルを測る。郭2の東側に比高四・五メートル下に幅二・三メートルから八・四メートルの腰郭状の郭3が取り巻いている。

主郭と郭2の北側に一〇条の竪堀が開削されている。竪堀幅は二・二メートルから五・八メートルとバラバラであるが、その上部はほぼ整っており、また、下部は道路際で掘り込みが無くなっているが道路の建造で埋没した可能性もある。しかし道路下につづいていないことから下部もほぼ揃っていたようで、これらの竪堀は一体として築造されたと考えられる。

城の東側は急傾斜で、比較的緩傾斜の北側法面が防御上の課題であり、ここを竪堀群によって徹底的に処理しており、この尾根の北側、東側の防御を想定して固めて築城・改修されていると考えられる。

【永田城の概要】　花林城の南八〇メートル余りに大和川を挟んで永田城が対峙している。永田城は、花林城と笠間城を結ぶラインの最奥部に位置し、両城の要の位置にある標高二二八メートルの独立丘陵状の丘陵に占地している。

丘陵頂部は自然地形で小さな社が設けられている。丘陵北西側に主郭があり、丘陵頂部からは明確な切岸もなくつづいている。主郭は長軸約三二メートルあり、杓文字《しゃもじ》形を呈している。主郭両サイドは急傾斜で、北西の郭2との比高は五・六メートルである。郭2は主郭の北西側に半月状に広がる郭である。郭の北西側法面には石積みがあり、土留めのためと思われるが、東側は郭の塁線から外れてしまうので、城郭遺構か後世のものかは判断しづらい。郭2の東側には幅三・八メートル、長さ七・五メートルの竪堀があるが、北西から侵攻する攻城勢が東に迂回するのを防ぐ位置にあるものの、北東面は急傾斜で必ずしも必要性があるとは考えられない。竪堀1の西側に、掘削が明瞭でない竪堀2がある。郭2の北西尾根に対して堀幅六・二メートルの堀切がある。堀切は城内側五・一メートルの深さを有している。

在地の築城技術に大和川の下流側に対して竪堀が設けられて改修された城と考えられる。

【三城の考察】　この三城に共通するのは、大和川の下流側に対して在地の技術で設けられた城が、竪堀を築城技術とする集団によって改修されていることがわかる。また、笠間城と花林城は竪堀を一〇条連続している点で共通しており、この両城は共通する理念で最終的に改修されていることがわかる。毛利氏が河野氏を支援するために当地に軍勢を派遣した永禄十年（一五六七）頃からか、または天正十三年（一五八五）に、肱川沿いから攻めて来る敵に対して一時的に避難し、軍勢を待機させるため（最悪の場合は撤退の時間稼ぎのため）に築城・改修したものと考えられる。

【参考文献】　日和佐宣正「伊予国肱川下流域の城郭について―毛利氏伊予進攻時の撤退戦略―」『戦乱の空間』第二一号（戦乱の空間編集会、二〇二二）

（日和佐宣正）

●愛媛県下に残る大友氏の山城

飯《いい》森《もり》城《じょう》

〔所在地〕八幡浜市保内町宮内
〔比　高〕約一二〇メートル
〔分　類〕山城
〔年　代〕一六世紀
〔城　主〕不詳
〔交通アクセス〕ＪＲ八幡浜駅から国道一九七号を西に五・三キロ、国道三七八号を北へ一・七キロ。

【飯森城の歴史】　飯森城は、地誌では『宇和郡古城記』に「得能《とくのう》彦右衛門居る」とあるだけであるが、一次史料で城攻めに関する記録が残る希有な城である。複数の古文書が残っており、元亀三年（一五七二）に豊後大友氏が飯森城を攻めたことがわかっている。そのさい、守城側が手火矢《てびや》（鉄炮）・弓矢・投石で戦って、大友配下の若林氏らが負傷し、大友宗麟が手負注文《ておいちゅうもん》に証判を据えている。

『大友興廃記』によれば、「飯森の城には、いつみいさきと云ふ所の武士籠り居り、七月十九日に押寄せしかば、出相ひ鑓を合せ戦ひ勝負を決するに、城中の武士若干討れて引取る。豊後勢も相引にして、其日の軍終りぬ」とあり、その後、和談が成立し双方が兵を引いたとのことである。「いつみいさき」は、大洲市長浜町出海《いずみ》と八幡浜市保内町磯崎《いさき》のことであろう。攻城戦の後のことは一次史料上では不明であるが、飯森城より東二キロ余りにある医王寺《いおうじ》（八幡浜市日土町《ひづちちょう》）に関し『宇和旧記』によれば什物の洞《ほら》

（花押）
元亀三年七月十九日、於飯森要害
攻口、若林中務少輔鎮興親類被官
被疵、粉骨之次第、着到銘々加披
見訖
矢疵　若林九郎
手火矢疵　若林源四郎
石疵　丹生内蔵助
手火矢疵　合澤織部允
石疵　樋口市右衛門
手火矢疵　〃　玄番
矢疵　〃　源十郎
已上

●―「大友宗麟合戦手負注文一見状」

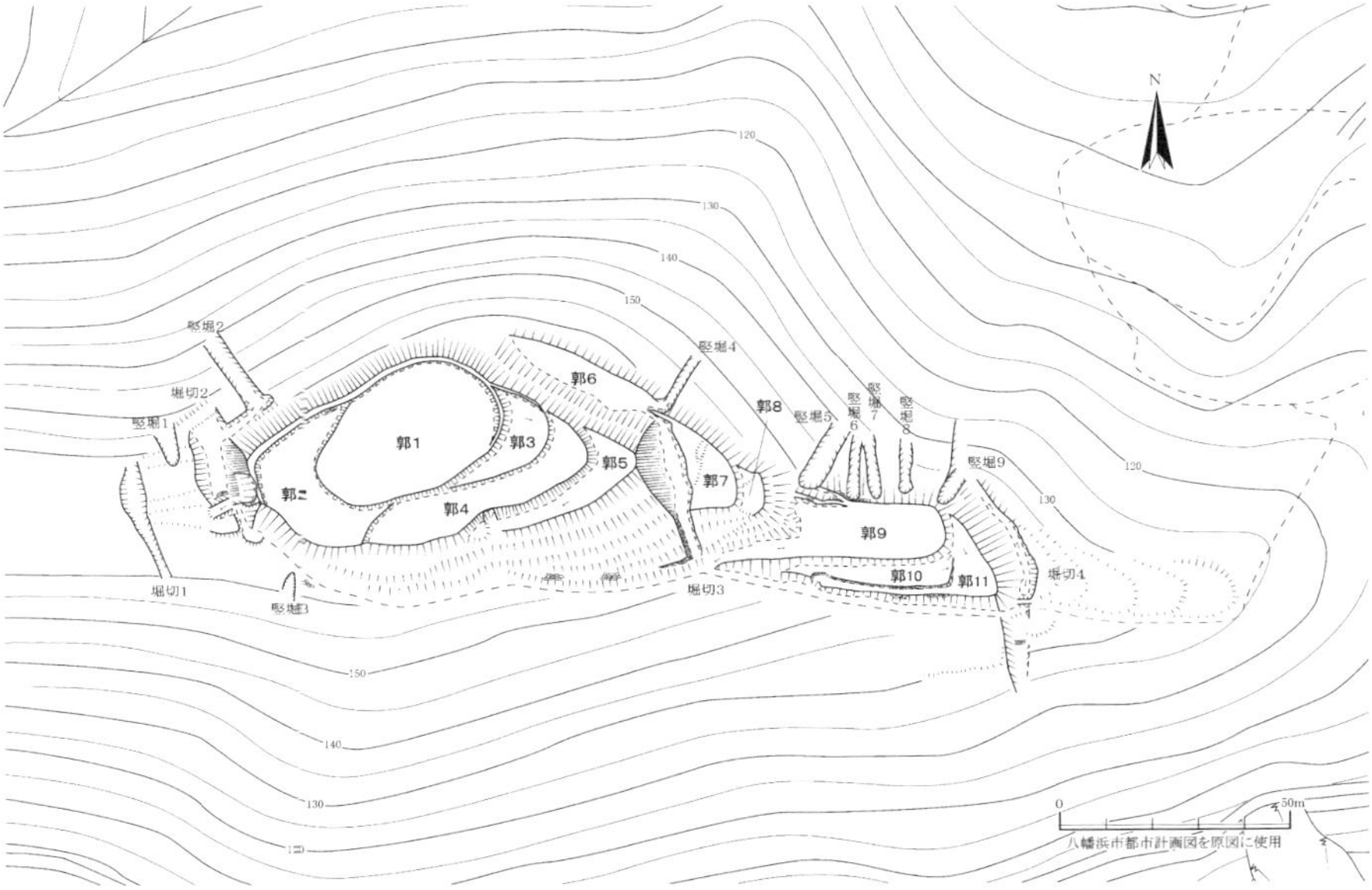

●—飯森城縄張図（日和佐宣正作成）

貝《がい》を乱世の時分に豊後に持ち去られたとあるので、飯森城が落城し大友勢がさらに東に侵攻していたと考えられる。

【飯森城の構造】　飯森城は西から東に伸びる尾根先端に築かれ、尾根続きに対して二重の堀切を設けている。堀切1は浅いが、郭2直下の堀切2は城内側で約九メートルの深さの箱堀である。竪堀2は堀切2の北側に延長する方が防御的には優れているが、別の場所に竪堀を掘っているのは、当初の築城者と異なる勢力による改修の可能性が高い。

主郭（郭1）から郭3までは、大正時代に金が出るとの噂による乱掘によって各所に大穴やその廃土の山が造られ、旧状をとどめていないが、徴証から判断して主郭部は卵形の郭が重なり合って構成されていたものとして復元的に図化している。主郭と郭2との北側を囲うように上端幅二メートル程度、高さ約一・八メートルの土塁が造られている。主郭と郭2とは比高はわずかに約〇・五メートル程度である。主郭と郭3とは高さ約二メートルの土塁で隔てられ、郭3北側には土塁がめぐらされている。

郭4は、西部で主郭と比高約二メートル、郭2と比高〇・五メートルで接しているほかは、外周線は明瞭でこの郭から下位の郭は基本的に土塁をともなわない。郭5とは比高約四・五メートルである。郭5の東には巨大な堀切があり、郭5と堀底との比高は約一一メートルに達する。この堀底を北に歩くとやや西に迂回した

●—竪堀２

位置に郭６がある。特筆すべきは、堀切の内側ラインの南端に隅角をともなった石垣が積まれていることである。高さは一メートル程度であるが、北に約八メートル伸び、西にも同程度伸びている。石垣の年代を特定するのは困難であるが、この部位の石垣は他の箇所より丁寧に積まれており、この隅角の位置が東から城道を進んだ突き当たりにあることから、威圧感を出すために設けられた石垣と考える。

堀切の東には郭７があり、つづいて約一・五メートル下がった郭８、さらに西約六メートルの比高で郭９が広がっている。この郭９より下位の郭は方形を意識して造られている。郭９の南に比高約二・五メートルで郭10があり、郭９と郭10を東から南にかけて囲んだ郭11がある。郭10・11の外周は石垣が積まれている。郭９と郭11の北には五本の竪堀が走っている。

本城の特徴を検討すると、中心部の郭が地形をそのまま生かした楕円形状であるのに、郭９から郭11はある程度方形を意識している点を指摘できる。また既述のように本来の設計思想にない場所に竪堀を設けたり、郭９の北面に県下ではあまり例のない連続竪堀がうがたれたりしている。これらのことから、史料にあるように飯森城を攻めた大友勢が、結局城を占拠して改修を施した可能性が高い。

【松森城の概要】　飯森城のような遺構を持つ城を西宇和郡でさがしたところ、佐田岬半島の先端にある松森城が比較的似た遺構を伴っていることがわかった。

松森城は、西宇和郡伊方町大佐田にあり、大佐田集落の南西丘陵の頂部標高一一九・二メートルの地点に主郭（郭１）をおいている。主郭と郭２は瓜実形をしており、長軸約八二メートル、短軸は郭１で約三六メートル、郭２で約一五メートルを測る。西から南の切岸沿いに上端幅最大三・五メートル、平均して二メートル程度の幅を持つ土塁が取り巻き、土塁の高さは南端で郭内から約二メートルある。

主郭の東側に第３郭がある。張り出した地形に沿って三日月状を呈しており、周囲の切岸に石垣が設けられている。第３郭の北の通路を東に下ると長方形状の第４郭があり、郭の南には竪堀に面して高さ二・五メートルの土塁が設けられている。

主郭の南尾根続きに対しては、切岸をおりた所に堀切１が設けられており、岩盤を削り込んでうがたれたもので、投下された労力が偲ばれる。この堀切１から西斜面に長く約四〇メートルの竪堀が掘られている。城内側の深さ約一・五メートル、城外側約一・〇メートルである。この竪堀部分も岩盤を削り込んだものである。堀切から東には横堀がつづいており、南東にわずかに竪堀もともなっている。堀切を主郭に上る道があるが、もっとも土塁の重厚な箇所に城外から直接主郭に入る道があるのは相反しており、後世に設けられたものと判断している。堀切1の外側にも浅い堀切2が設けられている。郭2の北側にも竪堀があり、浅い掘り込みをいれて2条ある。いずれも深さは〇・五メートル程度しかなく南側とは様相を異にしている。

特徴的なのは、堀切1と竪堀1の間に浅い畝状《うねじょう》の竪堀があることである。ごく浅いもので五条を数える。また、竪堀1と竪堀2の間にも不完全ながら、深さ〇・五メートル程度の竪堀が5条設けられている。なお、これらの竪堀の上部が横堀状となっており、通路としての利用も考えられているようである。第4郭の北東には道があり、北東の尾根にそって大佐田集落の方へ伸びている。また、郭2北側の堀切も小規模で、ほとんどの防御装置が東・南に対していることから、松森城は大佐田・井野浦などの港と一体となって運用されたものと考えられる。このような特徴から、松森城は大友氏の伊予における橋頭堡であった可能性が高い。

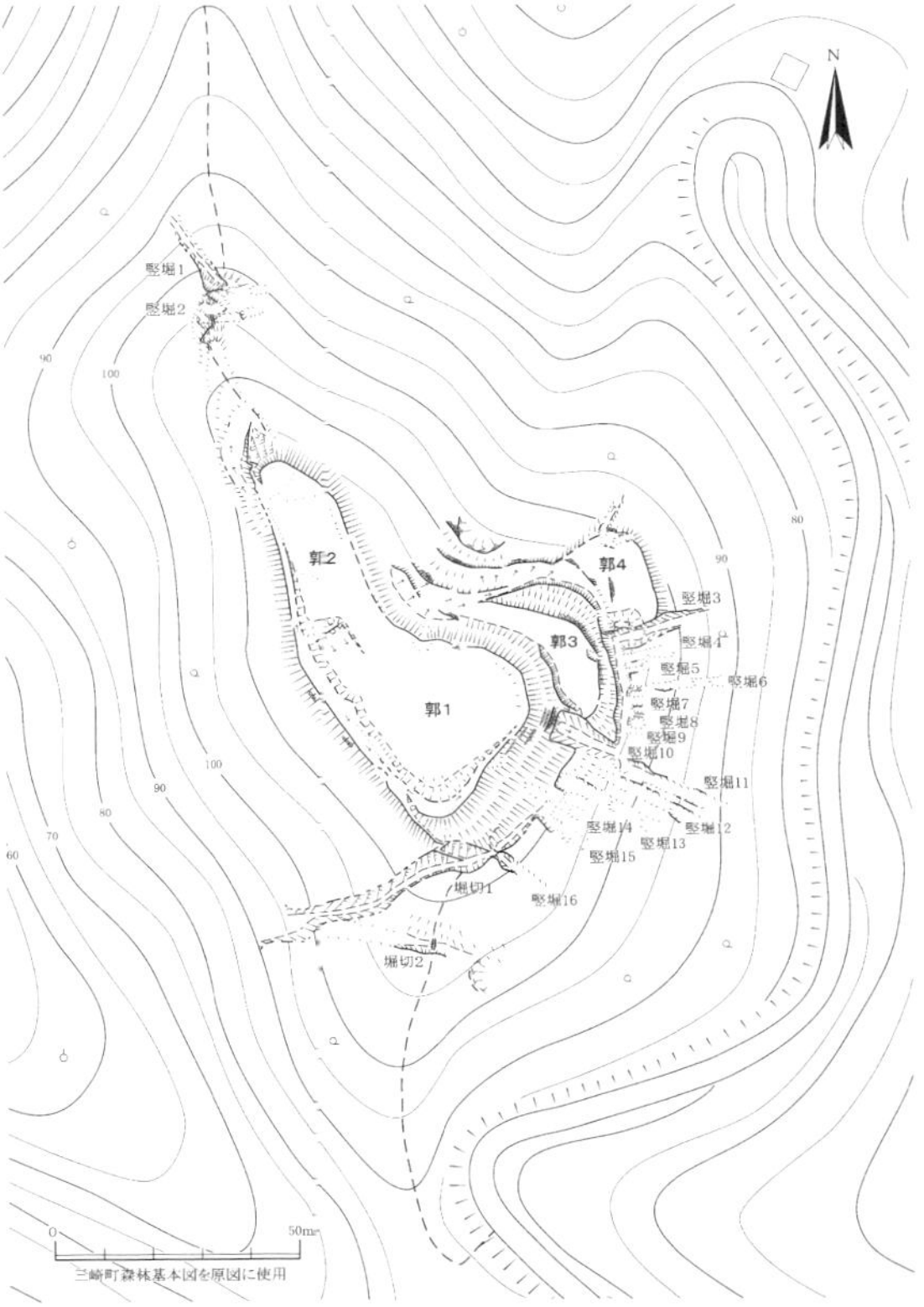

●—松森城縄張図（日和佐宣正作成）

【参考文献】日和佐宣正「中世城郭調査」『保内町の遺跡詳細分布調査報告書』（保内町教育委員会、一九九八）、大分県教育委員会『大分県文化財調査報告書 第一七〇輯 大分県の中世城郭 第四集 総集編』（二〇〇四）、日和佐宣正「半島の城郭—愛媛県佐田岬地域の山城—」『戦乱の空間』第一五号（戦乱の空間編集会、二〇一六）

（日和佐宣正）

●奥伊予の高所にある山城

三《み》滝《たき》城《じょう》

〔愛媛県指定史跡〕

〔所在地〕西予市城川町窪野
〔比　高〕約四〇〇メートル
〔分　類〕山城
〔年　代〕一六世紀
〔城　主〕紀氏
〔交通アクセス〕西予市城川支所付近から県道城川檮原線を東に六キロ、北に進み三滝神社駐車場から登城。

【三滝城の歴史】　三滝城の城主は『宇和旧記』によれば、「北之川殿」と呼ばれた紀氏の本城で、天正四・五年（一五七六・七）の頃より長宗我部元親と不和になり度々合戦におよび、天正十一年に長宗我部氏の一万三〇〇〇余騎に攻められて幡多野依岡左景によって討たれたとのことである。

【三滝城の構造】　三滝山の山頂は標高六四二・一三メートルで、南西側の男地《おんち》集落付近との比高は約四〇〇メートルである。北東山腹にある三滝神社には、落城時の城主紀親安《ちかやす》が祀られている。

三滝城の遺構は、山頂を中心として東西に長い尾根に連続して確認できる。主郭である郭1は長軸（東西）約七三メートル、短軸（南北）約一七メートル、東側の塁線はとがっており、城兵を複数配置することが困難で攻城側に十分な攻撃を与えるには

●—土佐側（東）から見た三滝城

防御上不利であるが、切岸のみで十分な防御が可能と考えていたようである。郭3は東西約三二メートル、南北約三二メートルで城内では唯一長軸短軸とも一定規模を有しており、まとまりのある空間であり、居住域であった可能性が考えられる。

郭1の北東側のやや

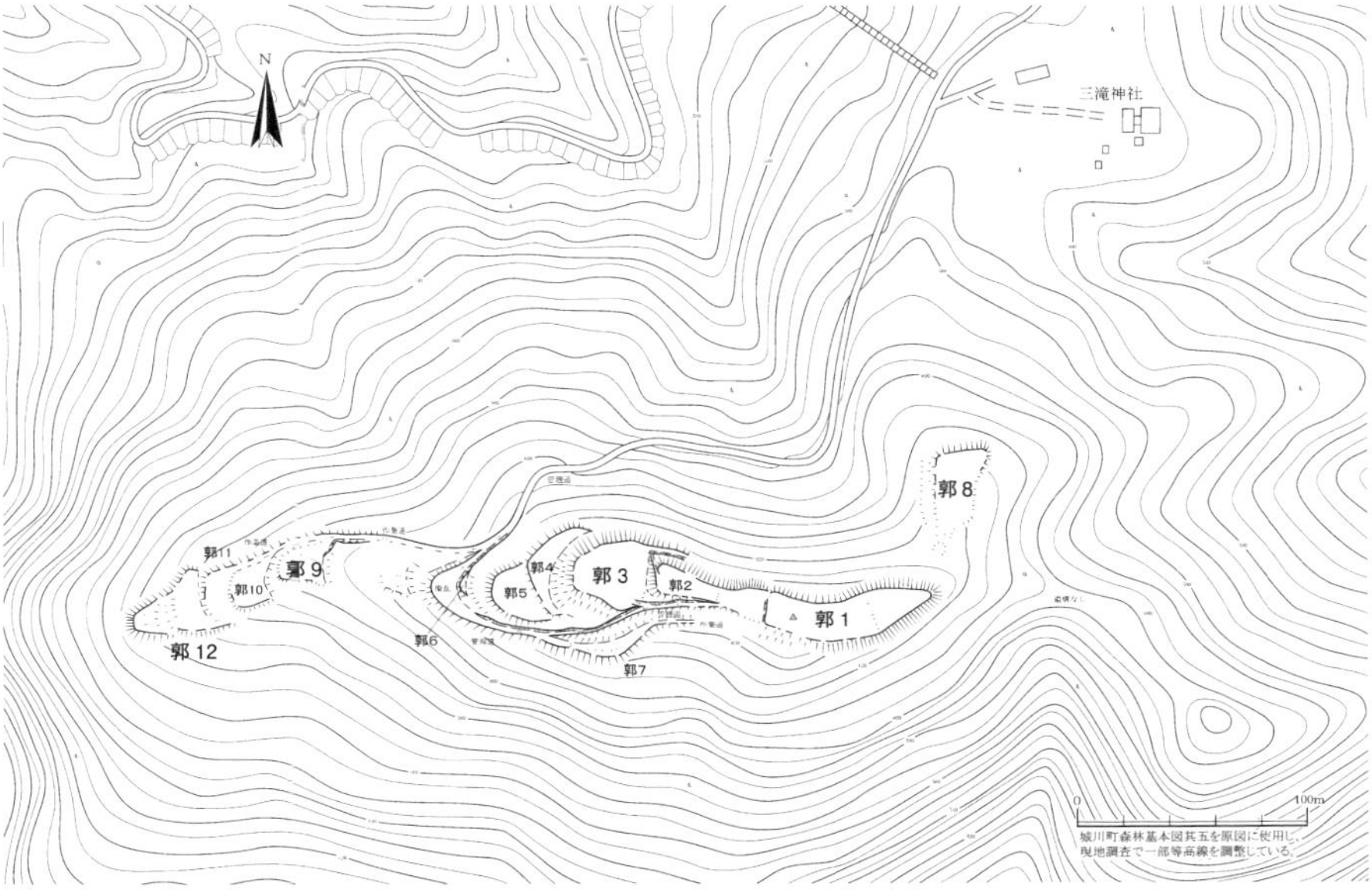

●—三滝城縄張図（日和佐宣正作成）

広い尾根の張出があり、平坦地となっている（郭8）。この郭8は三滝神社がある平坦地から攻め上ってくる敵兵に対応したものと考えられる。郭1の東側の尾根は、痩せ尾根でアップダウンがあり、平坦部も認められない自然地形である。

中心部の郭から少し離れて西側に郭9から郭12がある。それぞれ地形に応じたほぼ半円形の郭で、その西側は急傾斜となっている。

総じて三滝城の各郭は自然地形に応じて平坦地を作り出したもので、長宗我部氏に攻め落とされたものの、土佐の築城技術が一つも導入されていないことから考えると、土佐勢の勢力拡大が急で、前線が一気に北に進んだため、三滝城が伊予側から攻められるということが想定されていなかったものと思われる。

【参考文献】徳田怜編『三瀧城史』（愛媛県東宇和郡土居村公民館、一九五三）、桜井久二郎『伊予三瀧城論考』（一九六八）、芳我明彦「三滝城と紀氏」『愛媛県中世城郭研究集録』（愛媛県中世城郭研究会、一九八八）、同「三滝城城郭遺構について」『ソーシアル・リサーチ』第一九号（ソーシアル・リサーチ研究会、一九八八）

（日和佐宣正）

●戦国期伊予最大の鳥坂合戦の舞台

鳥《と》坂《さか》城《じょう》

〔所在地〕西予市宇和町久保
〔比　高〕約六五メートル
〔分　類〕山城
〔年　代〕一六世紀後半
〔城　主〕河野氏・来島村上氏
〔交通アクセス〕大洲インターから国道五六号を南に進み、鳥坂トンネルを出て一五〇メートルを左折、道なりに三五〇メートル。

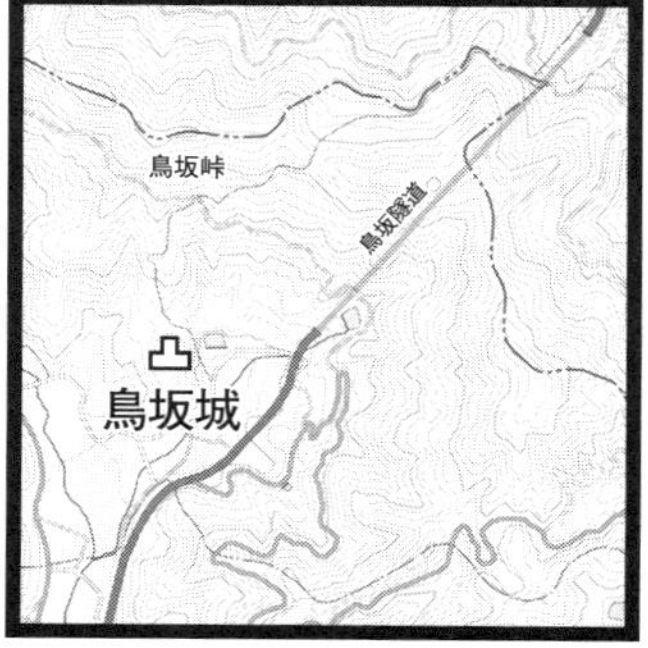

【鳥坂城の歴史】　鳥坂城の歴史は詳細には知られていないが、鳥坂城が合戦の舞台となったことは永禄十一年（一五六八）二月七日付の河野通宣《みちのぶ》感状に「今度鳥坂之城、土州衆取詰候之条」とあることから知られている。鳥坂合戦は『愛媛県史　古代二・中世』では「鳥坂峠の戦い」と称し、「戦国期南予における最大の合戦」とされる戦いで、伊予守護河野通宣と喜多郡大津城（地蔵ヶ岳城、現在の大洲城）の宇都宮豊綱《とよつな》の対立を軸に、それぞれの姻戚関係から河野氏には中国毛利元就が、宇都宮氏には土佐一条兼定《かねさだ》が支援に大軍勢を出し、南予地域（愛媛県南部）の多くの勢力が双方に加わって戦ったとされるものである。

この合戦は河野・毛利連合軍の勝利に帰して宇都宮氏の衰退につながり、土佐では一条氏の勢力後退と長宗我部氏の台頭につながった。

●—東から見た鳥坂城

【鳥坂城の構造】　旧喜多郡と宇和郡との境である鳥坂峠の宇和郡側の入口にあるのが鳥坂城である。旧喜多郡と宇和郡の境は東西に標高四五〇メートルから六五〇メートルの山々が連なり、鳥坂峠は喜多郡の中心部大洲盆地と古代以来宇和郡の中心であった宇和盆地とを最短で結ぶ峠道で、峠の最高所は標高四六六・九メートル、鳥坂城は峠のピークより南西約六八〇メートル、郡境の山々から南に派生する尾根の先端頂部標高三四五・三メートルを中心に構えられている。

郭1を中心に南東部の張出に六つの腰郭を連続して設け、北の尾根続き鞍部に対しては主郭切岸のみで、南の尾根先に対しては変則的な竪堀と堀切を配して防御する構造である。

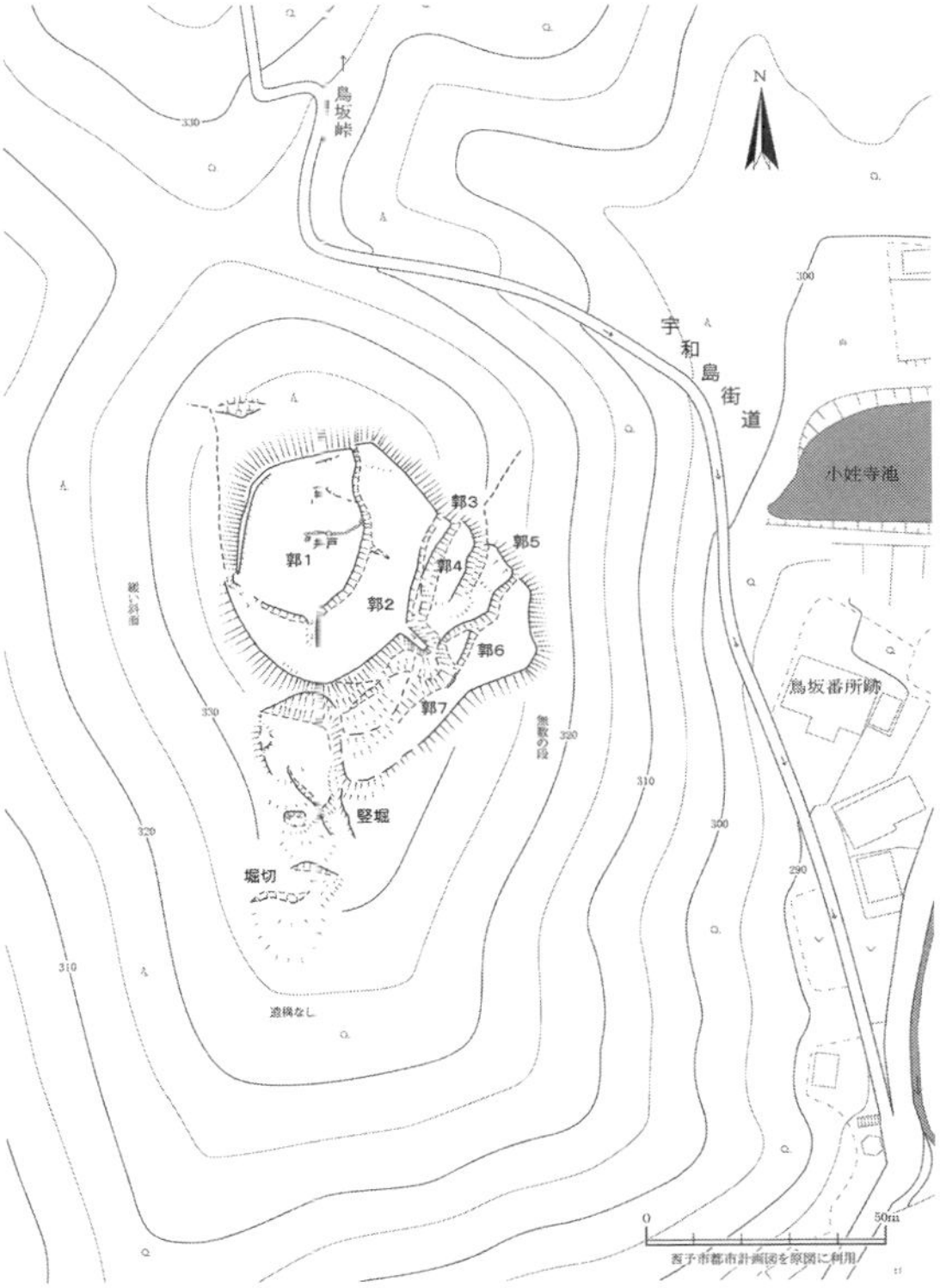

●—鳥坂城縄張図（日和佐宣正作成）

郭1の中心部に小さい円形の井戸があり、周囲は粗割り石が積まれている。水深は三五センチで、籠城用の井戸にしては小規模であり、郭1の北東側に設けられている雛壇には飯綱大権現の石像がまつられており、廃城後に飯綱《いづな》大権現を祀る際に、手水用に設けられた可能性も考えられる。郭1の西側には幅約一・五メートル、最高所で郭1との比高〇・七メートルの土塁が築かれている。土塁の城外側切岸は傾斜が急であるものの、もっとも攻撃を受けやすいはずの北の尾根鞍部側には土塁が設けられておらず、切岸のみの防御となっている。

郭1より下位は東側および南側に対して複数の郭を重層的に配置している。郭2は郭1の東から南を巻くように設けられている郭で、郭1との比高は北側で約一・〇メートル、もっとも高い郭1の南東側で約二・〇メートルあるものの、西に行くにつれ高さを減じ、もっとも西側では切岸自体がなく、緩やかな傾斜で郭1とつながっている。郭1の切岸裾から一一～一三メートルの幅で広がり、城内でもっとも広い郭で整地も良い。郭1と郭2を守るように、複雑な形状の郭が取り囲んでいる。郭2の南側から、郭7の西側にかけて、切岸と竪堀がうがたれており、竪堀と郭7の高低差は約二メートルである。竪堀の西側で岩の不自然な路頭があり、城内各所で使われている石積みの石切場と考えられる。その南に食違いのような小規模な堀切が設けられているが、堀切の城内側法面の比高は一・二メートルしかない。

以上の縄張を総合的評価するならば、鳥坂城は城の東側から南側にかけて攻め上ってくる敵に対応しようとする意図が明白で、特に郭1から南東側に地形上の張出は若干あるものの、それ以上に強引に郭を連続させ、多重の防御を可能にしている。つまり、鳥坂城は宇和島街道を南から攻め上ってくる敵に対処するために築城（改修）された城郭で、一城で単独であるのではなく鳥坂峠全体に陣取った最前線であったといえる。

【鳥坂城をめぐる戦略】 鳥坂城の立地からは、地域支配の拠点となる城郭としての要素は少なく、郭1と郭2が端部で切岸をともなわずにつながっていること、郭4と郭5もまた同様であるという点で、この合戦に際して古城を取り立てたというより、新たに築城したものの工事半ばで戦局が変わり、切岸を完成させずに城としての役割を終えたと考えることができる。

鳥坂城に河野・毛利方が進出した戦略を推察してみると、永禄十年（一五六七）十二月に一条兼定が土佐を出陣し、翌一月までに高嶋（大洲市梅川）に進出するよりも早く、十一月に下木城の東多田《ひがしただ》宇都宮氏との間で鳥坂城をめぐる動きがあったことから、まさに東多田宇都宮氏を牽制するためであったと考えられる。もしこの時点で宇和の黒瀬城西園寺氏が宇都宮方であったなら、例え鳥坂峠を河野方が抑えていようが、大津城に籠もる宇都宮氏を救援するなら、一条勢は西園寺氏や東多田宇都宮氏などの軍勢を糾合しながら大洲盆地に侵攻するのが順当なルートと考えられる。実際に選択したのは、三間《みま》盆地から北に抜けた後に、旧野村町から白鬚峠を越えて高嶋に進出した後に大洲盆地に至るルートであった。このことから、西園寺氏は宇和郡にあってかたくなに河野方の姿勢を取っていたと考えられる。河野方としては、そのような西園寺氏を見捨てては、宇和郡の諸氏が宇都宮方に走ってしまい、大洲盆地の大津城などの包囲もままならなくなってしまうと考えたのではないだろうか。それ故、鳥坂峠を占拠し、西園寺氏支援の姿勢を見せつつ、東多田宇都宮氏を牽制したと考えられる。

また、永禄十一年一月に高嶋での戦いに勝利しながらも一条勢がそのまま北上して大洲盆地に進出しなかったのは、鳥坂峠一帯に陣取った河野方が毛利氏の援軍によって思いの外の大軍となり、そのまま大洲盆地に進出したのでは、背後を

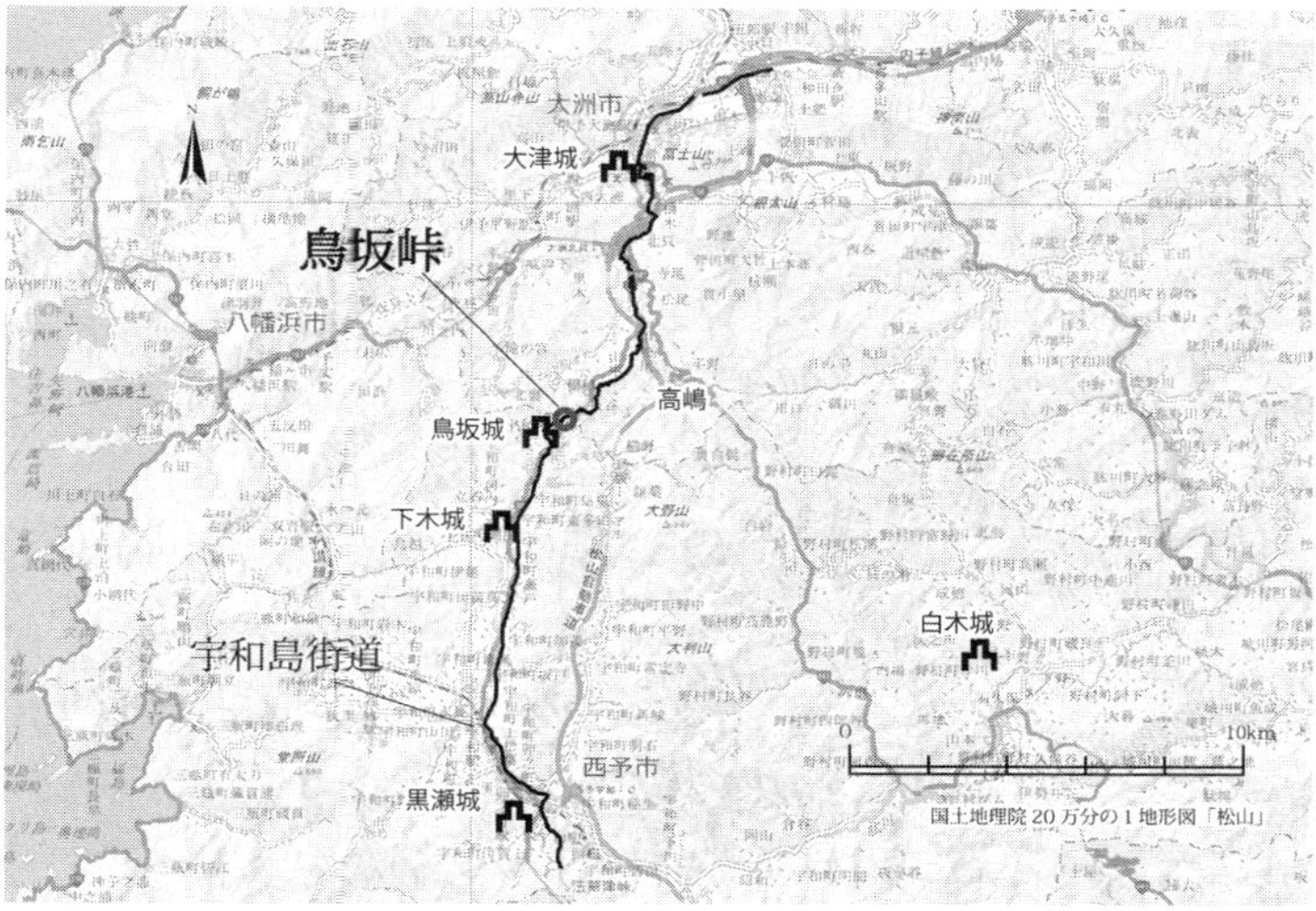

●―鳥坂合戦関係位置図

襲われて退路を断たれると考えたからだと思われる。そのため、一条勢は直接北進して大洲盆地に進出するのではなく、鳥坂峠を突破しなくては宇都宮氏救援もままならないと判断して鳥坂峠の突破を試み、鳥坂城に攻め寄せたものの敗退したと考えられる。

その後、永禄十一年三月には小早川隆景らの毛利軍の主力が来着し、河野・毛利連合軍に包囲された宇都宮氏は大津城を退去し、一条氏も土佐に退いた。

鳥坂城は、小さな城ではあるが鳥坂城での攻防そのものが一連の戦いの帰趨を決したといえ、大津宇都宮氏の没落や、その後の土佐一条氏の勢力衰退と長宗我部元親の急激な勢力拡大の端緒となったことで、四国の戦国史における重要な城であったといえよう。

【参考文献】宮尾克彦「「鳥坂城合戦考」―永禄年間の伊予における戦国諸勢力の展開について」『文化愛媛』第三五号（財団法人愛媛県文化振興財団、一九九四）、石野弥栄「高嶋合戦再論」『よど』第五号（西南四国歴史文化研究会、二〇〇四）、大上幹広「能島城と村上海賊～「海城」研究の最前線／村上海賊と鳥坂合戦」「鳥坂合戦四五〇年記念・戦国伊予三城シンポジウム」資料（二〇一八）、山内治朋「基調報告―鳥坂合戦とは―よみがえる鳥坂合戦の記憶」「鳥坂合戦四五〇年記念・戦国伊予三城シンポジウム」資料、日和佐宣正「伊予国宇和郡鳥坂城について―戦国期伊予最大の合戦、鳥坂合戦のターニングポイント―」『戦乱の空間』第一八号（戦乱の空間編集会、二〇一九）、平井上総編『戦国武将列伝一〇 四国編』（戎光祥出版、二〇二三）

（日和佐宣正）

●公家出身の大名西園寺氏の居城

黒《くろ》瀬《せ》城《じょう》

〔所在地〕西予市宇和町卯之町
〔比　高〕約一三〇メートル
〔分　類〕山城
〔年　代〕一六世紀第４四半期
〔城　主〕西園寺氏
〔交通アクセス〕ＪＲ卯之町駅から西に肱川を渡って登城口（徒歩五〇〇メートル）。

【黒瀬城の歴史】　黒瀬城は、戦国期伊予西部に勢力を有した伊予西園寺氏の居城である。西園寺氏は精華家《せいがけ》の家格（摂関家に次ぐ家格で太政大臣になることができる）を有し、建仁三年（一二〇三）に伊予国の知行国主となっていたが、西園寺公経《きんつね》が宇和郡支配を強化するため鎌倉幕府に強要して嘉禎二年（一二三六）に宇和郡地頭職も手にしていた。

南北朝期には宇和郡の実効支配が困難になったため、西園寺氏一族が伊予に下向して在地支配を強化した。その後、下向した伊予西園寺氏は松葉《まつば》城（西予市宇和町下松葉）を拠点とした松葉流が中心となり、宇和郡の在地領主とは明確な主従関係はなかったが盟主的存在となっていた。戦国時代末期の当主実充《さねみつ》（実光）は京西園寺家当主左大臣公朝《きんとも》が永禄八年（一五六五）に開いた歌会にも参加するなど文人としても活躍している。また、天文年間（一五三二～五五）には居城を松葉城から黒瀬城に移転したと言われている。『宇和旧記』では実充が「縄張迄にて逝去」とあるので、新規の築城であったと考えられる。

●―南東から見た黒瀬城

●―黒瀬城・岡城縄張図（日和佐宣正作成）

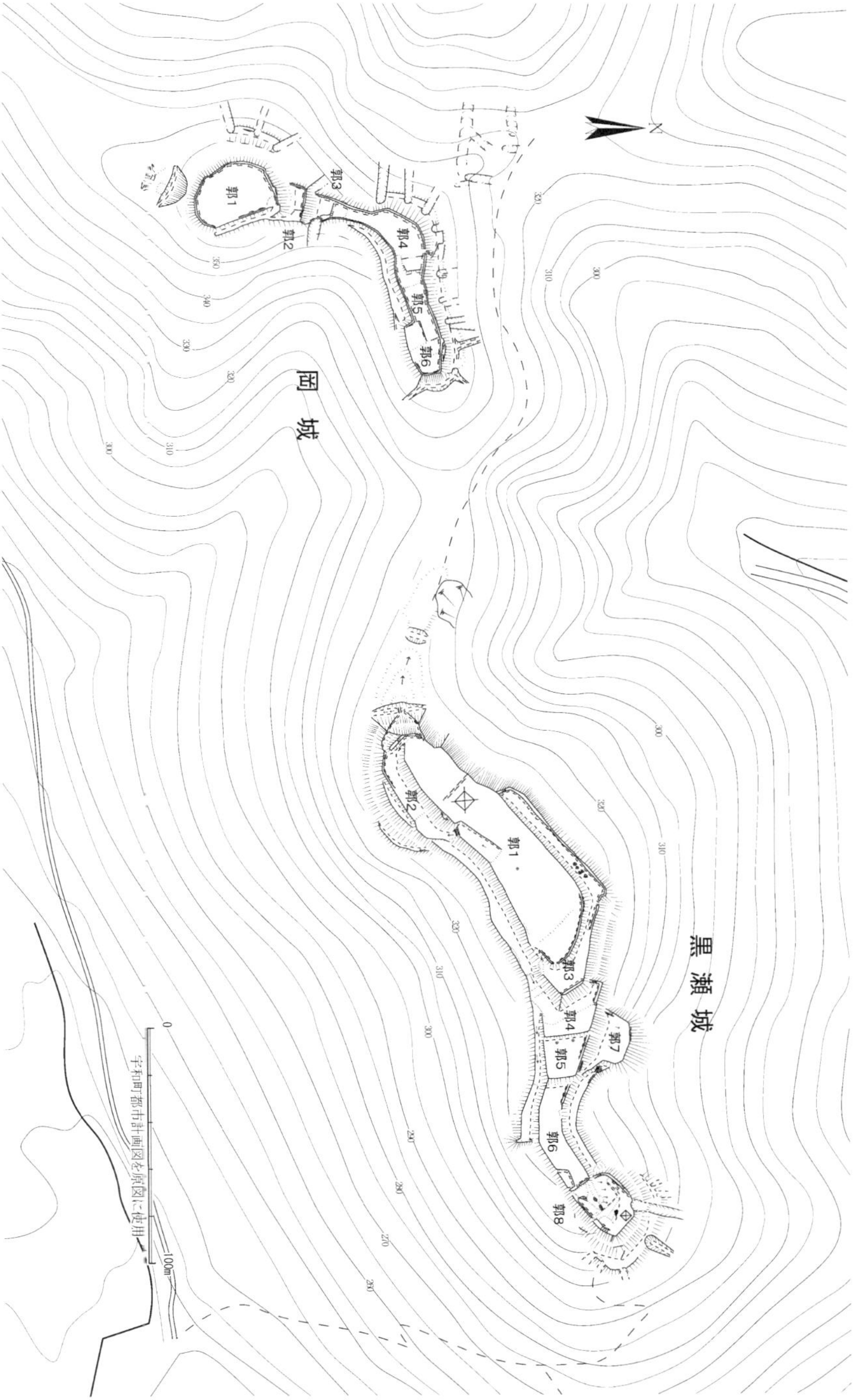

最後の当主公広《きんひろ》は周辺諸勢力との対応に苦闘し、天正十二年（一五八四）に長宗我部元親に降ったものの黒瀬城に在城したと考えられる。天正十三年（一五八五）に羽柴秀吉の四国攻めの後に伊予が小早川隆景の領国になるとその配下に属して隆景の地域支配に寄与し、『清良記』によれば在城を許されていたという。しかし、天正十五年に隆景が筑前名島《なじま》に移封されると、新領主戸田勝隆《かつたか》によって居城の大津城（現大洲城）で謀殺され伊予西園寺氏は滅んだ。豊臣政権の障害として排除されたのである。

【城の構造】 黒瀬城は肱川西岸の東に伸びる尾根頂部（標高三三九・二メートル）を中心に尾根上約三〇〇メートルにわたって郭などが構えられている。全体的な縄張は、主郭（郭1）の尾根続き側に土塁を設け、その先の尾根鞍部に二つの堀切をうがち、東の尾根先側には階段状に郭を設けている。

主郭は長軸一一五メートルもあり県下最大級で、両脇に帯郭を配している。尾根続き側には主郭内側からの高さ二メートルの土塁が設けられている。主郭の中央南には幅約五〜六メートルの坂が南西側に降っており、下部は石段になっている。郭2以下が主郭に比して圧倒的に小規模であることから、主郭内には城主居館が構えられ、その入り口として権威付けが意図されたものだろう。郭1中央に井戸が一つある。なお、郭5にも井戸が二基設けられている。

東の郭群（郭3・郭4・郭5・郭6・郭8）は東に対して直線状の防御面を作り出している。主郭の郭3切岸は二・〇メートル、郭3の郭4切岸は五・〇メートル、郭4の郭5切岸は一・五メートル、郭5の郭6切岸は二・五メートル、郭6の郭8側には高さ一・五メートルの土塁があり、土塁東側の切岸は高低差がないまま東に緩やかに傾斜している。

郭8は郭6までの郭群と明らかに異なり南北の切岸沿いに土塁が設けられ、東側の尾根先には竪堀が掘られている。そのような特徴からすると本来の築城主とも異なる勢力によって部分的に改修されたと考えられ、竪堀の使用は本来伊予の中では自立的に発展した形跡がないことからすると土佐勢による改修の可能性が高い。その改修は西園寺氏が長宗我部氏に降った天正十二年十月から長宗我部氏が秀吉に降った天正十三年八月という短期間に限定される。

また、郭1の南北と郭6の南北に長い帯郭が設けられている。このように多数の帯郭を設けた城は県下にはなく異例である。

【岡城の概要】 黒瀬城西端の堀切からわずか一〇〇メートル西から別の城跡の遺構群がある。岡城と呼ばれ、『愛媛県中世城館跡分布調査報告書』ではこの城に関する文献が報告されておらず、文献上その歴史に関しては不明である。

岡城の遺構は尾根形状に合わせて約一八〇メートルにわたって築かれている。主郭（郭1）は標高三六〇メートルと黒瀬城主郭より約二〇メートル高く、黒瀬城を見下ろす立地である。主郭（郭1）はほぼ玉子形で長軸は約四〇メートルあり、郭周囲には上端幅一メートル前後、高さ〇・五～一・〇メートルの土塁が南東側以外にめぐらされている。

主郭の東には細長い腰郭があり、北側には主郭から腰郭に降りた後に北に通路を降りると主郭虎口受けのような郭2がある。主郭との比高は四・五メートルである。そのさらに北約四メートル下には小規模な郭3があり、そこから北に郭4があり、東に折れて郭5と郭6があり、それぞれの高低差は一メートル前後しかなく、一つの郭と捉えてもよい。それぞれの郭の周囲は上端幅一メートル前後、西側と北側は高さ約一・五メートル、東側の高さ約〇・五から一・〇メートルの土塁が一体的に巻いている。

全体の郭の前後を堀切で防御している。主郭の南には二重の堀切があり、約七メートルの深さの堀切と約一メートルの深さの堀切がある。東側には約四メートルの深さの堀切がある。郭4から郭6の北側には八つの竪堀が放射状にうがたれている。また、主郭の西側には細い腰郭とそれをうがって三条の竪堀がある。腰郭は内側が窪んでいて横堀であった可能性があり横堀をうがって竪堀が設けられていると考えられる。このような腰郭・横堀と竪堀セットの遺構は本在家城（高知県四万十町）や辰巳城（同四万十市）など高知県西部にしばしば見られるもので、その地の勢力によって改修されている可能性を示している。

黒瀬城とまったく異なる縄張の岡城には、天正十二年に長宗我部氏に降った西園寺氏を監視するため長宗我部勢が駐屯していた可能性が高い。

【松葉城の概要】　黒瀬城に移る前に西園寺氏が居城にしていたのは黒瀬城の北一・八キロ、肱川東岸にある松葉城である。松葉城は別名「岩瀬城」と呼ぶように岩山の主郭部標高四〇八・八メートルを中心に西に郭を配して尾根一七五メートルにわたって遺構群がある。さらに、主郭より東には一二〇メートルの間の鞍部に二条の堀切をうがっている。

主郭（郭1）は東西約三三メートルの平場があり、東の尾根続きには高さ一・五メートル、北から幅二・五メートルの土塁が巻いて東端は幅約四メートルの土塁となっている。主郭は西に張り出し比高二メートルで郭2につづく。北は高低差なくつづいている。郭2の南から幅三から二メートルの坂路があり郭3につづいている。郭3中央には井戸が設けられている。

郭3から西に郭4と郭5があり内部は方形の区画が設けら

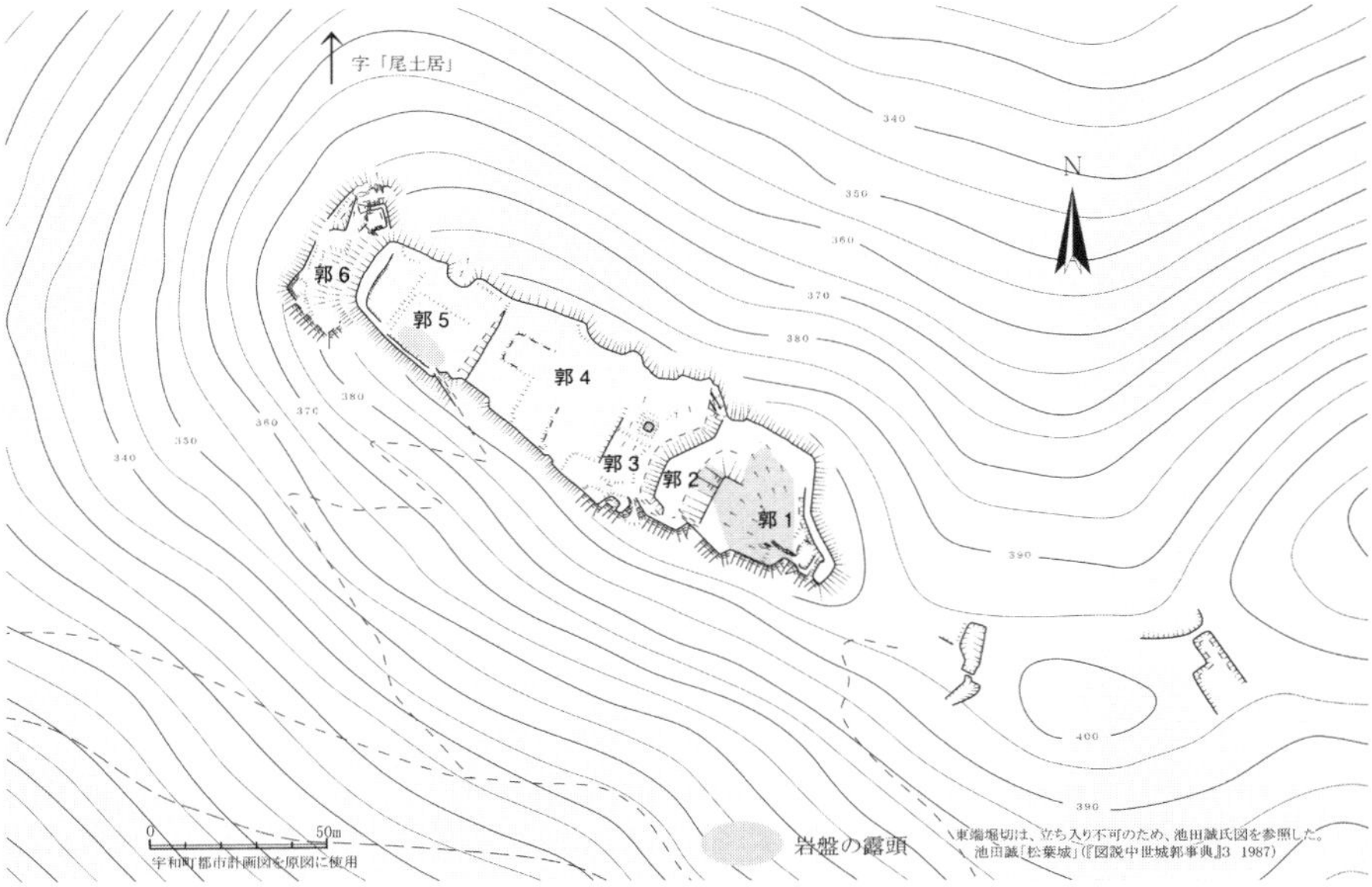

●―松葉城縄張図（日和佐宣正作成）

れていることから、建物があった可能性が高い。西端には高さ〇・四メートルの土塁があり、その上端幅は東端と同じ幅四メートルである。郭南東端には麓の下松葉におりる虎口があり道がつづいている。下松葉は城下集落であった可能性が高く、その北端には春日神社が祀られている。この春日神社は西園寺氏が文応元年（一二六〇）に祭祀したと伝えられており、藤原氏の氏神を祀るものである。

郭5の西下三・五メートルには緩やかな切岸がつづく郭6がある。郭6は郭5より尾根両側に広がり、北側は複雑に折り返し北に降りる通路がつづいている。松葉城北麓には「尾土《おど》居《い》」という小字名があり、土居に丁寧語をつけた「御土居」につながることから西園寺当主居館が設けられていた可能性が高い。

【松葉城・黒瀬城との比較検討】　松葉城と黒瀬城とは多数の共通点がある。①尾根頂部に主郭を置き、尾根先側に郭群を展開する。②主郭の尾根続き側に土塁を設ける。③主郭の尾根続き側に二重の堀切を設ける。④尾根先側には堀切を設けない。⑤尾根先の郭は他の郭に比して幅広に設け、整地も曖昧に処理する。

一方、両城ではまったく異なる点もある。まず、根本的に異なるのは主郭である。規模がまったく異なり、黒瀬城の主郭が同城で占める位置は圧倒的である。また、下段の郭との続き具合は、松葉城では曖昧なままで明確な虎口がなく、黒瀬城では幅の広い坂路を長く設けた虎口が明確で権威付けが図られている。さらに、黒瀬城では郭間をつなぐ帯郭が多用されている。一方、黒瀬城では長軸に対して短軸が短いのは城地として尾根地形に制約されたためであろう。

　このような共通点と相違点を考慮すると、同じ縄張を黒瀬城では進化させ、城の移転を通じて西園寺氏の当主権限が強化されたことが縄張に反映していると考えられる。

●—南西から見た松葉城

　この三城からは、西園寺氏が土佐などからの外来勢力による侵攻に対処しようとして居城を強化しようとしたものの、松葉城は岩山であるために思うような改修ができず、城下とは異なる肱川対岸の黒瀬城に移転し権力を強化したと考えられる。その後、長宗我部氏に降った後には居城背後に監視用の岡城を築かれたという歴史がわかる。

　黒瀬城を訪ねる場合は、併せて尾根続きの岡城や松葉城も訪ねていただきたい。また、松葉城の城下集落の後継として江戸時代在郷町として発展した卯之町は、国の重要伝統的建造物群保存地区に選定されており、保存地区内にある光教《こうきよう》寺には貞享二年（一六八五）に建てられた西園寺公広の供養塔がある。

【参考文献】池田誠「松葉城」・「黒瀬城」『図説中世城郭事典 第三巻』（新人物往来社、一九八七）、『愛媛県中世城館跡分布調査報告書』（愛媛県教育委員会、一九八七）、日和佐宣正「伊予国における地域権力の本拠」『中世城郭研究』第一六号（中世城郭研究会、二〇〇二）、薬師寺孝男『城の中世—縄張図説・西部四国を中心にして—』（二〇〇四）、松田直則編『土佐の山城 山城50選と発掘された23城跡』（ハーベスト出版、二〇一九）、山内治朋「西園寺公広—毛利・長宗我部に翻弄された境目領主」『戦国武将列伝一〇 四国編』（戎光祥出版、二〇二三）

（日和佐宣正）

●南海の伊達　宇和島伊達家九代の居城

宇《う》和《わ》島《じま》城《じょう》

〔国指定史跡・重文（天守）〕

〔所在地〕宇和島市丸之内
〔比　高〕約七〇メートル
〔分　類〕平山城
〔年　代〕天正年間／慶長元～六年（一五九六～一六〇一）／寛文四～十一年（一六六四～七一）～現代
〔城　主〕西園寺宜久、藤堂高虎、宇和島伊達氏（秀宗、宗利ほか）
〔交通アクセス〕ＪＲ宇和島駅下車、南西へ、徒歩約一五分。

現存一二天守の一つがそびえ立つ宇和島城は、慶長二十年（一六一五）に伊達政宗の長男、秀宗《ひでむね》が入城後、明治を迎えるまで「西国の伊達」九代の居城であった。

【宇和島城の成り立ち】　宇和島城の位置する城山は、北側を流れる辰野川《たつのがわ》、南側を流れる神田川《じんでんがわ》の間を鬼《おに》ヶ城《じょう》山系の山裾にある愛宕山《あたごやま》とつながる陸繋島《りくけいとう》であったと考えられる。鎌倉期以降宇和郡は西園寺氏の荘園であり、天正年間に城山より南の来村《くのむら》郷一帯を治めていた宇和西園寺氏の支流西園寺宜《のぶ》久《ひさ》が中世山城である板島丸串城を築いたと考えられる。羽柴秀吉による四国攻めの後、宇和郡を治めた小早川氏、戸田氏の頃には枝城として城代が置かれた。文禄四年（一五九五）藤堂高虎が宇和郡七万石の領主となった際、朝鮮出兵を見越して海に面した板島丸串城を板島城と呼んで本城とし、慶長元年（一五九六）より近世城郭として修築した。

藤堂高虎は城下の町割も合せて縄張を一新しており、二辺が海に面し、三辺が海水を引き入れた堀となり、黒門など海に面した城門を備えた海城となった。五角形を呈した縄張は、幕府隠密が残した絵図が四角形のものであったことから、後に高虎の巧みな築城術として語られることとなる「空《あき》角《かく》の経始《なわ》」の話が生まれている。ただし、高虎が以後手がけた今治城・津城・伊賀上野城・篠山城などは、いずれも直角を意識した四角形を基本とする縄張であり、宇和島城の縄張は地形を生かした結果五角形となったものと考えられる。

宇和島城の海城としての特徴は、新田開発などによって宇和島湾内の埋め立てが進み、幕末頃には周囲に海面がほぼ無くなったことで消えてしまう。明治以降、残る堀もすべて埋められ、高虎の縄張の名残は今の町割にみることができる。

【宇和島城内の遺構】　宇和島城の登城道は北東側の桑折《こおり》氏武家長屋門から登るルートと南側の上《のぼ》り立《た》ち門《もん》から登るルートの二コースがある。

北東側は江戸時代には三ノ丸御殿があり、伊達氏入部当初の大手筋と考えられる。現在城門として使われている長屋門は筆頭家老桑折氏の屋敷から移築したもので、本来の宇和島城の遺構では無いが、市内に残る希少な武家屋敷の遺構である。三之丸御殿より急な石段を通って水の手郭である井戸丸を経由して本丸に至る。井戸丸にはさまざまな時代に築かれた石垣と小規模な枡形《ますがた》を構成する門跡があり、造りの堅固さをうかがうことができる。また、城内

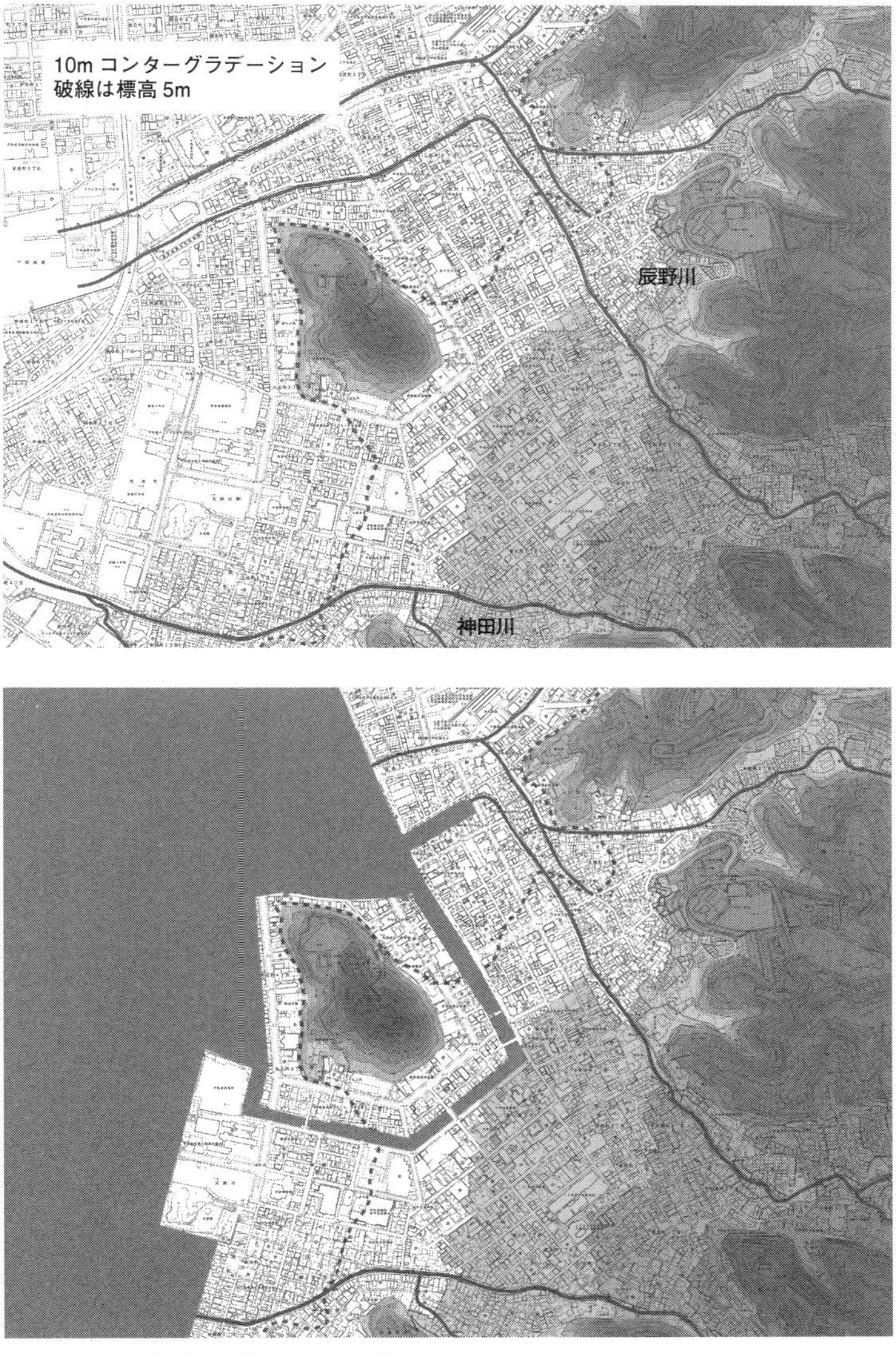

●—宇和島城の地形と堀の復原

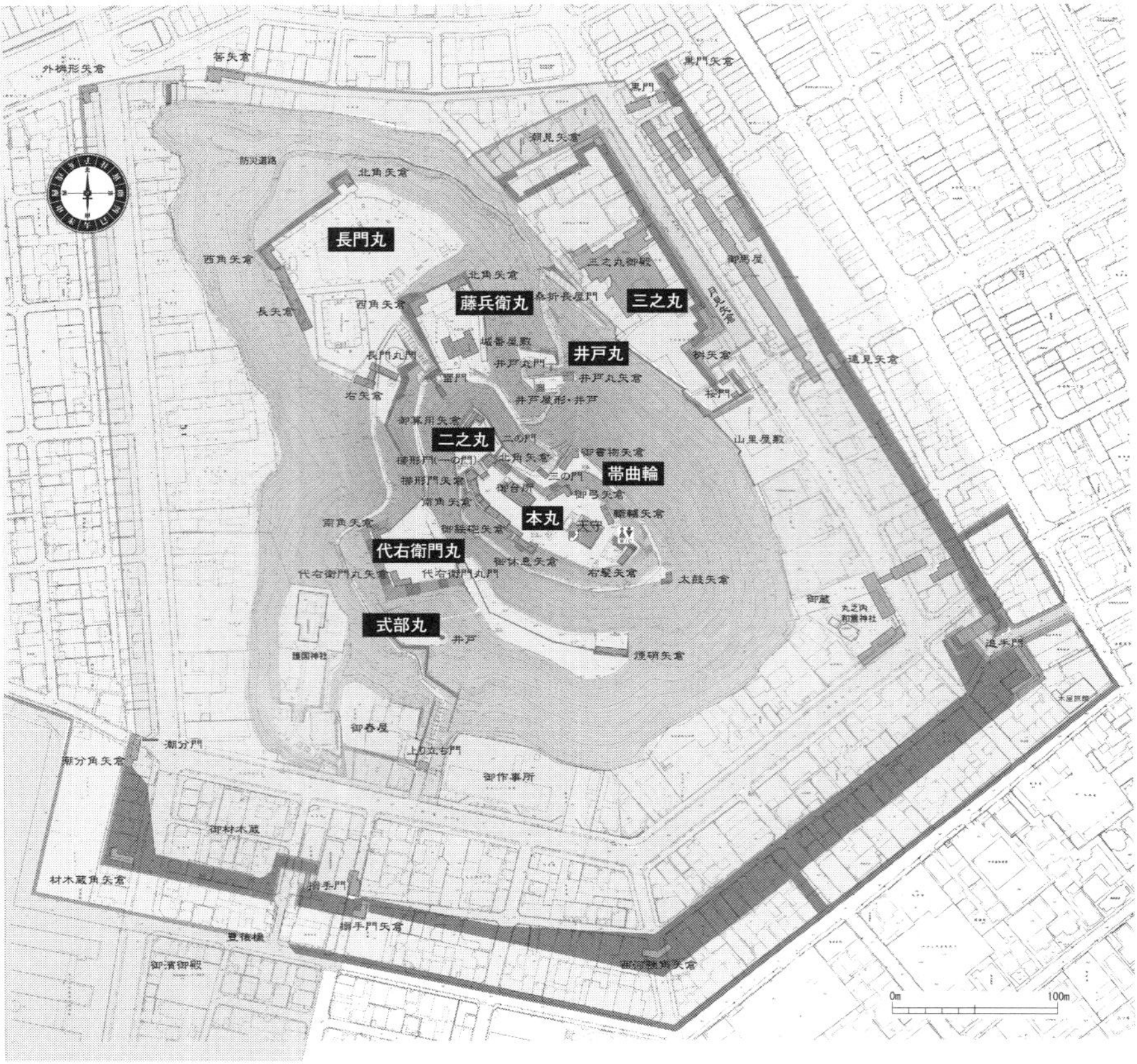

●—宇和島城の縄張

に二ヵ所残る井戸のうちの一つがあり、縁石に文久の改修を示す金石文《きんせきぶん》が刻まれている。

南側の上り立ち門は現存する薬医門《やくいもん》としては国内では最大級であり、修理時の交換材の化学分析や梁《はり》の形状などの構造上の特徴から、創建年代が慶長期となる可能性が指摘されている。式部丸に向かう登城道は、横矢掛《よこやが》けを可能とする屏風折れの石垣に沿っており、その背後に代右衛門《だいえもん》丸南側の幕末に改修された城内でもっとも高い石垣がそびえており、重層的に石垣が並ぶ景色を見ることができる。城山北東に位置する長門丸は現在は児童公園となっているが、城内でもっとも広い郭であり、南西を向くと藤堂高虎の高石垣といわれる藤兵衛《とうべえ》丸の石垣をみることができる。野面積《のづらづ》みで高さ約一三メートルの石垣を築いており、築造当時は日本有数の高さであった。藤兵衛丸には弘化二年（一八四五）に三ノ丸に建てられた武器庫が「城山郷土館」として移築されており、内部では宇和島の偉人などを紹介する展示を見ることができる。

井戸丸・藤兵衛丸から二ノ丸に至る登城道は三の門跡、二の門跡を本丸石垣を横にみながら登り、二ノ丸から石段を登って本丸まで到達する。往時は本丸の虎口には一の門である櫛形《くしがた》門と呼ばれる櫓門が建てられていたが、現在では礎石が残るのみである。

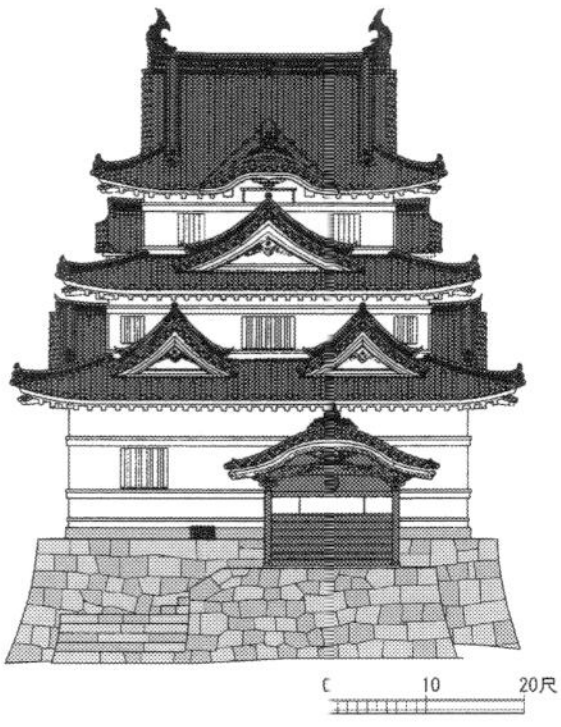

●—寛文天守立面図（現存）

●—慶長天守立面図
復原：三浦正幸

【宇和島城天守】

国の重要文化財（建造物）に指定されている天守は、宇和島伊達家二代藩主の宗利《むねとし》が寛文六年（一六六六）頃に建築したもので三重三階総塗籠《ぬりごめ》式、層塔型の天守である（寛文天守）。

かつて同所には、築城の名手として有名な藤堂高虎が慶長六年（一六〇一）に建築した天守があり（慶長天守）、幕府には修理の名目で届出をだしたものの、天守台の石垣を含めて宗利により全面的に建て直されたため、その姿は絵図でしかうかがい知ることはできない。高虎が岩盤上に建築した望楼型天守を撤去して、石垣の天守台を持つ当時の最新式となる層塔型天守を新造した。

各階の装飾性の高い破風や懸魚などから太平の世を象徴すると評されるとともに、小さいながらも御殿建築の意匠が随所に見られ、非常に格式を重んじた造りとなっている。

万延元年（一八六〇）、昭和三十五年（一九六〇）に大修理を行なっているが、昔の姿を今もなお伝えている。

【参考文献】『重要文化財宇和島城天守修理工事報告書』（宇和島市、一九六二）、『宇和島市の地理』（愛媛県高教研社会部地理部門、一九九〇）、『伊予の城めぐり—近世城郭の誕生—』（愛媛県歴史文化博物館、二〇一〇）。

（西澤昌平）

●地域の英雄土居清良の居城と戦跡

大《おお》森《もり》城《じょう》

〈所在地〉宇和島市三間町
〈比　高〉約一六〇メートル
〈分　類〉山城
〈年　代〉一六世紀後半
〈城　主〉土居清良
〈交通アクセス〉宇和島市三間支所から西に二〇〇メートル、北東に五五〇メートルの板山地集落から登城。

【地理と歴史】　大森城は、宇和島市北部の三間盆地の独立丘陵に設けられている山城で、城主土居清良《どいきよよし》は地域の英雄として今日まで語り継がれてきた。

土居清良は天文十五年（一五四六）に生まれたとされる三間郷大森城を居城とした武将で、地域の英雄として語り継がれてきたのは、一代記である『清良記』によるところが大きい。この一代記は、彼の子孫たちが江戸時代前期にまとめたもので、『宇和旧記』などの地誌類に大きな影響を与えた。また、同書が注目されてきたのは、巻七が農事に関する記述を多く含むため日本最古の農書『親民鑑月集《しんみんかんげつ》』としてよく知られていたからである。

永禄十一年（一五六八）の鳥坂《とさか》合戦では一条勢に「三間衆」が加わっていたが、清良が参加していたかは不明である。清良の武勲として知られているのが、土佐を統一した長宗我部元親による伊予侵攻に対する反抗として、天正九年（一五八一）に起こった岡本合戦である（かつては天正七年とされていた）。この合戦で長宗我部氏の重臣久武親信《ひさたけちかのぶ》を討ち取って土佐勢を撃退している。天正十二年からの長宗我部勢の喜多郡侵攻時にも清良は河野氏・毛利氏方の立場を維持していたとされる。

天正十三年羽柴秀吉の四国攻めの後、小早川隆景の領国支配に協力し、九州攻めには南予の諸領主とともに隆景から出陣をもとめられている。『清良記』によれば、隆景に替わって戸田勝隆《かつたか》が領主になると、清良も大森城から下城させられて隠棲し、寛永六年（一六二九）に死去したという。

【城の構造】　大森城は東側の北から流れる川之内川と西の野添川、南側を東側に流れる三間川によって開析された標高三一五・九メートルの急峻な独立丘陵に築かれている。

東西に長い尾根上の頂部に長軸八六・五メートルの主郭（郭1）を置き、東西に複数の郭を配置している。西側は比高約三〇メートル下に郭9があり、その間は急傾斜地である。もっとも攻撃を受けることが想定される西端の尾根先は地形に応じて不整形なままであり、明確な防御ラインも構築されていない。

主郭東側は主郭東端に北側高さ一・〇メートル、南側高さ〇・六メートルの土塁があり、東端中央は開口して東に道を降ると郭2に出る。主郭と郭2の比高は約六・〇メートルで、土塁際は切岸が立ち上がっているが、その下部は傾斜が緩く自然地形のままである。『清良記』によれば、主郭には権現堂があったとされる。

郭2は主郭からの降り際に約九メートルの長さで二条の石

●—大森城（左端）と岡本城（右端）

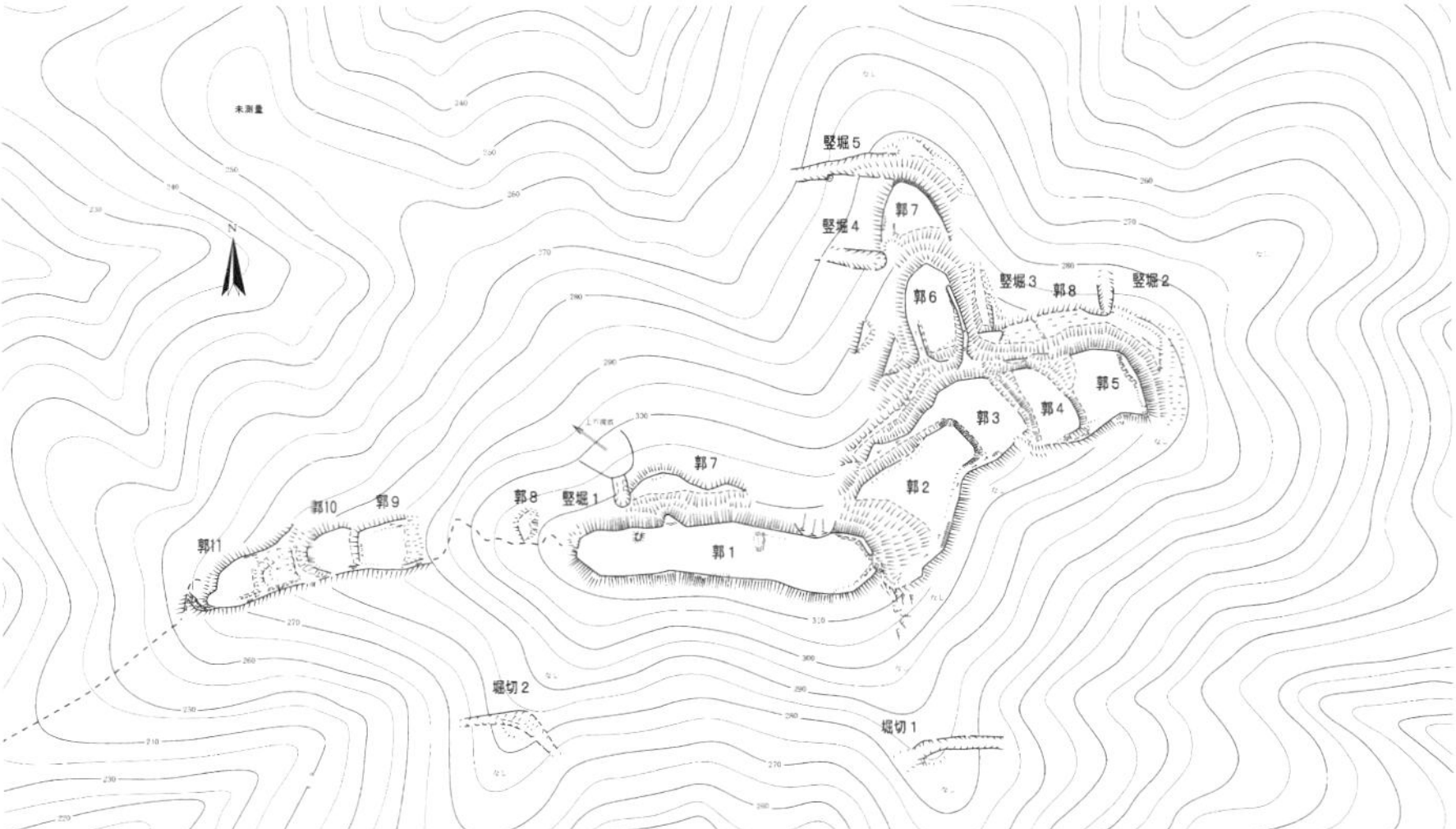

●—大森城縄張図（日和佐宣正作成）

●—岡本城縄張図（日和佐宣正作成）

列があり、土塀基礎の可能性がある。また、郭2の東側は方形を意識した形状で、周囲の切岸は高さ二・五メートルの石垣が築かれている。郭2は長軸が約二八メートルあり、主郭に次ぐ規模で石垣の使用や土塀を備えていることから城主館が設けられていた可能性がある。郭2の東には郭3・4・5があり、下位の郭に対しては正面性を意識した形状となっている。郭3の北側尾根には郭7があるが、これらの郭は自然地形に応じて平場を作り出しているだけで、尾根先方向に防御ラインを構築する意識はあまりなかったようである。

南側の尾根には堀切が設けられ、北側には五条の竪堀が穿たれている。郭群の東西は山の傾斜が急であったため堀切を必要としなかったようだ。しかし、郭7の北には尾根が緩やかにつづいており、西側の竪堀だけでなく、堀切を穿った方が有効であったはずである。また、竪堀の使用も北の尾根にとりつかれるのを嫌った配置であるが、郭7の東にはなく効果は限定的で、竪堀の使用には習熟できていなかったようだ。

【岡本城の概要】　大森城の南東約一・六五キロ（主郭間距離）、三間川対岸の丘陵に岡本城がある。全体構成からすると、主郭（郭1）を中心とする一群と西に鞍部を挟んだ独立する遺構群、また北の尾根に展開する遺構群と三つの遺構群がある。

岡本城は地形に応じて複雑な郭配置となっているが、特徴的なのは主郭の南面に横堀と放射状の竪堀群が設けられていることである。このような横堀とそれを穿つ竪堀群とのセットは土佐西南部に由来する技術と考えられる。本来ならば土居氏と対峙する北側に設けられてもよさそうなものだが、『清良記』では岡本城の南東にある尾根が攻防のキーとなっていることから、南の谷部を攻め上られることを警戒したものと考えられる。北の尾根に造られた遺構群は北西の大森城からの攻勢を意識しているものと思われ、また西の郭19と20は兵士の駐屯スペースとして設けられたものと考えられる。

【岡本合戦】『清良記』による合戦の概要は、土佐方に通じた岡本城の城兵が長宗我部勢を招き入れたことがきっかけとなり、それを排除しようと土居氏が岡本城に攻勢をかけた。このため、長宗我部勢が岡本城に籠もる味方を救援しようとするが、土居清良が巧みな智略によってそれを撃退したというものである。『清良記』では合戦の詳細について口上をはじめとして軍記物ゆえ生き生きと描かれているがどこまでが史実かは判断しようもない。しかし、横堀と竪堀群とのセット群の存在から合戦の推移は史実を反映している可能性が考えられ、伏兵による待ち伏せで久武親信らを討ち取ったというのも、地域の伝承として残っていたのだろう。

合戦のあった年から、『清良記』の執筆が開始された慶安三年（一六五〇）（成立したとされる承応二年（一六五三））まで約七〇年しかたっておらず、社会変化が今日とは比べられない時代であり、今日以上に直近のことと思われていたのではないだろうか。度重なる土佐からの侵略によって乱取りや苅田狼藉に怯えなければならなかった三間の人々にとって、土佐勢の大将を討ち取るという武勲をあげ、最後まで土佐方に屈しなかった清良は、地域の英雄として語り継がれ、死後寛文元年（一六六一）に清良を祭神（清良大明神）とする清良《きよよし》神社（宇和島市三間町土居中）が勧請祭祀されている。

【参考文献】池田誠「大森城」・「岡本城」『図説中世城郭事典 第三巻』（新人物往来社、一九八七）、薬師寺孝男『城の中世—縄張図説・西部四国を中心にして—』（二〇〇四）、石野弥栄「『清良記』の成立と素材について」『伊予史談』第三三九号（伊予史談会、二〇〇五）、松田直則編『土佐の山城 山城50選と発掘された23城跡』（ハーベスト出版、二〇一九）、宇和島市教育委員会・鬼北の文化財利活用戦略会議編『第4回清良記シンポジウム 清良記と大森城跡—三間の中世世界を考える—』（二〇二〇）、山内治朋「土居清良—英雄として語り継がれる謎多き武将」『戦国武将列伝10 四国編』（戎光祥出版、二〇二三）、中平景介「三間岡本合戦考—天正九年説における評価をめぐって—」『伊予史談』第四〇九号（伊予史談会、二〇二三）

（日和佐宣正）

●予土国境最前線の中世山城

河《か》後《ご》森《もり》城《じょう》

〔国指定史跡〕

〔所在地〕北宇和郡松野町松丸・富岡地内
〔比　高〕約八八メートル
〔分　類〕山城
〔年　代〕一六世紀後半
〔城　主〕河原渕教忠ほか
〔交通アクセス〕ＪＲ松丸駅より徒歩約一〇分で永昌寺口、約二〇分で風呂ヶ谷駐車場（登城口）。

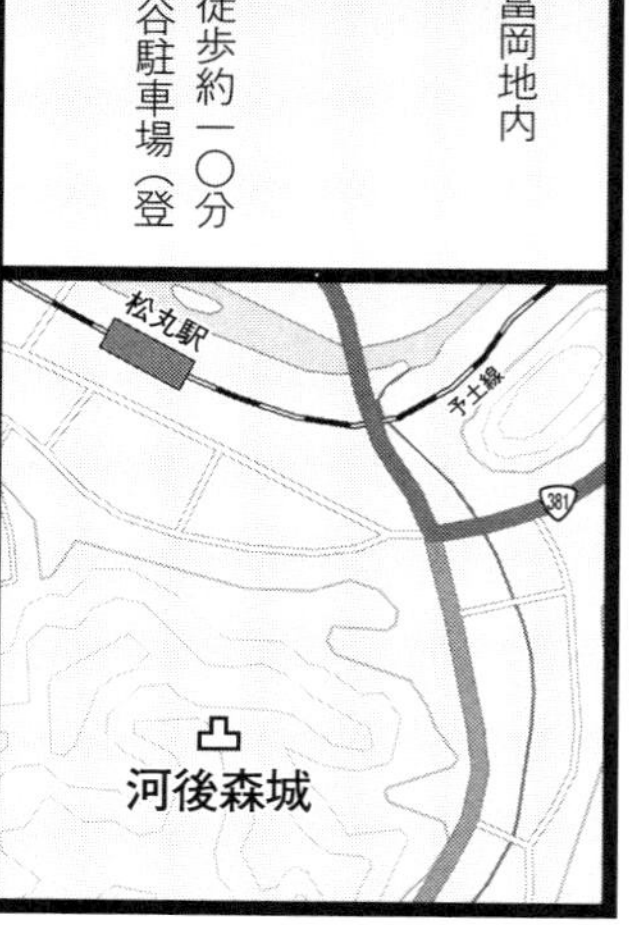

【立地】河後森城は、四国西南部で愛媛県と高知県の県境に位置する松野町にあり、広見《ひろみ》川を含む三つの川に囲まれた独立丘陵上に立地する。標高が最大で約一七二メートル、平地部分からの比高差は約八八メートルを測る。城域は約二一ヘクタールで、最高所の本郭を中心に多数の曲輪が東西方向へ「馬蹄形《ばていけい》」に展開する県内でも最大規模の中世山城である。なお、松野町には山城が河後森城を含めて一七あり、県内でも山城が密集している地域のひとつである。

【歴史】河後森城に関する文献史料は乏しく不明な点が多いが、「黒土郷河原渕領《くろつちごうかわらぶちりょう》」と呼ばれていた当地域は、伊予・西園寺氏と土佐・一条氏——長宗我部氏の諸勢力がおよぶ境目地域であった。地域に伝わる古文書などから、河後森城には永禄年間初期までに一条氏側から迎えられた領主「河原渕教《のり》忠《ただ》」の存在が知られている。その後、天正十二年（一五八四）頃までにはこの地域が長宗我部氏の配下に置かれた可能性が高く、その翌年に行なわれた羽柴秀吉による四国平定以後、松野町を含む宇和郡一帯は小早川氏、戸田氏、藤堂氏、富田氏の所領となり、その間河後森城にはそれぞれに城代が置かれていたと伝わる。その後も伊達秀宗《ひでむね》筆頭の家臣桑折《こおり》氏が七〇〇〇石を領し河後森城に居住したといわれている。なお、城の終焉については明確ではないが、伝承が残る慶長九年（一六〇四）の藤堂高虎による板島城月見櫓《つきみやぐら》への天守移築時、または元和元年（一六一五）の幕府による一国一城令が契機となった可能性が指摘されている。

【発掘調査】 河後森城は、平成三年（一九九一）度から本格的な発掘調査が行なわれ、平成九年九月十一日に国史跡に指定された後は、平成十一年度から整備にともなう発掘調査が継続的に実施されている。これまでの調査は山の稜線部に形成された曲輪や谷部が主体で、多くの遺構を検出した。特に西第一〇曲輪や本郭では発掘調査によって曲輪の利用が具体的に明らかになっている。西第一〇曲輪では、曲輪の出入口にあたる北西側では当時の道をはじめ門跡や土塀跡、南西側の曲輪周囲では土塁から櫓や塀による防御施設に改変された痕跡を検出している。また、曲輪の外側斜面は急斜面の切岸（人工的な崖）となっており、さらにその外側には多数の堀切や竪堀状遺構が広がっていた。曲輪の中央部には二棟の掘立柱建物跡を検出しており、うち一棟は馬屋と番小屋が一体化した建物と想定している。本郭では、城主の居所となる主殿舎をはじめ、台所や番小屋と想定している一〇棟の掘立柱建物跡を検出している。

●―西第十曲輪整備状況

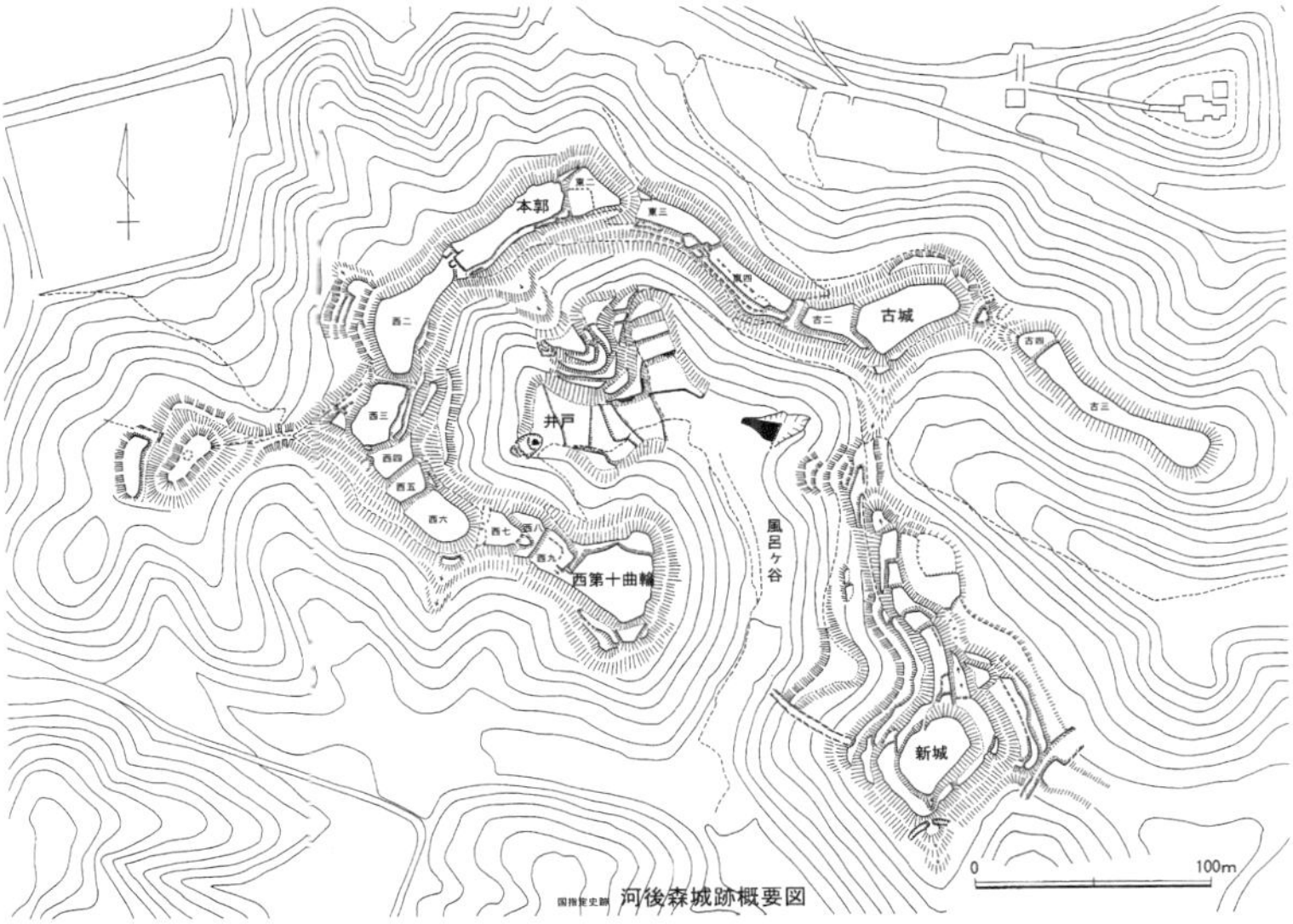

●―河後森城縄張図（作図：中井均）

【参考文献】高山剛編『予土境界地域における中世遺跡群の調査』松野町文化財調査報告書第二十四集（松野町教育委員会、二〇一九）

（亀澤一平）

●土佐の技術が詰まった境目の堅城

猿《さる》越《ごえ》城《じょう》

〔所在地〕南宇和郡愛南町増田
〔比　高〕約一四〇メートル
〔分　類〕山城
〔年　代〕一六世紀第４四半期
〔城　主〕――
〔交通アクセス〕松山自動車道津島岩松ＩＣから国道五六号を南に約五〇分、一本松温泉から北に一〇分。

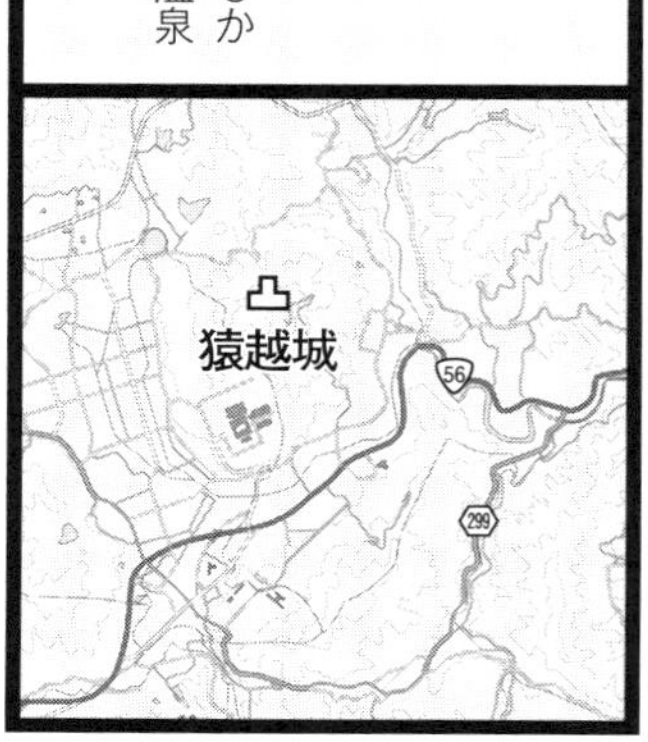

【地理と歴史】　猿越城は、愛南《あいなん》町増田《ますだ》と広見《ひろみ》にまたがる独立丘陵（頂部三角点標高二三二・一六メートル）に築かれた城で、高知県境からは直線距離で約三キロと至近の位置にある。

長宗我部元親の元家臣である立石正賀《たていしまさよし》が万治二年（一六五九）に著した『長元物語』によれば、

宇和ノ内御庄。越前守ト云人。城五ツ持。本城。里城。緑城。猿越新城是也。猿越ノ城ハ土佐ノ宿茂ヨリ道三里。宿茂城主ヲハ長宗我部右衛門太輔ト云。又吉奈ト云所ヨリ猿越ノ城へハ道五里。吉奈城主ハ十市備後守ト云　此備後才覺ニテ。猿越ノ城ヲ忍ヒ取。

とあり、その約二〇年後に成立した伊予側史料『宇和旧記』には、御荘《みしょう》氏（勧修寺《かじゅうじ》氏）持城としてほぼ同様な記載がなされている。吉奈城は「芳奈《よしな》土居ヤシキ」として報告されている宿毛市山奈町芳奈にある城である。

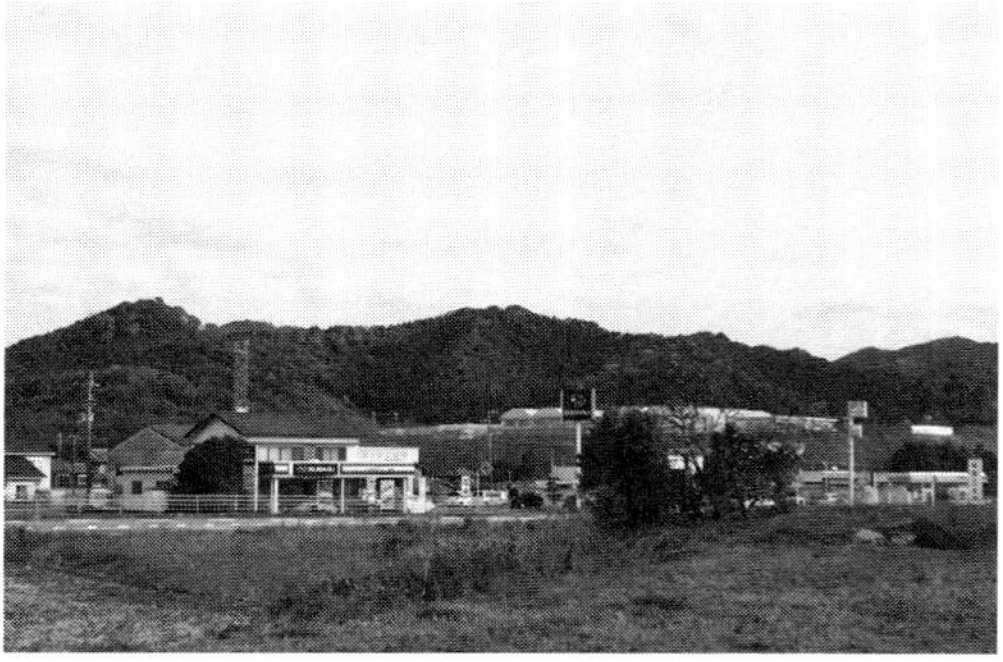

●―猿越城（中央）と広見砦（左端）

【城の構造】　猿越城の縄張は、主郭（郭1）と同じくらいの標高の郭6を中心とする遺構群、それと西約二〇〇メートル余りにある広見砦と呼ばれる遺構群との複郭構造である。それと、土塁が全周する郭、長い竪堀をともなう連続堀切は、愛媛県下に類例がない。郭1が最高所で郭6との間には長い鞍部の郭4を挟んでいる。両者は郭6の北側に土塁をともなわず、また塁線には北への正面性がなく、その一方、郭1の南側には緩傾斜ながら直線状の土塁があることから、郭1にゆるやかな求心性がうかがえる。

本城の竪堀には数種の使用法がみられる。郭1の西側にある堀切にともなう長い竪堀群a、郭1の北にある横堀を穿つ竪堀（横堀とセットになる竪堀）b、郭4の西にある単体で使用される竪堀c、郭6と郭7の南にある複数で連続して使用されるdである。郭を全周する土塁囲いについても他の県内の城郭ではほとんど導入されていないこと、長大な竪堀をともなう連続堀切の使用などから、本城が土佐勢の改修を受けていると考えてよいだろう。『長元物語』にあるように、本城が土佐勢に占領され、伊予側に対する最前線として土佐西南部にある築城技術が総動員されたと考えられる。

また、西にある広見砦は堀切2条と3つの広い郭で構成され、進駐軍の駐屯スペースと考えてよいだろう。

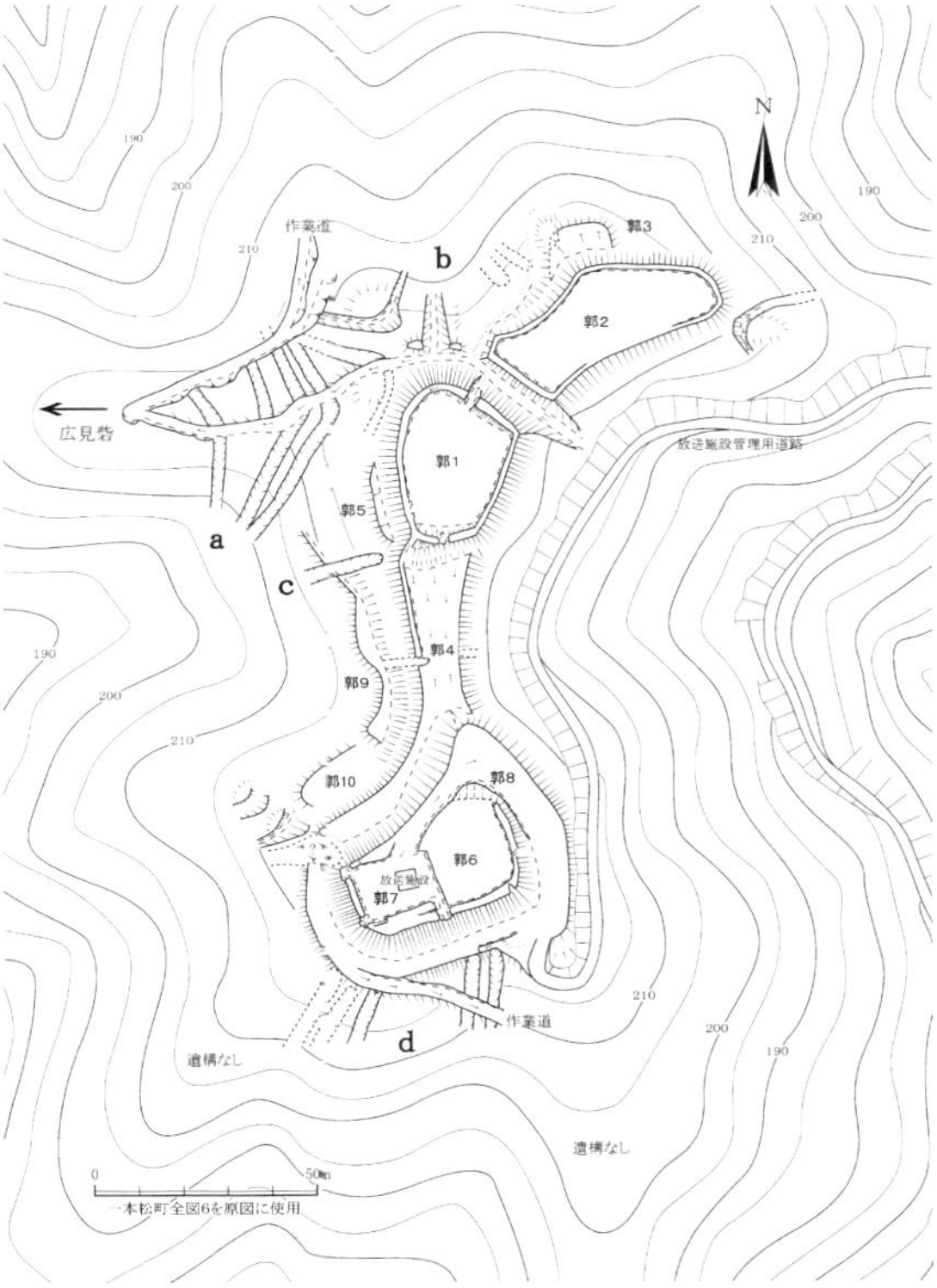

●―猿越城中心部縄張図（日和佐宣正作成）

【参考文献】高知県教育委員会編『高知県中世城館跡分布調査報告書』（一九八四）、日和佐宣正「伊予国における長曽我部氏築城技術の導入について―愛媛県東部の事例を中心に―」『城館研究論集』創刊準備号（仮称城館学会、二〇〇一）、松田直則編『土佐の山城　山城50選と発掘された23城跡』（ハーベスト出版、二〇一九）

（日和佐宣正）

お城アラカルト

海　城

日和佐宣正

瀬戸内海には今日「海城《うみじろ》」と称される城が多くあるが、とりわけ伊予にはその大多数がある。平成十年代から、愛媛県内では甘崎城・来島城・能島城（今治市）などの発掘調査が行なわれ、調査で注目されたのが岩礁ピットである。岩礁ピットは、海城の岩礁にあり、多くの場合満潮時には水没する場所に設けられており、甘崎城で約二六〇基が確認されるなどしている。このような岩礁ピットの参考になるのが、『一遍上人絵伝』で、厳島神社社頭に舫《もや》う船の横に二本海中から突き出ている木が描かれており、水中のピットに木柱を食い込ませ木柱に船を横付けして係留している。このように海城の海岸部に多数の繋船《けいせん》施設があることから、筆者は海城は外部に対してオープンであるという構造こそ評価すべきであると考えている。

海沿いにあるからといってすべて海城と言えるかというとそうではない。立地によって海城を規定することが困難である以上、城の構造によって「海城」かどうかを判断する場合、船の繋留施設の有無が指標となるであろう。当時の接岸施設は多くの場合砂浜であったが、城主が海に対して能動的に関与しようとすれば城主自らが海船を所有していなければならず、城に繋船施設があるばかりでなく、複数の海船が常時接岸可能な施設があることが必要で、つまり「海城」は多数の海船を繋留する機能をもった城であると筆者は考えている。

砂浜の場合、荷揚げの繋船機能に止まるのか、複数の船の繋留機能まで保持していたのかは判定しづらいが、近世城郭の場合、「舟入」「船入」と呼ばれる場所があるかどうかで容易に判断できる。典型的には「正保城絵図」などに「舟入」などの記載があるかが目安で、国立公文書館がネット公開している正保城絵図六二鋪のうちその記載があるのは桑名城など一〇城で、臼杵城図のように周囲を海に囲まれている城でも表記がない城も多く、その城が各藩において海城であると認識されていたかどうかがわかる。

●—来島城の岩礁ピット（B-3 列）

お城アラカルト

伊予における城の改修

日和佐宣正

中世以前に築城された城の歴史については文献が残っていないため不明なことが多い。城が戦いの場であり防御の道具であり、また政治や文化活動、生活の場である以上その時々の事情に応じて必要な改修がなされることは当然のことである。

城の改修についてもっとも明らかにできるのは発掘調査である。広い面的調査を行なえば、層位や遺構の切り合いによって前後関係が判断できたり、出土品の時代差によってそれぞれの時期もあきらかになったりする。県内では、湯築城や甘崎城で数次にわたる改修が明らかになっているほか、大洲城でも現天守台の地下からそれ以前の天守台石垣の一部とみられる巨石列が出土している。松山城本丸の発掘調査でも現状の方形とは異なる多角形の本壇石垣の基礎部分が出土している。

近世城郭の場合、史料によって改修の歴史を明らかにすることができるが、残されている多数の絵画資料の分析によっても改修の履歴に迫ることができる。松山城本丸本壇の多角形の形状も古絵図にみられるもので、今治城でも、久松松平《ひさまつまつだいら》入封段階で建造物の大改修を受けていることがわかっている。

そのほか、縄張調査でも改修がわかる事例は多い。わかりやすいのは、中世の山城に近世的要素が付加されている場合で、大除城は戦国時代大野氏の居城であったが、朝鮮出兵の影響を受けたと考えられる登り石垣が築かれている。また、伊予国内では竪堀や連続竪堀のある山城は、長宗我部勢や毛利勢、大友勢などの伊予国外の勢力が関与したことが史料で明らかな地域に分布が限られる。このことから、これらの技術は伊予国内では発達せず、土佐など外部勢力による導入の可能性が高い。また在地の技術ではあるが個々の遺構を観察すれば数次の改修が考えられる横山城のような事例もあり、発掘調査によらなくても城の遺構を注意深く観察することで城の歴史に思いをはせることができるのも楽しい。

高知

加久見《かこみ》城航空写真・ヲロノ谷・以布利方面（南西より）

●現存一二城天守のひとつ南海の名城

高《こう》知《ち》城《じょう》

〔国指定史跡・重文〕

〔所在地〕高知市丸ノ内
〔比　高〕約四〇メートル
〔分　類〕山城
〔年　代〕南北朝期から江戸時代
〔城　主〕大高坂氏・長宗我部氏・山内氏
〔交通アクセス〕とさでん交通「高知城前」下車五分。

【大高坂山に築かれた城郭】　南北朝時代に、大高坂氏が南朝の拠点として現在の高知城が所在する大高坂山に城郭を築いたのが始まりとされている。その根拠は、「佐伯文書」の中に大手や西大手などの記載があり防御施設を備えた堅固な城であったことが伺われる。高知城跡で初めて伝御台所《でんおだいどころ》跡の発掘調査が実施され、南北朝期に東彼杵郡で生産されたと考えられる石鍋や同時期の土器類が出土していることからこの時期には城が構築されていたことがわかった。その後、大高坂山に築かれた城は、嶺北地方で勢力を持った本山氏が高知平野に進出しその支配下に入るが、永禄期以降になると長宗我部氏の傘下に入る。

天正十三年（一五八五）長宗我部元親が豊臣傘下に入ると、本拠の岡豊城からこの大高坂山に移城することになるが、初めて石垣技術を導入しその上に櫓《やぐら》を作事している。発掘調査で確認した三の丸東端部では、高さ二・七メートル、長さ一三メートル程の石垣が検出されている。出土遺物も、一五・一六世紀代の土師質土器や貿易陶磁器、国産陶器類が出土しており、伝御台所跡や本丸南でも同時期の遺物が出土していることから、長宗我部氏が入城する以前にも城は三の丸も含めて機能していることがわかる。長宗我部氏は、櫓に瓦も葺いており軒丸・平瓦が多く出土している。また、三の丸石垣調査時に桐紋瓦も出土しており、豊臣秀吉から許されて使用した瓦であり近年その生産時期が文禄年間という編年研究がされており、使用された時期の問題が出ている。長宗我部氏は、天正十九年（一五九一）には浦戸城に移城しているが、それ以降も機能していた可能性も出てくる。関ヶ原合戦後土佐に入った山内一豊《かつとよ》が、慶長八年（一六〇三）に本丸と二の丸を完成させ入城してくるが、三の丸も一部使用した可能性も考えられる。

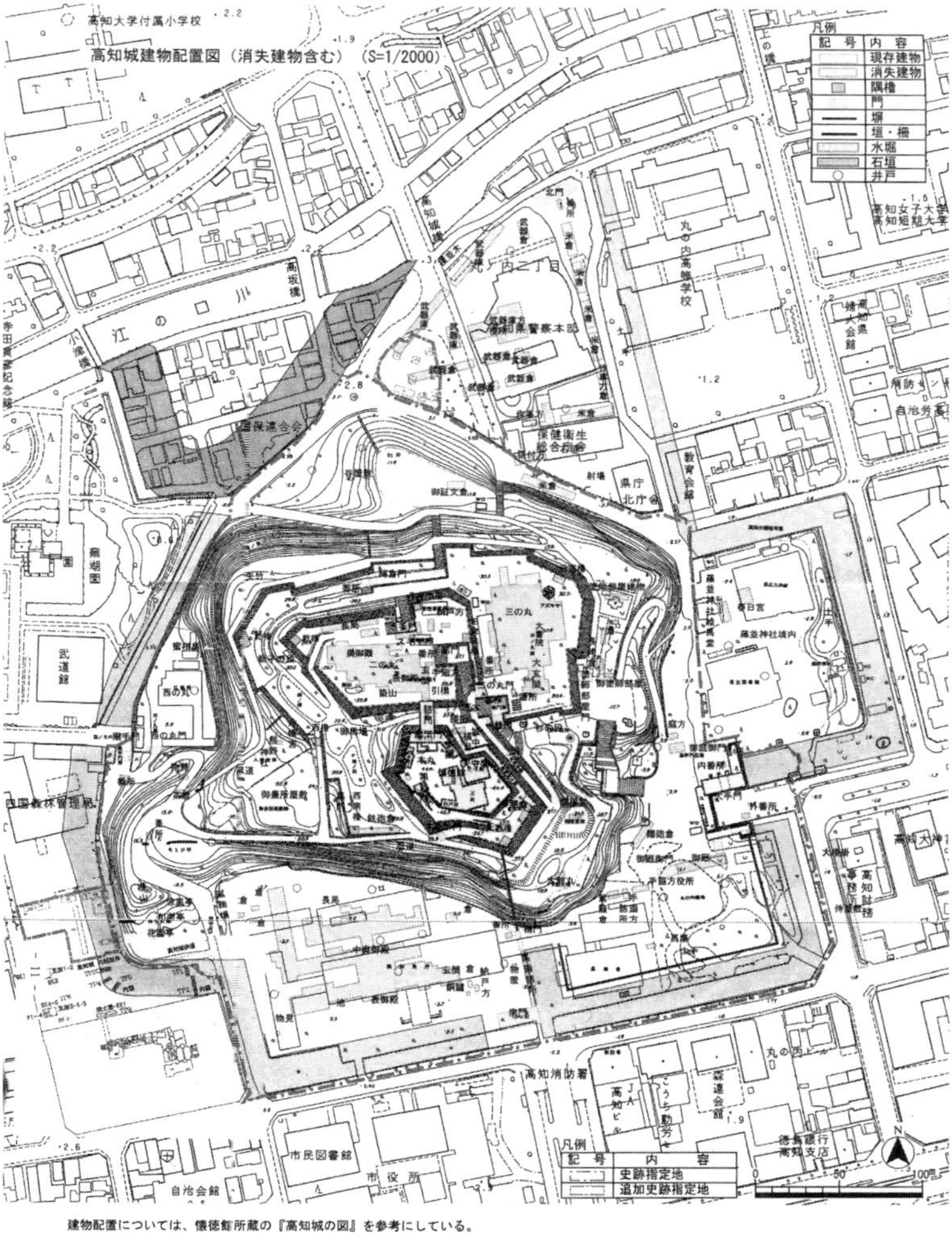

建物配置については、懐徳館所蔵の『高知城の図』を参考にしている。

●—高知城跡全体図（高知県提供）

【天守ほか一五棟の重要文化財が残る】

現在の高知城は、本丸に天守や御殿をはじめ重要文化財が一二棟、追手門と東北・西南矢狭間《やざま》塀を含めて一五棟存在している。享保の大火で追手門の一部を除いて全て消失し、延享三年（一七四六）から本丸の再建に着手してから宝暦三年（一七五三）に三の丸が完成している。八代藩主山内豊敷《とよのぶ》が再建に着手したが、特に天守は望楼型で廻《まわり》縁《えん》と高欄《こうらん》を持つ古式の様式を踏襲している。一豊は、慶長六年（一六〇一）高知城天守を築くにあたって掛川城のとおり高欄をつけることを命じている。

●―三の丸北側石垣（松田直則撮影）

現在、掛川城天守の築城当初の構造を知る手がかりはないが、「正保城絵図」には最上階に高欄が廻っているようである。平成五年に掛川城の天守丸周辺域が整備され、天守も復興されたが高知城天守を参考に白《しろ》漆喰《しっくい》総塗《そうぬり》籠《ごめ》とし、三重四階で最上階に廻縁と高欄が廻る姿である。しかし、掛川城は嘉永四年（一八五一）に天守台北面の石垣と芝土手が崩壊した被害状況を幕府に報告した絵図によると、天守には廻縁と高欄はみられない。松本城の天守と同じように内部に取り込んだためだと推定されているが、いつの頃に廻縁と高欄が内部に取り込まれたのかも不明である。

その後掛川城の天守は、安政元年（一八五四）の大地震で天守を含む大半の建物が倒壊し、天守は再建されることはなかった。八代藩主によって再建された高知城天守は、焼失前の一豊が手がけた天守とまったく同じ構造であったかどうか不明であるが、望楼型で廻縁と高欄を持つ古式の様式を踏襲している。天守が再建された頃は、全国的に廻縁・高欄を持つ天守は時代遅れであった。にもかかわらず、古式の天守構造にしていることは何か理由があったに違いない。この時期は、八代藩主山内豊敷の治世で、再建するにあたって天守構造にも藩主の意向が反映されたと想像するならば、通称を藩祖一豊が名乗っていた猪右衛門に改め松平猪右衛門豊敷としたり、土佐南学を藩学の柱にするなど精神教育を重視した藩主の姿勢なども影響しているのであろうか。追手門から見た天守の姿は、入母屋《いりもや》大屋根の千鳥破風《ちどりはふ》と下層の望楼に取り付く唐破風や上層の高欄が、バランスよく見事に南海古城の優姿を浮かび上がらせている。

【本丸石垣と穴太の北川豊後】 初代一豊が、本丸と二の丸を完成させたが、大きな普請は石垣構築である。石垣の穴太《あのう》は、北川豊後貞信《さだのぶ》である。貞信は、熊本城の石垣を築いた北川作兵衛との関係性がありその技術も伝授され高知城の石垣を構築したと考えられる。本丸の石垣を見ると、黒鉄門下西側石垣が昭和三十年代に、南石垣が平成十二年に解体され積み上げられている。その他は、解体記録がないため不明であるが、上端部の数石列のみが改修されている以外は慶長八年に構築された石垣が残存している。

本丸南石垣の解体調査で、石垣裏込めから軒丸瓦片が出土しており慶長八年の石垣構築以前にも本丸に瓦葺きの建物の存在を知ることができる。本丸に瓦葺建物を想定すると天守の可能性が強い。長宗我部期に本丸に天守が存在していたかどうかは不明であるが、浦戸城では天守台が残存し天守の建物がすでに作事されていたと考えられることから可能性は否定できない。天正十六年（一五八八）の長宗我部地検帳では、「大テンス」と記載されていることから「大天守」ではないかと想定され、その他にも「御土居」と記載されている地点もあり長宗我部氏の屋敷を示すものとも考えられている。

●—三の丸東側旧石垣（松田直則撮影）

【三の丸の石垣改修記録】 石垣の改修記録が残るのが、三の丸北側石垣である。五代藩主の『山内家資料豊房公記二〇巻』に記載されている内容をみると、宝永二年（一七〇五）の四月十日に三の丸の北側石垣が崩壊している。七月四日は幕府の許可を得ており、九月九日に修築の起工式を行ない十月十九日に竣工している。約四十日かけて改修を行なっている。一日に一一三六人が携わっており、石垣の採取から運搬・石積み関連で三万八六五七人、築石の運搬に必要だったのか道路修繕に一〇六四人、雑役に五七四五人が動員され働いている。石の採集場所は、円行寺口で七月三十一日から行なっておりその後場所を変えて八月四日から東諸木に移している。円行寺口ではチャート、東諸木では砂岩が採取されるが、円行寺口での採取が五日間のみで、何故東諸木に変更したのか不明である。改修された三の丸北側石垣をみると東諸木の砂岩が利用されており、円行寺口のチャートは使用されていない。

慶長年間の本丸や二の丸では、円行寺口から採取されたチャートを使用しており、石採取は円行寺口という意識はあったがチャートは石の加工が難しく、特に角石などの加工に適している砂岩を求めて東諸木に移したのではないかと想定している。また、石垣積み上げの穴太役には北川半蔵という名前が記されており、北川家再興の四代目であり石垣構築技術が継承されている。

【高知城石垣の変遷】　高知城跡は、追手門や本丸に残る天守などの重要文化財の建物も見所であるが、慶長年間から残る石垣の変遷をみることができるのも一つの魅力である。石垣の変遷をみると、本丸と二の丸石垣は慶長八年に北川豊後貞信によって構築されているが、チャートの自然石を多用し野《の》面《づら》積みで構築されている。

三の丸は、二代藩主忠義《ただよし》の慶長十六年（一六一一）時に、南側と北側を拡張して石垣を構築し御殿を作事している。三の丸は、チャートを多用しているが砂岩も本丸と比較すると多く使用しており混在しているのが特徴である。穴太は、北川と共に新たに角田氏が加わっている。本丸と二の丸石垣を比較すると三の丸の石垣は、数メートル高石垣に構築されている。三の丸の北側石垣は、宝永二年に改修されており、その特徴として矢穴が残る砂岩の割石を利用している。三の丸の鉄門周辺の石垣は、宝暦三年に三の丸の再建が完成した時に同時に改修されており、石垣根石部分のトレンチ調査では旧鉄門の自然石のチャートを利用した石垣根石が確認されている。当初の鉄門石垣はチャートの自然石を積み上げた野面積みの石垣であったことがわかり、宝暦年間の改修時には砂岩の切石を使用していることもわかった。

高知城跡の石垣変遷をまとめると、天正十三年以降に長宗我部元親によって初めて城に石垣が採用され、慶長八年に北川豊後によって本丸や二の丸に高石垣が再構築される。慶長十六年には、三の丸が竣工し高知城跡でもっとも高い石垣が普請された。その後宝永二年に三の丸北側の石垣が崩壊し改修されている。宝暦三年には、鉄門部分が改修され切石を使用した石垣になっている。それ以降は、明治の公園化された時に改修された石垣も存在するが、重要文化財の建物と同時に石垣の変遷を楽しむこともできる。

【参考文献】『史跡高知城跡』（高知県教育委員会・〈財〉高知県文化財団埋蔵文化財センター、二〇一〇）、『高知城跡』〈財〉高知県文化財団埋蔵文化財センター、一九九五）、『高知城石垣総合調査報告書』（高知県教育委員会、二〇〇〇）

（松田直則）

高知

●長宗我部氏最後の居城

浦《うら》戸《ど》城《じょう》

〔高知市指定史跡〕

〔所在地〕高知市浦戸
〔比　高〕約五〇メートル
〔分　類〕山城
〔年　代〕南北朝期・戦国・織豊期
〔城　主〕本山氏・長宗我部氏
〔交通アクセス〕とさでん交通バス龍馬記念館前から徒歩二分。

【浦戸城の歴史】　浦戸城は、高知市の南端部で浦戸湾開口部の西側に位置する。太平洋に突き出た低い丘陵頂部に城は構築されており、東方、西方それぞれに伸びる丘陵先端部から海岸線が一望でき、最高所の天守台は標高五九メートルを測る。城跡の東側は、眼下に「月の名所」で知られる桂浜《かつらはま》があり、北側は浦戸湾に開けた港で天然の良港になっており、山裾部には浦戸城下町遺跡が所在する。

長宗我部氏の最後の居城として有名であるが、その発祥は南北朝期の頃まで遡るとされるが詳細は不明である。最近の研究では、南北朝期の建武三年（一三三六）に北朝の津野氏らが浦戸で戦った様子が堅田経貞《かただつねさだ》軍忠状写に記されており当時浦戸城が守護目代《もくだい》方の拠点であったとされている。その後、天文年間に高知平野に勢力を伸ばした本山氏の支城となったが、永禄三年（一五六〇）には長宗我部国親《くにちか》に攻められ落城し、長宗我部親貞《ちかさだ》が城監となっている。長宗我部元親が豊臣傘下に入ってから、文禄・慶長の役にともない秀吉の命令で天正十九年（一五九一）に大高坂城から浦戸城に移城している。その後慶長五年（一六〇〇）に長宗我部氏が改易され、山内一豊が大高坂城に入城するまで存続している。

【古城跡図にみる浦戸城】　『皆山集』に吾川郡浦戸古城蹟図が所収されているが、この古図をみると丘陵東側の山頂部に長方形を呈した曲輪を構えている。この曲輪は「一」とも書かれているが、周囲の主な曲輪に表記されている「二」・「二ノ下」・「三」・「三ノ下」などから推察すると、「一」と記載

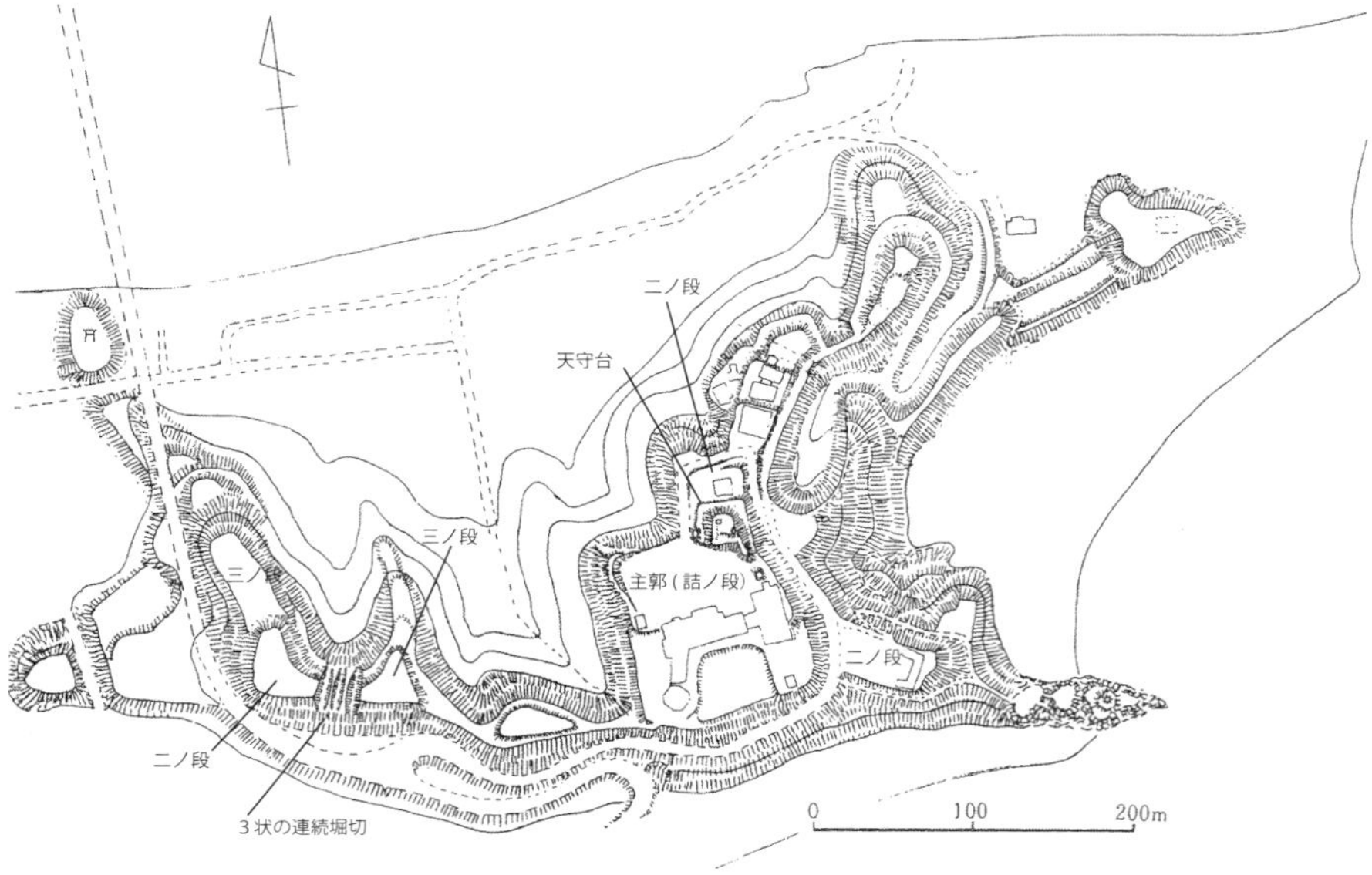

●—浦戸城縄張図（池田誠作図）

されている主郭は『長宗我部地検帳』での浦戸城の記載では「御詰ノ段」となっていることから、「一」は「詰ノ段」、「二」以降は「二ノ段」、「二ノ下」は「二ノ下段」を意味しているものと思われる。浦戸城の検地は天正十六年（一五八八）十一月に実施されており、「御詰ノ段」は横山九郎兵衛が在城しており、大高坂城から移城する三年くらい前の浦戸城の姿を知ることができる。「御詰ノ段」とされる場所の現状は、標高五二・七メートル、平坦面の長さは東西約一一〇メートル、南北は約六三メートルを測り、東西方向に長軸を取る長方形の曲輪であったと想定される。古城跡図では、南に向かって三ヵ所に石垣が配され段が形成されている。

現在、坂本龍馬記念館、国民宿舎「桂浜荘」が建設され、桂浜荘建設時に発掘調査が行なわれており石垣遺構や瓦などの遺物が出土している。この詰ノ段北東隅には、「五間四方」と古城蹟図に記載されている天守台跡が残る。天守台跡は、最頂部での標高は五九・七メートル、東西一一メートル、南北一五メートルを測り、詰ノ段との比高差が七メートルある。現在は大山祇《おおやまづみ》神社が鎮座しているが、平面形は不正方台形を呈しており、斜面部には石垣の石と思われる石材が露出している所があり石垣が残存している可能性がある。

【長宗我部家臣が在城していた頃の遺構】　城跡の西側で西北

方向に伸びる尾根上は、平成三年度の公有化にともない公園に整備された場所で連続した平坦面が見られる。西端部は、現在浦戸大橋に至る道路で削平されている。古城蹟図によれば、「二」・「二ノ下」・「三」・「三ノ下」・「四」・「四ノ下」と表記された曲輪がつづいているが、この西側尾根部の「二」と「三」と表記されている二ノ段との三ノ段の間には、三〜四本の連続した堀切が残存している。この遺構は、長宗我部親貞から横山九郎兵衛が在城していた頃の遺構と考えられる。さらに、最近ではこの堀切から北西部にかけて斜面部に連続竪堀が見つかっている。このように浦戸城は、中世の城の姿を残しつつも詰ノ段には初めての天守台を付設し、鯱《しゃち》瓦《がわら》を葺いた建物を作事し雁木《がんぎ》を取り入れた石垣が構築された織豊系城郭である。城の造りは、豊臣秀吉の影響下で普請・作事されたと考えられ、長宗我部氏の居城として城下町にも重臣を強制的に移住させられた。長宗我部氏は、文禄・慶長の役に備えるなど軍事上・経済上の理由から海上交通の結節点であるこの浦戸を居城として選地したと考えられる。

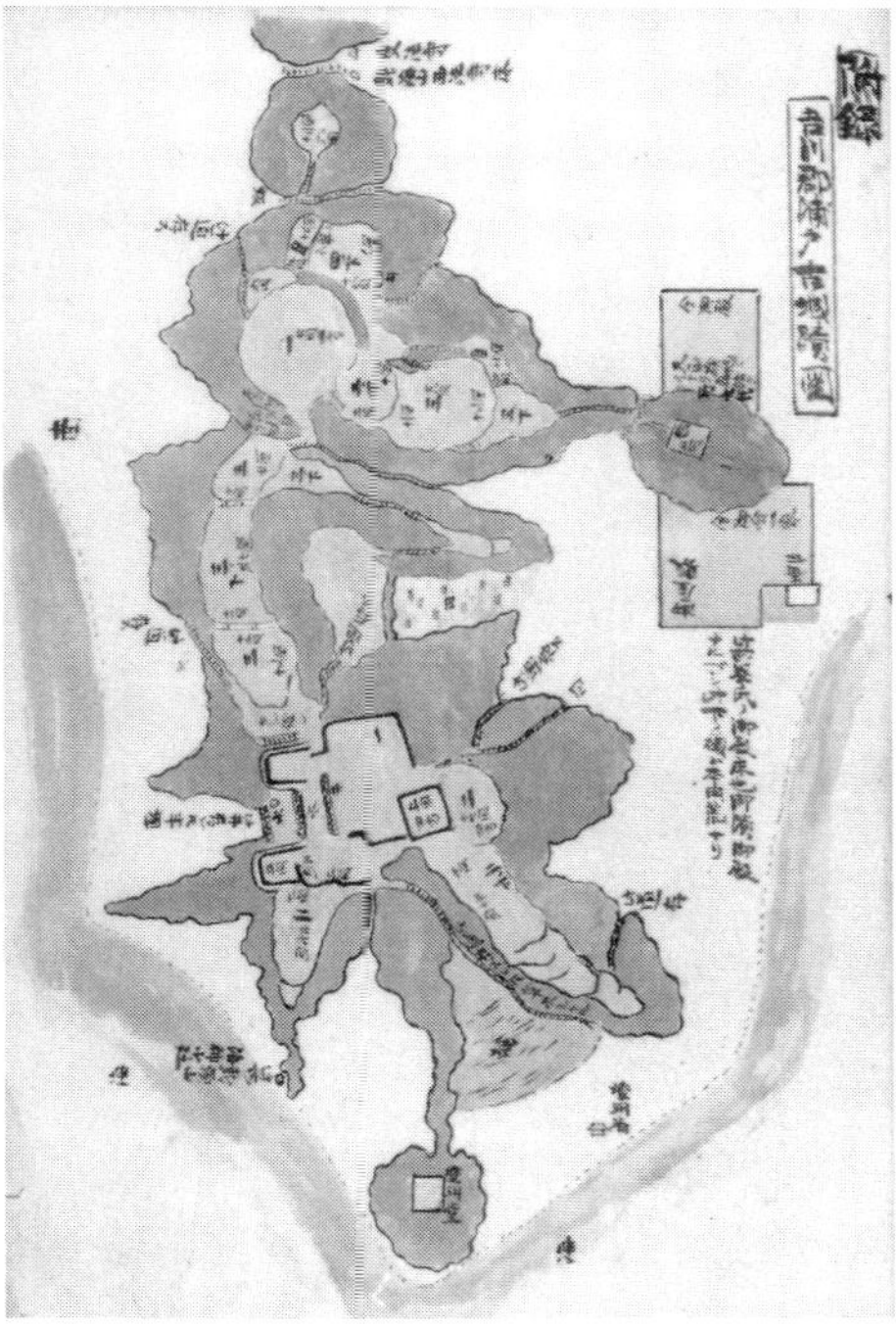

●—吾川郡浦戸古城蹟図（『皆山集』巻 31 所収，高知県立図書館所蔵）

●—雁木石垣（『高知県立埋蔵文化財センター発掘調査報告書 19：浦戸城跡』1995 より）

【参考文献】『浦戸城跡』（高知市・〈財〉高知県文化財団埋蔵文化財センター、一九九五）、吉成承三「浦戸城跡について〜再考〜」『西国城館論集Ⅲ』（中四・四国地区城館調査検討会、二〇一五）、朝倉慶景「中世の土佐郡潮江地域について」『土佐史談』二五六号、（二〇一四）

（松田直則）

神田南城《こうだみなみじょう》

●土佐中原を巡る要衝に拠在した古蹟

〔所在地〕高知市神田
〔比　高〕約九〇メートル
〔分　類〕山城
〔年　代〕一六世紀第3四半期
〔城　主〕細川宗桃／鍋島修理
〔交通アクセス〕県道高知春野線付近の高法寺東側市道より八幡宮入口を目指す／とさでん交通「鴨部」より徒歩約三〇分。

【地勢・歴史的環境】　神田南城跡の所在する高知市神田《こうだ》は市の中心部から南辺に位置しており、北は同市鴨部《かもべ》、西は朝倉《あさくら》に接して東方に潮江《うしおえ》を望む境域にある。背面に位《くらい》する烏帽《えぼ》子《し》山（標高三五九メートル）を主峰とする山並みは、ほぼ東北東―西南西の方向性を示す仏像構造線に沿った帯状の小起伏山地で、西に柏尾《かしお》山（標高三二五メートル）、東に鷲尾《わしお》山（標高三〇六メートル）を連ねて両峰にその名を冠した城址が四囲を瞰望《かんぼう》する。当該山地分水界を旧吾川郡春野《はるの》町芳原《よしはら》（現高知市）との境とし、白土《しらつち》峠（標高二三一メートル）を往還路とする古道は吾南地域（仁《に》淀《よど》川下流域東岸）と中央を結ぶ主要道であったとされ、要衝を扼する山裾丘陵頂部に当城跡は存立している。

北面に拡がる石立《いしだて》低地は鏡《かがみ》川（二級河川）の自然堤防と烏帽子山山地に挟まれた氾濫平野（後背低地）であり、残丘状の能《の》茶《さ》山（標高二六・五メートル）には神田（旧）城跡があったとされるが、現状は古態を存していない。地内を朝倉の針《はり》木《ぎ》より発する流路延長約六キロの神田川（鏡川水系一次支川）

●—神田南城遠景

が貫流し、吉野《よしの》川（二次支川）と併せて本川下流域に合流する。海老《えび》川とも古称した旧河流は、かつては浦戸《うらど》湾へ通じる水運として機能していたとされ、城跡は沿川に遺称する「船戸」「船岡」などの地名（小字）を瞰下に掌握する要地に占位している。

城山北麓（本村）の扇状地性微高地では、神田ムク入道遺跡（一二世紀末～一四世紀代）や御手洗《みたらい》遺跡（一二世紀～一五世紀代）などの埋蔵文化財包蔵地を把握し、一六世紀末の「神田之庄地検帳」（『長宗我部地検帳』）には「マトコロ（政所）ヤシキ」の古地や要路と繋がる「道」の存在が指摘されている。また周辺には県内屈指の遺址を有する朝倉城跡（県指定史跡）をはじめ恵美《えみ》《えび》城跡、潮江城跡、大高坂城跡（現高知城）ほか多数の城跡が分布しているなど、当地は土佐中原をめぐる長宗我部・本山氏相剋の地として語り継がれている。

【城の故事】 城跡には八幡宮の社が鎮座しており、創建は不詳ながら参道入口に置く狛犬の台座には「皇紀二千六百年三月吉日建之」と刻石されている。山頂の境内に到る崩れかけた石段が登城道（破壊道）となるが、高知市教育委員会が山麓に設置した説明板によれば、当城跡は長宗我部家中の細川宗桃《そうとう》とその配下の関与が伝わるとしている。細川（十市）備後守宗桃は長岡郡十市《とおち》（南国市）を本拠とした長宗我部家の重臣とされている人物である。

長宗我部家遺臣の後裔によって宝永年間に成立したとする『土佐物語』巻第四「土佐郡城々軍《いくさ》之事」に「神田の城は細川備前（ママ）入道宗桃（を入れ置かる）」とあり、後世の編纂史料はこれらの軍記物を典拠とした可能性も思慮する。同時期の藩撰地誌として評価される『土佐州郡志』神田村の項には「古城山」の存在を記すに留め、朝倉庄の項に古城跡として「神田朝倉兩村界不知何人居城（後略）」と編述するが、藩政後期（文化・文政年間）の『南路志』には神田城として「古城記云　鍋島修理《しゅり》居之。」とある。また「土左故事云　或書曰、永禄五年九月、元親與本山茂辰□・□（攻カ）神田・朝倉城、不利而元親即退于豊岡矣。」と併記している。明治期に活躍した宮地森城の遺著である『土佐國古城略史』によれば、神田南城跡について「白土越の左に在り、細川宗桃之を築く。城監、鍋島修理。永禄年間細川備中（ママ）入道宗桃、舊（旧）城の南の大山に一城を築き、山腹に屯營を建て、以て鍋島修理を遣し之を監せしむ。（後略）」と著述しており、今に至る来歴の拠り所となっている。

当城跡は小字「ケジカ端」に所在している。天正十六年（一五八八）に調製された「神田之庄地検帳」には城に関する記述はないが、比定地を含むと勘案される「ケシカハラ」

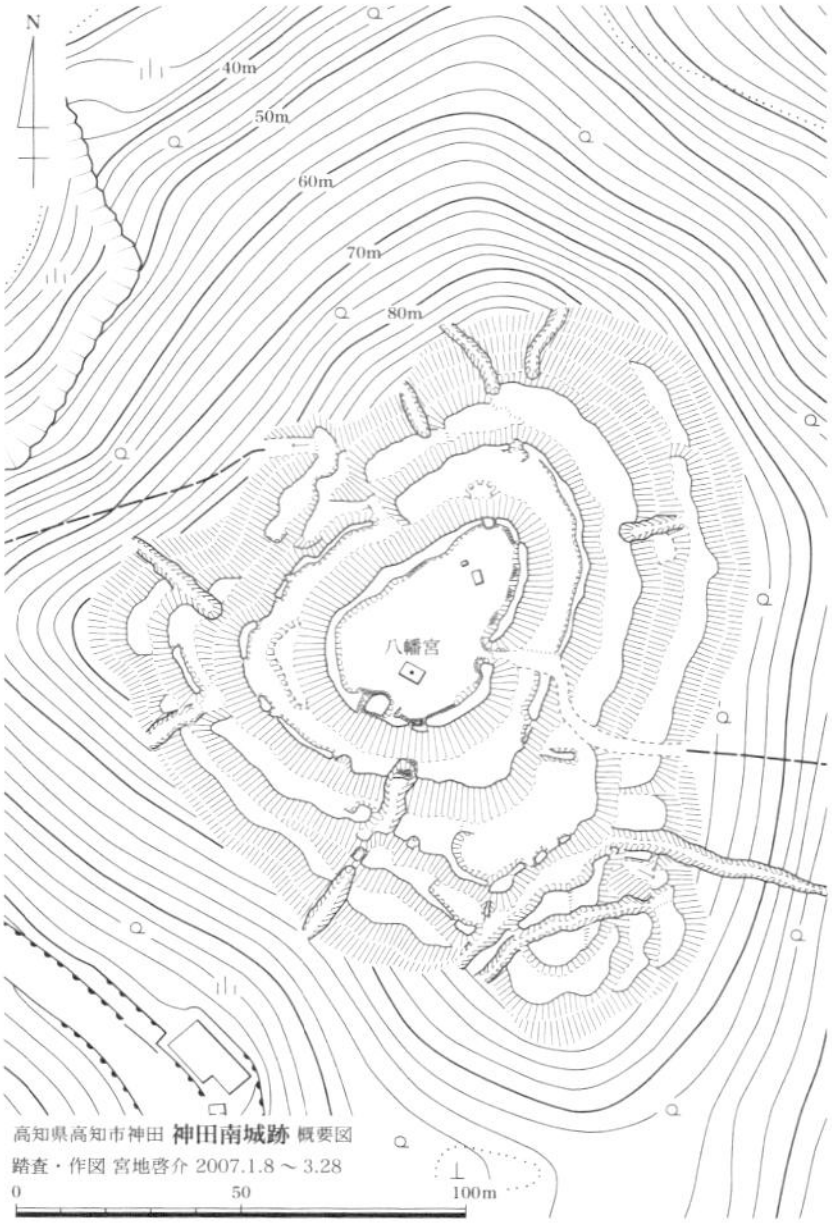

●—神田南城縄張図（宮地啓介作図）

は十市次郎兵衛の給地となっている。またその前筆には「ス、ワニノヤシキ」として鍋島又介の居屋敷がみられ、城跡の近処には「十市ヤシキ」などのホノギも記されている。

【城跡の概要】　神田南城跡は通称「井（古カ）城山」（標高一〇二・五メートル）に所在し、徴表的な外観を呈した半独立峰状の山容頂部に立地している。麓からの比高（高低差）は九〇メートル前後を測り、現状は八幡宮の浄域および山林となっている。城跡は詰《つめ》ノ段（仮称）を主郭とする単郭の山城であり、下方に横堀状の帯曲輪が数段にわたって同心円状に展開する空間構造が看取できる。

　主郭は縁辺部を環塁し、土塁内面には石積みを散在するが多くは露岩を人為的に堆石したと推察される。南端に櫓（楼）台基壇と思量する礫の集積を存留し、東側に併置する台状土塁内面の堅固な石積遺構は構造物の作事を想起させる。わずかに屈曲する虎口が境内への入口ともなり、基部には袖石状の土留石を確認するが社地造成に因由する可能性を含んでおり積極的な評価は控えたい。

●—主郭土塁石積

　二ノ段（仮称）は帯曲輪状を呈しているが小規模な土塁が部分的に環囲しており、横堀状とも見て取れる。当該曲輪は北西部で高低差を有し、下位段に傾斜路を設けて現状は廃道となって西麓へ続くが、ここに城虎口の可能性を想定したい。同所を扼する二ノ段の塁線は喰違い、不明瞭ながら虎口下段の空間に対し横矢掛け（側射）を意識した配置を取っていると存慮する。三ノ段（仮称）では西側の尾根に竪堀を

「ハ」字形に切り置いて阻格している。接近経路となり得る南側の尾根に対し堀切を二重に構え、内壕の東端は長大な竪堀となって山麓へ垂下する。また西側に枡形《ますがた》的な空間を看取でき、堀切を城道として利用した可能性も考えられる。ここから南面の竪堀を攀《よ》じ登ると詰ノ段の櫓台と台状土塁から制圧を受けるが、主郭部に到ることができる。

●―堀切

【所見】　神田南城跡は永禄年間のいわゆる「朝倉合戦」における争地に拠在して本山／長宗我部氏による修築が伝聞されている。長宗我部氏の関与について環回状の空間構造（縄張）に着眼した松田直則は、伊予宇和郡に所在する萩森城跡や小原城跡などを比較検討して同氏の運用形態による築造の可能性を指摘し、土佐の類例として当城跡や久礼田城跡を提示している。また乗岡実は土塁内面の垂直に乱積みされた石組みを「土佐型土塁石積み」と提唱し、具体例として当城跡のほか岡豊城跡、栗井城跡、尼ヶ森城跡、秦泉寺城跡、行川城跡、久礼城跡など長宗我部氏が関わったとされる主要な城跡において確認でき、積極的な構築主体とする考拠としている。

　当城跡は長宗我部氏がこの地域へ侵出した一六世紀第３四半期には造営していたと考量するが、城跡には南北朝期頃（一四世紀前葉）の時期に分類される備前焼の擂鉢《すりばち》片や甕の口縁部が僅少ながら散布している。また和泉・河内の系譜を引く土師器煮炊具《しゃすいぐ》（一四世紀後葉〜一五世紀前葉）や青磁片なども表採されており、当該山上に麓の中世集落遺跡とほぼ同年代の先行遺址を存していた可能性を勘考し、仰視する対象地貌に内包されたアジール性を含む多角的な視座による洞察が検討される。

【参考文献】　乗岡実「四国における戦国期城郭の石積み・石垣」『城郭研究と考古学』（ナンライズ出版、二〇二一）、松田直則「四国の戦国期城郭―四国西南部の城郭からみた萩森城跡と小原城跡の特徴―」（宇和史談会例会資料、二〇二二）

（宮地啓介）

●本山氏が拠点とした城郭

朝《あさ》倉《くら》城《じょう》

〔高知県指定史跡〕

〔所在地〕高知市朝倉
〔比　高〕約九〇メートル
〔分　類〕山城
〔年　代〕室町時代・戦国時代
〔城　主〕重松氏・本山氏・長宗我部氏
〔交通アクセス〕ＪＲ朝倉駅から徒歩一五分。

【朝倉城の歴史】　朝倉城は、地元の土豪である重松氏が築いたとされているが、詳細は不明である。その後山間部の嶺北地域を治めていた本山氏が高知平野に進出し朝倉城を拠点とするべく大きく改修して居城とした。高知平野西端部の朝倉城山丘陵の標高一〇六メートルの山頂に位置しており、城跡の詰（Ｉ）から東方を眺めると高知平野が一望できる。高知平野の中心部に所在する南北朝期に南朝の拠点とされた大高坂城を中心に中世の諸城跡を見渡すことができ、防衛上好立地に朝倉城は構築されている。

本山梅渓《ばいけい》が朝倉城を拠点として天文九年（一五四〇）には吉良氏を破り、仁淀川を渡って蓮池城も攻略し高岡郡の一部も領有し勢力を持った。この時期が、本山時代の朝倉城がもっとも機能したと考えられる。本山梅渓が天文二十四年（一五五五）に死去してからは、長宗我部元親との攻防が続いたが、ついに攻められ永禄六年（一五六三）に城を焼き払い本山城に退去している。本山氏は、高知平野の西側に位置する朝倉城を拠点とし、東側に位置する長宗我部氏の岡豊城と対峙していた。

長宗我部元親が朝倉城を支配すると、重臣の細川宗桃《そうとう》を主将とし有力な家臣を城内に配置している。宗桃は、朝倉城を望める神田南城を抑え改修して攻撃の拠点としている。その後、宗桃が朝倉城跡を占拠して大改修を行なっている。天正十六年（一五八八）の検地段階では、曲輪Ｉが宗桃様旦、曲輪Ⅱが西ノモリで光富権助旦、西森二ノヘイは西ノモリの南

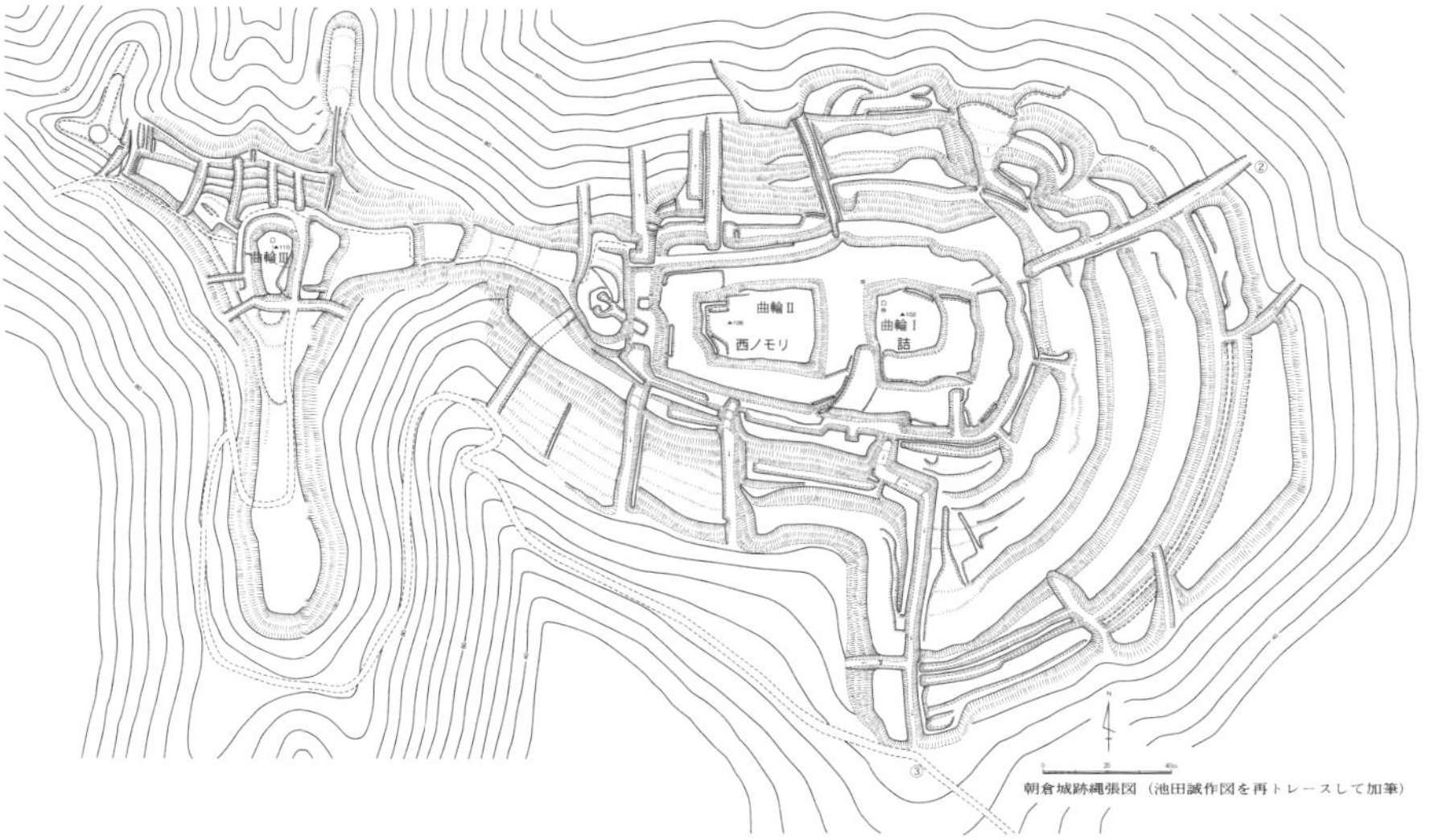

●—朝倉城縄張図（池田誠作図）

側に一段下がった曲輪と考えられるが、横山伊豆守旦などの名前がみられるが、城ノ内は荒となっているため既にこの時期には城として機能していない可能性がある。

【大規模な横堀・竪堀を持つ縄張】 朝倉城は、高知県の中世城郭の中でも大規模な縄張を持っており、頂部の曲輪は東西の二ヵ所にあるが、東側の曲輪Ⅰが主郭で『長宗我部地検帳』の詰と考えられる。この主郭を中心に東側には階段状に曲輪が設けられ、南北の斜面部には2重3重の大規模な横堀と竪堀群で防御されている。曲輪Ⅱの西側端まで横堀や竪堀などが見られるが特に土橋《どばし》を構築しており、西側の防御を強くしている。さらに西端の曲輪Ⅲとした茶臼ケ森にも独立した曲輪を取り巻くように横堀や連続竪堀を構えており特異な縄張をしている。縄張の特徴としては、竪堀群による防御思想の中でも、横堀を加えることにより曲輪面積を大きく取り入れようとする手法をみて取ることができる。本山氏が中世城郭としての整備をしたのち、長宗我部氏が大きく改修し、中世城郭から近世城郭の移行期の中で、土の城の末期の様相を持っていることである。特に北側と南側に構築されている横堀の存在と東斜面部に認められる竪堀群は圧巻である。土佐での横堀出現は、明確な時期を掴むことはできないが、岡豊城跡の四ノ段虎口の西側に認められる。岡豊城跡の主郭部

●—朝倉城遠景（松田直則撮影）

が大きく改修された時期が天正三年（一五七五）頃と考えられることから、その時期には出現していたと考えられる。さらに、朝倉城に長宗我部家臣団が入城する時期は永禄六年以降で、重臣の細川宗桃が朝倉城に入城してから大規模な横堀などの遺構が改修されており、永禄後半から天正年間初頭の時期と考えられるが明確な時期を掴むことはできない。

発掘調査は、高知大学によって平成二十七年度から実施されている。詰（Ⅰ）から測量調査と、トレンチ調査がなされ、西ノモリの調査まで進んでいる。詰では、土坑や溝を検出しており三段階の中世の活動痕跡を確認している。最近の調査では、詰と西ノモリを挟んだ一段低い平坦部で堀切状の遺構が確認されており注目される。出土遺物は土師《はじ》質土器や貿易陶磁器、鉄器などがある。貿易陶磁器の青磁や青花は一六世紀前半のものと考えられるが、端反りの白磁については小野編年の白磁皿C群に分類されるもので、一六世紀に編年されるものであるが、本山氏段階のものか長宗我部家臣団が持ち込んだものかわからない。今後も発掘調査がつづく計画で、今後の調査成果に期待したい。

【参考文献】『高知市の城跡』（高知市教育委員会、一九八四）、『浅倉城跡Ⅰ』（高知大学人文社会科学部考古学研究室、二〇一七）、村田修三編『図説中世城郭事典三』（新人物往来社、一九八七）

（松田直則）

●長宗我部氏重臣の居城

布《ぬの》師《し》田《だ》金《かな》山《やま》城《じょう》

〔所在地〕高知市布師田
〔比　高〕約九〇㍍
〔分　類〕山城
〔年　代〕室町時代・戦国時代
〔城　主〕石谷氏・久武氏
〔交通アクセス〕JR布師田駅より徒歩一五分。

【岡豊城の支城として】布師田金山城は、高知市の北東端に位置し南国市に接した標高一〇〇㍍の丘陵先端部に構築されている。東方向には長宗我部氏の居城である岡豊城や、南側には一条内政《うちまさ》が在城した大津御所と呼ばれる大津城が望める。丘陵下には国分川が東西に流れており自然の堀の役割を果たしている。

築城者は、石谷《いしがい》民部少輔重信《しげのぶ》と伝わり、一宮高鴨《たかかも》大明神の神職で細川氏の末流とされている。細川守護代の頼益が来た頃その権威の拡大を背景に構築されたと考えられている。長宗我部国親《くにちか》が勢力を拡大し始め、石谷氏もこの頃国親に投降したと思われる。元親の代になると本城は、久武内蔵助に与えられている。浦戸湾から国分川に入り、上流に遡ると布師田金山城がみえてくることから、立地的に岡豊城に入る船をこの城で看視することができ、岡豊城の支城的役割を果たしていた可能性もあり、長宗我部氏にとって重要な城であり重臣の久武氏を据え置いたと考えられる。

【久武親信から親直の城に】城主は、久武親信《ちかのぶ》か親直《ちかなお》か不明で、『南路志』では、「久武内蔵介居之」と記載されており、久武親信・親直兄弟のどちらかが居城していたことになる。その他、宮地森城の『土佐國古城略史』においても、布師田金山城について「元親金山城を久武内蔵助に興ふ」と記されている。親直が内蔵介を名乗るのは天正十三年（一五八五）頃と考えられているので、長男である親信が城主の可能性が高い。信親は元亀二年（一五七一）には佐川城の城主となっ

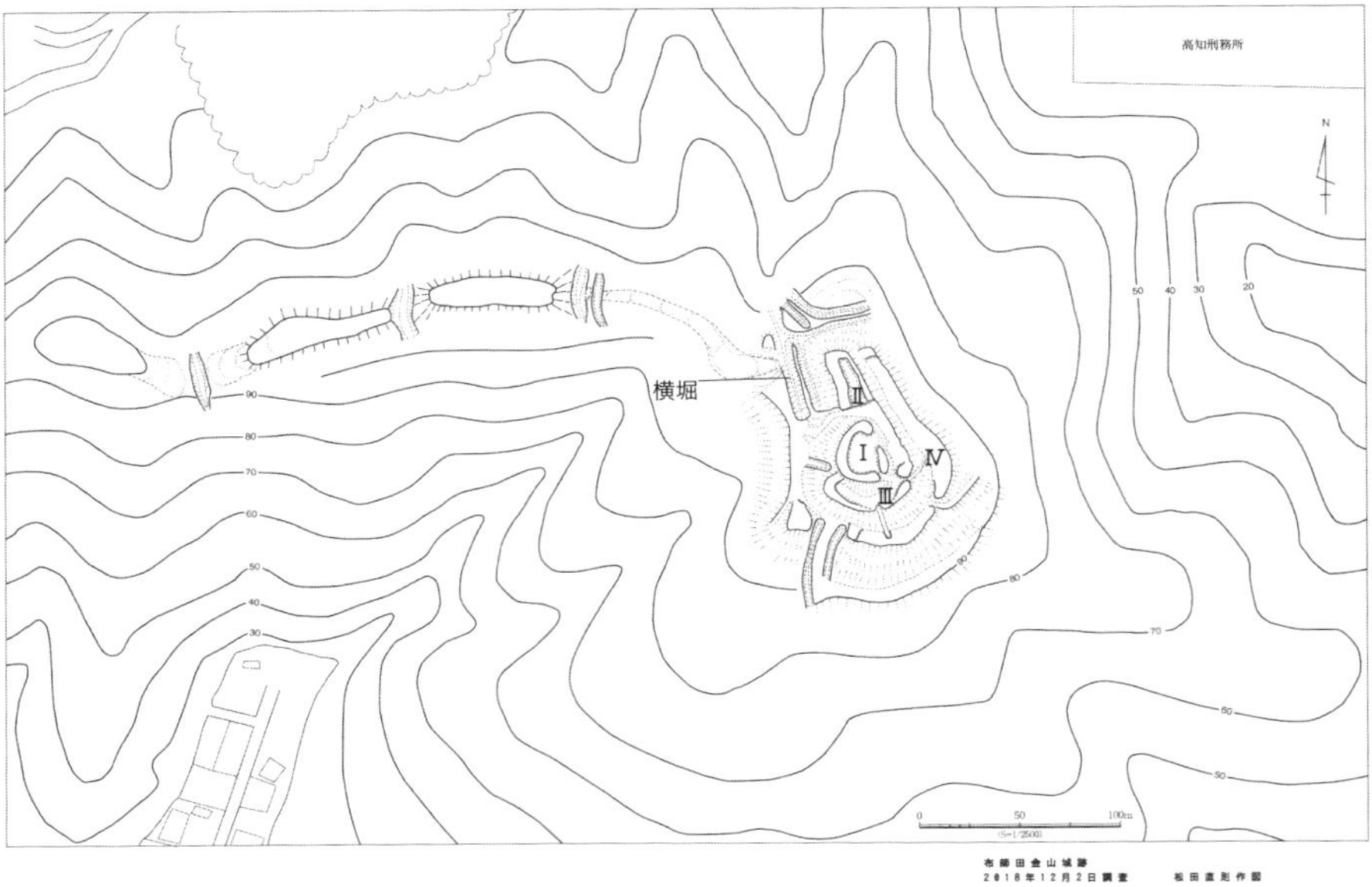

●—布師田金山城縄張図（松田直則作図）

ていることから、永禄年間頃には久武氏の居城として整備されたとも考えられる。その後、弟である親直が在城したと考えられるが、親信夫人か母親が相続し所領を引き継いだともされている。親直も信親が戦死してからは佐川城か松尾城に居城を移していることから、天正九年（一五八一）以降については機能しているかどうか不明である。

天正十六年（一五八八）の布師田村の『長宗我部地検帳』では、検地面積が一二二町二反余でヤシキ分として七町五反余が確認でき、その大半は長宗我部家臣の給地となっている。土居のホノギは見られるがシロの名前は確認できないことからこの時期には城としての機能はなくなっている可能性が強い。

【縄張の特徴】　縄張は、土塁に囲まれたⅠの主郭を中心として、東から南にかけてⅢの帯曲輪が周り、その東下にも曲輪Ⅳがある。曲輪Ⅱは、Ⅰの北側に位置しており土塁に囲まれているが西側土塁が高い。その西側には二重の横堀が掘られており、北側は二重の堀切と竪堀で防御している。曲輪Ⅲの南側には二条の竪堀で防御を固めている。二重の堀切や横堀などは、久武氏が構築したと考えられる。南西側に延びる丘陵の尾根上三ヵ所に堀切が掘削されており、敵の侵入を塞いでいる。この堀切がどの時期に掘削されたものか不明であるが、西側の勢力に備えたものであれば、本山氏との関係が浮かんでくることから、抗争のあった天文から永禄年間頃に構築された可能性がある。石谷氏から久武氏に城主が代わり、城がどのように改修されたかを考えながら布師田金山城を登り遺構をみると面白い。

●—布師田金山城遠景（松田直則撮影）

まず主郭の曲輪Ⅰは、土塁囲みで大手と搦《から》手《めて》の虎口が構えられている。曲輪Ⅱも土塁囲みであるが西側土塁が高くなっている。その下には横堀が二重に掘削されており、西側土塁からの切岸が横堀との相乗効果で防御が一段と高くなっている。横堀の南から曲輪Ⅱに登る虎口も折れを持って曲輪Ⅱや曲輪Ⅰの土塁上から横矢が掛かる構造になっている。本城跡は、土塁囲みの曲輪が特徴的であるが、石谷氏の時期か久武氏の時期かはっきりしない。虎口部分の取り付きの横矢が土塁上から掛かることから、折りを持った虎口と同時期に構築されたとすると久武氏の時期に改修されと考えられるし、二重の横堀もその時期と想定できる。西に延びる旧尾根上に構築されている三ヵ所の堀切は、最初が二条の堀切でそれより西側は単独の堀切であり、同時期に構築されたものかどうか今後検討が必要である。

【参考文献】『高知市の城跡』（高知市教育委員会、一九八四）、松田直則編『土佐の山城』（ハーベスト出版、二〇一九）、『史料で読み解く長宗我部元親』（高知県立歴史民俗資料館、二〇二一）、宮地森城『土佐國古城略史　土佐史談復刻叢書一』（土佐史談会、一九七六）

（松田直則）

●四国を制覇した長宗我部元親の居城

岡《おこ》豊《う》城《じょう》

〔国指定史跡〕

〔所在地〕南国市岡豊町
〔比　高〕約八〇メートル
〔分　類〕山城
〔年　代〕室町時代から戦国時代
〔城　主〕長宗我部氏
〔交通アクセス〕とさでん交通バス学校分岐（歴史館入口）徒歩一五分。

【天正三年頃に大改修された城】　岡豊城は、長宗我部氏代々の居城であるが天正三年（一五七五）頃に土佐を統一した元親が大規模な改修を行なっている。元親は、織田信長家臣の細川藤孝《ふじたか》や明智光秀の織豊系城郭の構築に刺激され、岡豊城を大きく改修し山全体を総城郭化したのではないかと考えられる。

城跡の築城時期については、史料なども少なく不明な点が多いがわずかに文献で大永元年（一五二一）に落城したと考えられており、その後天文三年（一五三四）前後には国親によって再興されている。天正十六年（一五八八）までに大高坂城（現高知城）に移城するが、それまで長宗我部氏の居城として機能していたとされるが、慶長五年（一六〇〇）の関

●—岡豊城航空写真（南国市教育委員会提供）

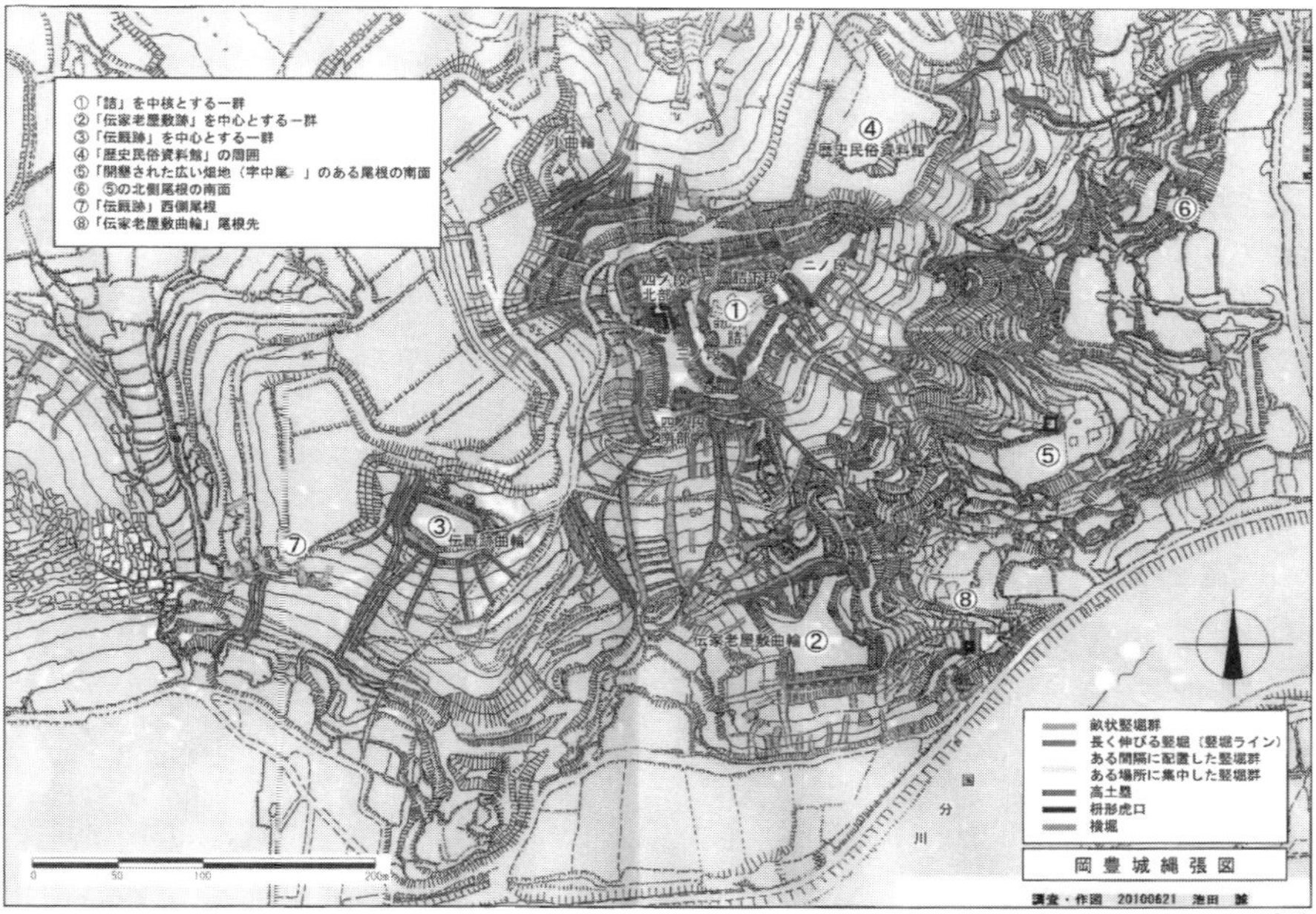

●—岡豊城縄張図（南国市教育委員会提供）

●—岡豊城出土紀年銘瓦（高知県立埋蔵文化財センター提供）

ヶ原合戦で山内一豊が入国するまで機能していた可能性も考えられている。

城跡は、標高九七メートルの独立丘陵の岡豊山に築かれており、主郭の詰①や二ノ段、三ノ段、四ノ段の曲輪のほか、西側には伝廐跡曲輪③や南側には伝家老屋敷跡曲輪②、東側の尾根筋にも曲輪名はついていないが、曲輪と考えられる平坦部⑤が残存している。

縄張で特徴的な遺構として、北側斜面の畝状竪堀群《うねじょうたてぼりぐん》や横堀・竪堀などがある。発掘調査は、主郭を中心とした曲輪群で実施されており、詰や三ノ段で礎石建物跡が検出されている。詰では、その他に掘立柱建物跡も検出されており、大永元年落城時の火災による痕跡も確認されている。その後天正期には、礎石の建造物が作事されており掘立柱建物跡から礎石建物跡の変遷を掴むことができ瓦も葺かれるようになった。発掘調査で見つかった瓦葺の礎石建物

●—詰の礎石建物跡検出状況（高知県立埋蔵文化財センター提供）

跡や畝状竪堀群などは天正年間頃で、この時期の城郭としては土佐最大の規模と構造を持った城である。

特に注目される出土遺物として、天正三年の銘が刻み込まれていた丸瓦片がある。詰で検出された礎石建物跡に付随する石敷遺構と同層位から出土しており、詰の建物に葺かれた瓦であることは間違いない。天正三年は、元親が土佐を統一した時期でありそれを祝うかのように城全体を大きく改修したのではないかと想定できる。この紀年銘瓦には、堺の瓦工人名も刻み込まれており信長と元親との関係から、この瓦が堺で製作され岡豊城に葺かれたと考えている。天正三年には信長が堺を押さえており、その家臣である明智光秀を通じて瓦生産を行ない岡豊山に運び込まれた瓦と考えられる。

【岡豊城の普請と作事】 具体的にそれぞれの曲輪の普請をみていくことにする。主郭の詰は、北側は近代に削平されているが東側分の詰下段曲輪に隣接する部分を除き土塁が囲繞《いじょう》していたと考えられる。虎口は西側の三ノ段に降りる地点が想定でき石階段に繋がっている。主郭の南側には方位に沿って重層の四×五間の規模を持つ礎石建物が存在していた。建物跡の南側には集石や切石遺構がみられる。天守に繋がる機能を持った建物と考えられる。方位を意識して作事されており、礎石の掘り方には土師質土器に古銭が埋納され地鎮祭祀が行なわれている。

東側の一段低い小曲輪にも二×五間の南北に細長い礎石建物跡が検出されている。東側は土塁と堀切で防御されており二ノ段に土橋《どばし》で繋がっている。詰下段の礎石建物は、付属した土坑をともなっており、埋土は焼土や炭化物が混在し壁も焼けて赤化していた。出土遺物も陶磁器の他に石臼《いしうす》などがあり、厨房的機能が推測できる。二ノ段は、周囲を土塁が囲繞しており、発掘調査の結果では建物跡などの遺構は確認されておらず、兵溜まりの空間としての機能を持ったと考えられる。詰の西側は、喰違い虎口があり、ここから三ノ段に石段を利用しておりている。そこにも南北九間の礎石建物跡が検出されており、西側には高さ約一メートルを測る石積みを伴う土塁が築かれている。土塁上から四ノ段の虎口に侵入する敵を上から狙いうちでき、三ノ段から四ノ段北側曲輪につながる。この曲輪は、高い土塁で囲繞されており南側には、経路を屈曲させた虎口が存在する。虎口を抜けると四ノ段の南側に至る。四ノ段の西側も高い土塁がとりまき、西側の防御を固めている。四ノ段の虎口から北西部に回ると横堀が構築されており、四ノ段北側の高土塁と一体になって防御をさらに強固にしている。その北西側斜面部には、畝状竪堀群が構築されており、岡豊城跡の特徴とされる遺構である。この遺構は、天正十一年（一五八三）頃で土造り最後の構築と考えている。伝廐跡曲輪③の縄張をみると、北側は史跡指定前に開発によって破壊されているが、曲輪直下に竪堀の痕跡が残っているため曲輪を取り巻くように竪堀が構築されていたと思われる。しかし詰北西側斜面部に構築されている畝状竪堀群に見られるような横堀は存在せず、連続した竪堀が特徴である。

さらに、⑦の西側にも丘陵が伸びるが、全体的に墓地化されており遺構の残りが悪い。しかし、一部に遺構が確認できることから西側の縄張範囲が広くなると考えられる。詰の東側⑤は、平坦部が数段確認でき階段状に広い曲輪が想定できるが、調査が進んでいないため不明なところがある。南側の伝家老屋敷曲輪②は、発掘調査で掘立柱建物跡や虎口にともなう柱穴が検出されている。三×三間の総柱建物は北側尾根の切岸直下に構築されており、南東部に位置する虎口曲輪⑧に至る城道ルートを想定できる。この地点も発掘調査され堀切や竪堀や虎口遺構が検出されている。伝家老屋敷曲輪②の周囲にも横堀や竪堀が残存しており岡豊城の南斜面部を強固に防御している。現在歴史民俗資料館が建設されている二ノ段北側曲輪であるが、すでに調査前に開発で破壊されていた。詳細な縄張を観察すると、北側と東側斜面部に竪堀群が

●―伝家老屋敷曲輪検出の掘立柱建物跡（南国市教育委員会提供）

確認でき岡豊城の中でもっとも広い曲輪が存在していたと考えられる。

【元親一族の居住曲輪はどこに】

四国を統一しようと野望を持った元親であったが、羽柴秀吉の前に夢は絶たれた。しかし元親が、岡豊城を本拠として四国を席捲したのは事実である。その岡豊城跡の表門と考えられる出入口部が⑧の地点で発見されたことから、城跡の南斜面部でその出入口部から伝家老屋敷と名前がつけられている曲輪を通り本丸部分に登っていくルートを想定できそうである。

これまで岡豊城は、頂上部の本丸にあたる詰周辺や伝廐跡曲輪と呼ばれる曲輪からなる、山頂部を中心に利用された城跡と考えられていた。しかし、今まで不明確だった南斜面部や東尾根筋の平坦部も見直す必要が出てきた。丘陵全体の赤外線立体図の作成から縄張図の検討がなされ、今まで見逃されていた曲輪群の遺構が新たに発見された。特に伝家老屋敷曲輪周辺には、連続竪堀や堀切、横堀などが見つかり出入り口部分の防御が強固にされていることなど、南斜面部の構造分析も今後の課題である。さらに、現在歴史民俗資料館がある場所も曲輪として想定したが斜面部に竪堀の一部の存在を再度確認する作業も必要であるが、この場所も曲輪として利用されていたと考えられる。曲輪の性格については現段階では不明であるが、時を同じくして織田信長の安土城や毛利元就の吉田郡山城なども、山城の中に城主も家臣団も屋敷を構えていることと、岡豊山の麓に元親の屋敷の存在が確認できないことからも元親家族居住の屋敷として機能していた可能性を考えていきたい。

【参考文献】『岡豊城跡―第一～五次発掘調査報告書』（高知県教育委員会、一九九〇）、『岡豊城跡Ⅲ』（〈財〉高知県文化財団埋蔵文化財センター、一九九二）、松田直則「長宗我部氏の城郭」『中世城館の考古学』（高志書院、二〇一四）

（松田直則）

●香長平野を一望する長宗我部氏の堅塁

久礼田城《くれだじょう》

〈所在地〉南国市久礼田
〈比　高〉約一四〇メートル
〈分　類〉山城
〈年　代〉一六世紀
〈城　主〉久礼田氏
〈交通アクセス〉高知パシフィックゴルフクラブ駐車場／JR後免駅からとさでん交通バス領石下車。徒歩約二五分。

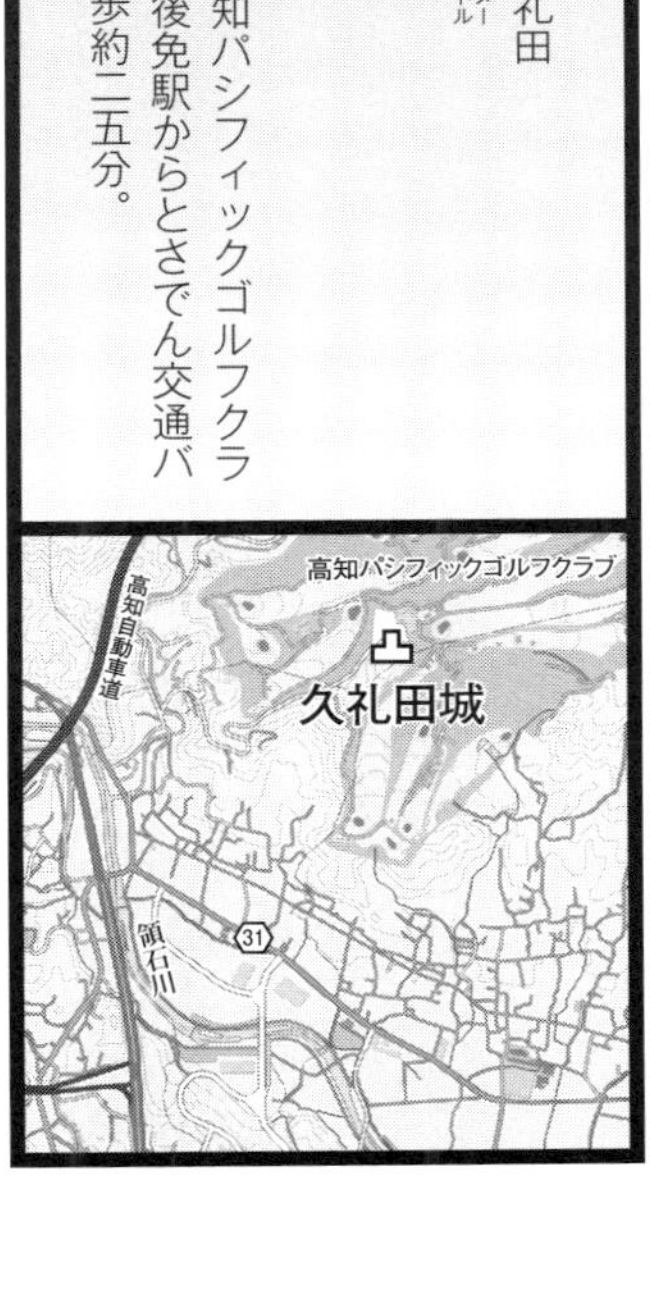

【地勢・歴史的環境】　久礼田城の所在する南国市久礼田は市域の平野部北端に位置し、東は同市植田《うえた》、西は植野《うえの》・領石《りようせき》、南は比江《ひえ》山・領石川（二級河川国分《こくぶ》川水系一次支川）・新改《しんがい》川（国分川上流域）を隔てて比江・国分・左右山《そやま》・三畠《さんばく》、北は坂本（龍馬）家先塋《せんえい》の地とされる才谷《さいだに》および天行寺《てんぎようじ》に接している。

城跡が占位する天行寺山地は、四国脊梁山地の南縁部に連接する広義の細藪《まそやぶ》山山地に含まれている。当該山地は地質構造を反映して多輪廻性の地形が発達しており、その過程で形成された山頂緩傾斜面（低位準平原）が城跡の北方に展開している。現在はゴルフ場が開発されており、その駐車場に久礼田地区史談会が設置した説明板の傍から訪城できる。

山麓面には香美市土佐山田《やまだ》町新改の平山《ひらやま》附近を源とし、岡豊城の南麓を南西流して浦戸《うらど》湾に注ぐ国分川水系の古期扇状地による高燥な段丘低位面が形成され、「中ノ土居」などの小字を遺称地として存している。また周辺には古墳群や延喜式内社の殖田神社が鎮座するなど史跡が多在しており、古来より開けた土地柄である。南面は新期扇状地（国分低地）の沃野（久礼田沖）が拡がり、「久礼田条里」（『南国市史』）とされる半折型の地割が不明瞭ながら遺されている。

【城の故事】　地元の史談会が発行した小冊子は、当城跡が久礼田氏歴代の居城であったと記載している。『土佐國書類従』巻第三三所収の「秦（長宗我部）家系圖」によれば、第三代忠俊《ただとし》の下註に「弟（忠幸）久礼田」とあり久礼田氏の始祖と

●―久礼田城遠景（植野地区から撮影）

されているが、同氏の動静については史料を欠き、詳細は不明である。『南路志』には天正年間に久礼田定祐なる人物が元親の指命により一條政親（久礼田御所）を監護していたとの古伝を記している。

『長宗我部地検帳』には久礼田村を中心に久礼田分として七二町余（大津城領を含む）の給地を有しており、天正十六年（一五八八）に調整された「久礼田村地検帳」には「久礼田土居」（土居ノ内）として「本台（略）上ヤシキ」「東二ノヘイ（略）上ヤシキ」「西二ノヘイ（略）上ヤシキ」「ユハ（弓場）ノタン（略）右土居大廻方五町」とある。近傍には「中ノ土居」（久礼田分）として「土居（略）上ヤシキ」「三ノヘイ（略）上ヤシキ」「北キト（城戸）（略）上ノヤシキ」などが記されている。また館廻りには同氏の菩提寺とされる「寺中（略）上ヤシキ　在天寺□」のほか同分の寺社として「寺中弁財天林有（略）上ノヤシキ　祥久院」「寺中（略）上ヤシキ　成善寺中」「神林　一所神壇　崇神権現（略）」（一部加除などを散見し、久礼田氏を主体とする豪族屋敷的集落が形成されている状態にも見受けられる。

当城跡にまつわる城主譚として、明治期に活躍した宮地森城の功績を後世に発刊した『土佐國古城略史』によれば、城主は甫喜山《ほきやま》氏であったとしている。同氏は久礼田氏の遠祖であり、後に甫喜山（香美市新改平山）に移り地名を冠して氏《うじ》名《な》としたと著述している。故地には甫喜山城跡が遺存し、久礼田城跡と相似した平面構造（縄張）をみて取れる。

『土佐州郡志』久禮田村の項に古跡として「古城跡　在二植野村界一城主不レ詳」とある。久礼田城跡は小字「中山田」に所在しており、植野との境に占位している。同書植野村の項に「古城　在二村東北山上一也其ノ礎今尚有矣不レ知二何人之所一レ居」と記されているが、当該山上には久礼田城しか把握されておらず当城跡に関する記述と推量する。同項には「土居城　周回可三十間相傳ノ昔ニ植野領ノ主長宗我部右衛門尉

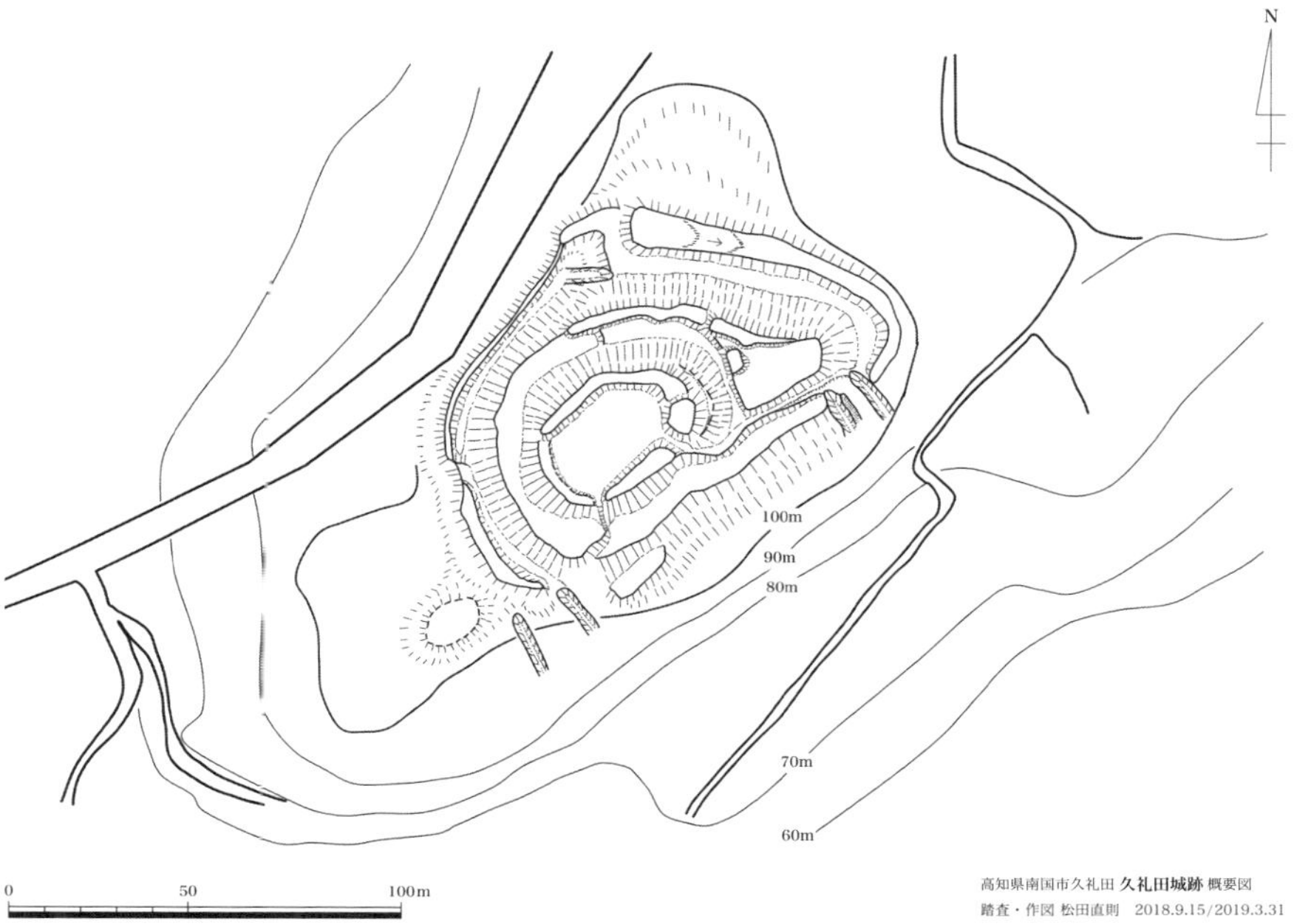

●―久礼田城縄張図（松田直則作図）

ト云者ノ之所レ居」とあり、相関的な造為から長宗我部右衛門尉（親清）なる人物が当城を監していた可能性も考慮される。

「久礼田村地検帳」には城に関する記述は確認できないが、ホノギ「中山タ」に係わる筆はすべて「久礼田分」となっている。久礼田氏の関与については城跡が故地の後山に立地することなどから、城番を含めた間接的な係わりを有して担掌していたとされる故事に由来した城主伝承として俗解されてきた可能性を思慮する。大正十一年に刊行された『久禮田村誌』の舊跡伝説の項にほかの旧跡と共に城跡として「（中略）其ノ後ノ巒頭ハ即チ城跡ナリ サレド定祐ガ果シテ此所ニ城ヲ構ヘシヤ否ヤ今ハ之レヲ詮ズルニ由ナシ」と記している。

【城跡の概要】 久礼田城は前記村誌に勝地として「城床 本村背後ニ負エル丘陵ノ一巒頭一段歩バカリ地ヲ均セルアリ 俗ニ城床トイフ 標高百六十八米 此所ニ上レハ香長平野ノ実景ヲ一眸ニ収メ遥ニ煙波ノ渺茫タルヲ望ムベク風景絶佳ナリ」と記されている。

城跡は麓からの比高一四〇メートル前後を測る山頂に立地している。詰《つめ》ノ段に相当する主郭部は概形で広長円状を呈して縁辺部を土塁が囲繞し、南東隅の台観状部は虎口状の開口部を併存して登城道へ繋がっている。主郭下段は二ノ段を空壕で分断し北側に土塁を設けて横堀状に環繞《かんじょう》しているが、西およ

●—最下段横堀（北側）

び南側は障壁状に高低差をともなう帯曲輪となって東端に二条の竪堀を配している。二ノ段は部分的に土塁が遺存するなどかつては環塁していた可能性を示唆しており、下方の大規模な横堀を制圧下に置く形態は馬出《うまだし》状曲輪の機能を有していたともみて取れる。最下段の横堀は北西の土塁が道路により大部分を削失しているが、南面を除いて段差で阻塞しながら障囲し、両端は竪堀となって斜面を垂下する。西側の尾根には不明瞭ながら土橋《どばし》状の溝坑を設け横堀（竪堀状）と併用して二重の障害とし、さらに小丘状を呈した自然地形も空間構造的に城域である可能性を有しているが、積極的な評価は控えたい。

城跡は北方の緩斜面を長大な横堀（塹壕）で阻帯し、南斜面には視覚効果的に竪堀が偏在している。

【所見】　久礼田城跡が当地に築造された要因として、村誌にも記述される遠望（視程）と緊要地形への地選が考えられる。当城跡西方の領石から北行する旧道は権若《ごんにやく》・国見《くにみ》峠を越えて本山《もとやま》（嶺北地域）へ到るかつての主要道であり、藩政期には北山道として参勤交代にも利用された要路の淵源は、延暦官道に遡ると云われている。また南面瞰下には新改から甫喜ヶ峰を越えて杖立《つえたて》峠より豊永《とよなが》へ到る大道が存在していたとされ、当城はこれらの往還路を扼する要衝に立地して地政的故址となる土佐国分寺や国衙跡を眼下に置き、岡豊城を視界に収めている。

北山越えの山間部から里地に漸移する渓口集落の丘陵には連続堀切・竪堀群を構える亀岩城跡が遺存している。久礼田城跡も周辺の新城城跡、比江山城跡（伝長宗我部親興）などと支城群を構成して本山氏ほかに対する北辺の警固を担っていたと考量し、城番には相応の将が配されていたと存意する。

【参考文献】『久礼田の昔と会おう』（久礼田地区史談会、二〇一一）

（宮地啓介）

●守護代細川氏の平城

田《た》村《むら》城《じょう》館《かん》

〔南国市史跡〕

〔所在地〕南国市田村
〔比　高〕約〇メートル
〔分　類〕平城
〔年　代〕南北朝・室町時代
〔城　主〕細川氏
〔交通アクセス〕高知龍馬空港から徒歩二〇分。

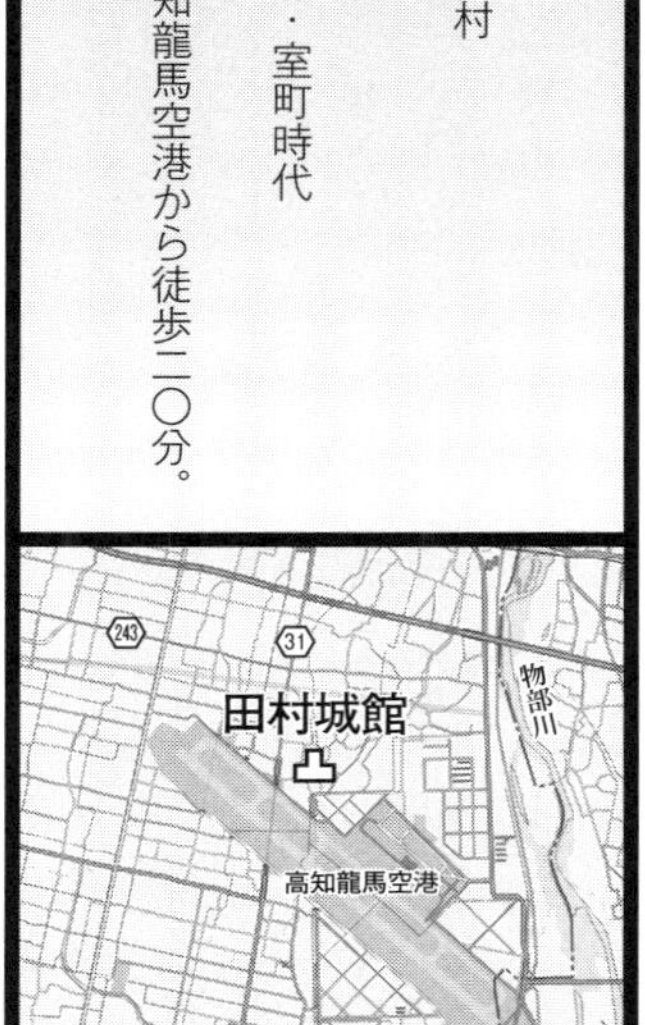

【守護領国制の拠点城郭】　守護領国体制の中、守護細川氏は在京し土佐ではその一族の頼益《よります》流細川氏が守護代として支配した。細川守護代が、守護代所として居城としたのは南国市に所在する田村城館である。天授六年（康暦二年、一三八〇）に細川頼益《よります》が土佐の守護代に任ぜられ城館を築いた。一四世紀より一五世紀にかけて、満益《みつます》・持益《もちます》・勝益《かつます》と四代、一世紀半近くを守護代職にあった。四代の守護代勝益は文亀二年（一五〇二）京都で死去し、二に政益《まさます》、国益《くにます》、益氏《ますうじ》らがいたが、土佐においては細川氏の威令（権威のある命令）が行なわれず、群雄割拠の戦国時代となり最後に長宗我部元親が土佐を平定するに至った。初代頼益の墓は細勝寺にあり、四代勝益が建立した。

細川守護代は四代とも武人・文人として名高く京都との往来もあったので、堺商人も出入して、城下には市場集落が発展している。城館に接して市町があり、野見嶺南《れいなん》図によると城館の東面から南面にかけて発達している。商業の守護神エビス堂は城館の南にあり、南東にある市場・市場ノ前の位置に南北に走る塩道と呼ばれる韮生道《にろうどう》が通っている。しかし天正検地の時はすでに荒廃しており細川氏退去にともなって消滅したのであろう。天正検地のときには城館を中心として村落内のほとんどが有力給人に分与されている。

【歴史地理学的研究と発掘調査の成果】　田村城館の姿を現在に伝えるものは、「城」「東門」「西門」「市場」などの城館に関するホノギと城八幡が鎮座する土塁のみである。田村城館

●—田村城館復元図（島田豊寿原図）

に関する資料としては、『長宗我部地検帳』と安永期の野見嶺南らによる『土佐細川氏田村城跡之図』をあげることができる。

島田豊寿はこれらの資料と、現地に残る狭長地割などの景観をもとに、歴史地理学的手法を用いて復元を試み、複濠複郭式の城館構造を推定している。南国市が平成十六年から十八年まで確認調査を実施しており、調査における最大の成果は、内郭の範囲をほぼ確定できたことである。内堀の西辺と北辺を検出し、内郭部の範囲は南北約一三〇メートル、東西約一二〇メートルを測る。これは、島田の復元した内郭部の範囲と重なる結果である。内堀の平面形については、単純な方形ではなく、北西部は西側に張り出す形をもち、内堀内部で確認した溝とあわせて虎口状の複雑な構造も想定できる。外堀の南辺と西辺についても、これまでの調査で島田の復元が裏付けられている。

今回の調査では、昭和五十年代に行なわれた発掘調査区のLoc43で確認された外堀南辺の延長線上で、集石をともなう溝の肩を確認した。集石は外堀の内側の土塁に敷かれていた可能性が高い。この溝を外堀南辺と考えると、南西角からの延長は約二八〇メートルを測り、島田が外堀東辺を想定した「市場」と「二本松」の境を越えることとなるが、現在のところ、外堀東辺は確認されていない。外堀北辺については、現況の道路水路が逆L字状に曲がる場所を外堀の北東角部と想定している。田村城館の南側部分に配置されている屋敷群であるが、第一次発掘調査の結果三一屋敷を検出している。その後第二次調査で一屋敷増えて三二屋敷になっている。

その変遷をみれば、第一次調査の三一屋敷について報告書では大きく六群に分類し、長宗我部氏が台頭してくる時期がもっとも屋敷数が増加する見解を示していた。その後第二次調査も踏まえた三二屋敷について、頼益流の守護代の動向で最盛期から衰退して長宗我部氏台頭まで、大きくⅠ期からⅢ期までの変遷が考えられると再検討された。Ⅰ期は、土佐に代官の派遣が続いている可能性が高いとされており、細川頼益流が定着していないことがわかり至徳二年（一三八五）頃から永享二年（一四三〇）頃までを設定した。Ⅱ期として細川満益が守護代として現れる永享五年（一四三三）以降で持益・勝益・政益までの時期とし、Ⅲ期は細川氏の没落と長宗我部氏の台頭の時期にあたるとされている。長宗我部氏は、天文十六年（一五四七）には、千屋氏・入交氏（細川満益以降に編成された在地の国人）を支配下に入れ、守護代一族の領地を長宗我部権力基盤に組み込んだ時期以降と設定している。天文年間段階では、すでに田村城館も廃城になった可能性が強く、家臣団屋敷の配置も変化してくるのではないかと考えることができる。

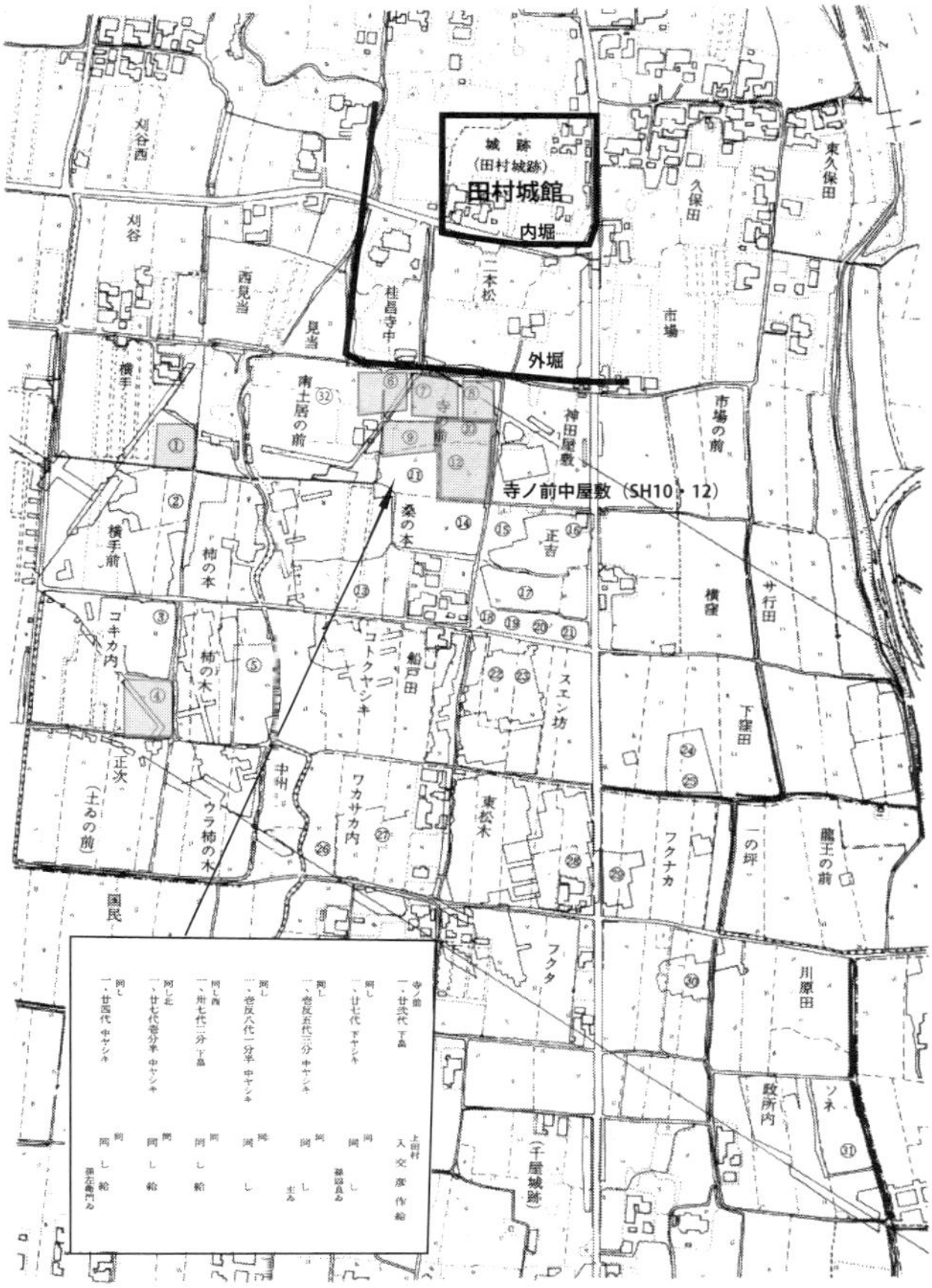

●—田村遺跡群遺構配図（田村遺跡群全体図に松田直則加筆）

【参考文献】『田村城跡』（南国市教育委員会、二〇〇八）、『田村遺跡群』（高知県教育委員会、一九八六）、松田直則「高知県の中世考古学研究と長宗我部地検帳」『駒沢考古』第四一号（二〇一六）、『高知県南国市中世城館』（南国市教育委員会、一九八五）

（松田直則）

●安芸氏の居城で東部の拠点

安《あ》芸《き》城《じょう》

〔安芸市指定史跡〕

〔所在地〕安芸市土居
〔比　高〕約二五メートル
〔分　類〕平山城
〔年　代〕鎌倉時代から江戸時代
〔城　主〕安芸氏・長宗我部氏・五藤氏
〔交通アクセス〕土佐くろしお鉄道安芸駅から車で一〇分。

【安芸国虎が勢力を持つ】　安芸城は、東・北・西を丘陵に囲まれた安芸平野の中央部に位置する。香美市物部《ものべ》との境にある五位《ごい》ヶ森《もり》付近を源流とする、安芸川が南流する下流域の島状の小丘陵に構築されている。城の南側は太平洋に面した地形で、市街地は平野の南側の海岸線に接して形成されている。安芸城を中心に、東側丘陵上には安芸太郎城や安芸次郎城、西側丘陵上には重臣の植野氏が居城した植野城、北側の丘陵奥地には一族の畑山氏の居城である畑山城が所在する。

安芸氏が支配したこの地域は、平安末期には荘園化されていたようで安芸荘と称され、その初見は建長二年（一二五〇）で九条家文書に「土佐国安芸荘」とみえる。五藤家屋敷跡の発掘調査で一二世紀後半頃生産されたと考えられる白磁碗などが出土していることから、この地での有力者層の存在も想定できる。安芸氏は、この頃まで遡るのか不明ではあるが、地頭職としての存在が推定できる。安芸城は、鎌倉時代の延慶元年（一三〇八）に安芸親氏《ちかうじ》によって築かれたと伝えられている。安芸氏がもっとも勢力を有したのが国虎《くにとら》の時期であるが、その親で元泰の頃にも安芸五〇〇〇貫の領主として力を持っていた。国虎は永禄六年（一五六三）に一条氏の助けを得て、岡豊城の長宗我部氏を攻めているが失敗に終わり、永禄十二年（一五六九）に長宗我部元親に攻められ城は陥落し、国虎は菩提寺でもある浄貞寺で自害し安芸氏は滅びた。その後長宗我部元親の弟である香宗我部親泰《ちかやす》が入って名門安芸氏を称しているが、阿波攻撃以降は元親の子である盛親《もりちか》

高知

や、家臣の岩神新右衛門が在城している。岩神氏は、城に入らず城番を置いて安芸浦に役宅を構えたとされるが、文禄慶長の役に備えた対策の可能性もある。

慶長六年（一六〇一）に五藤為重《ためしげ》が一一〇〇石の知行を受けて土佐藩家老として入り、丘陵裾部に居館を構えており現在も一部建物が存続している。「土居村史稿」の安芸城周辺について記載されている内容を見ると、安芸川の右岸の小高い山にある城は、北側が城ノ渕、その西側が矢川（矢川原に通じていた流れで江ゴ川へ流れるがその存在は不明）が流れていたとされており、記載内容からすると天然の堀に囲まれた立地であったと想定できる。南側には安芸川と矢川を結ぶ堀を掘って外堀にしたとも言われているが、その確認はできていないため今後の調査に期待したい。

●—安芸城近景（松田直則撮影）

安芸土居と呼ばれたこの居館の変遷は、五藤家に残る絵図や文書によって知ることができる。特徴的なこととして、天和三年（一六八三）の洪水で門の石垣崩壊、宝暦十年（一七六〇）東西堀と石垣の改修、寛政十二年（一八〇〇）土居内側の改修などがある。明治三年には、門、塀、家宅、長屋などが取り壊されている。しかし、安芸城は、土塁や堀、虎口など残りがよく昭和四十四年には安芸市の保護有形文化財に指定されて現在に至っている。城内には、昭和五十六年に書道美術館、六十年には歴史民俗資料館が建設されている。

【小規模な縄張】　安芸城は、安芸川の右岸に位置し、標高三九メートルの小独立丘陵に築かれた平山城である。麓の居館から主郭の詰までの比高差は約二五メートルで、南北の斜面は急傾斜で南側には数段の曲輪が形成されている。山頂部に構築されている主郭の曲輪Ⅰは、城跡曲輪の大部分を占めており、南北約九〇メートル、東西は広いところで約二三メートルを測る規模を有する。曲輪Ⅰは三段に築成されており、北側が狭く低くなっている。南端部には虎口が設けられており、両端部は土塁が周り南側は広くなっており櫓台《やぐらだい》となっている。

西側土塁は、虎口部分から約三〇メートルのところで切れてい

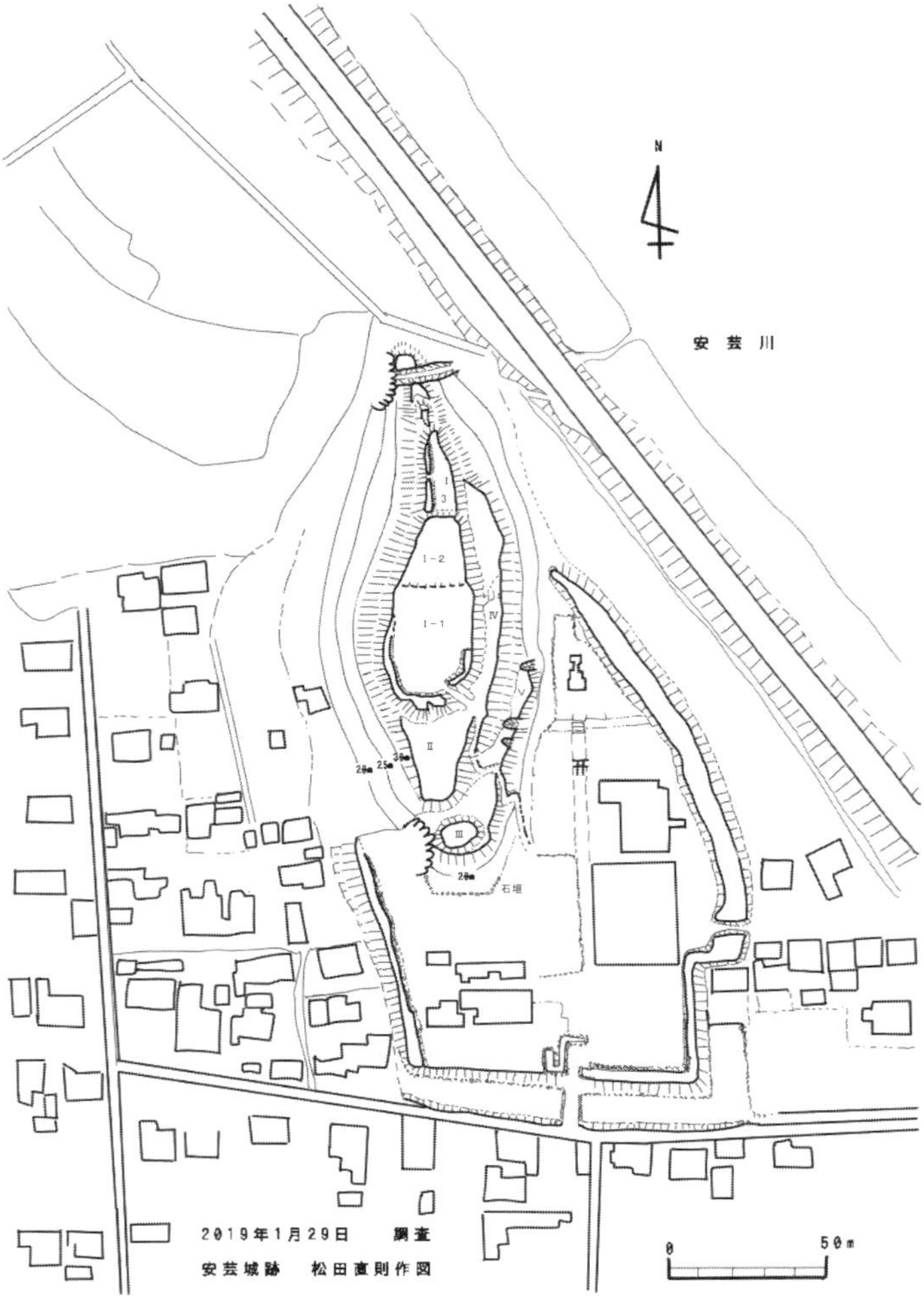

●—安芸城縄張図（松田直則作図）

る。東側土塁は、約一四メートルで切れており、当時から現在残存している部分だけが築かれていたのか、その後いつの段階に削平されたのか不明である。曲輪の虎口から約四〇メートル北にも一段低くなった一—二曲輪があり、〇・五から〇・六メートルの段差がある。段差には川原石が積まれているが、明確ではない。さらに北側にも一—三曲輪が続き、境には約一メートルほどの段差があり川原石の石積みが残存しているが残りは良くない。西側には、土塁が周るが中程が切れており搦手《からめて》虎口の可能性もある。

曲輪Ⅰの南端虎口から南下すると、曲輪Ⅱが築成されているが比高差が約五メートルで斜面は切岸となっている。規模は、虎口直下で約一五メートル、南端部で約六メートルあり南側が狭められている。この曲輪の東側には、幅約三～九メートルで細長い帯曲輪Ⅳが構築されており、全長約七〇メートルで中程ほどから北側にかけて一段ゆるくスロープ状に低くなっており、Ⅰ曲輪の中程まで延びている。曲輪Ⅱから南側に一段低い曲輪Ⅲが構築されている。この北側が一段低くなっているが、堀切と

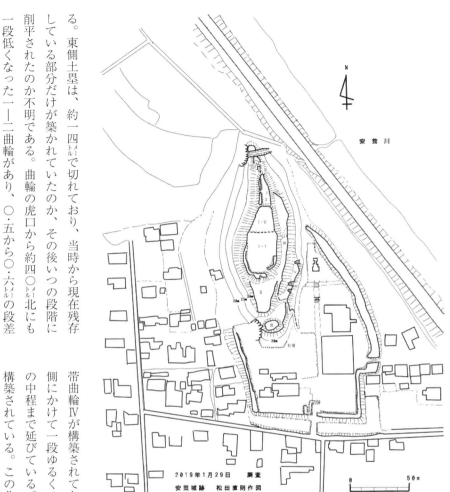

考えている研究者もいる。

しかし、東西の端部を見ると平坦であり堀切とするには検討を要する。曲輪Ⅳの東斜面部に、幅三～五㍍で長さ三五㍍ほどの細長い曲輪Ⅴが構築されており、竪堀状の凹みが三ヵ所認められるが、崩壊したものか竪堀の遺構が存在していたのか判然としない。曲輪Ⅰの北側は、崩壊している部分が多いが堀切一本が現在確認できる。以前はその北側にもう一本確認できたが崩落して今は確認できない。残存している絵図面からも北側の防御は、二本の堀切のみであったと考えられる。

【居館部分の発掘調査】 居館部分については、歴史民俗資料館と書道美術館の敷地部分について、発掘調査が実施されており報告書にまとめられている。遺構は江戸期のものが多いが、出土遺物をみると一五世紀から一六世紀後半の、安芸氏の支配した時期から長宗我部氏家臣が在城した時期の陶磁器類を含めた遺物が出土している。五藤家屋敷跡の出土遺物に、一五～一六世紀にいたる二器、陶磁器、瓦類が多量に出土した。その中でも、五藤家屋敷を構えた頃の生活遺物が多く肥前で生産された伊万里、唐津類が存在する。中世の遺物も出土しており、ここでは戦国期の土器、陶磁器について紹介することにする。その他の遺物として、瓦類、金属製品、石製品、木製品も出土している。

土師質土器皿の特徴としては、手捏《てづく》ね製品が見られることで一五世紀後半の頃使用されたものと考えられるが、細川守護代傘下の安芸氏の動向を推測することができる。また、土師質土器の釜を見ると、胴部に斜め叩き痕が見られ、東播磨系の釜であることがわかる。和歌山から徳島の中世海岸部の遺跡で多く確認できる製品である。貿易陶磁の青磁や青花は、一五世紀中頃から一六世紀代にかけての製品で、安芸氏が勢力を持っていた頃に搬入されたものと考えられる。東播磨系釜も合わせて見ると、流通の拠点的な位置付けも可能で、五藤家屋敷の発掘調査で出土しているということは、この場所が安芸氏の居館であった可能性を強くしている。また白磁の碗や皿などは、一二世紀後半ごろから一三世紀初頭までに中国で生産され搬入された製品で、安芸氏以前にも有力者層がいた可能性も考えられる。独立した小丘陵ではあるが、安芸川や周辺の自然流路に囲まれ、安芸平野を一望できる立地条件のよい場所に構築されている。比高差がなく防御性が弱いと考えられるが、西側の矢川が復元できれば、安芸川も含め外堀としての役割を果たしており、容易に攻めてくることができないであろう。

見所は、主郭の曲輪Ⅰの南側虎口であろう。この虎口の西

●―丘陵南側裾部の石垣（松田直則撮影）

側土塁上部が幅広く形成されており、櫓台と考えられる。この櫓台から虎口に侵入してくる敵に横矢を掛けることができるよう東側の土塁と喰違《くいちが》いにしており少し突出した地形となっている。曲輪Ⅱから虎口を見上げると、切岸とともに迫力がある。また、南側に目をやれば太平洋や安芸平野を一望することができる。

丘陵の西側部分については、急傾斜と雑林で一部崩壊箇所もあり入ることができなかったが、東側部分には帯曲輪が二段に廻っており、西側も存在していた可能性もある。比高差が少ない丘陵上に構築された城跡は、高知市春野町の木塚城や芳原城など比較的古い時代に機能した例が多い。また、堀切や竪堀などの遺構が少なく、曲輪と切岸が中心の城が多い。安芸城に認められる主郭の虎口や土塁、北側の堀切などは安芸氏でも国虎の時期か長宗我部氏が入った段階に再構築された可能性が強い。しかし、広い曲輪を有し切岸中心で防御していた安芸城は、一五世紀代には機能していたと考えられ、今後の発掘調査の成果に期待したい。

丘陵南側裾部にみられる石垣は、野面《のづら》積みの石垣で高さ約一・八メートルを測り、鈍角の隅角部を持ち算木《さんぎ》積み状にもみえるが、隅脇石もはっきりしない。これらの特徴から慶長年間でも最初の頃の石垣と考えられる。位置的に南丘陵裾を抑えて土留め的な機能も有していることから、五藤氏が入った段階で屋敷を構える時に構築した可能性がある。県内に残存している慶長期の石垣は数少ないことから、見どころでもあり貴重な石垣である。屋敷部分の虎口石垣から土塁・堀・山裾の石垣などは五藤家が入城してから構築されたものと考えられる。

【参考文献】『五藤家屋敷跡』（安芸市教育委員会、一九八七）、『安芸城跡保存管理計画書』（安芸市教育委員会、一九八五）、『土佐の山城』（ハーベスト出版、二〇一九）、目良裕昭「中世後期土佐国安芸郡の集落と地域社会」『四国中世史研究』第一三号（四国中世史研究会、二〇一五）

（松田直則）

●寺院勢力と共存した城郭

室《むろ》津《つ》城《じょう》

〔室戸市指定史跡〕

〔所在地〕室戸市室津
〔比　高〕約四〇メートル
〔分　類〕山城
〔年　代〕室町時代・戦国時代
〔城　主〕室津氏
〔交通アクセス〕路線バス室戸小学校前下車徒歩三〇分。

【寺と城と屋敷】 室津城は、室戸市室津に所在する。室津川の蛇行する標高六〇メートルの北側丘陵先端部に位置しており丘陵先端中央部が小さい谷状地形になっている。谷奥には延喜式内社室津神社八幡宮が鎮座しており、この八幡宮の裏山に室津城は構築されている。集落からのルートは、鳥居の手前を右に曲がり集落に入る小道を行き丘陵先端部から登って行くルートが登りやすく、この尾根筋を北側に向かって進むと堀切が見えてくる。八幡宮に向かって右側の丘陵斜面を登り尾根伝いに登城することもできる。室戸市は、四国霊場の三寺が所在しており『長宗我部地検帳』でも東寺、西寺、津寺分として天正十五年（一五八七）に検地が行なわれている。室津城跡が所在する室津も同時期に検地されており、その時の屋敷数をみると、東寺が一九三、西寺が一二六、津寺が一〇、室津が七八屋敷となっている。佐喜浜村も一八一屋敷が記載されているが、現室戸市の中心部は東寺と西寺の寺領として認められ、すべて寺分となっていることが特徴である。その中で、室津も七八屋敷が記載されており、室津城跡の構築された丘陵麓の上里・下里周辺が中心となっている。室戸市史上巻の地検帳検討では、東寺の寺領で全て寺分となっているのが八五町程であり、『南路志』でも「元親公御代は八百五十石御寄附のよし」と記載されており、『長宗我部地検帳』と『南路志』記載は合致していると指摘している。天正十六年（一五八八）の頃に、この東寺領を元親が寄付したとなれば、それ以前は元親の支配域だったことが窺われる。

【長宗我部傘下に入った室津氏】 地検帳でみると、この時期の室津は土豪の室津氏（惟宗氏）が支配している。室津氏は、永正年間に惟宗《これむね》右衛門尉長氏《ながうじ》の名前が出てきて、その子である惟宗政長《まさなが》の名も記録に残っている。政長は、長宗我部元親に元亀から天正年間に攻められているが、元親の傘下に入りこの地を安堵されており、その室津氏の居城が室津城跡である。土豪の室津氏が地頭となり室津城を構築したと伝承されている。『土佐州郡志』では惟宗右衛門の築城とされ、『南路志』では惟宗右衛門尉長氏居で惟宗氏の番城と記載されている。

現在の縄張は、政長の頃のものと考えられる。

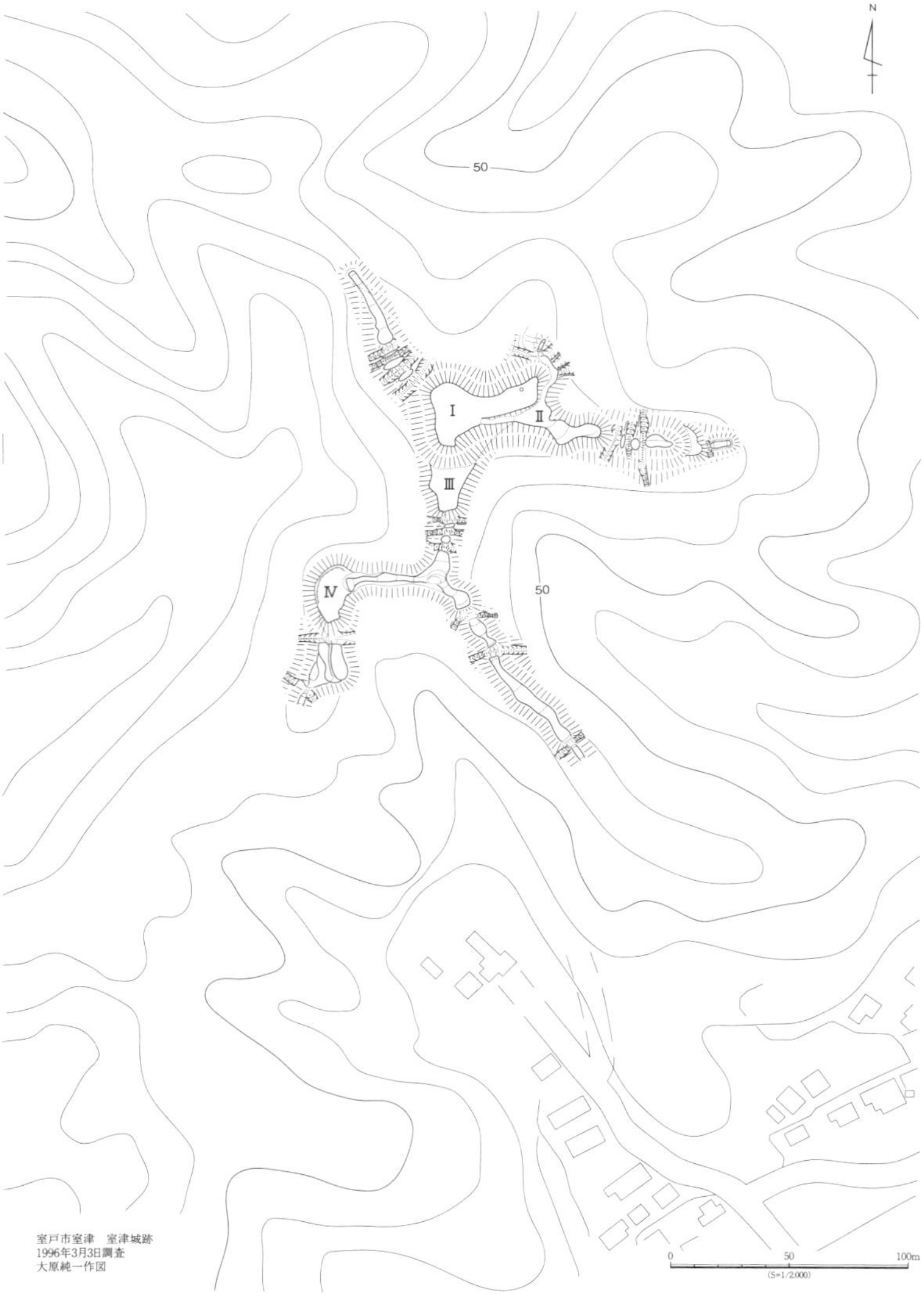

●—室津城縄張図（大原純一作図）

【海上ルートの拠点】 長宗我部軍は、阿波侵攻をする時、北

●—三重堀切（松田直則撮影）

川村から東洋町野根に出る陸上山越えルートと、室戸の海岸沖を船で通る海上ルートの両面を利用し侵攻したと考えられる。室戸岬の丘陵先端部に東寺と呼ばれる最御崎《ほつみさき》寺が存在するが、現在も寺の所在する丘陵先端部に灯台がある。最御崎寺の丘陵先端部の麓の海岸部では小舟が停泊できる小規模な湾状地形を呈した湊の機能を持った場所が二ヵ所確認できる。この湊からへんろ道を登り最御崎寺にたどり着くことができる。

当時においても室戸岬沖は土佐中央部に向かう主要な海の流通経路であり、それを監視する機能が最御崎寺にあったのではないかとも考えられる。現在の最御崎寺には、土塁が残存しており長宗我部氏が寺を城郭化した可能性が指摘されている。この地域は、寺の存在が歴史的にも重要な役割を果たしていたと考えられるが、室津城主であった室津氏の存在は大きかったのではないかと思われる。

【室津城跡の縄張の特徴】　室津氏の居城である室津城跡の縄張をみていくことにする。丘陵の尾根伝いに曲輪や防御遺構が構えられている。主郭の曲輪Ⅰが北側丘陵頂部に位置し、もっとも広い曲輪で東側が狭くなっている。土塁の痕跡が認められないが、他の曲輪には土塁の痕跡が残っているので、主郭の存在した土塁は後世に削平された可能性もある。曲輪

Ⅰの南側が虎口と考えられ、曲輪Ⅱに降りることができる。曲輪Ⅰの南側は切岸で、その下には曲輪Ⅲがある。その南側に尾根が延びているが、三重の連続した堀切が構えられている。さらに南に少し尾根を登り、南東部と西側に尾根が分岐し、南東部に下ると三本の堀切があり、登城口の尾根先端部に降りて行く。尾根の分岐点から西側に進むと西端に曲輪Ⅳに行き着く。Ⅳは、西端に残存状況は悪いが土塁の痕跡が残っており、南側は堀切を挟んで小規模な曲輪が一段になり、先端部は堀切で防御されている。中心曲輪ⅠとⅢを防御するため多重の堀切群を構築しており、曲輪Ⅳは地形的制約から少し離れた位置にあり、出丸で見張り台的な機能を有した曲輪の可能性もある。各曲輪面積も広く、堀切や竪堀など防御遺構も各所に配置されているなど大規模な縄張構造になっている。特に曲輪Ⅰの北東部には連続竪堀が構築されており、東部ではあまり見られない遺構群がある。これらの遺構を見ると、永禄末から天正年間に構築され機能していると考えられる。高知県東部の中世城郭を俯瞰しても、これほどの大規模な縄張を持つ城はなく、在地の室津氏が連続した竪堀や堀切などを構築した可能性は低く、長宗我部の傘下に入った頃に構築されたと考えられる。

室津城は、連続した堀切や、竪堀で曲輪の中心部を防御しているところが見所である、特に曲輪Ⅰの北西尾根に構築されている四重の連続堀切や、曲輪Ⅲの南側尾根の三重の連続堀切などである。四重の堀切は、曲輪Ⅱの北側の細い通路状の小道から曲輪Ⅰの北側斜面を通り行くことができる。そこから、曲輪Ⅰの西側切岸を左に見ながら曲輪Ⅲに出てくることができる。曲輪Ⅲから三重の堀切を見ると防御の強固さがわかる。三重の堀切を乗り越えると、南側尾根頂部に出るがこの地点は自然地形とみることができる。分岐する尾根を西に進むと、曲輪Ⅳの虎口に入ることができるが、明確な虎口遺構の痕跡は認められない。分岐から南側尾根を下ると、かなり急傾斜で堀切の防御機能が高くなっているのを体感することができる。

【参考文献】『室戸市史』（室戸市、一九八九）、『室戸山明星院最御崎寺・四国88箇所霊場第24番札所』8（高知県教育委員会、二〇一七）

（松田直則）

●県境にある謎の中世城郭

内《うち》田《だ》城《じょう》

(所在地)安芸郡東洋町大字野根字内田城山
(比　高)九〇メートル
(標　高)一二〇メートル
(分　類)山城
(年　代)不詳(一五世紀代から一六世紀後半)
(城　主)惟宗(野根)氏・長宗我部氏
(交通アクセス)阿佐海岸鉄道(DMV)海の駅東洋町駅より自動車で一六分(九・五キロ)土佐東街道国道五五号経由。

【阿波との境目にある城郭】　徳島県との県境に近い、安芸郡東洋町大字野根《のね》に所在している。城跡は、東洋町野根の沿海集落から野根川を上流に四キロほど遡った川の北側丘陵に位置している。野根川の左岸沿いにつづく丘陵上に城が構築されており、西側山麓には曹洞宗の了徳寺《りょうとくじ》が所在する。

城跡の立地する東洋町は、徳島県海陽町に隣接し県境に位置しており、古代は土佐国にも阿波国にも属さない脚咋別《あしくいわけ》という小国家であったといわれている。戦国時代までは城跡の立地する野根と、北方に位置する甲浦一帯を惟宗《これむね》氏(野根氏ともいう)が支配していた。天文年間(一五三二〜五五)に、野根川の下流域が開けてきたので、惟宗氏は内田城から中村の平地に野根城館を建てて移っているとの伝承があり、このとき野根山の背後に支城の愛宕城を築いたとされる。その頃、今の東洋町一帯は野根郷の惟宗氏の支配下にあったと考えられる。

●—内田城跡遠景

『北川風土記』によれば、東部への侵攻を進めていた元親軍は勢いに乗って野根、甲浦をも攻め取ろうと進軍した。野根領主惟宗右衛門助国長《くになが》は、家格の高さを誇り、その名は都にも伝わり交流もあったとされている。土佐惟宗一党の中でも、野根衆と称されて重きをなしていた。天正三年（一五七五）に土佐の平定を目指した元親は北川郷烏ヶ森城主、北川木曽之進・左馬之助を道案内として、野根山の険を越えて城の後ろに迫っている。長宗我部軍によって城を追われた国長は、甲浦城主・惟宗出羽守を頼って甲浦城に入ったが、長宗我部勢が追撃をかけたため、国長と出羽守は阿波国に逃亡した。このとき野根城館も支城である愛宕城も焼失し、同年七月に元親は土佐平定を果している。

　このように、長宗我部元親によって滅ぼされる伝承が残っているだけで、内田城についての築城年代、城主などは不明な点が多い。また、内田城の対面には丸山城があり、野根の葛籠と名留川《なるかわ》の間に位置する丸山の頂上（標高九一メートル）に、丸山城跡がある。長宗我部元親が一帯を支配していた惟宗氏と和睦をすることを条件に築いたという伝承が残る付城《つけじろ》である。ここから長宗我部軍は惟宗氏の動きを見張っていたと考えられる。

　室町時代の天文年間野根氏の段階の居城は、内田城から野根城に移り、長宗我部方の丸山城が野根川を挟んで対峙しているところから、内田城は古城として機能しながら、天正三年に長宗我部勢の進軍の頃に落城もしくは改修された可能性が考えられる。また、土佐国（野根山街道）への出入り口ということを勘案すれば、内田城は改修され後の対織田・豊臣勢力に備えた城郭として短期間機能したのかもしれない。

【長宗我部氏による城郭改修】　城跡は、野根川の北側、了徳寺の東丘陵上の標高一二〇メートルに所在している。北部から南部に派生する尾根上に曲輪が連続して構築されており、主郭部は、詰ノ段（Ⅰ）から三ノ段（Ⅲ）にかけてであり、土塁や帯曲輪、さらに五ヵ所の虎口を設け、詰《つめ》ノ段北側の堀切は大規模（一八二頁写真）で竪堀（西斜面は二重竪堀）と連結し、主郭部を完全に断ち切り、詰ノ段北東部には小規模な土壇がある。

　特に二ノ段（Ⅱ）への南東の虎口は枡形《ますがた》となっており、竪堀が側面の迂回を遮断し、技巧的な構造となっている。特に主郭に相当する詰ノ段から三ノ段にかけての西斜面に規模の大きな竪堀が多く配され、急峻な谷底まで伸び圧巻の竪堀である。二ノ段は詰ノ段よりも面積が広く、詰ノ段下の帯曲輪（Ⅶ）から派生する馬蹄形《ばていけい》の土塁で取り囲む構造はこの城跡の特徴の一つである。虎口は東西に二ヵ所あり東側は前述した枡形となっている。また、三ノ段下の南ノ段については、

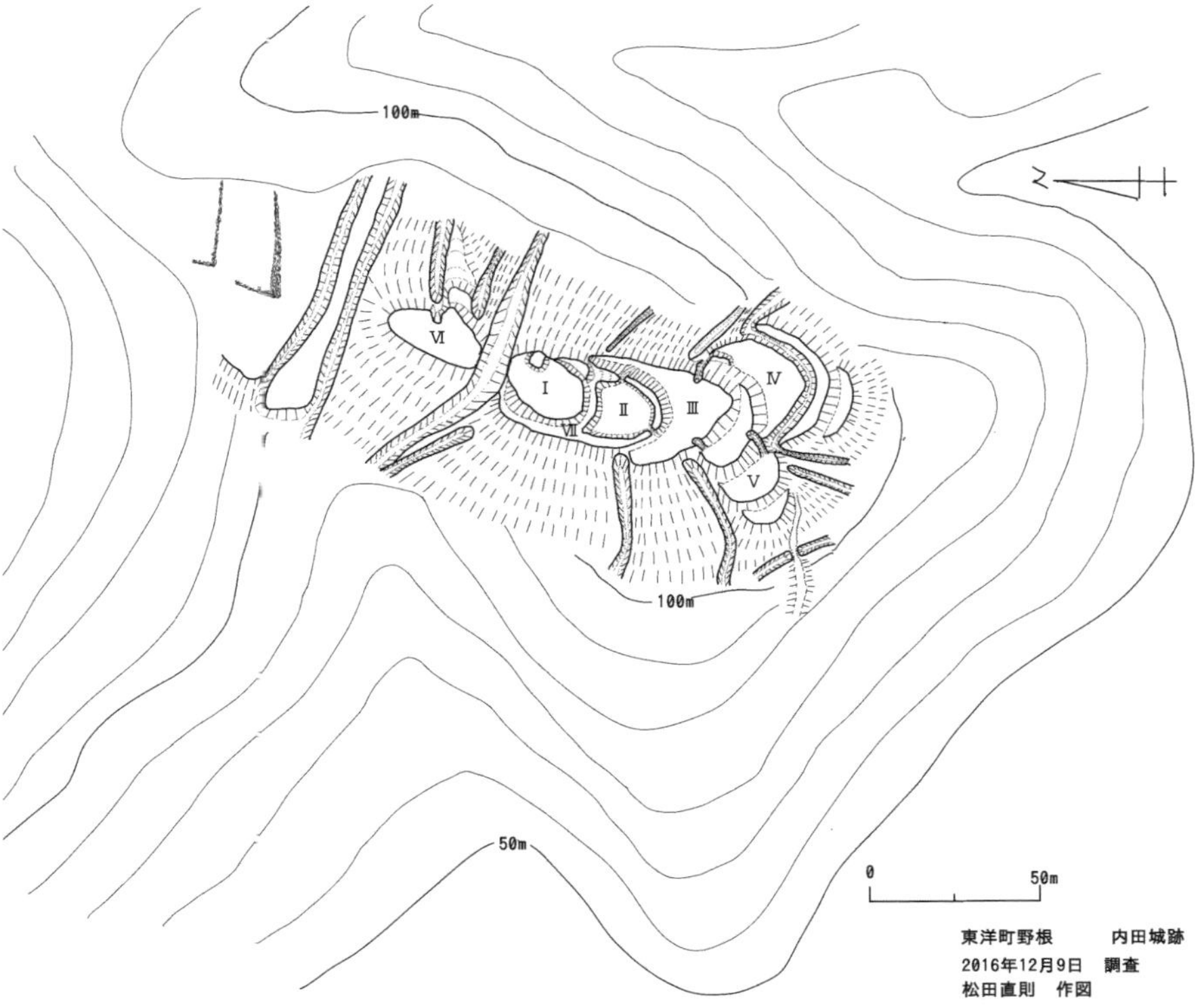

●—内田城縄張図（松田直則作図）

自然地形を利用した空間であり、その下部にある横堀への横矢掛りとなっている。

また、主郭の立地する丘陵の中で比較的緩やかな南尾根筋に内田城跡のもっともシンボリックな遺構である「ひ」の字状の空堀（横堀両端が竪堀で落ちる）を配した堅固な防御遺構がある。この城郭は、南側と西斜面をもっとも意識して防御遺構が構築されているのが特徴である。主郭の詰ノ段と二ノ段は構造的に組関係で同時期に構築されていたと思われるが、三ノ段、および南ノ段と西ノ段は自然地形を利用しながら特徴的な遺構を配しており、採取された遺物から見て永禄年間（一五五八～七〇）から元亀年間（一五七〇～七三）、天正年間（一五七三～九二）に再構築された可能性がある。

縄張の構造からみていくと、惟宗氏が築城した城郭を後に改修したのではないかと疑ってしまう特徴がみられる。特に惟宗氏が移転した詰城の愛宕城と内田城の縄張や防御遺構の比較をしても、惟宗氏以外の勢力による縄張プランおよび強力な防御性を持った空堀遺構がみえてくる。縄張だけでは機能した時期を明確にすることは難しいが、将来の発掘調査によりさらに城跡の全体像がみえてくるのではないだろうか。

内田城跡では現地踏査によって、破片を含め八〇点ほどの遺物が表採されている。表採された場所は三ノ段がもっとも多く、二ノ段北側でも多くの青磁が表採されている。これらの採取された遺物の帰属時期を整理すると、貿易陶磁器からはおおむね一五世紀後半～一六世紀前半、備前焼は一五世紀後半～一六世紀後半と幅が広い。中でも日常利用される雑器類である備前焼のすり鉢などの遺物をみると、少なくとも遺物が採取された三ノ段の曲輪は一六世紀後半にピークがみられる。また、そのすり鉢片の一部はほとんど使用痕がなく、この城跡最後の管理者は短期間のうちにここを去ったのではないかとも推察される。

このようなことを整理すると、もともとは、惟宗氏の城郭として機能していたものが長宗我部方の管理下となった頃に土佐への陸路である野根山街道の出入口を押さえる目的で対織田・豊臣対策のために改修されたのではないかとも想像できる。対長宗我部対策としての惟宗氏による城郭遺構としては違和感を払拭しえない。この城跡は土佐の中世城郭の中でも、その場所に立てば誰もが息をのむ「県境にある謎の中世城郭」である。

（尾﨑召二郎）

●—詰ノ段の北側西斜面の二重堀切（尾﨑召二郎撮影）

●—詰ノ段の北側堀切（尾﨑召二郎撮影）

【参考文献】安岡大六『北川風土記』（北川村教育委員会、一九五四）、山本大『長宗我部元親その謎と生涯』（新人物文庫、二〇一四）、『土佐の山城』（ハーベスト出版、二〇一九）

●長宗我部の侵攻に抵抗した城

烏《からす》ヶ《が》森《もり》城《じょう》（北川城《きたがわじょう》）

〔所在地〕安芸郡北川村大字柏木字城山
〔比　高〕二〇〇メートル
〔標　高〕二五〇メートル
〔分　類〕山城
〔年　代〕不詳
〔城　主〕北川玄蕃頭道清
〔交通アクセス〕土佐くろしお鉄道ごめん・なはり線奈半利駅より自動車で一一分（七・二キロ）中岡慎太郎館まで。

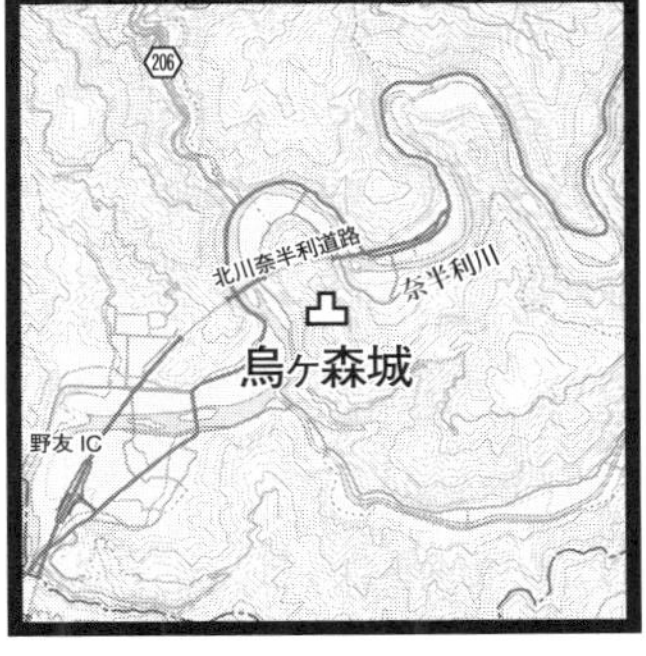

【自然の要害である烏ヶ森城跡】　国道五五号線を室戸方面に進み、奈半利駅前を左折して国道四九三号線を北に約五キロ入った奈半利川の屈曲した部分に突き出した尾根上の南側に城跡は構築されている。柏木にある中岡慎太郎館の近くから城跡への登山道があるが、南の菖浦側から舗装された林道がありその道からアクセスすれば、城跡につづく東の尾根伝いまで車で入山することができ、容易に城跡の南側二重堀切に至る。

築城年代の詳細は不明である。北川氏の祖は詳らかではないが、建久年間（一一九〇〜一一九九）には周辺に勢力を持っていたようで、北川筑前守の子、北川浄珍《じょうちん》が北川家の菩提寺松林寺を創建したという。烏ヶ森城は、戦国時代には北川玄蕃頭《げんばのかみ》道清《みちきよ》の居城であり、長宗我部の軍勢によって攻められたとき、奈半利川をはさみ西側にある権現城の小笹民部と連携して戦ったが、城内から内通者が出て落城、北川玄蕃頭は討死したとされている。

●—烏ヶ森城跡遠景（野友橋から尾﨑召二郎撮影）

『北川風土記』によると、長宗我部勢力の侵攻に対し、北川玄蕃頭道清は北川勢を集め、戦の準備を整え

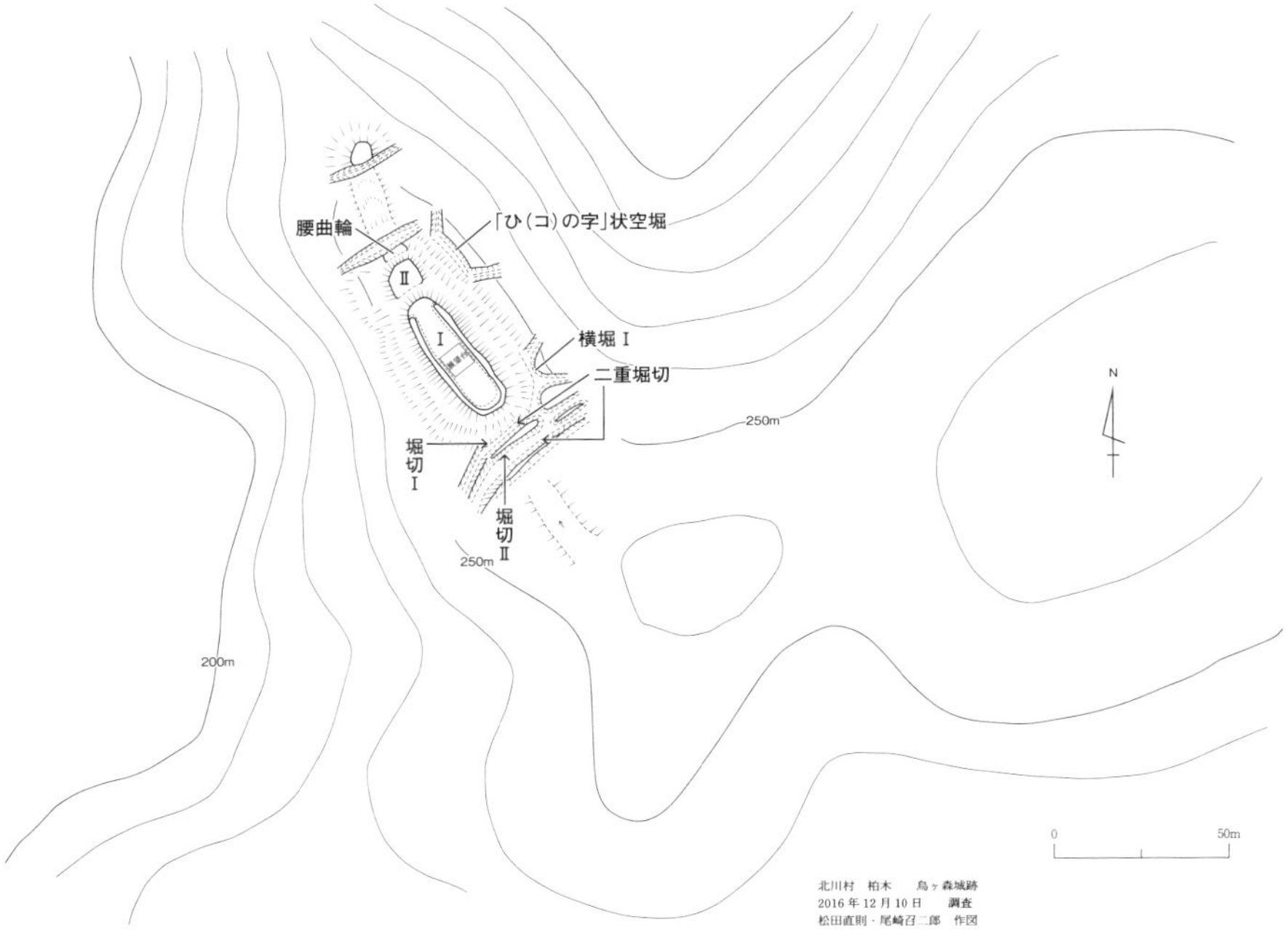

●―烏ヶ森城縄張図（松田直則・尾﨑召二郎作図）

ていた。彼は武勇にすぐれ、兄筑前守の中継養子として烏ヶ森城主となっていた。烏ヶ森城は、北は御崎城《おみさき》（砦）を後の押さえとし、西は奈半利の急流、東は野川谷が自然の堀、南は野川口が隘路《あいろ》となって、大軍が一時に進むことができないばかりでなく、切り立てたような自然の要害である。

【交通の要衝をおさえる城郭】　東洋町に向かう陸路移動については江戸期までこの山を越えていたようで、この城郭は交通の要路（野根山街道への道）をおさえていたものと思われる。城は標高二五〇メートル付近と比較的高いところに構築されている。城の北尾根に沿って麓には、現在は畑となっている「北川玄蕃土居屋敷跡」がある。

城郭は南北に長い方形の単郭構造で北側に小規模な腰曲輪がついている。また、曲輪Ⅰは土塁囲みで西側に一部虎口状に土塁が開口している場所がある。南北の尾根は比較的なだらかであるが、空堀や土塁が実にたくみに施されている。外敵の進入口となるはずの尾根の南側には二重の堀切があり、現在は木製の橋が架かっている。堀切Ⅰの深さは現在でも二・五メートル、堀幅は一・三メートルで、さらに詰ノ段に登る場所に約二メートルの土塁をして堅固にし、堀切から竪堀となり南側堀切Ⅱと合流し西側の絶壁に落ち、東側はやや複雑に堀切Ⅰは二つの竪堀に分かれて東斜面に落ち、堀切とも合流しながら東斜面北方にも続きコの字状に横堀Ⅰと竪堀がセットになった遺構につながる。

詰ノ段の周囲は山石で石積を築き、城の後方になる北側に二ノ段（Ⅱ）があり、小規模な腰曲輪を挟み、その北側には落差のある尾根線を堀切で断ち切っている。また、二ノ段東斜面にも横堀の両端が竪堀で落ちていく「ひ（コ）の字」状の空堀の遺構がもう一つ構築されている。これと似た形状で規模の大きな遺構が東洋町野根の内田城跡にある。この城と内田城には野根山街道の出入口という共通点があり、北川長助（北川玄蕃頭の孫）は、長宗我部氏から野根に六町八反の領地をもらっていることからも、何らかの影響があったのかもしれない。

●―「ひ（コ）の字」状の空堀（尾﨑召二郎撮影）

そして西側の山腹は五〇度以上もの急斜面であり、城の外側にもあたるため表土を削って切岸にした跡もみられる。城の内側にあたる東側の山腹も四五度以上の急斜面で、東側から入り込むことができないようになっている。詰ノ段には現在、展望台があり、城下に見る奈半利川と太平洋の眺望はすばらしく、下界を見ながら当時のことに思いをはせるのも城跡を楽しむ一つである。

【参考文献】『北川村史』（北川村教育委員会、一九八〇）、安岡大六『北川風土記』（北川村教育委員会、一九五四）、山本大『長宗我部元親その謎と生涯』（新人物文庫、二〇一四）、『土佐の山城』（ハーベスト出版、二〇一九）

（尾﨑召二郎）

●安芸との境目にある城郭

山《やま》川《かわ》土《ど》居《い》城《じょう》

〔香南市指定史跡〕

〔所在地〕香南市香我美町山川
〔比　高〕約五〇メートル
〔分　類〕山城
〔年　代〕室町時代・戦国時代
〔城　主〕山川氏
〔交通アクセス〕バス停下山川から徒歩二〇分。

【香宗川流域の城郭】　山川土居城は、香南市香我美町山川に所在している。山間部を蛇行する香宗川沿いに構築されており、集落間の往還路などで重要な地点に城跡は構築されている。丘陵下には、中世段階の集落と考えられる清遠遺跡が所在し、城主らの居館も想定できる。

当城跡は、旧町域である香美郡香我美町山川に位置し、香宗川の上流域の北は延清城、末延城、下流域には福万城が立地する集落が存立し、南の同市夜須町夜須川に所在する光国城とは旧往還路によって接している。山川土居城の周辺に延喜式内社の天忍《あまのおし》穂《ほ》別神社《わけじんじゃ》（石船神社）が鎮座しており、香南市の指定史跡となっている。また城の南麓には阿弥陀堂が建立し、保管されている地蔵板碑は室町時代初期の造立とみられて県の有形文化財に指定されている。山麓周辺には五輪塔群も確認でき花崗岩製の残欠もあることから、畿内との流通などに関与した有力者がいたことを窺わせる。

【大忍荘の中心的城郭】　山川土居城が所在する香宗川流域は、大忍荘の一部で広大な荘園として知られている。鎌倉初期に成立した荘園と考えられており、中期までは北条氏の支配下にあり、弘安元年（一二七八）の時点では極楽寺の荘園となっていたことがわかっている。室町時代は阿波守護細川家が管理全般について掌握していたようであるが、応仁の乱後は細川家からの派遣者総引き揚げが行なわれたので、臨時的に山田・香宗我部・長宗我部三氏に大忍荘代官職任命が行なわれている。三氏の共同管理と言っても各氏の思惑から必

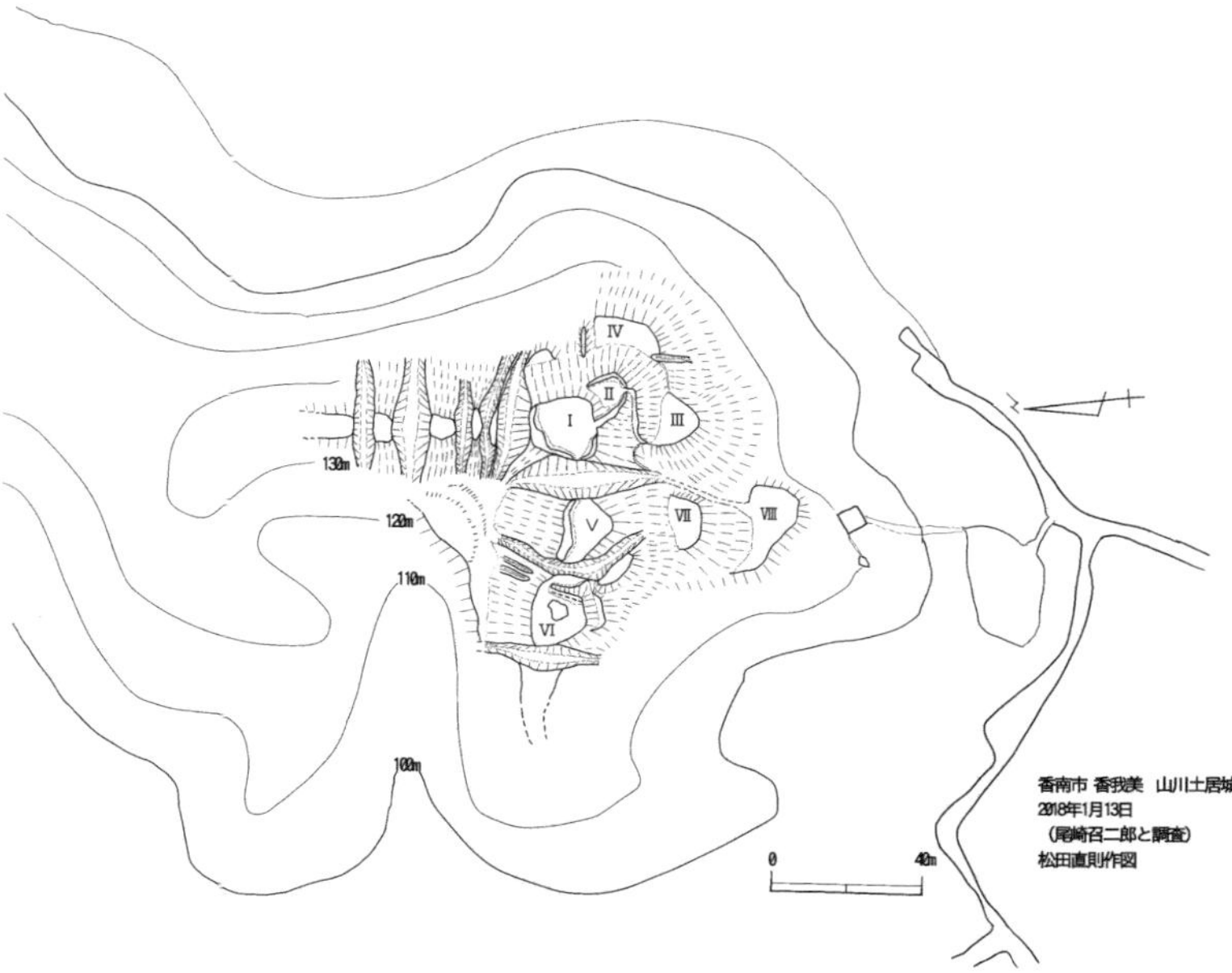

●—山川土居城縄張図（松田直則作図）

要以上に兵の投入が行なわれたとされている。

この段階で、第一回目の緊張関係がこの地に生じたと考えられる。その後、安芸氏の勢力が強くなりその支族の畑山氏の勢力が浸透し、山田氏と畑山氏の紛争も起きており第二回目の緊張関係が生まれている。天文年間には山田氏や香宗我部氏は、長宗我部氏の傘下に入り永禄元年（一五五八）には元親の弟である親泰が香宗我部の養子となっている。その後、永禄年間に入ると安芸氏との抗争でこの地は最後の緊張関係が出てくる。

『土佐州郡志』や『安芸文書』に山川城跡に関する記述がみられる。『土佐州郡志』では、山川村の項に「古蹟　古城跡　在村北山上相傳古山川某居城」と記されており、古城跡の存在が確認できる。『安芸文書』では、物部氏を同祖とする清遠《きよとお》名庶流の山川氏が台頭し、明徳五年（一三九四）の「東川専当職宛行状案《あてがいじょうあん》」とあり、大忍荘東川専当職を宛行われていたとされている。

【山川氏から上村氏へ】　山川氏は東川専当職と関わりの深い畑山氏と結び付き、その経済力を背景として小領主化していったと考えられる。山川土居城がいつ築かれたのかを示す史料は遺されていないが、永正年間に守護代細川氏が土佐国を支配放棄した段階で、国人層がこの地域で永正八年

●—山川土居城遠景（松田直則撮影）

（一五一一）『行宗文書』の「行宗兵衛門尉証状」の中に「山河殿城」と記されていることから、永正年間には城が存在していたと考えられる。

証状から山川氏は畑山氏の庇護の許にこの地を掌握していたとみられ、当地に姓氏「山川」の地名が残ったと考えられる。『南路志』には当城跡について「古城記云　上村五郎左衛門殿」と次の主の名を記している。天正十六年（一五八八）の『長宗我部地検帳「大忍庄地検帳」』には山川村（山川分）の事として、すべて上村五良（郎）左衛門尉の給地となっている。当地には「上村ヤシキ」の小字が遺されているなど、五郎左衛門は山川村を中心に旧香我美町域において二五町余の給地を得ている有力給人である。

上村氏は長宗我部氏の一族として家臣団を形成して勢力拡大に貢献したと伝えられており、現存する当城跡の一部は長宗我部氏方による改修関与の可能性が考えられる。また『南路志』では、王子村（香我美町徳王子）に鎮座する周辺八ヵ村の総鎮守である若一王子宮棟札に「代官上村千熊丸・同五郎左衛門尉　願主上村三郎兵衛尉　文禄二年（一五九三）」とあり、一六世紀末頃まで当地を領していたとされるが、慶長五年（一六〇〇）の長宗我部家改易にともない上村氏も失領し、この頃までには廃城になったと考えられる。

【五重の連続堀切で防御】　縄張は、標高一三三メートルの丘陵上に主郭が構築されており、主郭の曲輪Ⅰは南北一九メートル、東西一六メートルを測り不正な矩形《くけい》状を呈し、北側と西側にかけて土塁が回っている。北側の土塁は削り出して造られていると推測され、上部が広く櫓台が存在してもいいような場所があり現在は八幡宮の祠が鎮座している。曲輪Ⅰの北側は五重の連続した堀切で防御されており、北尾根からの侵入に備えている。南側には土塁が囲繞している曲輪Ⅱがありその南下には曲輪ⅢとⅣが構築されている。

曲輪Ⅳの北側には竪土塁、南側には竪堀一条が確認できる。曲輪Ⅰの西側には、規模の大きい堀切を挟んで曲輪Ⅴが構築されている。曲輪Ⅰの西側土塁では、一部開口している箇所があり虎口の可能性もある。この開口部から木橋を架け曲輪Ⅴに繋げていた可能性があり、曲輪Ⅴから堀切と北側二条の竪堀を挟んでⅥに連続した曲輪配置で曲輪Ⅵの西端にも堀切が構えられており西側からの攻撃に対処している。曲輪Ⅴの北側には土塁が残存しており、北側に対しての防御をしているが南側には認められず下段の曲輪ⅦからⅧに続いていく。曲輪Ⅵの南から西側下段にかけて横堀状の遺構や竪堀などが残存しているとの指摘もある。

当城跡の特徴として、詰ノ段と堀切を隔てて連なる二つの曲輪の存在である。これらの曲輪群が分立性を有して構築されている可能性を考えれば、詰ノ段（Ⅰ）は櫓台状の土塁や北方尾根を遮断する五重の連続堀切、従属的な配置で枡形《ますがた》的空間を呈している二ノ段（Ⅱ）の存在など他の曲輪群に比して格段に優位性が高いと評価され、西方の曲輪群は堀切などにより相対的な独立性を確保しており、主郭（詰ノ段Ⅰ）に対して並列的な遺構配置と捉えることも可能である。長宗我部氏の家臣である上村氏が構築したと考えられる、西端の曲輪下の小規模な横堀状遺構が指摘されている。これらの遺構を改修しただけで、大規模な改修を施すことなく廃城に至った可能性がある。

山川城跡で確認できる遺構の中で、曲輪Ⅰの北側土塁上で拡幅された地点から、北尾根上に構築されている五重の堀切を見ると圧巻で見所である。また、主郭西側の曲輪ⅤからⅥにかけては防御性を高めるため堀切や竪堀が構えられておりこの場所も散策してほしい。

【参考文献】『香我美町史　上巻』（香我美町、一九八五）、松田直則「長宗我部家臣団の城郭構築技術の検討」『城館研究論集Ⅳ』（二〇二三）

（松田直則）

●甲州武田の重臣末裔馬場氏の城か

岡《おか》ノ《の》上《うえ》城《じょう》（馬《ば》場《ば》玄《げん》蕃《ば》城《じょう》）

〔所在地〕香美市土佐山田町平山字城ノ本
〔比　高〕一二〇メートル・
〔標　高〕二三〇メートル
〔分　類〕山城
〔年　代〕不詳
〔城　主〕馬場玄蕃・馬場因幡守・馬場惣衛門
〔交通アクセス〕ＪＲ土讃線新改駅より徒歩三二分（二・四キロ）。

【武田勝頼伝承と岡ノ上城】　香美市土佐山田町平山字城ノ本に所在する。県道二五三・二五四号線を平山方面に北上し、集落活動センターひらやまを目指すと、その施設の上が城跡である。城跡へは北尾根から入るのがアクセスしやすい。この新改北部構造改善センターを右手に左手に朝倉商店をはさむ道路を約六五〇メートル道なりに北進すると、大きく右へ一八〇度曲がる山への細い道があり、そこから約六五〇メートル登ったところに小さな物置が右手にある。その下に山道があり道なりに進んでいけば途中墓地がいくつかあるが、そのまま尾根筋をたどれば城跡が右手に見えてくる。

　築城年代は不詳である。『土佐州郡志』によると、「穂岐山古城蹟 在同村岡之上山伝云昔馬場玄蕃《げんば》者居城也」と馬場玄蕃の名前があり、城郭の別名称にも馬場玄蕃がついている。この城郭の西側上方には甫木山氏城（甫木山別城）、南南西側に平山（亀ノ野）城がある。『南路志』には「古城　元親番城後馬場惣衛門居之」、「古城　平山村　甫木山新左衛門居之」、甫木山城「古城記云　元親公番城、後馬場惣衛門居之。元親記云　甫木山城主馬場因幡守、三千三百石」とある。

　「番城」とは城主を置かず、家臣を置く城のことであり、同じ地域に三ヵ所の城郭があり、これらの史料がどの城郭を指しているのか詳細は不明である。この地域の三つの城郭遺構を比較すれば、この岡ノ上（馬場玄蕃）城がこの地域の主城であることは明白である。この地域への馬場氏の入部についての詳細はわからないが、「長宗我部地検帳」の中には香宗我部氏（家紋は武田菱）のもとに馬場氏への給地が散見される。香宗我部氏と山田氏（香宗我部氏と同族）との関連性から考えると、香宗我部氏と関連のある馬場氏がこちらの城に入ってもおかしくはないだろう。また、甫木山氏は長宗我部氏と関連の深い久礼田氏の分家である。

なお、この地域の南方、大法寺地区には「武田四郎勝頼《かつより》之墓」があり、勝頼は天目山《てんもくざん》の戦いで生き残り、土佐・山田氏の元で保護されていたが、後に暗殺されたとの伝承があるが山田氏との関係において、時期が合わない。推察するに、武田の残党（馬場氏ら）が土佐に来て主君勝頼を祀ったのではないかと思われる。長宗我部地検帳には馬場氏への給地の記述もあり、近くの平山地域には、岡ノ上城があり、江戸期に書かれた『南路志』にも勝頼之墓の記述がある。ちなみに馬場玄蕃は武田信玄の重臣不死身の鬼美濃と呼ばれた馬場信房《のぶふさ》（信春）との関係性についても看過できない。真偽はさておき、想像するだけでも面白い歴史ではないだろうか。

●—岡ノ上城跡遠景（尾崎召二郎撮影）

【土塁囲みと七条の畝状竪堀群】　単郭の城郭であり曲輪Ⅰは土塁が曲輪全体を囲う土塁囲み（囲繞《いじょう》）である。また、土佐の城特有の土塁内側には腰巻《こしまき》石の石積がみられる。曲輪Ⅰの虎口付近には城八幡があり、扉を開くと中には「城八幡の娘」の肖像画と、小さな円形の鏡（銅鏡）が祀られている。曲輪Ⅰの西から南側にかけて曲輪Ⅱ（腰曲輪）があり、曲輪Ⅱの西側から曲輪Ⅰへのスロープ状の出入り口として土塁が開口した虎口がある。下方より虎口の右手には、曲輪Ⅰから曲輪Ⅱまで大きな自然石（岩）があり虎口の一部としてうまく利用されている。曲輪Ⅰの北側は堀切によって北尾根筋からの敵の侵入を断ち切っている。

曲輪Ⅰの東緩斜面には、香美市の他の城郭にはみられない七条の畝状竪堀群《うねじょうたてぼりぐん》がある。特に東斜面南端（曲輪Ⅱの北東部端）からの三条の畝状竪堀群は非常に深く削り込まれている。北側堀切の南側からの四条の畝状竪堀群は緩斜面に掘られており、斜面からの崩れによって埋まっているが、横からみると連続する竪堀であることがはっきりとみえる。また、

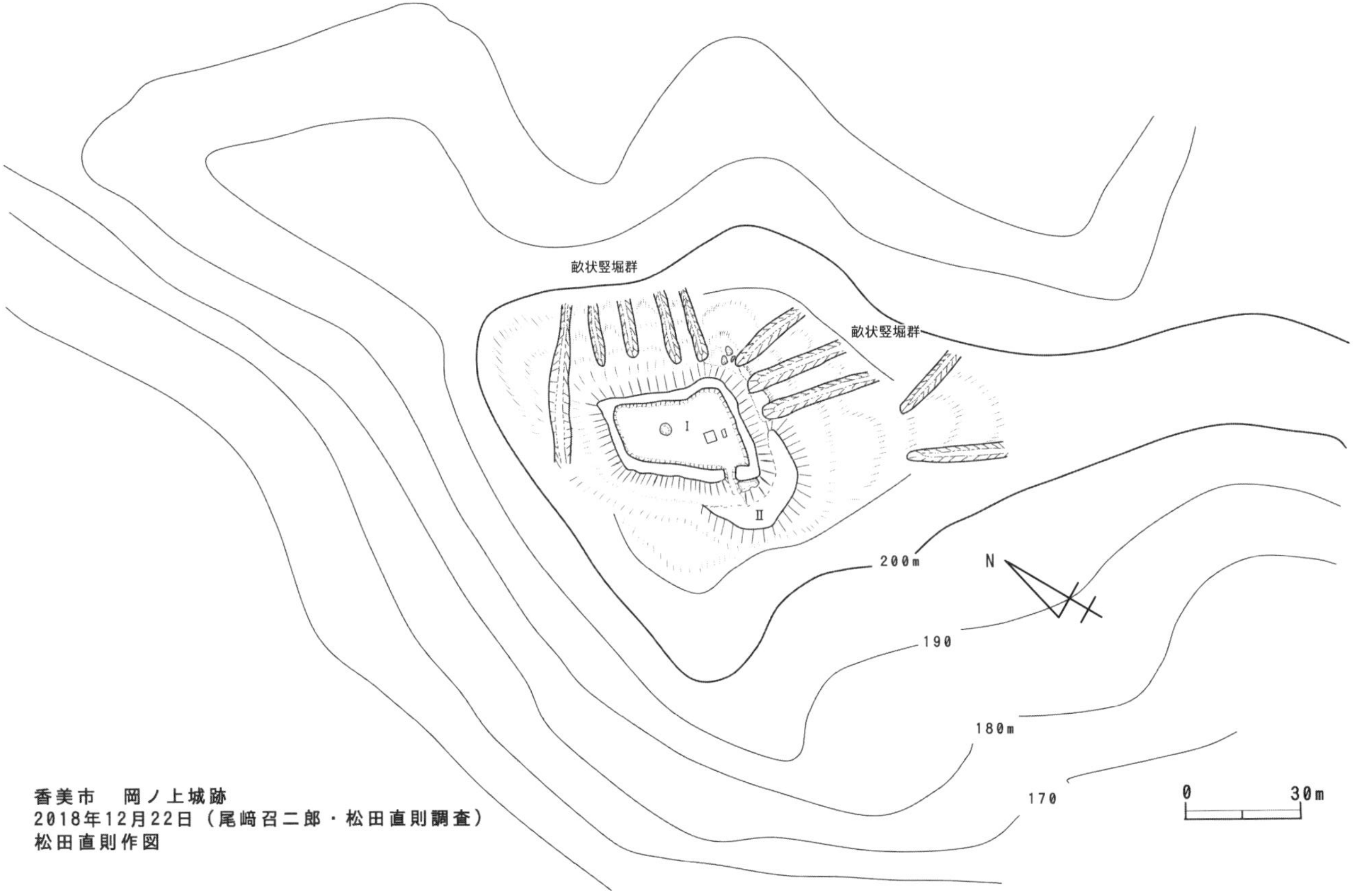

●—岡ノ上城縄張図（松田直則作図）

曲輪Ⅱの南側の尾根筋には尾根線を跨ぐ形で二条の「ハの字」の竪堀があり、南尾根線からの敵の侵入を防御している。

この城郭の地形から考えると、北の尾根線からの敵の侵入がもっとも警戒すべきであり、北からの侵入を北の堀切で断ち切っている。堀切を越えて西斜面は急斜面となっているので侵入は難しく、堀切の先は自然と東斜面に誘導される。その東斜面に構築されているのが、七条の畝状竪堀群である。どのような人物がこの城郭に城主としていたのか、なぜこの城郭に長宗我部氏の築城技術の特徴がみられるのか、「馬場玄蕃」という人物との関係があるのかどうか今後の調査研究に期待したい。また、曲輪Ⅰを全周部にわたり囲む立派な土塁囲み（囲繞）は曲輪の上に立つと圧巻である。香美市を訪れるなら外せない城跡の一つである。

●—虎口（尾﨑召二郎撮影）

●—東斜面竪堀群（尾﨑召二郎撮影）

【参考文献】『土佐州郡志』復刻版（土佐史談会、一九八四）、『南路志』（高知県図書館、一九八〇）、『長宗我部地検帳 香美郡上』（高知県立図書館、一九六二）、松田直則編『土佐の山城』（ハーベスト出版、二〇一九）

（尾﨑召二郎）

●本山攻めの元親出城（砦）

田井古城《たいこじょう》

（所在地）土佐郡土佐町田井字池の西
（比　高）七〇メートル・
（標　高）三三三メートル
（分　類）山城
（年　代）不詳・永禄期か（永禄六年以降）
（城　主）長宗我部氏
（交通アクセス）ＪＲ土讃線大杉駅よりバス大杉駅・医大病院線（本山↓北岸経由）田井下車、徒歩七分（おこぜハウス・土佐町農村交流施設裏山墓地の上が城跡）。

【本山攻めの陣城】　築城年代の詳細は不明である。『土佐州郡志』は田井村の項に「古城　伝言奏元親之砦也今生採伐」と記し、『南路志』も同じ項に「古城　秦元親出城」と記していて、共に長宗我部元親の砦・出城としている。位置的にはちょうど本山郷と森郷との境界に構築され、東は田井の市街地から吉野川をへだてて現在の本山町寺家を望むことができ、西は宮古野から南泉・土居を見渡すことができる。

天険の地に逃れた本山氏に対するにあたって長宗我部元親は、幡多郡の一条氏と結ぶとともに、森孝頼《たかより》を旧領森郷に帰城せしめ、本山氏攻めにあたらせた。「頃年（永禄六年）元親ヲシテ森郷ニ皈テ其古城ニ據《より》テ本山ニ迫ラシム森郷ハ其《その》舊領《きゅうりょう》ナレハ也」（『土佐国編年紀事略』五）とある。森氏は長宗我部氏の恩に報いるため、また父祖の復讐をも考えて元親の命を受けて帰城（森城、旭城とも）し、郷内の地下人らを語らい長宗我部氏の部下をひき入れて時期を待った。これを伝え聞いた本山茂辰《しげとき》は、兵を派遣してこれを討とうとしたが「味方に、又何れか野心を企て、いかなる手立をかせんずらんと、互いに心を置合ひて、勇む兵なかりけり」（『土佐物語・巻六』）という有様であったので、永禄七年（一五六四）、木山城をすてて瓜生野に退いた。このことから、永禄六年（一五六三）から永禄十一年（一五六八）の長宗我部勢力による本山攻めの際に構築されたものと推察できる。

【長宗我部家臣団の築城技術】　土佐町農村交流施設（おこぜハウス）の上に位置し、現在墓地となって残っている場所が

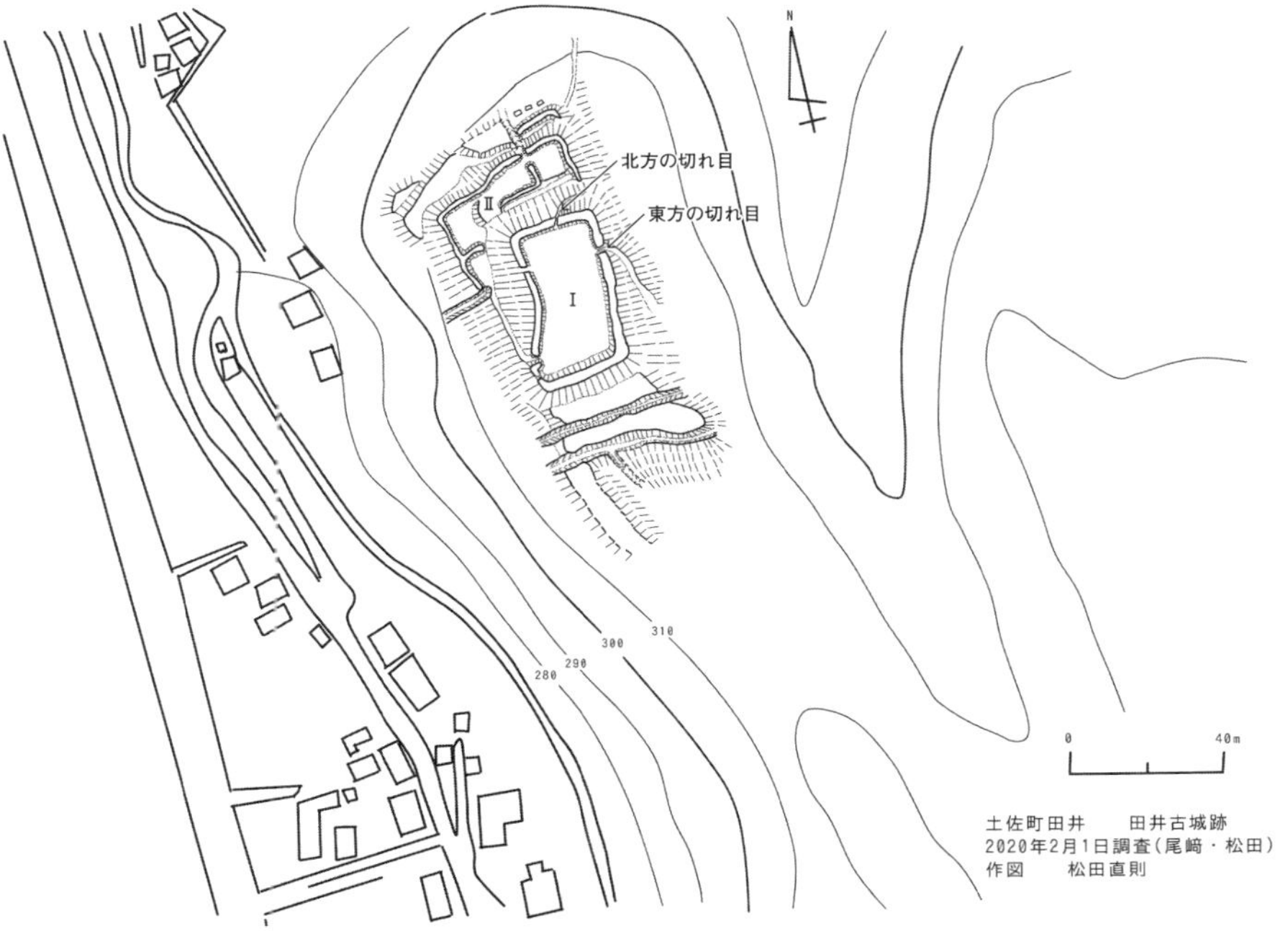

●—田井古城縄張図（松田直則作図）

城である。城は田井山の尾根が伊勢川川に沿って西北にのびた先端部にあり、詰ノ段の標高は三二二・五メートル、比高は七〇メートル。城跡は谷の一番西にある「城の谷」と伊勢川川とにはさまれ、急峻な地形を利用した城郭である。

城はほぼ南北に展開し、南側に二つの土塁とそれにともなう堀切を構築し南からの攻撃にそなえ、その上で曲輪Ⅰの南側に他の三方よりも高く、幅の広い土塁（写真）を築いている。曲輪Ⅰは南北に長い長方形で、現在内部は墓地となっている。南北五二メートル、東西は南で二七・五メートル、北で二五メートルを計り、平場は土塁囲みである。この土塁は南側がもっとも高く、詰ノ段内側から五メートル、土塁頂部の幅は二・五メートルである。他の三方の土塁は腰巻石をともない高さ二メートル、土塁頂部の幅は一メートル余となっている。

これらの土塁は現在四ヵ所の切れ目があり、西方北の切れ目を除き、いずれも何らかの形で下方に通じている。うち東方の切れ目は、ここから土塁の外側に沿って小さな踏み分け道が西下方につき、恐らく後世山に登った人びとが通り道としたものと思われる。北方切れ目も、後世に詰ノ段へ登るために切り開かれたもので、この切れ目から東下方へ山肌を削って道をつけたものと思われる。直下の曲輪Ⅱの横堀（一九六頁写真）のような地形や土塁らしき盛り土は城の遺構かどう

●—曲輪Ⅰ北側直下の横堀と土塁（尾﨑召二郎撮影）

●—南側土塁と曲輪Ⅰ南西側の虎口（尾﨑召二郎撮影）

かはわからないが、いずれにしても北側と東側の切れ目は、当時下方と連絡するためのものではなかったと推察する。

従って曲輪Ⅰと曲輪Ⅱおよび下方山下に通ずる道は、西方の南の切れ目でありここが曲輪Ⅰへの虎口（写真）であったものと推察する。曲輪Ⅱは曲輪Ⅰの北方下二・五メートルのところにある。土塁の高さを加えれば五メートルほどの落差となり、詰ノ段西、北方下では落差は更に大きい切岸となっている。幅は東端で一〇メートル、詰ノ段西、北隅下で一五メートル、詰ノ段西の下で五メートルである。その地形からみても、曲輪Ⅱは曲輪Ⅰ北方下に東西四五メートルにわたってつくられたもので、西方で南にのびてL字型をしているのは、曲輪Ⅰとの連絡を考えてのことであろう。曲輪Ⅱの土塁の北方はよく残り、高さは一メートル、土塁上の幅二メートルである。この土塁の下段東方は傾斜がゆるいこともあって、土塁がしつらえられたのであろうが、現在では直下に一つ残るのみであるが、これもかなり破壊されている。また、曲輪Ⅱの東端から西へ一五メートル余の地点から、北方下にむかって幅二メートルの竪堀の痕跡がかすかに認められる。

【参考文献】『土佐町史』（土佐町、一九八四）、『南路志』（高知県図書館、一九八〇）、『土佐州郡志』復刻版（土佐史談会、一九八四）、『高知県史古代中世資料編』（高知県、一九七七）、岩原信守『土佐物語』（明石書店、一九九七）

（尾﨑召二郎）

●嶺北の覇者本山氏の居城

本《もと》山《やま》城《じょう》

〔本山町指定史跡〕

〔所在地〕長岡郡本山町本山
〔比　高〕約九〇メートル
〔分　類〕山城
〔年　代〕室町時代・戦国時代・江戸時代
〔城　主〕本山氏
〔交通アクセス〕バス：嶺北観光自動車本山町コミュニティバス「帰全公園前」より徒歩約二〇分。

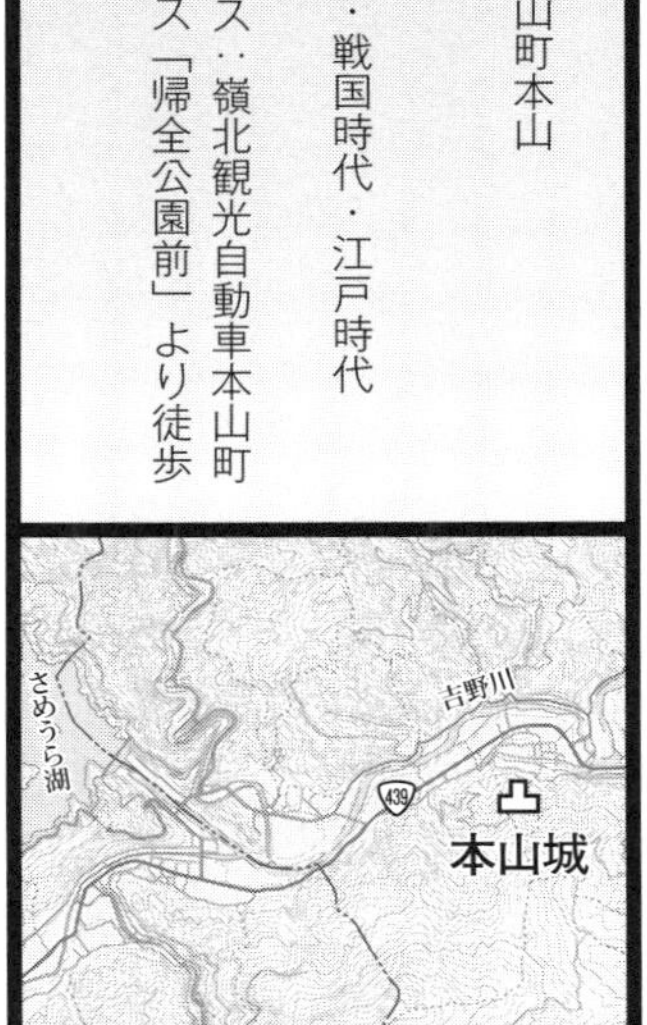

【祖先は在庁官人の八木氏】 本山城は、『土佐州郡志』や『南路志』には「古城」と記載されており本山某とか本山佐渡守茂定居とかがみえる。本山氏の祖先は八木氏と考えられており、同氏がこの地に入ってきたのは平安末の頃とされている。八木氏が後に地名をとって本山氏と称したと考えられており、室町時代には守護代細川氏の被官として、本山一帯にわたり地域支配を確立していった。その拠点となるのが本山城であるが、市街地の北丘陵の田井山の東端近くで北に延びる尾根の先端部に構築されている。本山城を舞台とした城主は、本山養明《ようめい》・茂宗《しげむね》（梅渓）・茂辰《しげとき》・貞茂《さだしげ》（親茂《ちかしげ》）などがいる。

本山城主の中で、もっとも勢力を伸ばしたのが本山茂宗である。茂宗は、永正五年（一五〇八）に誕生しているが、父である本山養明が山田・吉良・大平と組んで長宗我部氏の岡豊城を攻撃して落城させている。茂宗は、天文二十四年（一五五五）に死去している。大永五年（一五二五）には、茂宗の跡を継ぐ茂辰が誕生しており、長宗我部国親の娘を娶っている。茂辰は、吾南平野に攻め込み名門の吉良氏を絶望させている。土佐・吾川郡の大部分を支配下に置くようになった時、茂宗は、天文九年（一五四〇）に春野町の荒倉諏訪大明神を造営しており、その棟札は青茂となっている。

その後茂辰は、芳原城の吉良氏を倒して吾川郡南部を掌握している。天文十四年（一五四五）には、茂辰の子である貞茂が誕生している。永禄三年（一五六〇）には、長浜の戦いで長宗我部元親に敗れ、永禄六年（一五六三）には、朝倉城を放棄し本山城に退去している。さらに翌年の永禄七年（一五六四）には、本山城を捨てて瓜生野城に立て籠もり、長宗我部軍と対峙することになる。この時期に茂辰が死去しているとされているが天正年間まで生存している可能性もあり定かではない。茂辰の嫡子である貞茂は、元亀二年（一五七一）に長宗我部氏に降伏し傘下に入る。この時に貞茂は改名し親茂と名乗っている。天正十四年（一五八六）には、親茂が戸《へ》次川《つぎがわ》の戦いで長宗我部信親《のぶちか》と共に戦死している。

関ヶ原以降、土佐では山内一豊が入国し支配していくが、本山には慶長六年（一六〇一）に山内刑部（永原一照）が入城しており、主には土居で本山領の支配をしたと考えられる。元和元年（一六一五）の一国城令で廃城になるまで本山城は存続していたと考えられ、天守も構築して近世城郭として存続させ、石垣などの遺構は慶長六年以降元和元年の廃城時までの遺構として評価できる。山内刑部の死後は、惣領の但馬が元和六年（一六二〇）に知行を没収されている。

【本山城の構造】　本山城は、本山町本山中山に所在する。城は、丘陵頂上部に主郭の曲輪Ⅰが構築されており、北側に向けて一段下がって曲輪Ⅱ、さらにそれを取り巻くように曲輪Ⅲが構築されている。北側は切岸で急傾斜面を造り出しその下方は自然傾斜になっている。曲輪Ⅰの南側下方は切岸で防御され堀切状の遺構が認められる。さらに南側は、痩せ尾根が続き明確でないが一本の堀切が構えられており、南からの敵の侵入を抑えるための防御遺構が認められる。

本山城跡の主郭を中心とした曲輪群は、大正四年に農林省林業試験場森林測候所が設置されたり、職員住宅の敷地や太平洋戦争後射的場として転用されており、その時に手が加えられた部分が多く当時のまま残存している部分が少ないのは残念である。このように後世の手が入っても、曲輪のすべてが破壊されているわけではなく残存状況を確認する上でも発掘調査が必要である。

【慶長期天守台の石垣が残る】　曲輪Ⅰは、約九《メートル》×八《メートル》を測り北側と西側に石垣が残る。北側入り口の石垣は、比較的小さな石を使用して積み上げられており後世に改変されている。西側の石垣は、自然面を残した石材を積み上げており慶長年間の天守台の石垣が残存している。中央には大正時代の記念碑が天守台石垣を利用して造られている。曲輪Ⅱは、約南北一九《メートル》、東西一五《メートル》を測り、南北が長い方形の曲輪である。発掘調査では、石列が検出されているがその機能までは不明である。さらに北側に一段低い曲輪Ⅲがあるが、約南北一〇《メートル》、東西二一《メートル》を測り東西に長い方形の曲輪である。この曲輪Ⅲの南側で曲輪Ⅱに上がる境に石垣が構築されている

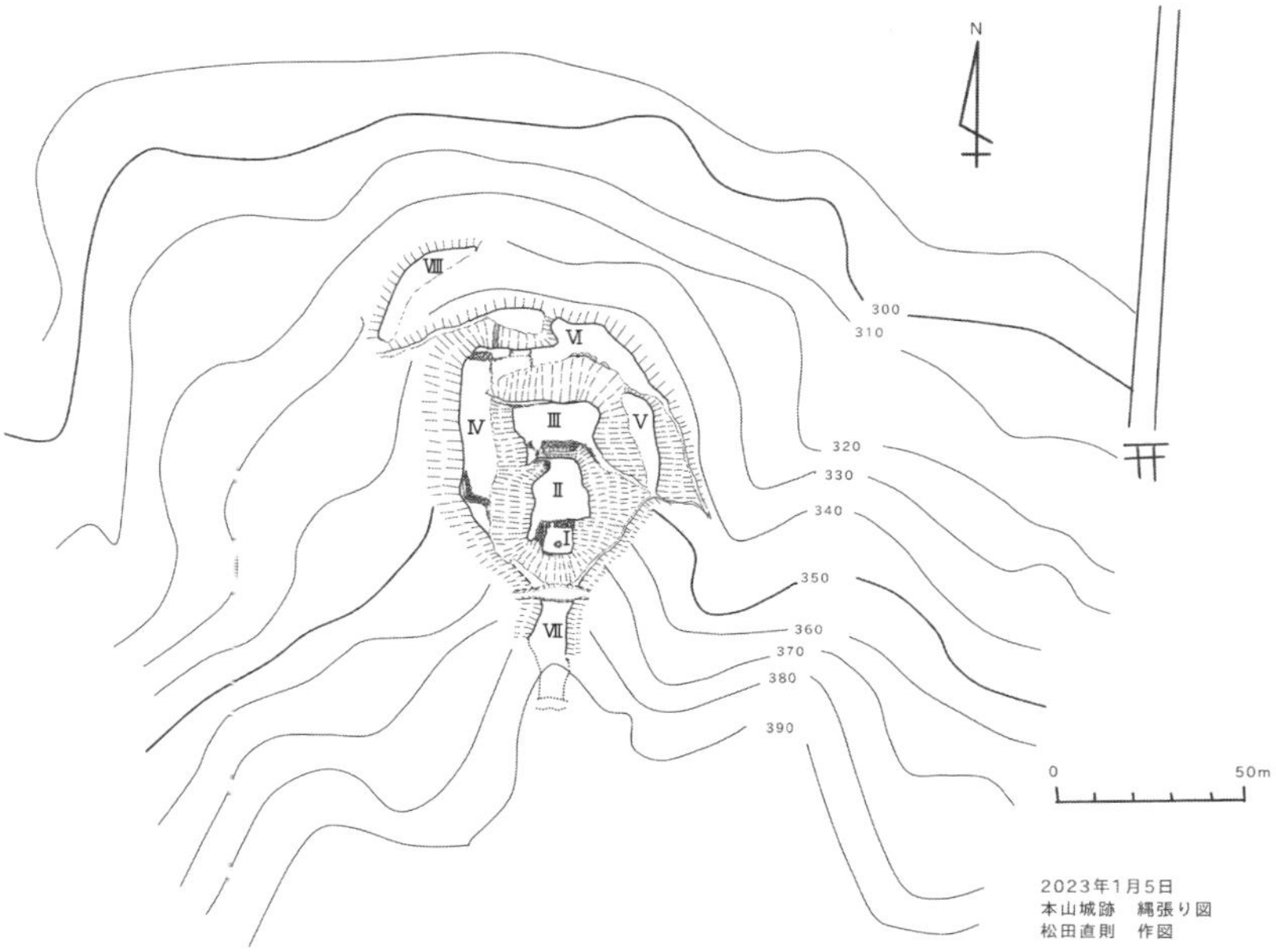

●—本山城縄張図（松田直則作図）

●—本山城遠景（松田直則撮影）

●—曲輪Ⅰの西側石垣（松田直則撮影）

が、上部は森林測候所が設置された時に改変されていると考えるが下部については一部慶長段階のものが残存している可能性がある。曲輪Ⅲを西側に下ると曲輪Ⅳに降りられるが、南北に長いⅥと合わせた帯曲輪であるが、射的場として利用されたと考えられ、南と北に石垣で構成されている構造物が所在している。曲輪Ⅵの西側には一段低い平坦部が存在するが、この場所は虎口空間と考えられ、曲輪Ⅵの西側には礎石に利用された石が残存しており門が想定できる。虎口空間から西側に城道を降りると、細長い曲輪Ⅷが存在する。曲輪Ⅴは、曲輪Ⅲの搦手《からめて》から降り南北に細長い帯曲輪で曲輪Ⅵより一段高い。主郭の南側は切岸になっており、曲輪Ⅶとの間に堀切が構えられている。さらに、南側丘陵尾根に堀切が残存しているという指摘もあるが、不明瞭である。本山城跡の特徴を考えてみると、一五世紀から一六世紀中頃まで嶺北の地から土佐中央部にかけて勢力を持った本山氏の城郭としたら小規模な曲輪配置である。発掘調査をしないと機能した時期を明確に掴むことはできないが、曲輪Ⅰを中心に連郭の曲輪で構成されており、南尾根からの遮断を曲輪Ⅰの下方にある堀切で行なっており、防御遺構の中心は堀切と切岸であることから、一五世紀段階に築かれた山城ではないと考える。

その後本山氏は土佐中央部で、本山茂宗（梅渓）・茂辰親子は朝倉城跡を拠点として勢力を展開しており、本山城跡を改修することがなかったと考えることができる。茂辰か子の貞茂（親茂）は、長宗我部氏に敗れ朝倉城を手放し嶺北に帰った時に本山城跡に退去するが、瓜生野城に立て籠り抗戦している。その後、元親に降参し、再度本山城に帰城したと考えられる。山内刑部が慶長六年に入城するが、小規模な城でありながらも、天守台を普請しておりこの地域を支配するのに適した城郭であったことがわかる。

【参考文献】『本山町史』（本山町、一九七九）、松田直則編『土佐の山城』（ハーベスト出版、二〇一九）

（松田直則）

●吉野川流域の山岳城郭

粟《あわ》井《い》城《じょう》（豊《とよ》永《なが》城《じょう》・下《しも》土《ど》居《い》城《じょう》）

〔所在地〕長岡郡大豊町粟生小字城山
〔比　高〕二〇〇メートル
〔標　高〕四五〇メートル
〔分　類〕山城
〔年　代〕正平年間（一三四六〜一三七〇）
〔城　主〕小笠原備中守豊永
〔交通アクセス〕ＪＲ土讃線豊永駅より徒歩約二〇分（城下）。

【天険の地に築かれた城】　粟井（豊永・下土居）城は、北側に吉野川を臨みＪＲ土讃線豊永駅の南側豊永山山上に所在する。豊永山は北を吉野川、西と南を南小川に囲まれた天険の地であり、東側だけが尾根続きとなっている。登城には自動車でのアクセスをお勧めする。ＪＲ豊永駅近くの踏切より国道四三九号線を吉野川支流の南小川に沿って南方向に約一・三キロ進み、国道から細道に左折して豊永郷民俗資料館を目標に登っていくとその先に熊野神社・定福寺がある。

もう少し登ると、左手にカーブミラーのある急カーブがあり、そこから見える斜面にある住宅の上の鉄塔左側が城跡である。自動車では鉄塔手前付近まで入ることができるので道なりに自動車を進めていくと、左手に一八〇度上方向に曲がるコンクリート舗装された道がある。そちらから入っていくことで城跡への取り付きが容易になる。この道は狭小であるが鉄塔のところまで伸びている。鉄塔奥の林を尾根伝いにやや下降していくと、右手（北側）の急斜面を横目に規模の大

●―粟井城跡遠景（尾﨑召二郎撮影）

きな空堀（横堀）と切岸が見えてくる。そこが城跡である。

【吉野川流域からの阿波攻めに使われた城郭】　築城年は正平年間（一三四六～一三七〇）だといわれている。粟井城主豊永氏は本姓を小笠原氏というが、阿波の小笠原氏が吉野川をさかのぼって来往したといわれている。しかし、一説には阿波の小笠原氏が、南北朝時代、懐良《かねよし》親王に従い九州へ下向し、現在の熊本県玉名郡南関町豊永に拠ったが、懐良親王の死後この豊永郷に移り住んだともいわれている。この地に移った時に粟井城を豊永城と改称したとも伝えられている。

『土佐国古城略史』には、「豊永下土居　小笠原備中守豊永居之」とある。土居の地名は領主の居所を言う。そこで上《かみ》の領主の居所に対して、下《しも》の領主の居所を下土居と言ったものであろうともいわれている。嶺北の地名には、阿波の方から名付けたと思われる地名が多い。例えば西峰の地名は阿波からつけたものである。土佐から名付けると東峰である。これで言うと阿波小笠原の上土居に対して、土佐小笠原氏の居所は下土居である。

この小笠原氏の居城下土居城はその機構が山城的築城法で、この城を中心として約四㌔余四方に嵯峨山城、庵谷城、桃原城、三津子野城、尾生城、中内城、西峰城などが取り囲んでいる。豊永氏は当初、阿波の土豪たちと結託し、在地領主としてこの地を治めていたが、戦国時代に長宗我部氏の勢力がこの地におよび豊永藤五郎のときに長宗我部氏の傘下となり、元親の阿波攻略に活躍した。藤五郎は政治的手腕に富み、のちに、その他の家臣とともに国政をあずかる奉行となって庶務を担当した。また、藤五郎は元親の有力家臣で一六世紀後半には中五郡の奉行として、役給二二町歩を給せられていた。長宗我部氏の滅亡後浪人となったが、土佐に入った山内氏の家臣に組み込まれ、土豪としては異例の上士となって豊永郷を治めつづけたといわれている。

【単郭で横堀と土塁で構成された城郭】　曲輪は詰ノ段のみで、長辺約三〇㍍×約二五㍍の平場をもつ単郭構造の城郭である。曲輪（詰ノ段）は北西側を除き「コの字」形の土塁囲みであり土塁内側下部には立派な腰巻石（石積）が巡っている（二〇四頁写真）。また、土塁外側には土塁上部から横堀底部まで約五㍍の落差を持つ横堀が土塁に沿って約四〇㍍構築されている。曲輪の南西部にも曲輪上部で幅二㍍から三㍍の土塁が約二〇㍍残り、その土塁の外側下には土塁上部から空堀底部まで約三㍍の落差を持つ堀切が約一五㍍残っている。この堀切には現在、倒木があり一部埋まっている。城跡の南側には虎口がある。虎口の西側は南に張り出し横矢かかりの構造となっている。北西側は敵を寄せ付けない急峻な斜面

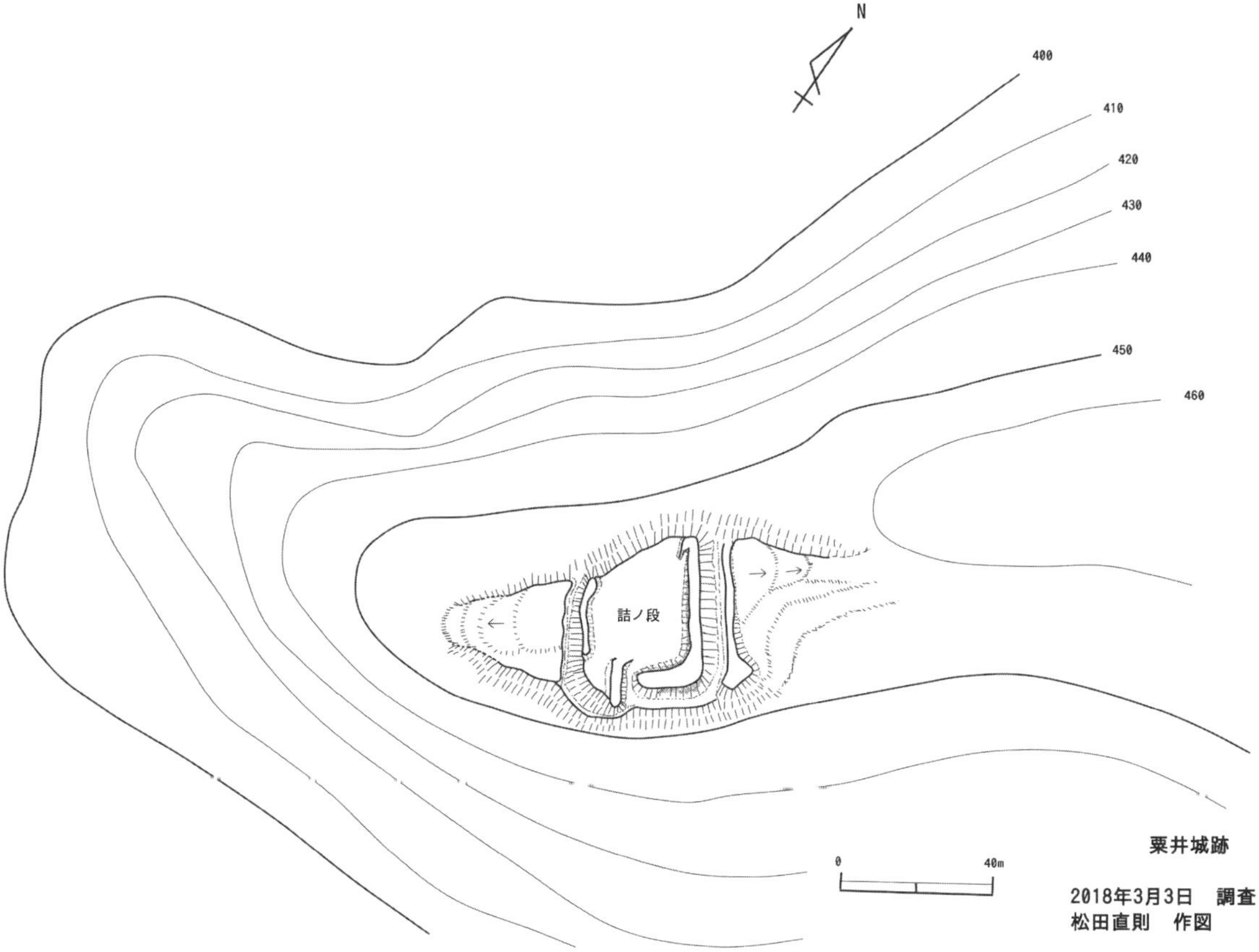

●—栗井城縄張図（松田直則作図）

●—詰ノ段土塁内側の腰巻石（尾﨑召二郎撮影）

●—詰ノ段土塁外側の鉢巻石（尾﨑召二郎撮影）

で、土塁の必要性はなかったのであろう。

　この城郭に構築されている土塁上部幅は、北西部で約六メートルの部分が南東方向に約六メートルつづき、平場よりこの土塁に登るためのスロープが北西方向に約一一メートル幅でついている。土塁はスロープ上部より南東方向へ約三メートル幅で約二〇メートル伸び、広くなりながら南西方向に屈曲し、そこより徐々に幅が細くなりながら約一三メートルで虎口開口部に至り土塁が切れている。この屈曲部は広いところで約六メートル、屈曲部の内側は崩れているが石積みが崩壊を留めてくれている。尚、屈曲部の外側にも比較的大きな石積みが露出した状態できれいに残っている（鉢巻石・写真）。この屈曲部の上部は比較的広く、何かを祀っていた痕跡がある。虎口は南側に下降し、土塁下の空堀に繋がっている。

　虎口の西側は一部土塁が残っているが、南側には虎口に沿った竪土塁のような塁状地形が残っている。虎口から南下した通路は、土塁下、約四メートルのところから東側に折れ、土塁下をめぐる空堀（横堀）に繋がっている。空堀は、通路下から約五メートル埋れながらそこから上方の土塁の屈曲するあたりまでは、外側が崩落しわずかに窪みを残すのみである。これに対して北東側土塁下から北西部につづく約四〇メートルの空堀（横堀）は残りがよく、土塁上部から空堀の底部までは約四メートルから五メートルの落差を持っている。城域としては小規模なものだが、遺構の残りのいい城跡である。この城郭は単郭・土塁囲み構造で、吉野川流域によくみられる地域性を感じる城郭である。

【参考文献】宮地森城『土佐国古城略史』（土佐史段復刻叢書Ⅰ、一九七六）、『大豊町史』（大豊町教育委員会、一九七四）

（尾﨑召二郎）

高知

高知

●山内家筆頭家老深尾氏の居城

佐《さ》川《かわ》城《じょう》

〔佐川町指定史跡〕

〔所在地〕高岡郡佐川町甲
〔比　高〕約一六〇メートル
〔分　類〕山城
〔年　代〕室町時代・戦国時代・江戸時代
〔城　主〕佐川氏・中村氏・久武氏・深尾氏
〔交通アクセス〕JR佐川駅より徒歩約二〇分。

【中世の城から深尾氏の近世城郭へ】　佐川城は、市街地の南丘陵の頂部標高二〇〇メートル程の通称古城山《こじょうざん》に築かれており、中世から近世初頭にかけての遺構が多く残っている。南北朝期に佐川氏がこの地の支配をしていることが佐伯文書でわかるが、城を構築していたかどうかは不明である。戦国期の城主は中村越前守信義《のぶよし》とされており、佐川氏と中村氏との関係は不明である。中村氏は長宗我部氏の高岡郡攻略とともに降伏し、その所領の多くが長宗我部氏家臣の給人となっていることが地検帳でわかり、その代表が重臣である久武親信《ひさたけちかのぶ》である。

この地域は、元亀二年（一五七一）に長宗我部元親に降り佐川城は久武氏の持ち城となっている。久武氏が入城することになるが、縄張にも長宗我部氏と中村氏の抗争の一端を示す遺構が認められる。久武親信は、長宗我部氏の伊予攻めで宇和島市三間に所在する岡本城跡で天正九年（一五八一）には戦死し、その後弟の久武親直《ちかなお》が佐川に入っており、親信は元亀二年から短い期間の統治である。久武親直は、慶長五年（一六〇〇）に深尾氏が入城するまで佐川城跡か松尾城跡を居城としたと考えられるが、どちらの城を拠点としたのか不明である。関ヶ原合戦の後、大高坂城に山内一豊が入城してくると、筆頭家老である深尾和泉守重良《しげよし》が一万石を給され佐川城に入っている。深尾氏は、二代目に山内康豊《やすとよ》の三男を入嗣とした格別の家柄で土佐藩主八代の山内豊敷《とよのぶ》をだしている。元和の一国一城令によって山城部分は廃棄され、東山麓の磐井谷に土居が造られており、深尾氏はこの場所で二七〇

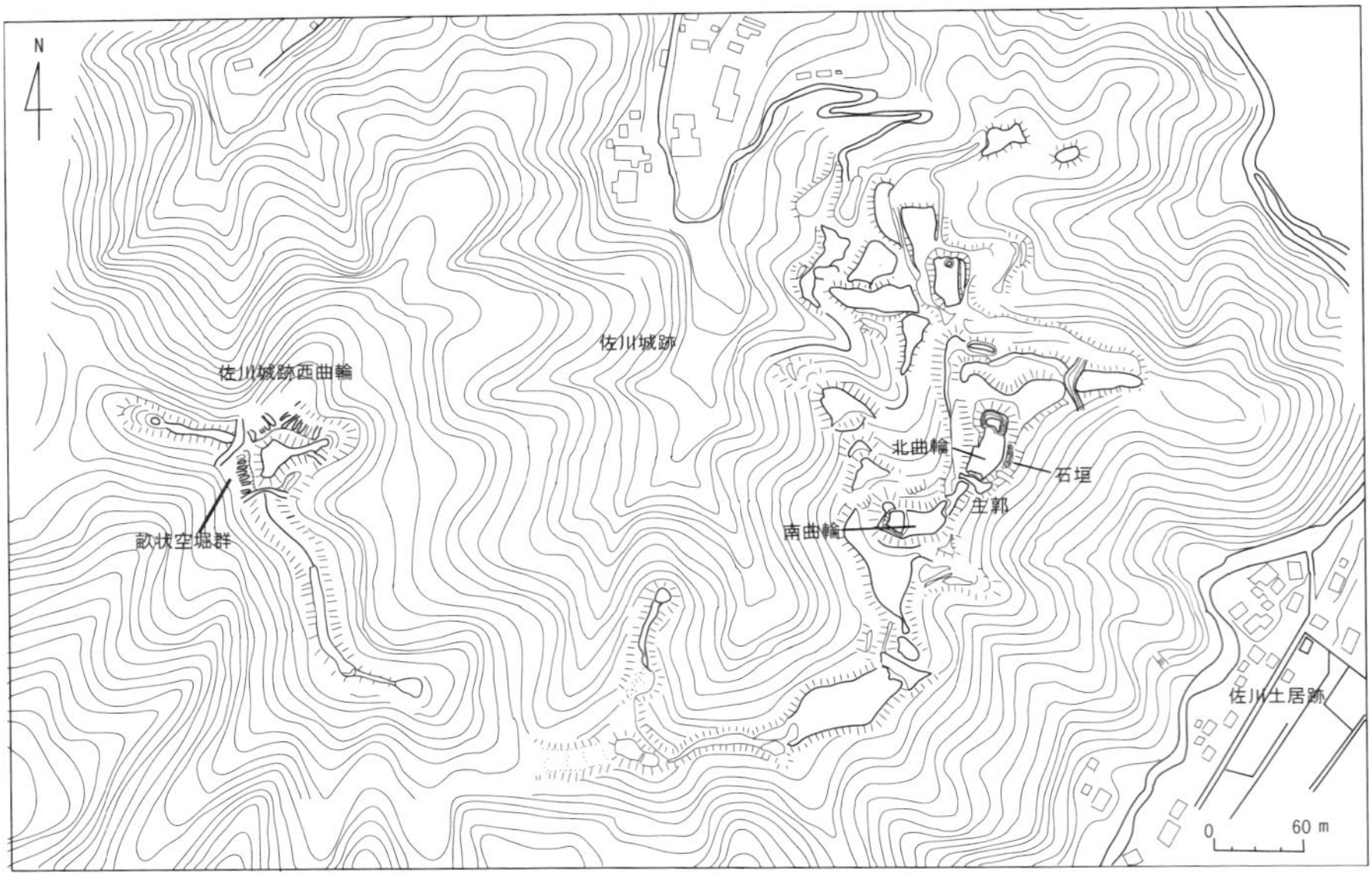

●—佐川城縄張図（大原純一作図に一部加筆）

年間近く知行地内を統治した。その後明治二年（一八六九）に廃され、現在では当時の石垣や古井戸が残存しており地元で地割を残す努力をされている。

【深尾期の天守台や石垣が残る城郭】　佐川城の縄張は、標高一九〇《メートル》の主郭を中心として南北に約五〇〇《メートル》、東西に約三六〇《メートル》の規模を持つ中で、多くの曲輪を配している。この主郭から西に約五〇〇《メートル》程行った標高二二〇《メートル》の丘陵上にも西曲輪が構えられ、この西曲輪の西・南は堀切で防御され、斜面部には連続竪堀《たてぼり》が構築されている。この西曲輪は、明らかに東側の主郭を中心とした曲輪群とは性格や機能が異なるものと考えられ、久武氏と中村氏との抗争の中で構築されたものと推察する。東側の曲輪群が、主郭をともなう本城で南曲輪や北曲輪を構築し南曲輪が主郭と考えられる。北曲輪の北側に広い曲輪が存在し、その東側に規模の大きな堀切を構えている。

　北側丘陵上には数ヵ所の平坦部が存在するが、現在牧野公園となっており北側斜面に竪堀が確認できる。江戸期に入り深尾氏が佐川城に入城してくると、長宗我部時代の久武氏の城を踏襲して使用したと考えられ、主郭南曲輪の西端には天守台や北曲輪の東斜面部には野面《のづら》積みの石垣を構築しており、曲輪平坦部や斜面部では瓦が表採されている。慶長年間に主

●—佐川城北曲輪石垣（松田直則撮影）

郭を中心として石造りの城にするため再普請や作事を行なっていることがわかる。元和の一国一城令で山城部分は破棄され城の東山麓に土居を構えているが、深尾氏入城から元和二年（一六一六）まで、土居が構えられなかったのかは不明である。

【深尾氏の佐川土居屋敷跡】　佐川土居については、寛文年間絵図の原図が安芸市歴史民俗資料館に残っており、佐川町教育委員会蔵の佐川土居絵図でもその様子がわかる。佐川土居街区は、佐川城の東山麓でおおむね主力家臣が住む区域とその北西部に展開する町人区からなっている。土居は、東山麓の四方小丘陵に囲まれた地形で南北のわずかな平坦地に屋敷が構えられ、その周囲に与力衆を住まわせている。

深尾文書によると当初は東西七一間、南北一七八間、宝暦十一年（一七六一）の竹村家文書では東向きで東西一町、南北二町と記載されている。これらのことから、その規模はおおよそ東西一〇〇メートル南北二〇〇メートルの屋敷に馬場も含めると南北約四〇〇メートルとなる。絵図は、寛文十二年（一六七二）、元禄年中、安政三年（一八五六）、慶應三年（一八六七）の各図があり、寛文年間の絵図には当主や嗣子《しし》の居所である奥・長局や二代藩主の出羽隠居所、若狭部屋などの記載がある。各時代の絵図を見ると、地割の大きな変化はないが土居の形態や周辺の景観は変化していることがわかる。最近では、残存している地割調査で絵図を基に土居屋敷の想像復元図も作成されている。

【参考文献】『佐川町史』（佐川町史編さん委員会、一九八一）

（松田直則）

●久武親直が伊予侵攻の拠点城郭

松《まつ》尾《お》城《じょう》

〔佐川町指定史跡〕

〔所在地〕高岡郡佐川町甲松尾山
〔比　高〕約一二〇メートル
〔分　類〕山城
〔年　代〕室町時代・戦国時代
〔城　主〕中村氏・久武氏
〔交通アクセス〕ＪＲ佐川駅より徒歩約三〇分。

【中村氏から久武氏へ】　松尾城は、佐川町甲に所在し市街地中心部から北東部の標高二〇〇メートルの丘陵頂部に構築されている。市街地中心部に所在する佐川城と同じ町内では大規模な城跡である。

佐川の戦国時代の歴史は、佐川城を本拠とする中村越前守が支配していたが、元亀年間には中村越前守の娘婿の久武内蔵助に奪われたと、『元親記』や『土佐物語』に出てくる。

松尾城も、中村越前守の名前が出てくることから持城として機能していた可能性もあるが、あくまで本拠は佐川城と考えられ松尾城は支城として利用されたのかもしれない。

いずれにしても、土佐の場合軍記物の歴史書に記載されていることで、それ以上に一次資料で考察されているものではなく、松尾城の歴史の詳細は不明である。その他、『土佐州郡志』では、佐川某が古城跡に居と記載されており、中村越前守の持城の可能性もある。

元亀年間に出てくる久武《ひさたけ》内蔵助は親信《ちかのぶ》のことで、伊予岡本城の合戦で討死した久武兄弟の兄である。元亀年間までは、高知市の東部に所在する布師田金山城を居城としていたと考えられ、その後高岡や吾川に侵攻している。親信は、天正九年（一五八一）の岡本合戦で亡くなっていることから元亀年間からの短い期間の佐川の統治者であった。親信は、中村氏の後佐川を治めているが、その居城は佐川城と考えられ、親信家臣が松尾城に居城した可能性もある。親信が伊予で戦死してから弟の親直が入城し大きく城を改修している。

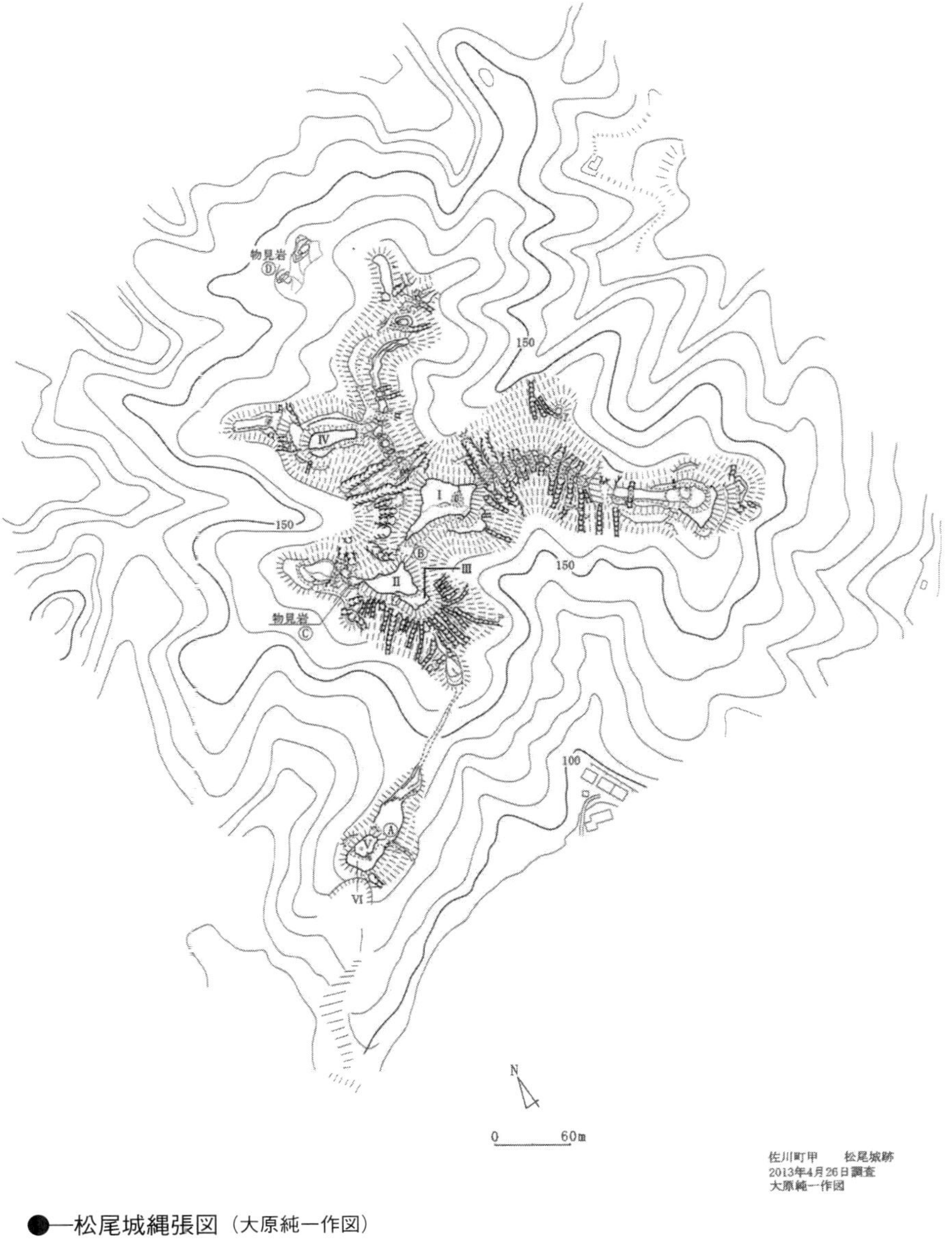

●—松尾城縄張図（大原純一作図）

【畝状竪堀群や連続堀切の構築】　松尾城の縄張は、東西南北で約三六〇メートルを測る丘陵上に遺構が確認できる大規模な城郭である。南側丘陵下には集落があり、当時も城とセットで展開していた可能性がある。かつては松尾神社から登城できたが、現在は急傾斜地区の擁壁が設置されており登城できない。国道と接地している南西丘陵下から尾根づたいに登城できる。墓地を抜けて、平坦地に出てくるが、この場所は安楽院墓が所在しており、当時も安楽院という堂宇が建っていた人工的な平坦地と考えられる。

松尾神社から登城すると、この場所に出てくる。この安楽院墓の地点から、尾根づたいに登っていくと畝状竪堀群にでてくる。曲輪Ⅱ・Ⅲを取り巻くように構築されており、畝がはっきりと残存しており横堀もセットで確認できる。東側の切岸を登ると、東西約二〇メートル、南北一〇メートルほどの規模を持つⅢの曲輪に入ることができる。曲輪Ⅲの北側を除き東西南の切岸下には畝状竪堀群が構えられ、敵の侵入を遮断している。Ⅲの西端が、北側の曲輪Ⅱに上がる虎口になっており一折れで北側から東側に入る。曲輪Ⅱは、約東西三〇メートル、南北二二メートルの規模を持ちⅢより広い。

西側の切岸下には畝状竪堀群が延びており、尾根の西端には堀切が構えられている。東側は切岸のみの防御となっている。曲輪Ⅱ北西部には、岩塊があり物見岩がある。その下には北西部に丘陵が延びており、堀切が確認できる。曲輪Ⅱから東側には、曲輪Ⅰの主郭に入ることになるが、その間は堀切で遮断される。詰ノ段（曲輪Ⅰ）は、約東西六〇メートル、南北四〇メートルの菱形を呈する曲輪で、東側は若干高くなっており、さらに一段高く頂上の平坦部で狭い地点がある。この場所は、曲輪Ⅰの中でも、標高の高いところでこの地域の山城にも同じような地形を残している場所がある。この場所は、城八幡として祠が所在していたと考えられ宗教的な場所として利用されていた。

詰ノ段から、東側に丘陵が延びておりこの城の中でもっとも多く連続した堀切が集中する箇所がある。連続した堀切が一三本確認できており、尾根先端部に東の段と名称している曲輪があり、竪堀や堀切が構築されている。この連続堀切は、高知県の中でもっとも大規模なもので、一時期にすべて構築されたとは考えられず、縄張図をみると尾根中央部に構築されている堀切は先端の竪堀部分が短く規模も小さいという特徴が見られる。

この中央部の堀切が、古く位置付けることが考えられ曲輪Ⅰに近い部分と短い堀切の東側の長い堀切は新しく防御を強固にした結果、一三本の連続堀切になったと考えられる。曲輪Ⅰ斜面西側にも、畝状竪堀群が確認でき西側斜面の防御を強固にしている。北側にも尾根が延び、さらに東側と西側に別れており、この地点にも遺構が確認されている。曲輪Ⅰの北側下には連続した比較的大きい堀切が三本構築され、北西ノ段の西側斜面にも堀切や竪堀が確認でき、東に延びる北東ノ段にも堀切が構えられ、北側全体からの攻撃に備えて防御している。

●―松尾城遠景（松田直則撮影）

【伊予侵攻の拠点とした城郭】　松尾城の縄張の概要を紹介したが、県内でもっとも大規模な城郭である。何故、このような縄張を最終的に構築しなければならなかったのか疑問である。元亀年間までの中村氏時代やそれ以降天正九年までの久武親信が入った段階ではこれほどの防御遺構は構築していなかったと考えられる。そこで、久武親直の入城した段階の遺構を抽出して考えてみたい。明確に確定できるものではないが現段階で四国の城郭遺構の分析の比較検討から抽出してみたい。

　まず、曲輪Ⅲの東側から西側にかけての斜面部に構築されている畝状竪堀群である。横堀と畝が残り、連続した竪堀とセットの遺構群である。さらに曲輪Ⅰの西側斜面に構築されている畝状竪堀群、東側尾根と北側斜面直下で斜面に竪堀が延びる堀切群である。これらの遺構が、久武親直が築いた遺構群と推察することができる。長宗我部元親の重臣として、親信亡き後佐川を領収し伊予侵攻の拠点として整備した可能性を考えたい。

【参考文献】『佐川町史』（佐川町史編纂委員会、一九八一）、宅間一之『長宗我部元親五〇年のフィールドワーク』（リーブル出版、二〇一五）

（松田直則）

●名族津野氏の攻防城郭

岡《おか》本《もと》城《じょう》（巣《す》ノ《の》森《もり》城《じょう》）

〔須崎市指定史跡〕

〔所在地〕須崎市下分甲城ヶ谷
〔比　高〕一六四㍍
〔標　高〕一六九㍍
〔分　類〕山城
〔年　代〕不詳・南北朝期か（康永元年・天文十二年・元亀二年）
〔城　主〕佐伯経貞（堅田小三郎）・津野氏（城監・中平氏）・長宗我部氏
〔交通アクセス〕ＪＲ土讃線土佐新庄駅より徒歩一六分（一・二㌔）。

【太平洋に注ぐ河口部を見下す城郭】　岡本城は、須崎市下分甲城ヶ谷に所在する。須崎市新庄川の河口部を見下ろす場所に位置し、新庄川左岸（北岸）に所在する。高知自動車道須崎西ＩＣ出入口の国道五六号線を南から北へ向かい、新庄川橋から左上に見える山上の鉄塔が岡本城の曲輪Ⅱ（西ノ段）である。城跡の南麓には須崎市立新荘小学校があり、この小学校付近は「大木戸」という。ゆえに、この辺りが城郭の大手口だったと思われる。

新荘小学校東側の狭小な道路を山に向けて進むと谷間に流れる沢がある。その脇を登山道がつづいている。沢両岸に道があり山頂に向かって左側を登り、少しわかりにくいが、途中左手に登山道がつづいている。右にも登山道があるが途中途切れてしまい登りにくくなるので右の道は避けたほうが良い。少し登ると、谷の部分に倒木や崩れがあり、登山道がわかりにくくなっているところがあるが道をたどって上へ進むと、道は曲輪Ⅰ（東ノ段）と曲輪Ⅱ（西ノ段）を結ぶ尾根に至る。左右どちらに進んでも城郭遺構があり、左手に進むと曲輪Ⅱ（西ノ段）と思われる曲輪で、右手に進めば主郭の曲輪Ⅰである。定期的に人は登ってきているようで、いったん尾根線に出れば比較的歩きやすい城跡である。

【津野氏・一条氏・長宗我部氏と変遷した重要城郭】　築城年代は不詳であるが、南北朝期には北朝方の佐伯経貞《つねさだ》（堅田小三郎）の居城であったといわれている。南北朝期の土佐では、足利氏の勢力下にある細川氏が守護となっていたため、香宗

高知

我部氏、長宗我部氏をはじめ、その多くが北朝に加担し、南朝側の大高坂城（現在の高知城）を拠点とする大高坂松王丸、佐川付近の河間光綱《みつつな》とその一族の近藤知国《ともくに》、丸山城（現在の佐川町斗賀野）の斗賀野又太郎、神崎城（現在の須崎市浦ノ内灰方）の田原秀幸《ひでゆき》らと対峙した。土佐中部から西部にかけた地域でも、津野新荘の「岡本城」を治めた堅田経貞、日下（現在の日高村）領主の三宮頼国《よりくに》、黒岩（現在の佐川町付近）領主の片岡経義《つねよし》、久礼（現在の中土佐町久礼）領主の佐竹義《よし》国《くに》など、多くの有力氏族が北朝側についた。

●―西ノ段から見た東ノ段（尾﨑召二郎撮影）

須崎地域には、南朝方の田原秀幸の拠点となる浦ノ内方の神崎城と、北朝方の堅田経貞が本拠とした下分の「岡本城」があったことから、城の攻防による戦乱に巻き込まれることも多かった。津野山郷領主の津野家時《いえとき》は足利尊氏の要請を受け、建武三年（一三三六）正月七日から行動を起こし、四月には大高坂城を攻め、津野方の武将である堅田経貞も武勲を立てた。南朝・北朝の抗争は一進一退の様相を繰り広げて長期化したが、延元五年（暦応三、一三四〇）正月、南朝の拠点であった大高坂城が陥落、しかし、佐川を中心とした河間一族は、新田、金沢の諸将と計って、戸波の熊野山から援軍と合同して、康永元年（興国三、一三四二）九月堅田氏の居城である「岡本城」を奇襲し、城主の嫡子堅田弥三郎を殺害。翌年の康永二年（興国四、一三四三）九月十四日、高岡郡北部で唯一南朝方として奮戦していた河間光網も、津野・堅田・三宮・佐竹の連合軍により攻められて敗死している。以後、南朝方がふたたび勢いを取り戻すことはなかった。

その後、応仁元年（一四六七）、応仁の乱が勃発、土佐でも在地の国人（土豪）たちによる激しい闘争が繰り広げられ、勢力地図に大きな変化があった。時の関白・一条教房《のりふさ》が京都の戦乱を避け、幡多郡（一条氏の荘園）に下向。ここに「土佐の国七郡、大名七人御所一人」という勢力構図が現出。土佐中央から東部を中心として力を蓄えてきた長宗我部氏と香宗我部氏、西部幡多郡を押さえた一条氏、その間に位置したのが津野山郷の津野氏である。

この群雄割拠の世にあって、津野氏を率いていたのが津野元実《もとざね》である。智勇兼備の名将と名高かった元実は、東は須崎、野見浦の辺りから、西は津野山の辺りまでを掌中に収め、半山の「姫野々城」(本城)、須崎の岡本に堅牢な城砦「岡本城」(津野氏の支城)となり中平氏が城監として、土佐中西部の重鎮となっていた。

その元実は永正十四年(一五一七)四月十四日、一条氏配下の福井玄蕃を戸波に攻めたが、一条氏の援軍により恵良沼で敗死している。津野氏の大敗に乗じて津野氏滅亡を企てたのが、久保川領中越村の安並館(現在の四万十市)の安並弥三と出間城(現在の土佐市)の出間九郎兵衛の連合軍であった。しかし、津野氏の重臣・中平兵庫助元忠(津野氏の分家)が吾井郷松ヶ瀬の戦いでこれを打ち破り、その後は津野の重臣たちが、元実の嗣子・国泰を姫野々の半山城主とし、一条氏に付け入る隙を与えなかった。

天文十一年(一五四二)、国泰は子の基高を後嗣とし、翌年七月一条房基は兵を発したが、中平元忠らはこれを撃退。つづく天文十四年(一五四五)十月、ふたたび房基が数千の精兵を率いて津野領に迫ったときは、一条氏と敵対関係にあった本山氏に援軍を仰ぎ、本山氏とともに一条氏に対抗したが、中立を守っていた佐竹信濃守が福井玄蕃とともに房基方につき、形勢は逆転。佐竹・福井連合軍は下分の津野氏の出城「岡本城」を落とすと、姫野々の半山城に押し寄せ、そこに数千の一条軍が加わった。津野軍は二〇日余り籠城したが、中平元忠は名門津野の名跡を残すべく天文十五年(一五四六)春に降伏した。

この結果、津野の本領だけは津野基高《もとたか》に残されたものの、属領はすべて一条氏の配下に属することとなりその後、基高は天文二十二年(一五五三)に死去、跡を継いだ定勝は永禄六年(一五六三)、一条兼定《かねさだ》の娘を嫁に迎えて婿となり名を中務少輔と改め、津野氏は一条氏の配下となる。元亀三年(一五七二)、津野氏の興亡を見守った中平元忠は七八歳でその生涯を閉じた。

しかし、長宗我部元親が永禄十二年(一五六九)、西へと兵を進めると、津野定勝《さだかつ》に一条氏討伐をもちかけたが定勝はこれを断り、滅亡すると恐れた家臣らが、元亀二年(一五七一)、定勝を伊予に追放、勝興を当主に立て長宗我部氏に恭順。しかし、勝興も元親の言に従わず、元亀二年、長宗我部軍を名古屋坂で破り、戸波城を奪取、一条兼定の援軍を得て蓮池城へ攻勢に出ようとしたが、一条氏の家臣が離反し長宗我部軍に内通、形勢逆転し降伏。津野氏は長宗我部元親の三男・親忠を養子とし、勝興は天正六年(一五七八)に没し、ここに津野氏の正統は途絶えた。

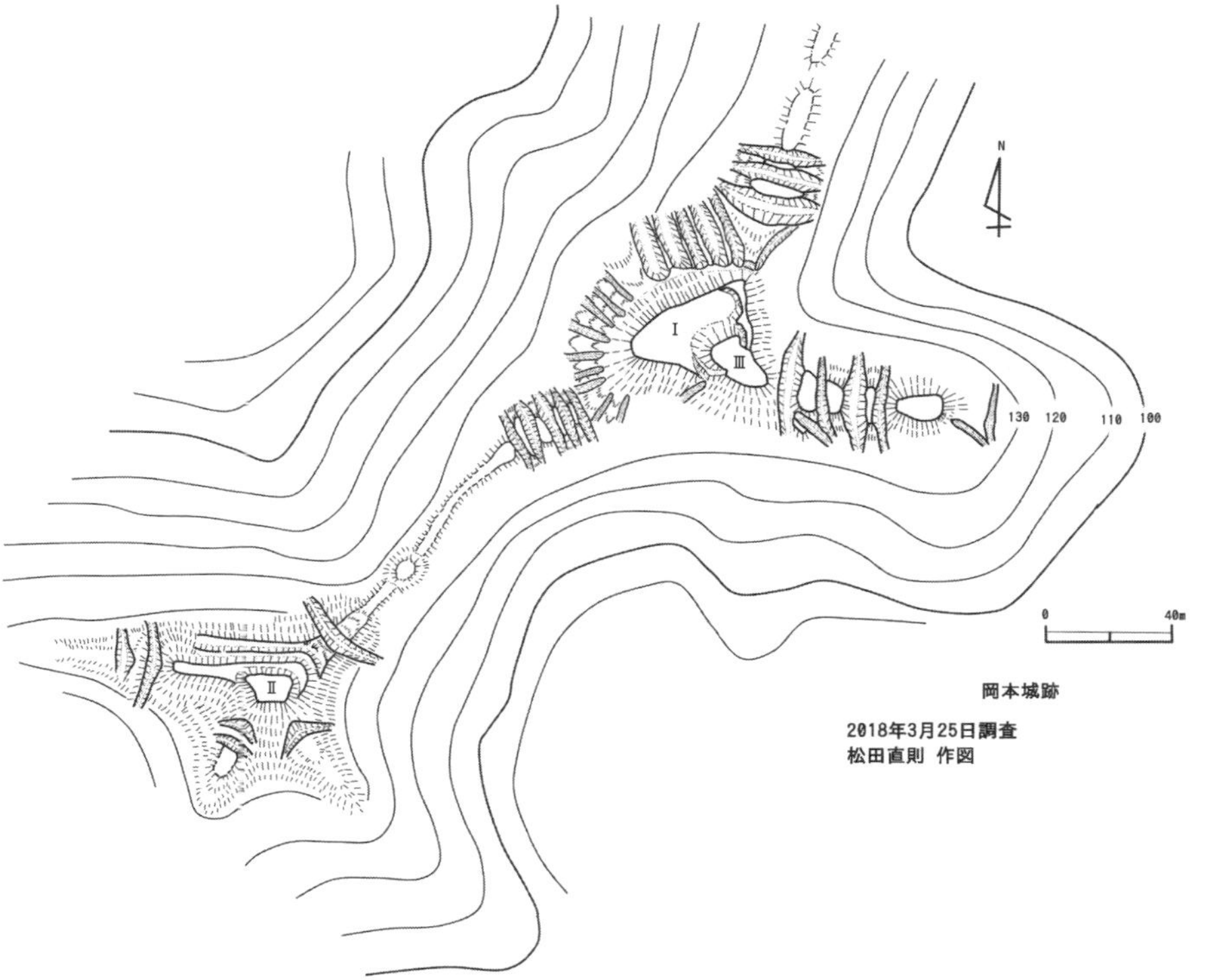

●—岡本城縄張図

【「一城別郭」といわれる構造の城跡】　岡本城は水運の要となっている場所を選地し、新庄川中流域に所在する姫野々城と一体となる城である。一五世紀中頃には、須崎が重要な港であったという記録もあり、堺商人が須崎に下向、滞在していたことも確認されている。また、水上運輸の仲介業者である問《とい》（問丸《といまる》）が存在していたこともあり、須崎の港は中世の土佐港として確固たる地位を確立していたと思われる。

東西の広い範囲が城域で、平場は曲輪Ⅰ（東ノ段）と出丸となっている曲輪Ⅱ（西ノ段）で縄張が構成されている。東ノ段と西ノ段の間の尾根線には少し小高い円形の平場があるが、これが城郭遺構かどうかはわからない。ここには櫓が建っていたのかもしれない。東西に城域が広い一連の城郭として「一《いち》城別郭《じょうべつかく》」といわれる構造の城である。

東ノ段である主郭の侵入ラインには尾根線にみられる連続堀切、堀切横に構築された二条の竪堀などから、戦国期の津野氏、一条氏や長宗我部氏の城郭構築技術が推察される。

しかし、曲輪Ⅱ（西ノ段）への尾根線からの侵入

●—畝状竪堀群

●—竪土塁

ラインには一条ないし二条の堀切しか構築されていない。このことから、西ノ段の曲輪は、築城年代が古いのかもしれない。南北朝期から構築されていた城郭でもあり、時代とともに長いスパンでさまざまな土豪に構築改修されていた城郭と考えられるので、そのような視点でみていくのも面白い城郭である。

城跡の見所は、東ノ段・曲輪Ⅰ下の西側斜面に放射状に構築された畝状竪堀群（写真）で、畝状竪堀群につづく斜面には連続した五つの竪土塁（写真）が存在する。また、この竪土塁が構築されている部分は本来、平場として機能させるべき空間に平場を設けず、竪土塁を構築することで曲輪周辺に敵を寄せつけない縄張構造である。また、先述した放射状の畝状竪堀群や縄張構造は、葉山（半山）の姫野々城、佐川町の松尾城にみられるものに非常に酷似しており、「岡本城」・「姫野々城」・「松尾城」ともに津野氏の影響下にあった城郭であったことからも津野氏時代の城郭遺構ということは否定できない。

【参考文献】『須崎市史』（須崎市史編纂委員会、一九七四）、『日本城郭大系15』（新人物往来社、一九八〇）、『図説中世城郭辞典三』（新人物往来社、一九八七）

（尾﨑召二郎）

●高知県中西部の拠点的城郭

姫《ひめ》野《の》々《の》城《じょう》

〔津野町指定史跡〕

〔所在地〕高岡郡津野町姫野々
〔比　高〕約一三〇メートル
〔分　類〕山城
〔年　代〕一四世紀から一六世紀
〔城　主〕津野氏
〔交通アクセス〕JR須崎駅下車、梼原～須崎線路線バス（葉山荘前）下車、徒歩約一一分登坂で城跡。

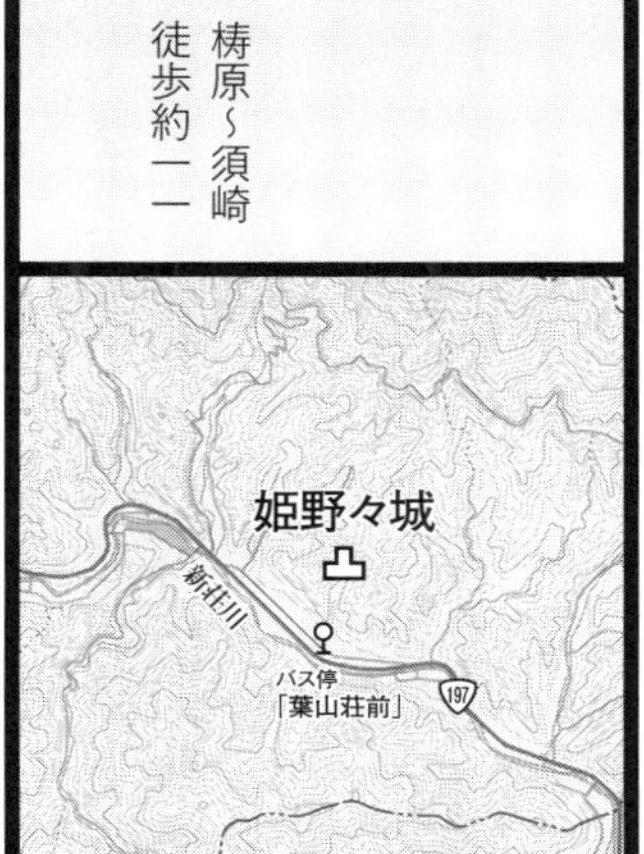

【津野氏の由来】　津野氏の由来については、伝承によると延喜十三年（九一三）、藤原仲平《なかひら》の子山ノ内蔵人経高《つねたか》が伊予から入国して、梼原・津野山を本拠としその勢力を伸ばしたという説と、平安時代後半に成立したと思われる津野荘（現在の須崎市多ノ郷、吾桑地区）から新荘へと発展したという説などがありはっきりしていない。鎌倉時代末期には「津野新荘里方」に対して葉山、津野山方面を「津野新荘山方」といった記載がみられ、南北朝末期には梼原方面も新荘内に組み入れられている。

『賀茂御祖皇大神宮諸国神戸記』所収の応安五年（一三七二）九月八日付けの津野繁高請文《しげたかうけぶみ》によると、津野本荘（現須崎市）が繁高の地頭請となり、永和元年（一三七五）から康暦二年（一三八〇）に至る四通の津野浄高《きよたか》の所領宛行《あてがい》状や、代官職安堵状『轟簡集拾遺』では、備前守浄高が東は多ノ郷（現須崎市）から西は梼原《ゆすはら》（現梼原町）までの地やその代官職を家臣らに宛送っている。姫野々はこれらの地を押える要所に位置していることから、南北朝時代の繁高の頃には居城は当地にあったと考えられている。

南北朝期の動乱が契機となり、津野氏は一四世紀中頃から新荘川下流域まで進出し、一五世紀の中頃には四万十川上流（梼原町・東津野村）より新荘川全流域の制圧、当地城の土豪名主層の家臣団への編成を達成しているようである。南北朝期から室町期にかけて津野氏の全盛であり、『十八代記』によると津野繁高《しげたか》―浄高《きよたか》―春高《はるたか》であり、之高《ゆきたか》が伊予の河野氏から入って春高の養子となっているが、明徳年間の津野之高は、この期のピークを示す人物であろう。その後、永正十四年（一五一七）一条氏の家臣であった福井玄春の守る戸波《へわ》（現土佐市）を攻撃した恵良沼《えらぬま》の戦いや、天文年間（一五三二～一五五五）の戦いで敗退し、津野氏は一条氏に降り所領は安堵される。天正三年（一五七五）長宗我部氏の土佐統一では、その傘下に入り、長宗我部元親の三男である親忠《ちかただ》を津野勝興《かつおき》の養子として迎え入れる。

天正年間の『長宗我部地検帳』をもとにして描かれた『姫野々城下町図』には土居跡に隣接し「御乳人《めのと》屋敷」と書かれた屋敷地がみえるが、親忠の養母を側近に配置していたものと思われる。親忠は、慶長年間初期（一五九六～一六一五頃）に城を須崎（須崎城）に移したとされているが、慶長五年九月の関ヶ原の戦いに敗れた長宗我部盛親に切腹を命じられ、津野氏は滅亡する。

【姫野々城の縄張】 姫野々城は、葉山村姫野々、葉山小学校後方の標高一九三メートルの山上に立地する。津野氏の土居が立地する（白雲神社南西下）姫野々集落からの比高差は一三〇メートルを測る。山頂部には東西二三メートル、南北最大幅八・九メートルを測る平面楕円形を呈した「詰《つめ》ノ段」にあたる平坦面が存在する。この詰ノ段から比高差三～五メートルを測る下方には、帯曲輪を呈した「二ノ段」が存在する。この帯曲輪は、西から詰ノ段北下、東下を周り、詰ノ段南下まで延び、西側から螺旋《らせん》状に高くなる。二ノ段南および二ノ段西は、それぞれ最大幅一一・二一メートル、一六・五メートルを測り、帯曲輪の中でも広くなっている。二ノ段南の西南端からは幅二・五メートルほどの通路が西下に延びており、二ノ段西に通じている。詰ノ段および二ノ段には土塁などの遺構はみられない。詰ノ段斜面および二ノ段斜面は急峻な切岸であり、部分的に土止めの石積みに使われていたような石材がみられる。

二ノ段の七～一〇メートル下には畝状竪堀群《うねじょうたてぼりぐん》があり南東斜面には六本、北斜面は九本、南西斜面に五本みられ、合計二〇本もの畝状竪堀で主郭をとり囲むように放射状に構築している。また、詰ノ段・二ノ段の主郭を中心に東、西、南に尾根がつづいており、この尾根にはそれぞれ堀切が連続して構築されている。主郭から東に延びる尾根には鞍部を削り取った四本の堀切があり、それぞれ竪堀を斜面に延ばして連結させている。この四本の堀切の東側には標高一八九メートルを測る尾根上に平坦面が存在する。「東本城」と呼ばれるこの平坦面は東西二一メートル、南北最大幅一四メートルを測り、平面が三角形状を呈している。

この曲輪内には、いくつかの転石がみられるが土塁などの

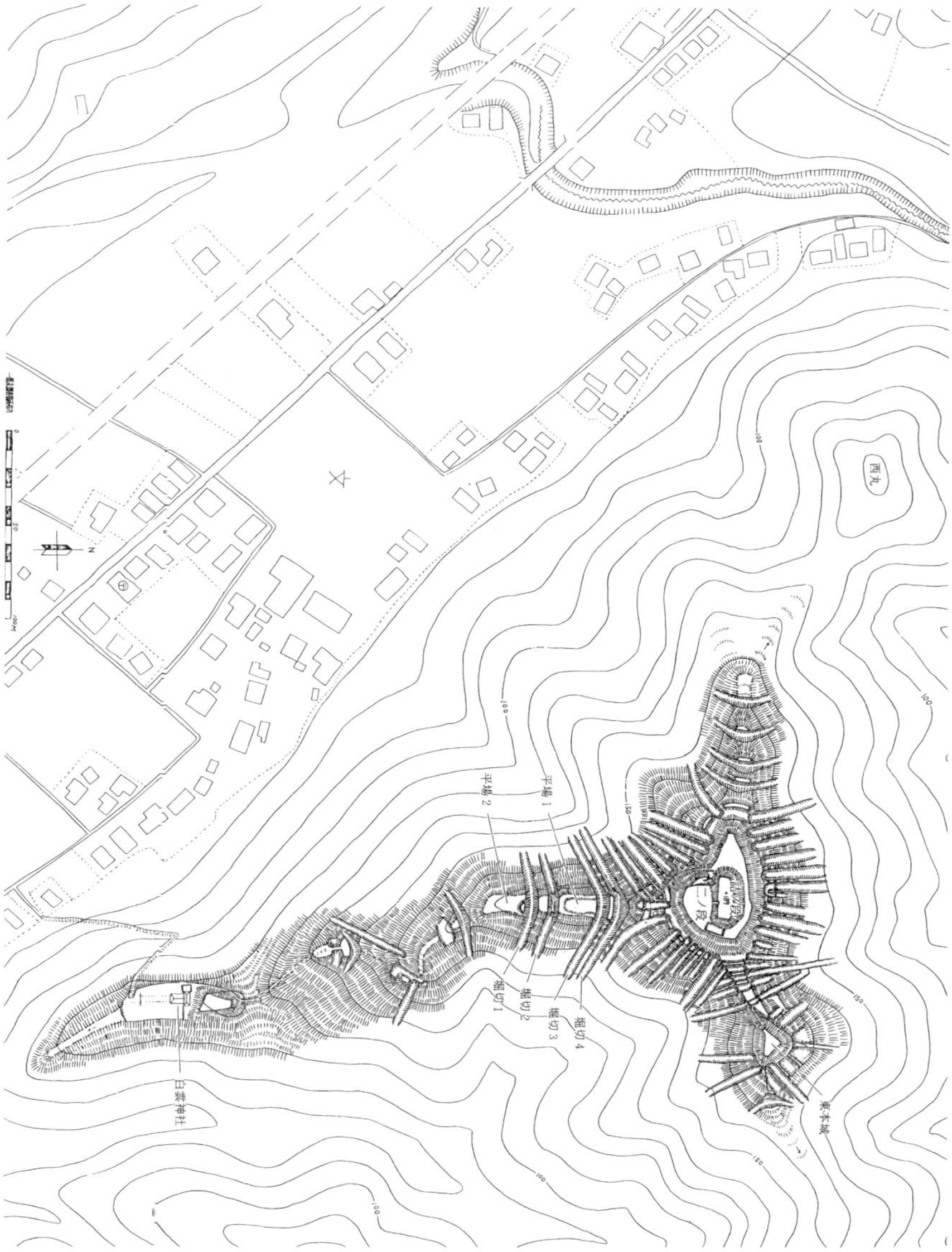

●—姫野々城縄張図（池田誠作図）

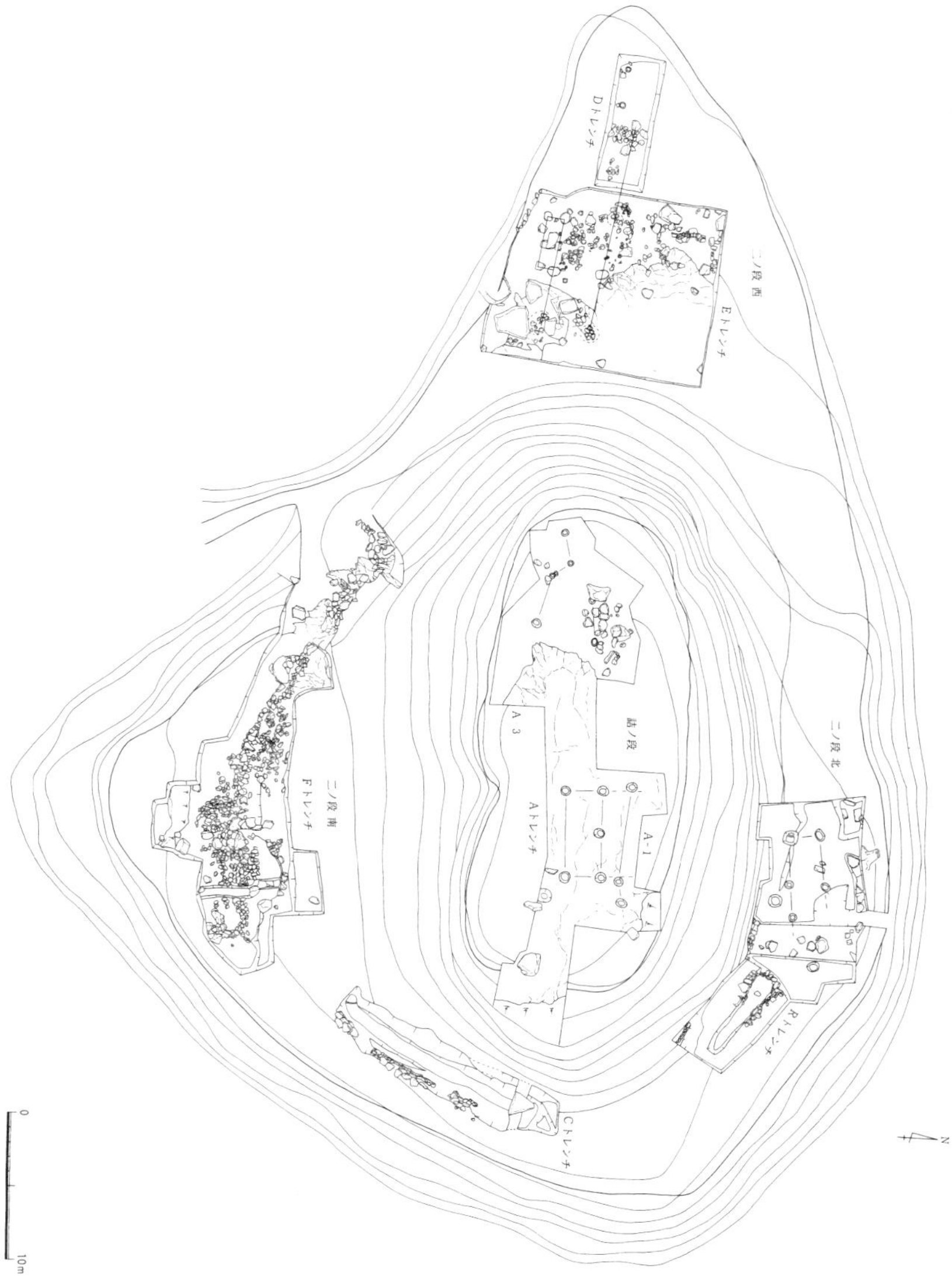

●—姫野々城主郭部配置図（津野町教育委員会提供）

●—土坑出土土師質土器・青磁碗（津野町教育委員会提供）

遺構は存在しない。曲輪の斜面は急崖であり、五メートル下には五本の竪堀が放射状に配されている。主郭から西方に延びる尾根上には、四本の堀切がみられる。また、この尾根の基端部、二ノ段西直下には、横堀+竪堀で構成されるU字型を呈した堀が存在する。さらに、南に延びる尾根には大小四本の堀切が連続し、堀切3・4は姫野々城の中で最大の堀切である。堀切は最大幅五・一〜六・九メートル、底部幅一・三〜一・八メートル、深さ二・五〜二・六メートルを測る。堀切の間は二・二メートルで、二条の堀切が連続して構築されている。この堀切の南側には、南北二二メートル、東西最大幅一一メートルの平場1がある。この平場を挟み堀切が連続して配され南側に平場2がある。南に延びる尾根は堀切を過ぎると東方に緩やかに下降する。さらに、堀切から九〇メートルほど南東に延びた所で、地形は急崖になり、標高一四〇メートルを測る南東斜面に竪堀が配されている。標高一〇〇メートルのところに鎮座する白雲神社までの尾根は急峻である。

【姫野々城・土居の発掘調査】　平成六・七年度に公園整備にともなう姫野々城の発掘調査が行なわれた。詰ノ段と二ノ段の調査が行なわれ、二ノ段西の曲輪では、三間×一間以上の礎石建物跡が検出された。他には掘立柱建物跡・堀状遺構・石積み遺構などが検出され、土師《はじ》質土器の供膳具、青磁・染付けなどの貿易陶磁器、瀬戸・美濃焼、備前焼といった国産陶

●―二ノ段西礎石建物（津野町教育委員会提供）

器類など、主に、一五世紀後半代の遺物が中心に出土している。中には一四世紀代に遡る遺物や、一六世紀代の遺物も出土しており、遺物からみると南北朝期には山城として一定の機能をしていたことが明らかとなった。一五世紀代がピークであり、その後、一六世紀後半頃まで機能していたものと思われる。

また、山麓部にある津野氏の居館跡の調査も行なわれており、堀跡や、掘立柱建物跡など一四世紀～一六世紀代の遺構と遺物が確認されている。堀は、山城が恒常的に使われる段階につくられたようで、居館的機能は一時的に山上に移動している可能性もある。今次調査区北西に隣接する地点で検出された堀の性格も含めて考えると、地検帳段階の津野親忠の「御土居」は調査地点の西側にあると考えられ、この段階では山麓に再び居館を構えたものと思われる。今回の調査で得られた資料は、姫野々城跡の調査成果を含め、居館（土居）と山城の関係、その機能や推移を知る上で貴重な事例となろう。

【参考文献】『姫野々城跡Ⅰ・Ⅱ』（葉山村教育委員会、一九九五・一九九六）、『姫野々土居跡』（葉山村教育委員会、二〇〇〇）、大久保健司『中世城郭研究第二〇号～連続竪堀群から見た戦国土佐の城』（中世城郭研究会編、二〇〇六）、吉成承三『四国の中世城館～畝状竪堀群を持つ四国の城～』（岩田書院、二〇一八）、松田直則編『土佐の山城』（ハーベスト出版、二〇一九）

（吉成承三）

●土佐一条氏荘園所在の佐竹氏の居城

久《く》礼《れ》城《じょう》

〔中土佐町指定史跡〕

〔所在地〕高岡郡中土佐町久礼
〔比　高〕約九〇メートル
〔分　類〕山城
〔年　代〕一六世紀後半
〔城　主〕佐竹氏
〔交通アクセス〕JR土讃線久礼駅下車、町道を西へ二〇〇メートル、国道五六号を北へ、左手の町立久礼保育所裏が城跡登山口（徒歩約一七分）。

【佐竹氏に関わる史実】『中土佐町史』によると佐竹氏は、新羅三郎源義光《よしみつ》の子孫といわれ、『堂社御改指出牒』や『土佐州郡志』では、常陸国から土佐久礼に来て本拠を構えたとされる。『土佐国蠹《と》簡集《かんしゅう》』では、大永年間（一五二一～二八）に久礼へ来住したとしている。

『佐伯文書』によれば、暦応二年（一三三九）の土佐における南北朝の争いを記した中に、北朝方武将として佐竹、佐竹一族彦三郎殿などとみえる。佐伯文書は、南北朝期に津野新荘岡本城の北朝方武将であった佐伯（堅田）小三郎経貞《つねさだ》の軍忠状を中心とする文書である。延徳三年（一四九一）、笹場の稲荷大明神、曽我大明神が佐竹氏により造立されており、その勢力が久礼南部の笹場までのびていたことがわかる。

この後、戦国時代までの佐竹氏関連の史料は少なく、『船戸村金光寺般若経奥書』に年代は定かではないが、上ノ加江まで勢力が及んでいたことが考えられる記述がある。永正四年（一五〇七）、細川政元《まさもと》が殺害され、守護代細川氏が上洛したのをきっかけに土佐は戦国時代に突入する。『参考土佐軍記』巻一の「土佐国守護之事」に佐竹氏は、国侍として位置付けられている。

【久礼城の概要】主郭の規模が大きく連郭式の形態の山城であり、主郭へのアプローチには両袖型虎口を採用し、主郭北斜面には整然とした畝状竪堀群が配置される。山頂の詰《つめ》（Ⅰ）と東方下の二の段（Ⅱ）、西方下の三の段（Ⅲ）を中心に、北方下長沢川に向かってのびる尾根の先端部の郭、詰西南部下の尾

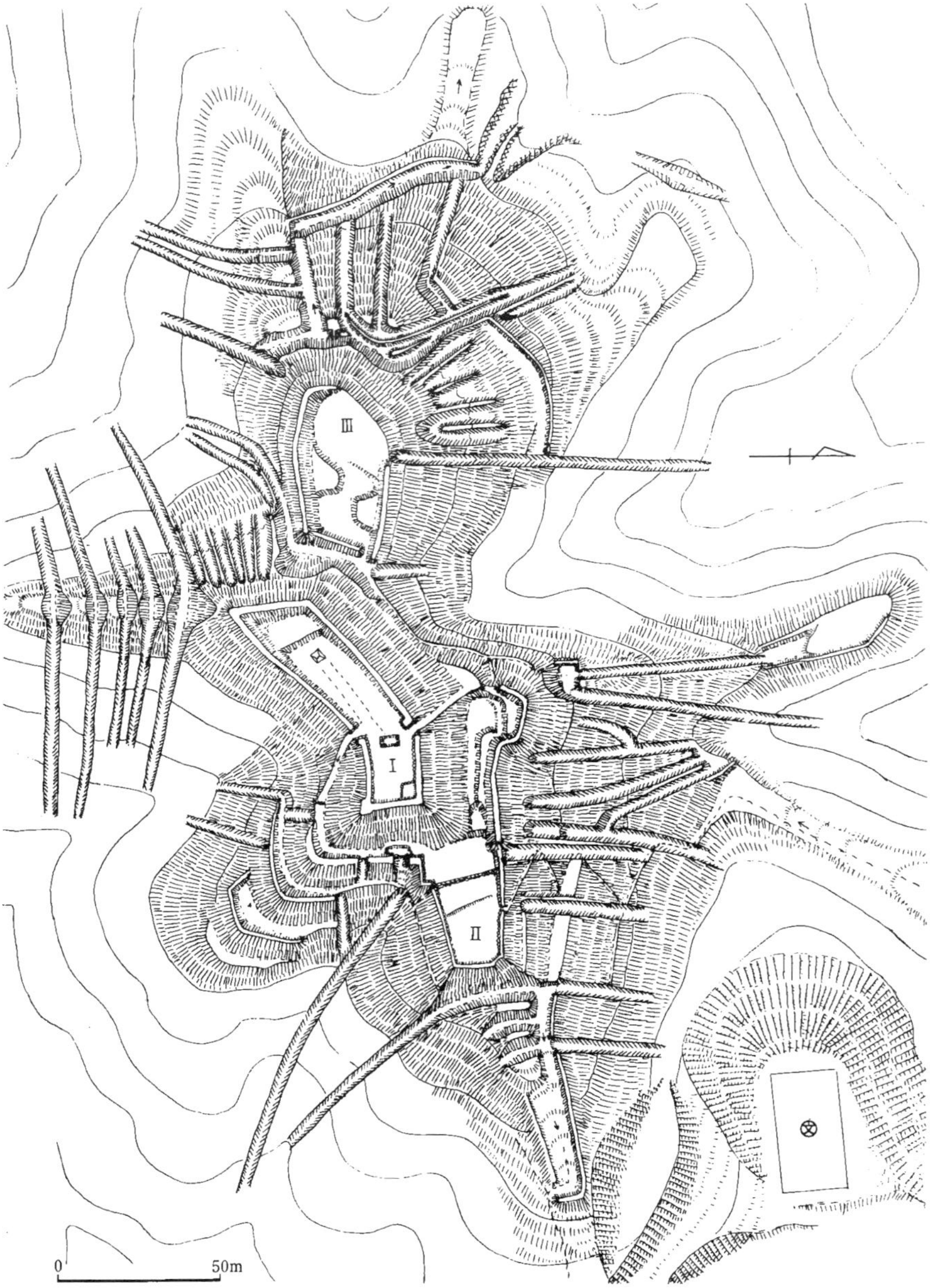

●—久礼城縄張図（池田誠作図）

根から三の段にかけての堀切、竪堀群、詰東南下の土塁群、二の段東下の尾根の土塁群とこの尾根から詰北方下の郭にかけての竪堀群からなり、南北山麓近くに湧水《ゆうすい》をたたえる池が一ヵ所ずつある。昭和五十八年（一九八三年）に主郭部を中心に発掘調査が実施されており、山頂部の詰の一段高くなっている西端部で、直径三〇〜四〇センチ大の楕円形の礎石を検出し、桁行《けたゆき》六間、梁間《はりま》二間の多聞にあたると思われる建物跡を検出している。東端部では、桁行八間（七・七メートル）、梁間四間（四メートル）の望楼的建物の可能性のある礎石を検出している。この建物の北西に桁行、梁間とも二間と考えられる建物跡、中央東よりで井戸と思われる土坑状の遺構を確認している。土塁には腰巻石が認められる。出土遺物は僅少で土師質土器・青花・鉄釘などである。青花は蓮子碗《れんしわん》であり一六世紀後半頃のものと思われる。

●—久礼城建物完掘状況（中土佐町教育委員会提供）

　この久礼城の一キロほど南方に西山城がある。この西山城と久礼城を比較した場合、西山城の竪堀は主郭部から離れた斜面に素掘りで築き並べているが、久礼城は主郭部直下に竪土塁をともなった形態で、竪堀基部は横堀状を呈する。主郭の規模・形態、虎口の有無、礎石建物や出土遺物などからみて西山城よりも久礼城の方が新しく、中土佐町域では北斜面の土塁をともなう竪堀群が久礼城の段階から採用されたことがわかる。

　西山城から港湾を見据えた拠点的城郭としての久礼城への変遷を追うことができる。久礼城は佐竹氏の居城とされており、佐竹氏は南北朝期には北朝方に属していた。天文年間頃には一条氏に属し、元亀二年（一五七一）には長宗我部氏の配下となる。領主層の転換とともに城の遺構も変遷していったものと考えられる。

【参考文献】『中土佐町史』（中土佐町教育委員会、一九八六）、『久礼城跡』（中土佐町教育委員会、一九八四）、『西山城跡』（公益財団法人高知県文化財団埋蔵文化財センター、二〇〇八）、吉成承三『四国の中世城館〜畝状竪堀群を持つ四国の城〜』（岩田書院、二〇一八）、松田直則編『土佐の山城』（ハーベスト出版、二〇一九）

（吉成承三）

●幡多地域との境目の城

大《おお》野《の》見《み》城《じょう》

〔中土佐町指定史跡〕

〔所在地〕高岡郡中土佐町大野見
〔比　高〕約一二〇メートル
〔分　類〕山城
〔年　代〕室町時代・戦国時代
〔城　主〕大野見氏・津野氏
〔交通アクセス〕JR土佐久礼駅から車で三〇分。

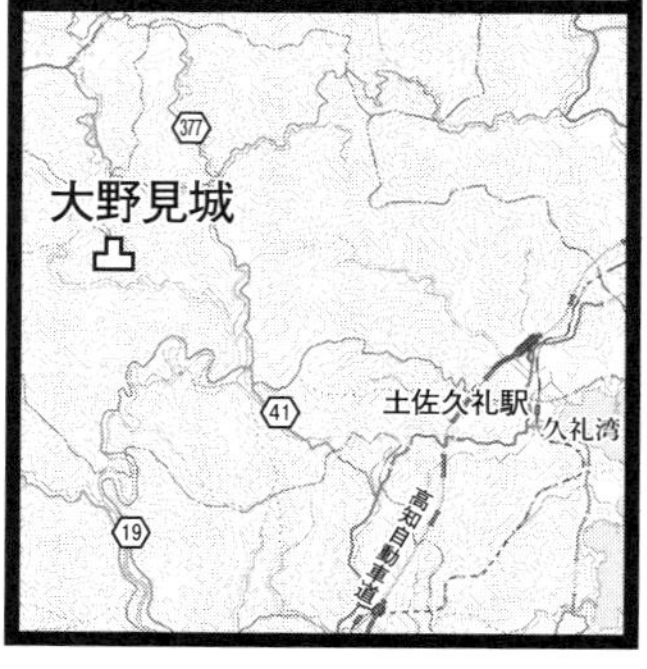

【津野氏の支配下にあった城】　大野見城は、高知県の中央部の中土佐町大野見に所在し、四万十川上流域の槙野々《まきのの》集落の丘陵頂部に構築されている。大野見城は、津野氏の一族である藤原氏が支配者として、大野見に入り居城したとの伝承がある。宮野々《みやのの》集落に鎮座する天満宮の鰐口《わにぐち》に、応永三十一年（一四二四）に藤原氏の名前が確認でき、それまでこの地を支配していた在郷領主の大野見氏は応永十六年（一四〇九）頃から名前がみえなくなっている。

　さらに、奈路の天満宮の棟札《むなふだ》を見ると、『南路志』には、「津野山郷舟戸桑市村百姓彦兵衛所蔵文書」に舟戸の源左衛門が大野見城定番を仰せ付けられたと記載されており、舟戸城主戸田氏や津野氏との関係は深い。『土佐州郡志』では、尾中備前を城主として伝えている。桑河内源左衛門が監守した後、中平豊前守、戸田長左衛門の名前も出てくる。軍記物や歴史書に出てくる城主の名前の変遷である。これらのことを整理すると、一五世紀代には姫野々城主の津野氏の代官が支配していると解釈できる。

　天文年間（一五三二〜一五五五）の頃には、津野氏は一条氏の傘下に入っており、元亀二年（一五七一）には長宗我部氏に降って津野氏の所領が安堵されている。

【縄張遺構から見た大野見城】　現在は、奈呂集落が大野見の中心であるが、城跡は四万十川や下流域の丘陵上に構築されており、当時の中心は槙野々集落あたりかもしれない。大野見城は、標高四〇三メートルの丘陵頂部に構築されており単郭の構

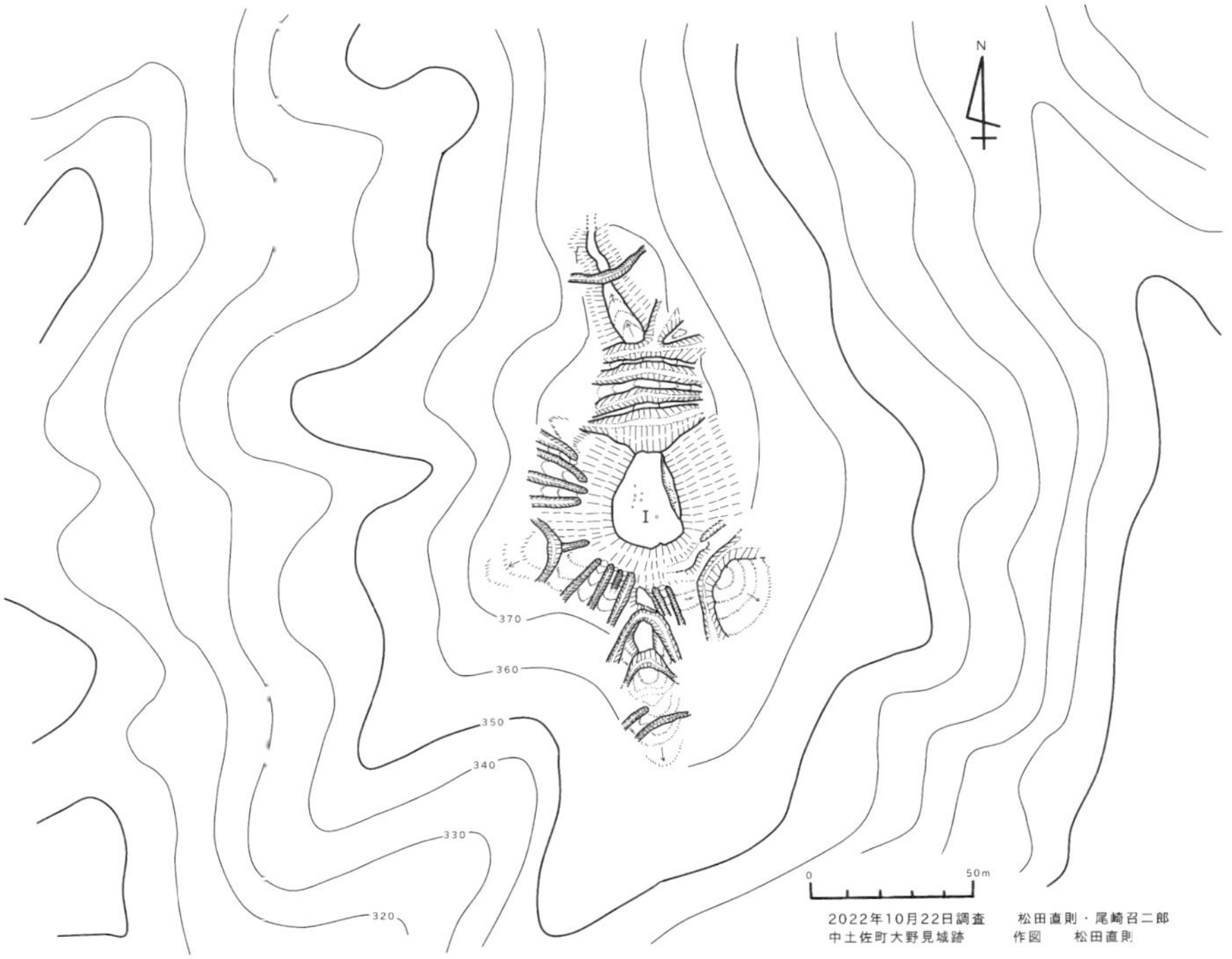

●―大野見城縄張図（松田直則作図）

造である。南北に長い丘陵で、単郭の主郭（Ⅰ）を中心に周囲に防御施設を構えている。

北側の尾根から侵入してくる敵を意識して、五本の堀切を構築している。最北端に一本と、主郭の北側に連続して四本の堀切で防御している。主郭の北側切岸も含めて、堀切を乗り越えてから攻めてくることは容易ではない。西側は、斜面部に連続した竪堀を四条構築している。その南側では、尾根状に張り出した部分があり、そこにも竪堀と堀切を合体させたような遺構が構えられる。そこから南側では四条の竪堀があり、二重の堀切をわたり登城道となり丘陵尾根が降っている。

主郭は、単郭であるが東側が一段低くなった平坦部が存在する、礎石のような石材が散乱している箇所があるが、後世に宗教施設が建てられていた可能性がある。また、土塁の痕跡が見当たらず、周囲は柵列を利用した可能性がある。主郭の南側は、急な切岸になっているが東下は狭い平場が形成され、東側に竪堀一条と東側の張り出し部分に堀切とその西側斜面に二条の竪堀がみられる。南に尾根が延び降っているが、尾根には二本の連続堀切と、少し降ったところに堀切と竪

●―大野見城遠景（松田直則撮影）

堀が一条が構築される。大野見城は、北側を連続堀切、西側から南側斜面にかけて連続竪堀を構えて防御している。登城口は、この南側尾根筋を降ったところに二宮神社が鎮座しているが、その場所付近になる。

【表採遺物に小札】　大野見城では、遺物も表採されており、小札《こざね》一枚と国産陶器の備前焼、貿易陶磁器の染付片などが表採されている。鎧の小札が表採されることは珍しく、貿易陶磁器の細片も漳州《しょうしゅう》窯の青花であり、一六世紀末まで機能していた可能性もある。縄張図をみると、すべての遺構が同一時期に構築されたとは考えられず、最北端と最南端の堀切は最初に構築され、その後北側四本の連続竪堀や西側斜面に構築されている連続竪堀などは同一時期に構築されたと推察している。いつの時期に構築されたか時期を絞り込むのは困難であるが、一条氏家臣団が関与した可能性が強いのではないかと考える。

【参考文献】『中土佐町史』（中土佐町、二〇一三）、『大野見村史』（大野見村史編纂委員会、一九八一）、『宮野々遺跡発掘調査概要報告書』（大野見村教育委員会、一九九七）

（松田直則）

●窪川山内氏の近世城郭

古《こ》渓《けい》山《さん》城《じょう》

〔四万十町指定史跡〕

〔所在地〕高岡郡四万十町窪川
〔比　高〕約七〇メートル
〔分　類〕山城
〔年　代〕江戸時代
〔城　主〕窪川山内氏（林氏）
〔交通アクセス〕ＪＲ窪川駅から徒歩三〇分。

【高知城の支城体制で構築された城】　土佐山内家の本城である高知城を除き、慶長五年（一六〇〇）以降元和元年（一六一五）の一国一城令で破却されるまで存在していたのは、山内康豊《やすとよ》の中村城や初代城付き重臣が改修した江戸初期の五城である。その中の一つに四万十町に所在する古渓山城（虎渓山城）がある。関ヶ原合戦の功績で山内一豊《かつとよ》が土佐国を拝領し、その重臣たちが土佐の要地に城詰《しろづ》めとして配置された。

窪川山内家の初代である林勝吉《かつよし》は、一豊の命を受けて家臣団とともに慶長六年（一六〇一）に窪川に入り、窪川村周辺三五ヵ村に約五〇〇〇石の知行地を与えられている。長宗我部元親の有力家臣が城を築いた茂串山《しげくしやま》の窪川城には入らず、吉見川を挟んで茂串山と対峙する古渓山に城を築き、城の南麓に土居《どい》（窪川土居）を構えている。一豊は、林傳左衛門勝吉に山内姓を与え、山内伊賀一吉《かつよし》と改名し土佐三大家老職の一人としての権限を与えている。以後享保二年（一七一七）までの六代一一〇年余り存続している。

窪川に移ってきた一吉は、窪川家老職として新たに城づくりを開始している。古渓山の丘陵に城を築き、西南方向には四万十川が流れ、東側は馬の背をした地形に数カ所の堀切や土塁を設け、三郭の天守台には石垣を築き強固な城構えとしている。城付き重臣の中で、唯一長宗我部氏の家臣が築いた城を利用せず新城を築いたとされているがその理由はさだかではない。

南山麓の土居館は、茂串山城主窪川氏の菩提寺「瑞光庵《ずいこうあん》」

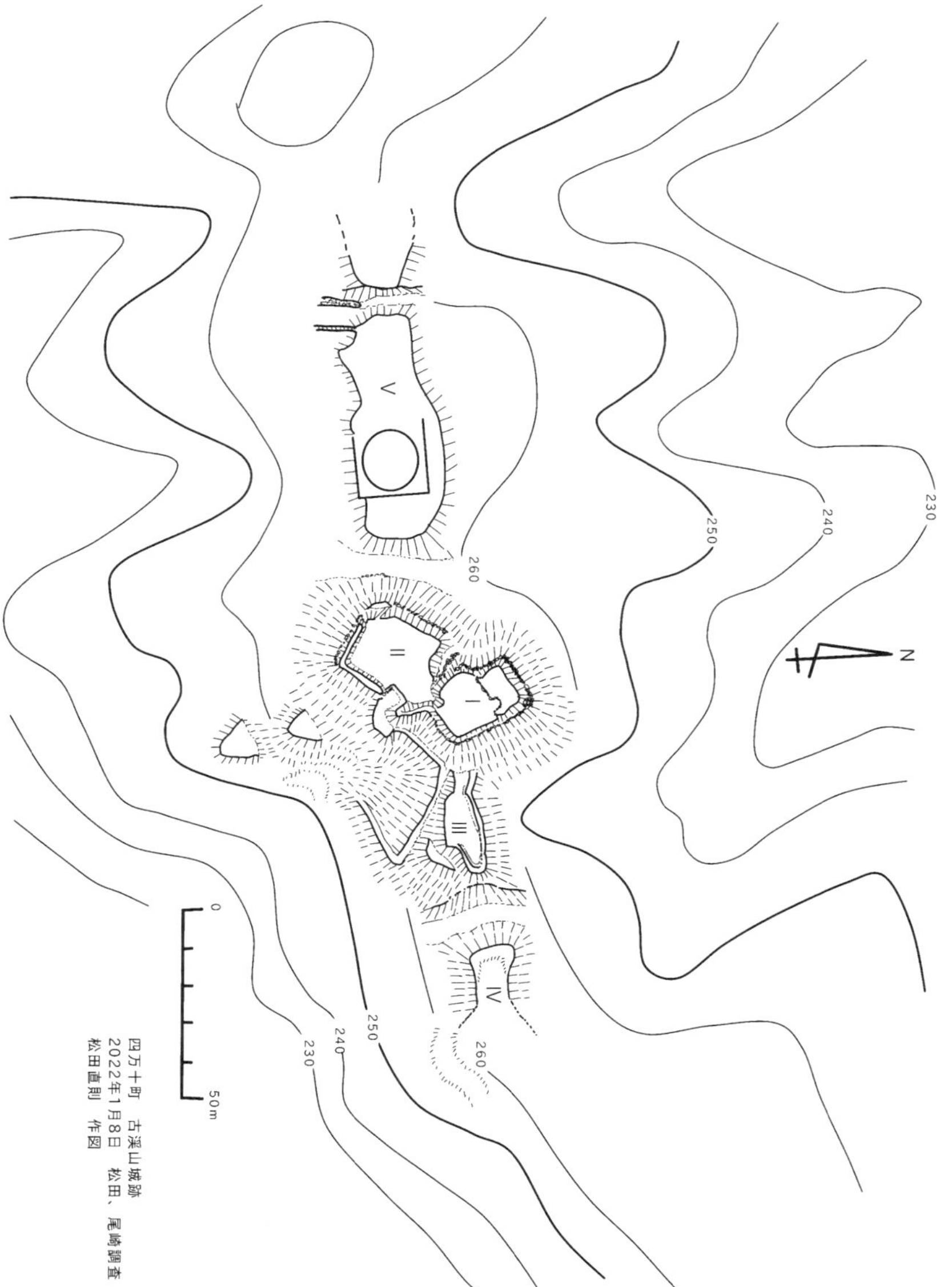

●—古深山城縄張図（松田直則作図）

があったところで、これを壊して殿様屋敷を構えている。その屋敷が、四万十町の中心部で新開町に所在する窪川土居城である。土居城の前を流れる吉見川に架橋し、その東側に広がる薮原を開拓し道をつけている。また、屋敷の区画をつくり家臣団を居住させて、吉見川筋には商人町の城下町建設を行なっている。

●—古渓山城遠景（松田直則撮影）

【天守台の石垣が残る城】　古渓山城は、市街地の北側で四万十川に突出する形で東西に延びる標高二七三メートルの丘陵上に構築されている。城跡が築かれた丘陵裾は、中村街道と宇和島街道の分岐点でもあり、城跡南麓には先述した土居館を構えており、城跡との比高差は約七〇メートルである。縄張の概略図をみると、主郭Ⅰは矩形を呈し北側に一段高い天守台を構えており、天守台の登り口は南東部にある。天守台の下端部には石垣が残存しており、隅角部の角石が五石ほど確認できる。その積み方をみると、算木積《さんぎづ》みではなく重ね積みで角石の角をうまく合わせ稜線にしている。慶長八年（一六〇三）の高知城本丸では算木積みが出現しているが、古渓山城ではその技術は使用されていないことになる。曲輪Ⅱの周辺にも、西側や南斜面部に築石と考えられる石が残存しており、石垣が積まれていた可能性もある。主郭南西部の一段低い曲輪Ⅱは、南側が土塁状の高まりがあり土塀の基礎と考えられる。東側端部には、虎口が構えられておりその南側は一段低い平坦部が存在する。その平坦部から曲輪Ⅲの下を通り南麓に所在する土居屋敷に下山できる城道がある。

　主郭Ⅰの東側には、Ⅲの曲輪があり北側から東側にかけて土塁で囲繞され、南側では確認できないが切岸になっており、南下方に狭い腰曲輪がある。曲輪Ⅲの東側には、上幅約

●—古渓山城天守台石垣（松田直則撮影）

一五メートルを測る堀切があるが、自然地形を活かして掘削していると考えられる、その堀切を挟んで曲輪Ⅳが存在する。曲輪Ⅳの東側は自然地形になっており西端の一部しか手を加えていない。

曲輪Ⅱの西側の堀切は、曲輪Ⅲの東側堀切と同様に大規模で、上幅約二〇メートルを測り人力で掘削するとなると多大な労力を要することになる。この堀切を挟んで、曲輪Ⅴになるが水道タンク施設で一部破壊されており、西端には上幅約七メートルの堀切と竪堀が残存している。古渓山城の縄張は、約東西二五〇メートル、南北一〇〇メートルの規模を有する近世初頭に機能した城跡と考えられる。慶長年間に新しく築造したといわれているが、主郭の天守台は石造で、曲輪Ⅱも一部石造と考えられる。その他は土造りの普請で堀切や竪堀、土塁が残存しており中世城郭の様相を呈している。これまで古渓山城の縄張が詳細に検討されたことがなく、一吉が慶長年間に築造したと伝わっているが、それ以前に中世城郭として窪川城の砦として機能していた可能性も考えなくてはならない。

（松田直則）

【参考文献】『窪川町史』（窪川町、二〇〇五）

●土佐中西部の拠点的城郭

窪《くぼ》川《かわ》城《じょう》（茂《しげ》串《くし》山《やま》城《じょう》）

〔所在地〕高岡郡四万十町茂串町
〔比　高〕約一〇〇メートル
〔分　類〕山城
〔年　代〕一六世紀
〔城　主〕窪川氏
〔交通アクセス〕ＪＲ四国土讃線窪川駅下車、県道一九号を南へ、徒歩約一〇分で岩本寺西側の三熊野神社。参道から三〇分登坂で城の主郭部。

【城の歴史】　明応九年（一五〇〇）に相模国鎌倉荘から「山内備後守宣澄《のぶずみ》」が窪川に来住し、茂串山《しげくしやま》に城を構え、「窪川氏」を名乗ったのが由来とされている。『南路志』には「茂串山古城　窪川七郎兵衛宣秋《のぶあき》居之仁井田郷五人衆之一也……」など茂串山に城があった記録がある。このことに由来し窪川城は別名茂串山城とも呼ばれる。

窪川氏（山内氏）は窪川一帯を領域に納めていたが、後に高岡郡一帯を支配する津野氏、土佐一条氏、長宗我部氏と領域支配が変遷する。茂串山城主は山内備後守宣澄—同兵庫允充秋《みつあき》—同七郎兵衛宣秋の三代とつづく。文禄二年（一五九三）、長宗我部元親の段階には朝鮮出兵の命で宣秋と弟の七郎衛門が出陣して釜山《プサン》で戦死することにより窪川氏は断絶する。窪川城は、その後、長宗我部元親の家臣である中島吉右衛門を城番に置くが、慶長五年（一六〇〇）、長宗我部氏が滅びたことにより廃城となる。

【窪川城の縄張】　城跡の立地する茂串山は西に四万十川、東から北側には支流の見付川が流れ、南は南東に位置する五在所山から伸びた山並みに連なる。標高三七二メートルの山頂部は丘陵の西端部にあり、北東に尾根筋が延びる。山頂部に詰ノ段に相当する曲輪があり、この曲輪を中心に西方下および北西方向に派生した小尾根に腰曲輪が付属する。また、北東に延びる尾根筋には規模の大きな曲輪を配置する。これらの窪川城跡の主郭部に相当する部分は丘陵の西端部に築かれている。詰ノ段（Ⅰ）は、長軸四六メートル、短軸は北西部が一〇メートル、中央

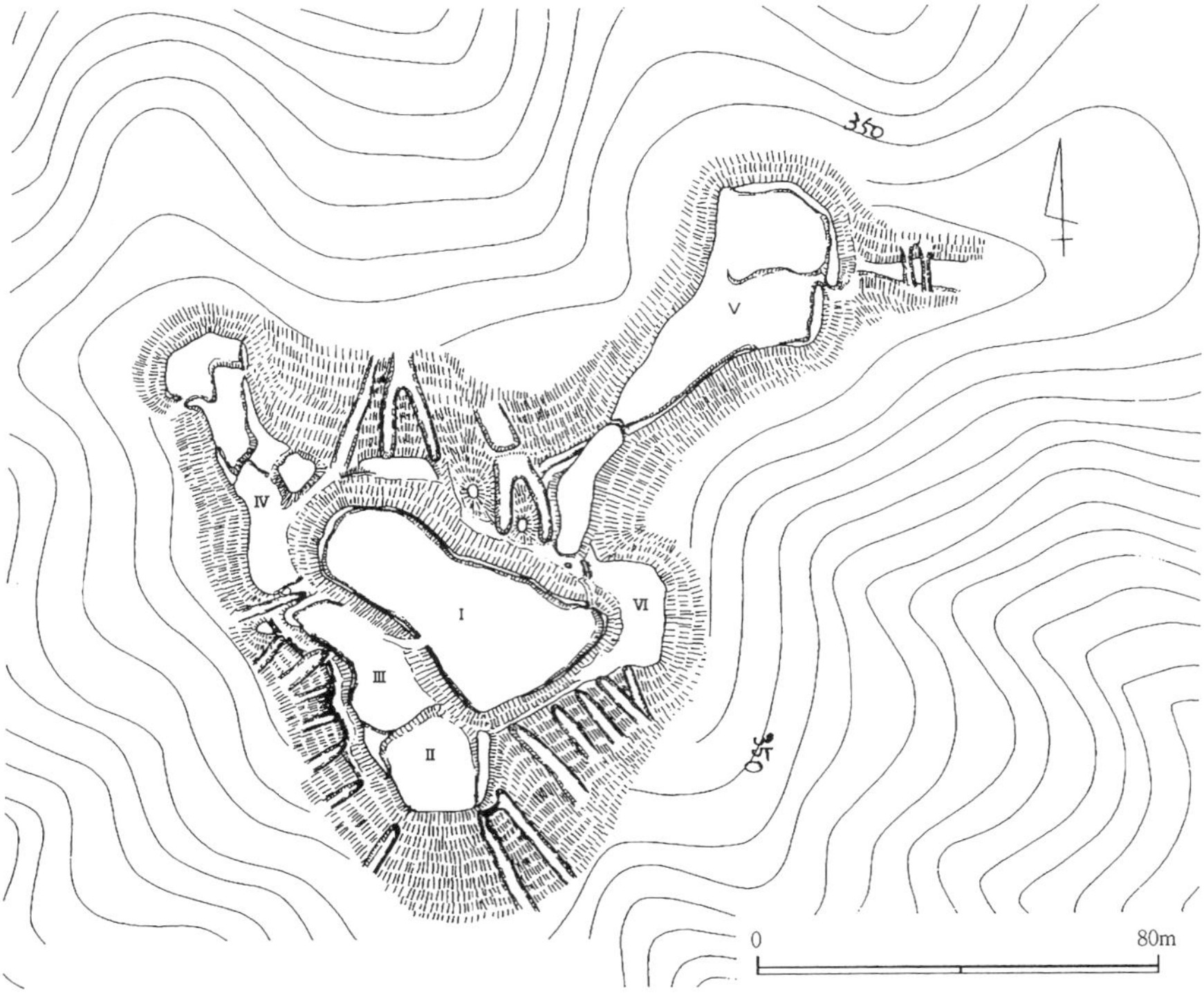

●—窪川城概要図（松田直則作図）

部は九《メートル》、南東部は二三《メートル》を測り、中央部が少しくびれた瓢箪《ひょうたん》型をしている。平場南東部には礎石に使われていたと思われる石が散見できる。周囲には、基底幅二〜三《メートル》、高さ〇・五〜一《メートル》前後の土塁がめぐり、土塁の一部には土留めの石積みがみられる。詰ノ段の南東部と、くびれを持つ部分の西側の二ヵ所に虎口がある。西側の虎口下、詰ノ段から比高差七《メートル》下に西ノ段に相当する腰曲輪（Ⅲ）があり、長軸五八《メートル》、短軸は北部で一〇《メートル》、南部で一七《メートル》と南部が広い。周囲には土塁がめぐっていたものと思われるが所々、途切れている。

　北側の土塁は残存状況が良く、北側の腰曲輪からの比高二・七《メートル》、内側は一《メートル》の高さを持ち、中央部は虎口状に南に折れる。また、南辺下には比高差二・七《メートル》下に小規模な平場（Ⅱ）を構え、詰ノ段南西隅角斜面から長さ一三《メートル》ほど南に傾斜しながら縦土塁を構築している。土塁構築にあたっては石積みによる土留めをしている。この、西ノ段の曲輪の南西斜面から南斜面にかけては、一〇条の連続竪堀群が配置されており、窪川城跡の防御面からみたもっとも特徴的な空間といえる。

さらに、詰ノ段南斜面には四条の竪堀が連続して配置されており、この連続竪堀の北東側、詰ノ段南東斜面下一〇メートルには、長軸三六メートル、最大幅一〇メートルを測る三日月状の腰曲輪（Ⅵ）を配置している。腰曲輪の北端は、詰ノ段南東虎口からつづく通路と、詰ノ段と東尾根の平場との間に堀切があり、土橋で繋ぐ。堀切は上端幅六・五メートル、底部幅一・九メートル、深さ一・八メートルを測り、堀底には石積みによる〇・九メートル四方、深さは現状〇・六メートルの井戸が構築されている。この堀切の北斜面側には堀底通路部分から竪堀がつづき、竪堀は二股に分かれ、堀底から一・〇メートル下方で合流し城跡北斜面の谷部に伸びる。西端の竪堀は谷の方から登ってくる通路となり、詰ノ段北西下の腰曲輪につづく。この腰曲輪と詰ノ段北西下には堀切があり、竪堀からつづく堀底通路になる。詰ノ段北西下の腰曲輪は、北西部に後世に造成された痕跡があり、築城当時の形状を把握するのは難しい。詰ノ段下から北東につづく尾根筋には長さ一・九五メートル、幅一二～二一メートルを測る平場がある。平場の北東部に広く、東端に土塁によって食違い虎口があり、そこから東尾根は傾斜し、虎口から一五メートルほど離れたところに二重の連続堀切を構える。

【窪川城の特徴】 主郭部は、詰ノ段と、西ノ段、東ノ段の腰曲輪であり、これらの曲輪は高低差を持たせ土塁や虎口を採用している。特に、主郭の西斜面から南斜面にかけて連続した竪堀を築き並べ西ノ段南下の小規模な平場や、そこに構築した縦土塁は当城の最大の見所である。また、詰ノ段下の堀切は、通路としても機能していたものと思われ、各腰曲輪をつなぐ特徴的な遺構といえる。この城は、南側と西斜面をもっとも意識して防御遺構が築かれているのが特徴であり、これらの遺構がいつ構築されたのか、現段階では詳細は不明であるが、将来発掘調査が実施されればさらに城跡の全体像が見えてくるであろう。

【参考文献】『窪川町史』（窪川町史編纂委員会、一九七〇）、大久保健司『中世城郭研究第二〇号～連続竪堀群から見た戦国土佐の城』（中世城郭研究会編、二〇〇六）、吉成承三『四国の中世城館～畝状竪堀群を持つ四国の城～』（岩田書院、二〇一八）、松田直則編『土佐の山城』（ハーベスト出版、二〇一九）

（吉成承三）

●一条氏から山内氏三万石まで使用された城郭

中《なか》村《むら》城《じょう》

〔四万十市指定史跡〕

〔所在地〕四万十市中村
〔比　高〕約一〇〇㍍
〔分　類〕山城
〔年　代〕室町時代から江戸時代
〔城　主〕為松氏・長宗我部氏・山内氏
〔交通アクセス〕土佐くろしお鉄道中村駅から徒歩で四〇分。

【中村城は複数の城の総称】　中村城は、四万十市中村に所在しており市街地の西北方にある標高一〇〇～一二〇㍍の山並みの一部、古城山上に構築された城郭である。中村城という名称は、一条氏時代には四家老の一人である為松氏が築いた城が最初と考えられており、長宗我部期では中村城監（吉良親貞《ちかさだ》・谷忠兵衛・桑名藤蔵人・桑名弥次兵衛吉成《よしなり》）、江戸時代に入ると元和の廃城まで中村山内氏が二万石を封ぜられており、各時代に使用された複数の城の総称である。

　天正十七年（一五八九）に実施された中村郷地検帳には、検地順に「東城」「為松城」「中ノ森」「御城詰《しろつめ》」「御城西弐ノ塀」「今城ノ旦」が記されている。東城は、一条氏の一族である西小路氏が居城しており、現在の上小姓町の裁判所宿舎西方で古城山の南東に張り出した尾根の先端部にあたるが、登山道などで削平されている。

　為松城は、現在本丸・二の丸と呼ばれているところで、二の丸には四万十市郷土博物館が建設されており、この曲輪には北側を除き三方に土塁が残るが、西方の土塁は博物館の出入り口として破壊されている。博物館の東側にも三ヵ所の曲輪がつづくが土塁は残存していない。本丸と二の丸の間は堀切で防御されていたと考えられ、現在は確認できないが発掘調査時の斜面部踏査で竪堀部分を確認しているので推定で堀切を復元している。

　本丸の南斜面には石垣が残存しているが、これは山内康豊《やすとよ》が入城した時の構築と考えられる。さらに時期は不明である

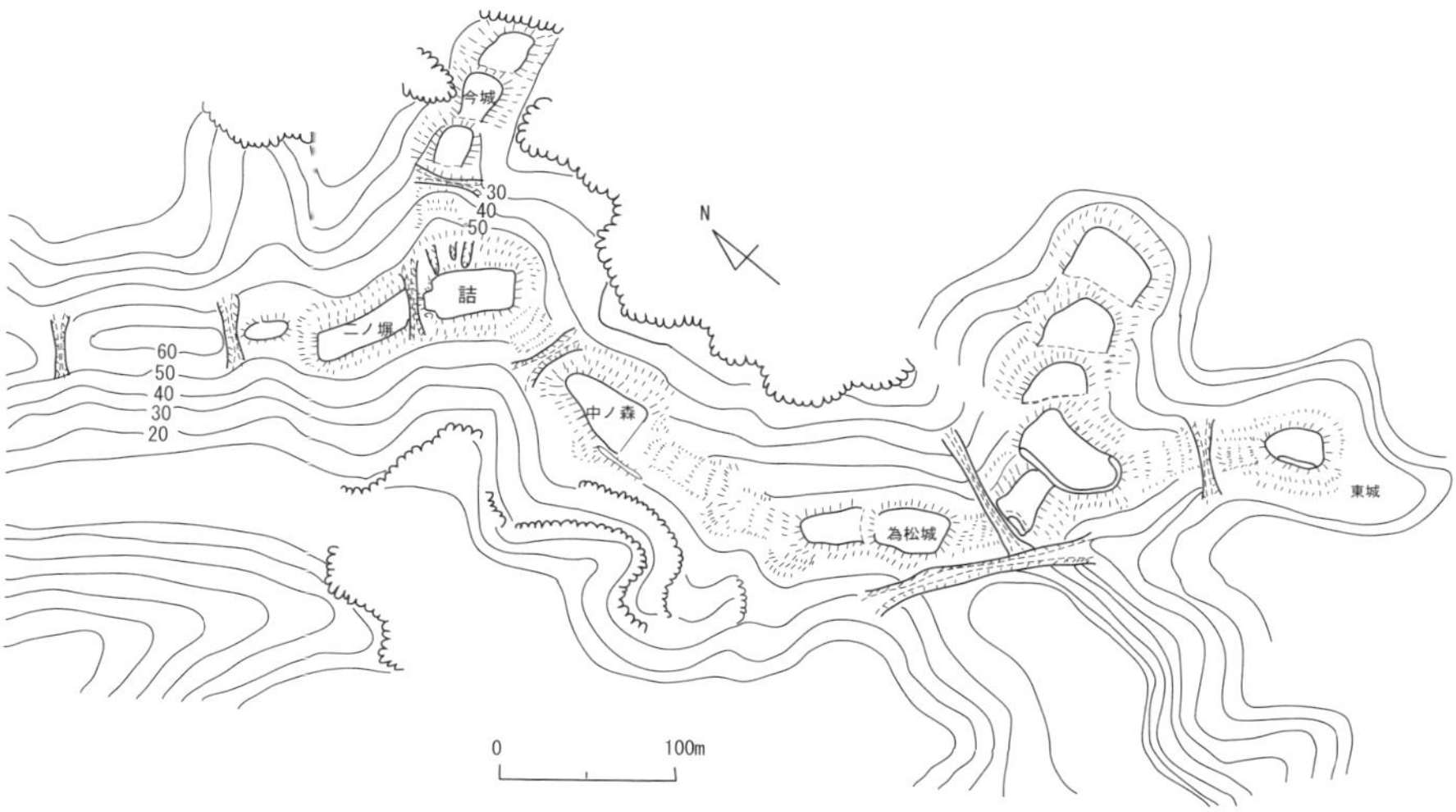

●—中村城縄張図（松田直則作図）

が、本丸の南西部にのびる現在桜の段と呼ばれている丘陵の間にも掘切が掘削されていたと考えられるが現在は舗装道路で埋められている。

為松城跡から北側に延びる丘陵にも曲輪がつづき中ノ森と呼ばれる曲輪が残存するが、この場所は動物園として利用されていた場所で土塁などの遺構の残りは悪い。中ノ森からさらに北側には地検帳で「御城詰」「西ニノ旦」「今城ノ旦」と記載されている場所で、防災工事にともない昭和五十八年に発掘調査されている。

【岡豊城跡や湯築城跡と同紋の瓦が出土】 発掘調査では、御城詰では石垣や礎石建物跡、土塁などが検出されている。さらに遺物は、一五世紀から一六世紀後半にかけてのものが出土しており、貿易陶磁器や国産陶器、土師《はじ》質土器が見られる。中でも石垣周辺部においては瓦が多量に出土しており、岡豊城や湯築城と同紋の瓦類が出土している。軒丸瓦は、右巻きの三巴《みつどもえ》文に残る丸瓦部では糸切り痕が残るコビキAが観察できるが、左巻きの三巴文は鉄線引きのコビキBである。主に北側石垣の流れ込み堆積土層の一三、一四層からコビキB、六層からコビキAが出土しており、堆積状況からみるとコビキBが先に廃棄されてのちにコビキAが認められる。長宗我部氏の居城である岡豊城はすべてコビキAであり

●—中村城詰石垣（松田直則撮影）

堺産の製品であるが、コビキBは土佐で生産されたものである。これらの両製品が中村城に持ち込まれている。文禄から慶長初期にかけて使用されており、浦戸城の瓦出土状況と似ている。

貿易陶磁器も多く出土しており、青磁がもっとも多く次いで青花、白磁となっている。中村城は、この地域の拠点的城郭として捉えることができ、土師質土器が多量に出土している状況は、長宗我部元親の居城である岡豊城と同じ傾向を示している。また、中村城出土のものは、幡多地方一円で出土しているものと同様に、砂粒子をまったく含まない精製品である。『長宗我部地検帳』によれば、土器分、土器給と中村地域で記載されている場所が、安並村、森沢村、横瀬村にある。中村城で使用された土師質土器は、これらの地域で製作された可能性がある。

御城詰の主郭となる曲輪には、土塁の基礎部分が確認されており、周縁部は土塁で囲まれていたと考えられ、北側には虎口や三条の竪堀が検出されている。詰と二ノ塀との間には浅いが堀切が掘られ、さらに二ノ塀の西側には二ヵ所に堀切がみられ西側の防御を固めている。詰の東側には今城ノ旦と記載されている曲輪がつづく。詰との間は堀切で仕切られ、三段の曲輪が東側に造られている。今城ノ旦からは、掘立柱建物跡が検出されており、土塁遺構や石垣などは検出されなかった。この発掘調査された場所は現在切り取られ住宅になっている。当時御城詰などの曲輪があったとされる場所は公園となっており、検出された石垣が移築復元されている。

【四万十川（渡川）合戦時の中村城】 四万十川は、さまざまな歴史を飲み込みながら日本最後の清流として生き続けている。中でも四万十川（渡川《わたり》）の合戦は、土佐の歴史の中で大きな画期となった戦いである。天正三年（一五七五）土佐統一のため長宗我部元親は、一条氏と四万十川を挟んで合戦を行なっている。一条兼定《かねさだ》は、前年の天正二年（一五七四）長宗我部氏の策略で本貫地《ほんがんち》の中村を明け渡し、豊後に退去している。しかし伊予の法華津《ほけつ》氏や御荘《みしょう》氏などの土豪の支援を得て所領回復のため兵を起こし四万十川の合戦となっている。このとき両陣営の拠点となった城が、中村城と栗本城・扇城である。

長宗我部氏の拠点となった中村城と、一条氏の拠点栗本・扇城はともに発掘調査されている。調査の成果から、栗本・扇城は主郭を中心として掘立柱建物跡や溝跡などが検出されており完全に土造の城である。対して長宗我部側の拠点となった中村城は、主郭の詰で、礎石建物跡、石垣、瓦などが検出されており土佐の中でも数少ない石造りの城である。これらの事実を単純に理解すると、四万十川の合戦での勝敗は両陣営の城造りからして目に見えている。しかし、中村城の詰に築かれた石垣を含め建物跡がいつ頃構築されたものなのか、土造りから石造りの城の変遷時期が問題となる。中村城の石垣は、最近の研究では文禄年間の頃の構築と想定でき、四万十川の合戦時の中村城は詰に土塁が囲繞《いじょう》し堀切や竪堀で防御する土造りの城と考えられる。

このことから、両陣営の城郭は石造りと土造りの対決ではなくいずれも土造りである。しかし長宗我部方の中村城は連綿と機能していた城を拠点とし、一条方は一時期使用されなかった城を合戦のため再利用したにわか造りの城であったと考えられる。これら城の違いで合戦にどのくらい影響があったかは不明であるが、この合戦の後廃城になる城がさらに多くなり、中村城は幡多地方の要として石造りの強固な城へと変貌していくのである。

【山内康豊が築いた石垣】 山内一豊の弟である康豊が中村城に入ると、地検帳で「為松城」と記載されているところを改修して近世城郭を造っている。康豊が構築した城郭の様相は不明なところが多いが、現在駐車場となっている中村城の石碑が立っている場所に石垣が残っている。石垣の隅角部は残っていないが、築石部は比較的良好に残存している。砂岩の自然石や割石を使用して、野面積みで間詰石も比較的使用されている。

石垣前の道路端に築石と考えられる石材が二・三石散乱しているがその一つに矢穴痕が確認できる。この石垣についての詳細な研究はこれまでされていないが、修復について文献に記載がされている。慶長十八年（一六一三）に、宿毛の山内可氏と山内勝久によってさらなる普請がされているが、石垣を修復したかどうかは不明である。この石垣は、天守にともなう石垣と考えられ康豊が入城したときに構築されたものと考えられる。散乱している築石に残る矢穴痕は、慶長初めの頃に編年されるものであり時期的にも一致する。

周辺の石切丁場から調達した可能性があるが、この周辺では砂岩の石材確保が難しいこともあったのではないかと想定する。発掘調査で検出した長宗我部期の石垣は、築石の残りが悪く裏込《うらご》め石が多く残る状態であった。このことからも、山内期の天守台石垣を構築するにあたり、もっとも近い場所が御城詰の旧石垣であり、長宗我部期に残る砂岩石材の再利用と周辺の石切場からの調達が考えられる。

●―中村城天守台石垣（松田直則撮影）

●―矢穴痕が残る築石（松田直則撮影）

【参考文献】『中村城跡』（中村市教育委員会、一九八五）、『土佐の山城』（ハーベスト出版、二〇一九）、石畑匡基「土佐藩における「諸国城割令」の受容と破城」『高知県立歴史民俗資料館研究紀要』第二一号（高知県立歴史民俗資料館、二〇一六）

（松田直則）

●軍事的指向性を有して築造された大規模城郭

有《あり》岡《おか》城《じょう》

〔所在地〕四万十市有岡
〔比　高〕約八〇㍍
〔分　類〕山城
〔年　代〕一六世紀第3四半期
〔城　主〕不明
〔交通アクセス〕国道五六号線から県道五〇号線を北上し、四万十看護学院の東丘陵を目指す／土佐くろしお鉄道宿毛線有岡駅から直線距離で約〇・八㌔。

【地勢・歴史的環境】　有岡城の所在する四万十（旧中村《なかむら》）市有岡は市内を東西に断郊する国道五六号線を西進し、隣接する宿毛市との境域に位置している。宝永年間の『土佐州郡志』には有岡村として「東限磯野川村、西限山田村（宿毛市山奈《やまな》町山田《やまだ》）、南限九樹村、北限横瀬村」とあり、ほぼ現在の大字に承継されている。

当該地は中筋《なかすじ》地区に存立しており、北方に位《くらい》する大塔《だいとう》山（標高三八三㍍）中起伏山地から派生する山奈山麓地に拓けた集落である。宿毛市平田《ひらた》で曲流する平田川と山奈を発源とする山田川および横瀬《よこぜ》川が有岡沖で合流して中筋川（一級河川四万十川水系一次支川）となって蛇行東流し、かつては香山寺山麓の坂本《さかもと》で本川に落ち合っていた。県内次位の沖積低地（中村平野）の主幹を成す同川流域（中筋沿岸低地）は、宿毛湾奥部から四万十川下流域を経て入野《いりの》（黒潮《くろしお》町大方《おおがた》）に走向する断層（中筋構造線）によって形成された中筋地溝帯を集水域とする。同川は迂曲に起因する河床勾配の低平な緩流河川であり、水運に利して下流域に坂本遺跡（一三世紀後半〜一六世紀前半頃）や船戸遺跡（一三世紀〜一五世紀代）などの埋蔵文化財包蔵地が分布している。一方で低奥型平地河川は本流に対する流下疎通能力の乏しい背水性地形でもあり、内水（溢流）による冠水の被害が多発するなど河域は水害の常襲地帯（氾濫原）となっていたが、現在は河川改修による沿川地区の治水事業により高度な土地利用がなされている。

地内を横断する幹道は、往時には西街道（伊予路）とも称

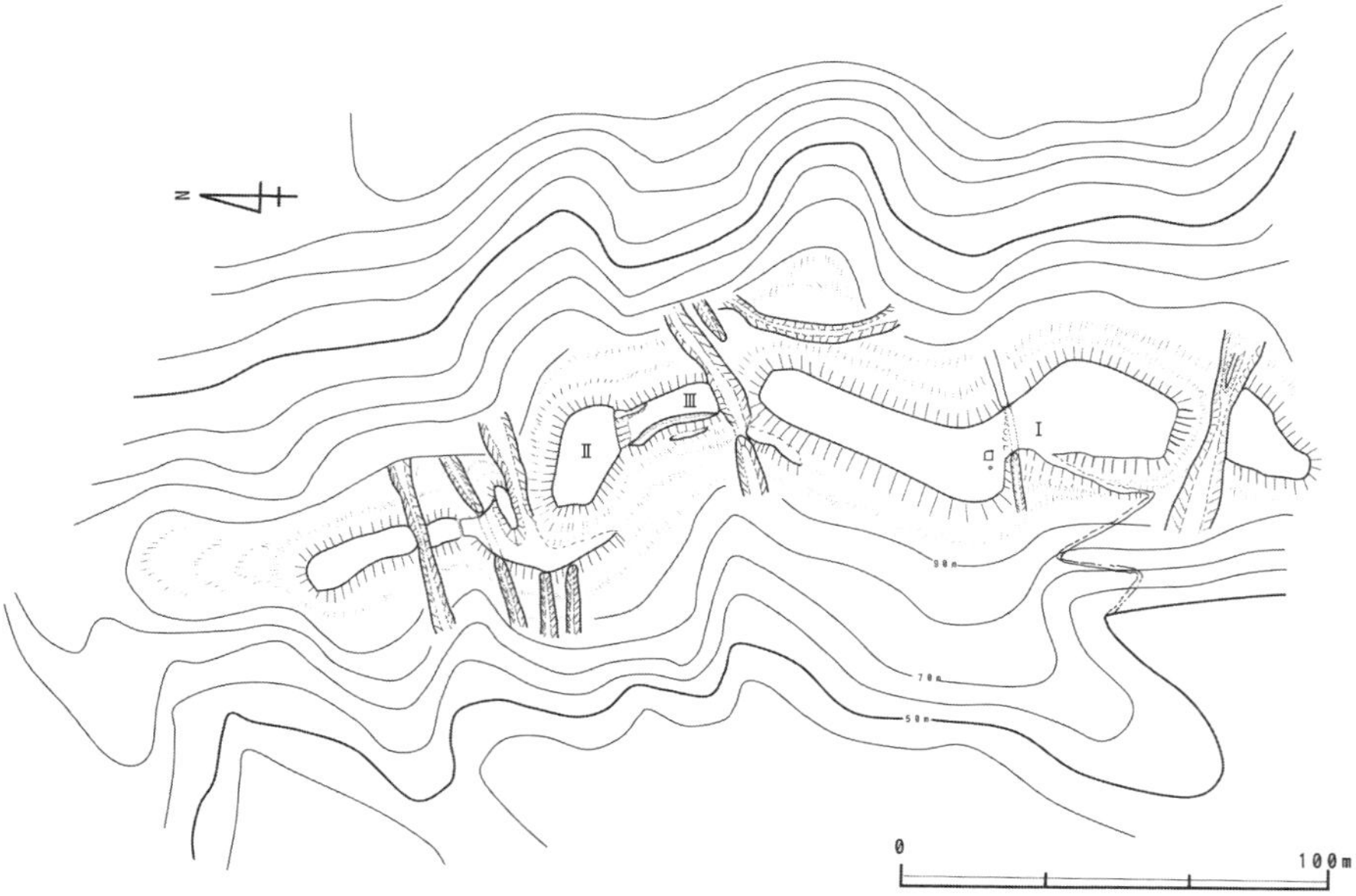

●―有岡城縄張図（松田直則作図）

された主要道であった。当地より支道（現県道五〇号川登《かわのぼり》有岡線）を分岐して北幡地域へ通じる要路として利用され、藩政期には送番所が置かれていた。また他岐として対岸の九《く》樹《じゅう》から熊越の鶴場坂（鶴番峠）を越えて幡多郡三原《みはら》村の宮《みや》ノ川《かわ》、上長谷《かみながたに》を経て下《しも》ノ加江《かえ》（土佐清水市）へ繋がる往還路（へンロ道）も存在していた。当城は中小河川の結節点（集散地）を扼して交通の十字路を掌握するなどの地勢的要衝に立地しており、周辺には九樹城や磯ノ川城ほか多数の城跡が群在している。

【城の故事】『土佐州郡志』有岡村の項に古蹟として「古城蹟二　傳言皆有岡民部少輔所レ築」とある。ほぼ同時期頃に成立したとされる『土佐物語』巻第九「四万十川《ワタリ》合戦之事」には「（前略）有岡に有岡安房、（中略）これ等は皆降参の輩なり。本領を給はり居城に安堵して（後略）」と叙述している。文化・文政年間の『南路志』には有岡城として「土左故事云、或書曰、有岡安房居之」とあるなど旧記はいずれも有岡氏の関与を伝えている。

『高知県史』には軍記物の一節を引用して「一条殿衆」とする真偽不明の家臣団を記載しているが有岡氏の名は見当たらず、また『長宗我部地検帳』の給人にも確認されていない。同氏の事績については地内に建立される有岡山本城（成院真静寺《しんじょうじ》（日蓮宗京都妙顕寺末）を元亨年間に開創した人物として「有岡地頭民部少輔」を古伝すると『南路志』に記されている。当城に遺存する縄張の平面構造に内在した特質は戦国期の様相を呈していると考えられ、一四世紀第1四半期頃に当地の領主であったとされる有岡氏（民部少輔）による築造関与については、故地に由来する城主伝承として通俗的に流布してきた可能性が考慮される。城跡には「民部正」と刻石された近世以降の所産と推察する角柱が建碑されている。

●—有岡城堀切

●—北曲輪石積み

【城跡の概要】『土佐國古城略史』（宮地森城著）には、明治期における当城跡の態容について次のように記している。「（前略）村落の北背に在り、之を鷹城と云ふ。（中略）城郭規模宏大なるが如しと雖も、今開墾して舊状観る可きなし（後略）」。

城跡は小字「古城山」に所在し、現状は山林となっている。標高約九〇メートル余の山稜支尾根の山裾丘陵頂部に占位し、麓からの比高（高低差）は八〇メートル前後を測る。城跡は複数の曲輪と数条の堀切・竪堀を備えて比較的広範な城域を有している。当城において着目される長大な曲輪（I）は南北で形状が異なり、抉状部でわずかに坎状を呈するがほぼ一体化し広大な平坦面を確保している。長辺を有する北側曲輪の南側端に前記の石碑と小祠が鎮座しており、日参道の行径が訪城の道筋となる。南側の曲輪端部に堀切を構え、東側方は二条の竪堀となって斜面を下っている。他端の東側にも二条の竪堀を配しているが、堀切による分郭は不明瞭であり、段耕などの可耕地化にともなう形状改変にも留意したい。下段に緩傾斜する耕墾地跡状（Ⅲ）の空間を経て、相対的に狭小な曲輪（Ⅱ）が配置されている。東端を竪土塁状に造成して連繋し、南面切岸には小規模な石積みを施している。北端に土橋《どばし》を有した可能性を残す堀切を構えて遮断しており、同様に東側斜面は二条の竪堀となっているが、小平坦地の西側にも竪堀を設けて対称的な配置を取っている。さらにその北側の尾根に一条の堀切をもって障塞の限りと考える。

有岡城の特徴として、曲輪直下に構えた堀切の東側辺に双条となる形で竪堀を偏在的に配し、また東斜面の尾根に堀切を構えて阻碍しているなど、当城は東方（中村方面）を意識した防御を想定していたことが看取できる。城の各曲輪に優位性を示す高低差はほとんどみられないが、曲輪虎口を竪土塁状とし接近経路となる北尾根を堀切で阻隔するなど、北位にある小曲輪を当城における「詰《つめ》ノ段」に相当する主郭域である可能性を考え、宏大な地積を有する曲輪は屯営などを前提とした平面構造を呈していたと勘案する。

【所見】 有岡城跡は従前より有岡民部少輔という地頭の城として旧伝されてきた。しかしながら築城伝承者の在世期と城跡の平面構造（縄張）から得られた年代観（戦国期）とは乖離がみられ、また概測で二〇〇㍍《メートル》前後を測る規模の普請による土木投下量は在地土豪の構営能力を上回るものと思量されるなど、築造主体については地域権勢による修築関与を推考している。

中世城郭研究会の大久保健司は、当城や九樹城などの収容空間を擁する城跡について、天正三年（一五七五）の世に言う「渡川の合戦」に臨んだ一條氏勢力により、兵站を含めた駐屯地及び要扼の機能をともなう大規模城塞が後方に配置されていた可能性を指摘し、城容としてはおよばずながら磯ノ川城跡も相似した平面構造を指向すると類推している。かかる事象により当城跡などはそうした軍事的緊張状況が生起する背景において理解すべき存在と位置付けられるが、考察は城としての最終段階における地表面観察（踏査）に依拠したものであり、運用の痕跡（遺棄資料など）や先行期の確認は考古学的手法を主体とし、また旧記にある別郭の存否も考慮される。

【参考文献】 大久保健司「四万十川下流域の中世城郭―縄張から探る軍事的動向―」『中世土佐の世界と一条氏』（高志書院、二〇一〇）

（宮地啓介）

●地域の拠点として織豊期まで存続した中世の山城

鶴《つる》ケ《が》城《じょう》

〔所在地〕宿毛市山奈町芳奈
〔比　高〕約七〇メートル
〔分　類〕山城
〔年　代〕一六世紀第４四半期
〔城　主〕細川宗桃ほか
〔交通アクセス〕国道五六号線から県道三五三号線を北上して下組集落の妙本寺を目指す／土佐くろしお鉄道宿毛線工業団地駅から直線距離で約一・七キロ。

【地勢・歴史的環境】　鶴ヶ城（吉奈城）の所在する宿毛市山《やま》奈《な》町芳《よし》奈《な》は市域の東郊端に位置しており、東は同町山田《やまだ》、西は橋上《はしかみ》町橋上に接し、南辺を国道五六号線が東西に横断している。山奈の地名は明治期の町村合併で、近世の山田村と芳奈村から頭尾を採ったことに由来する。

当地は貝ケ森《かいがもり》（標高四五五メートル）山地の西方に位《くらい》する白皇《しらおう》山（標高四五八メートル）に源を発する中筋《なかすじ》川（一級河川四万十《しまんと》川水系一次支川）上流域に該当する。大塔《だいとう》山（標高三八三メートル）中起伏山地から派生する山奈山麓地に存立し、平田川（中筋川）へ落ち合うヤイト川に流入する駄馬《だば》川および吉奈川の小河川流域に拓けた芳奈盆地の山裾に集落を展開させている。当城は医法《いのり》（祈）山の南麓丘陵の要害に立地しており、眼下には中筋平野の水田地帯が拡がるなど第一次産業が盛行している。中村《なかむら》（四万十市）の市街地から四万十川を渡渉し、中筋川流域の低湿地（中筋地溝帯）を北山沿いに西進して宿毛へ到る街道（幡多《はた》路）は土佐一條氏の時世には西小路とも称され、姻戚関係にあった九州豊後の大友氏とも繋がる要路であったとされている。その淵源は伊予を経路とする古代官道に遡るといわれており、『倭名類聚抄』によれば幡多郡五郷の一つ「山日郷」の故地であったと古伝されるなど、古来よりの営為が認められる地形環境にある。

周辺に遺存する岡（岡宗）城、松岡城、引地城などは当城の支城群であったと俗伝されている。「吉奈村地検帳」（『長宗我部地検帳』）には「ヲカ城南二ノヘイ（略）下ヤシキ　吉奈城領」「ツメノダン（略）下ヤシキ　吉奈城領」「北二塀岡宗ノダン（略）下ヤシキ　岡宗左兵衛給」ほかを記すが、「松岡ノ城ノ二ノ段（略）下々畠　御直分」「松岡ノ城ノツメ（略）下々山畠　御直分」や「引地城ノ東ノ段（略）下山畠　御直分」（一部加除）などは御直分であり耕地化の様相をみせている。

●—主郭切岸・石積

城の南麓には壽量山谷之坊妙本寺（日蓮宗真静寺末）があり、城将の族氏に縁《ゆかり》のある太刀が奉納されている。また地内には木造高床式で入母屋造りの「浜田《はまだ》の泊り屋」（国指定重要有形民俗文化財）を保存している。他に下組《しもぐみ》、道《みち》ノ川《かわ》、靴《くつ》抜《に》には「芳奈の泊り屋」として存置され県の文化財指定を受けているなど、訪城の際は併せて見学されたい。

【城の故事】　宝永年間に成立した『土佐州郡志』吉奈村の項に古蹟として「古城蹟　曰鶴賀城或曰東城相傳細川備後守者所居」とある。『南路志』（文化・文政年間）吉奈村の項には古城として「土左遺語ニ曰　吉奈ノ古城、秦氏略二豫州一時、使ム二細川備後ノ守ヲシテ監レ之。或曰、本前野玄蕃カ居城也。」と記されている。また『土佐國蠹簡集』に所収される年不詳の桑名藤蔵人宛元親書状に「内吉奈番中へハ自宗桃《そうとう》被仰越候、」（真静寺文書：県指定文化財）とあり、天正年間に細川（十市）備後守宗桃が吉奈城番として当城を監していたと旧記は伝えている。

天正十八年（一五九〇）に調整された「吉奈村地検帳」には吉奈城として

「城ノ南四ノダン三ケ所懸テ（略）城ヤシキ　吉奈
阿達平兵衛給」（以下一部加除）

「城ノ東ノ三ノ段外懸テ（略）城小屋床　吉奈城

下村主膳　小屋床 御直分」

「城ノ西ノ上　（略）城小屋床　吉奈城

入交豊後　小屋床 御直分」

「城ノ上東二ノヘイ　（略）城小屋床　吉奈城

十市新兵衛　小屋床 御直分」

「ツメノタン　（略）下々ヤシキ　吉奈城

御直分」

「西二ノヘイ　（略）下々ヤシキ　吉奈城

森源兵衛　家地 御直分」

「西二ノヘイノ下　（略）下々ヤシキ　吉奈城

弘井新兵衛　家地 御直分」

「西二ノヘイノ三ダン　（略）下々ヤシキ　吉奈城

浜田三良左衛門 家地 御直分」

などと記載されており、山上に恒常的な居住空間（小屋立《こやだて》）を有する番衆の配置の様子がうかがい知れる。また『長宗我部地検帳』には周辺村落を含めて四九町余の「吉奈城領」が記されており、城将の細川氏は吉奈村を中核とする「吉奈衆」を統率して伊予兵乱の活発化にともなう境界領域（境目）の備立《そなえだて》とし、幡多郡支配の要所として当地を治めていたと伝わっている。

なお、当城に関与していたとされる前野玄蕃《げんば》なる人物については判然としないが、『南路志』所収の「十市村細川氏系圖」によれば細川宗桃の後胤が前野家の継嗣になったとしている。

【城の概要】 城は小字「鶴ヶ城」に所在し、現状は山林となっている。標高約八〇《メートル》（比高約七〇《メートル》）余を測る最頂部に位置して比較的郭大な平坦面を有し、「ツメノタン」（「吉奈村地検帳」）と推量する主郭を中心に東西および南尾根に複数の曲輪（副郭）が従属的に展開している。西側より詰《つめ》ノ段へ到るには竪土塁状の虎口空間が存在し、切岸を呈した主郭部の周囲には虎口を含め石積みが散見される。

接近経路となり得る北側の尾根に四重の連続堀切を構えており、詰ノ段に対する強固な阻絶の意図がうかがえる。「西二ノヘイ」に該当すると考えられる西曲輪群は、まとまった地積を有する平坦面を段状に配置した形態で、南斜面に偏在して数条の竪堀が谷状地形に垂下し、段下の山端《やまはな》を二条の堀切で備えている。主郭の東曲輪は「東二ノヘイ」に比定され、北側に台状の高まりを造為している。さらに「東ノ三ノ段」とみなす曲輪東端部より北東の尾根を三条の堀切で遮断し、中央の空壕は土橋《どばし》状となって両端は谷側へ落ちている。南端は西曲輪群と同様に腰曲輪を配し、やや規模の大きな堀切を構えて尾根筋を断割する。城域の南斜面に下降する尾根

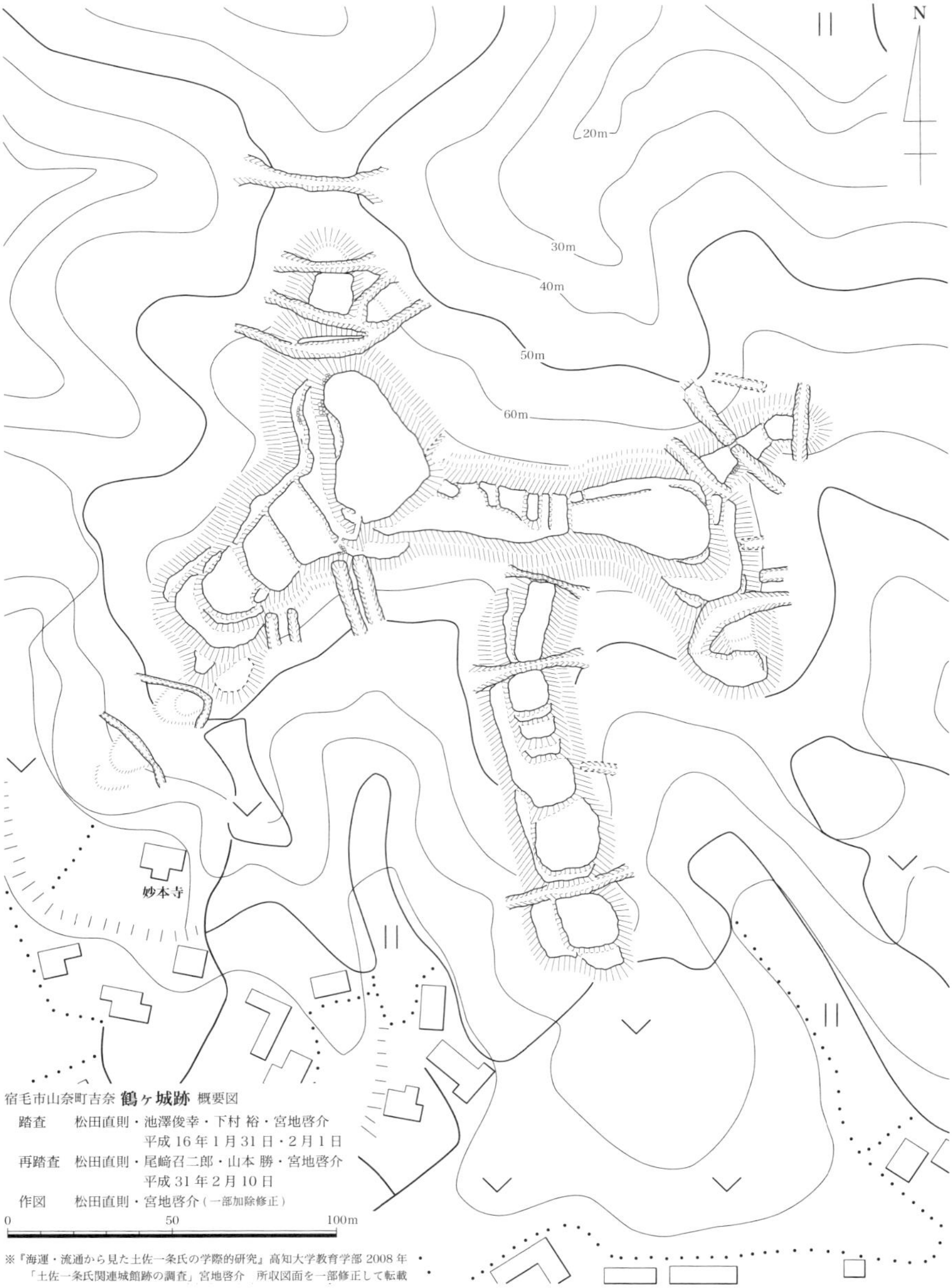

●—鶴ヶ城縄張図（松田直則・宮地啓介作図，一部加除修正）

にも数条の堀切と「南四ノダン」と概断する多数の削平段を配列しており、西側の谷状地形に対して帯状の小段が各曲輪をめぐっている。

当城は地域支配の拠点的城郭として丘陵頂部を広範に曲輪（可住地）化し、重層（求心）的な構造を呈して抗堪性が看取されるなど、城監は統一的な指揮機構と組織化された家臣団（衆）を擁して序列的な空間を構成する城容を統轄していたと考える。他方で各曲輪配置における当世流の機能分化は未発達と見受けられ、主観的評価ではあるが測地した平面構造（縄張）の概観からは天正末期（最終段階）においても旧態の様相を続用した可能性を微意ながら存している。

●—堀切（堀）

【所見】 鶴ヶ城は天正三年（一五七五）に生起した「渡川《わたり》の合戦」の爾後、長宗我部家中の有力部将とされる細川宗桃が郭大する城構えを有して領域を統御していたと所伝されるが、当城を含め同氏が関与したとされている栗山城、神田南城、朝倉城に主家が進取的に導入した斜面防御の一形態である放射状竪堀群などは看取できず、また城跡の対比においても曲輪配置や土塁囲いの有無とかに画一的な空間構成は見出せない。個々の城塞の多様性や偏差の実相は、築造に際しての前提条件が一様ではなかったことを示唆していると勘案するが、城塁の構築形態が地域権勢の意企する防御手段に立脚して修築されるのか、先行実績など在地の仕様に祖構して造営される運用構想を有していたのか、その評価が課題となる。

【参考文献】 宮地啓介「土佐一条氏関連城館跡の調査」『海運・流通から見た土佐一条氏の学際的研究』（高知大学教育学部、二〇〇八）

（宮地啓介）

●一条家重臣の城

加久見城《かくみじょう》（上・下）

〔土佐清水市指定史跡〕

〔所在地〕土佐清水市加久見
〔比　高〕約六〇メートル
〔分　類〕山城
〔年　代〕室町時代・戦国時代
〔城　主〕加久見氏
〔交通アクセス〕バス停加久見橋下車徒歩一五分。

【海の領主加久見氏の本拠】　土佐清水市の加久見に所在する。鷹取山《たかとりやま》系から延びる尾根筋の、丘陵先端部に城は構築されている。城の西側には、加久見川が南流しているが、幕末期の旧加久見川は大岐《おおき》集落からつづく鷹取山の南麓を稜線に沿って蛇行して西側の宝山東麓を流れていたようである。

明治期の地形図では、現在の位置に河身変更がされており、幕末から明治にかけて河身変更の大規模な土木工事が行なわれたと推測されている。加久見平野は、現在穀倉地帯となっているが、城郭が機能した時期は加久見川の氾濫原であった可能性がある。城は、加久見川支流のヲロノ川の谷筋の南北丘陵上に構築されており、北側が上城で南側が下城である。下城は、加久見新町集落の北側に所在する加久見公園からさらに市道を北側に進み、小谷を抜けた丘陵南先端部の麓が登城口になり、尾根筋を登っていくと城にたどり着く。

上城は、ヲロノ川谷筋の入り口の丘陵裾から登れるが、登城口がわかりにくい。この二つの城を築いたのが、現在の土佐清水市三崎から大浜までを支配し海の領主として活躍した加久見氏である。ここでは、上城も下城も同じ加久見氏の拠点城郭として捉えていることから加久見城として一括で紹介していく。

【一条教房と加久見氏】　加久見氏の本拠が加久見城で、応仁元年（一四六七）に前関白一条教房《のりふさ》が幡多荘《はたのしょう》に下向して、この地域を支配する中で重要な役割を果たしている。加久見宗《むね》孝《たか》は、荘園の要衝である清水湊や越湊など以南村の主要部分を抑え、娘を一条教房の後妻として姻戚関係を結び、土佐一条家の初代となる房家を支え勢力を伸ばしている。教房からは「土佐守」に推挙されるなど一条氏傘下の国人の中でも特別な地位を占めていた。一条氏下向前の加久見氏の動向は不明な点が多いが、この地域での支配は鎌倉時代まで遡るようである。居館跡の発掘調査も実施されており、この地域の荘官として活動していたと推測されている。出土遺物をみると、一三世紀中頃から後半の時期にかけての貿易陶磁器や瓦

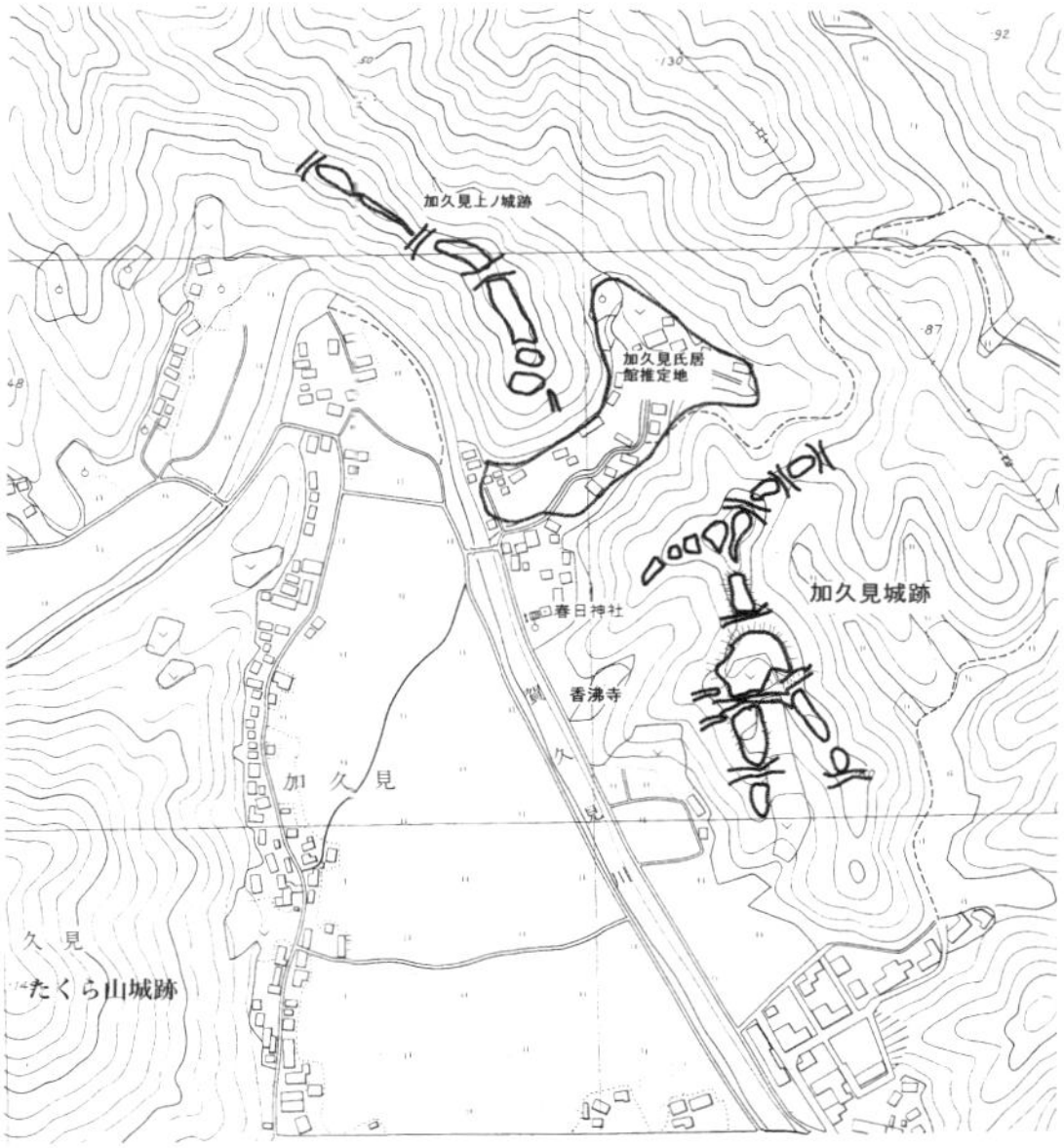

●—加久見城位置図（松田直則作図）

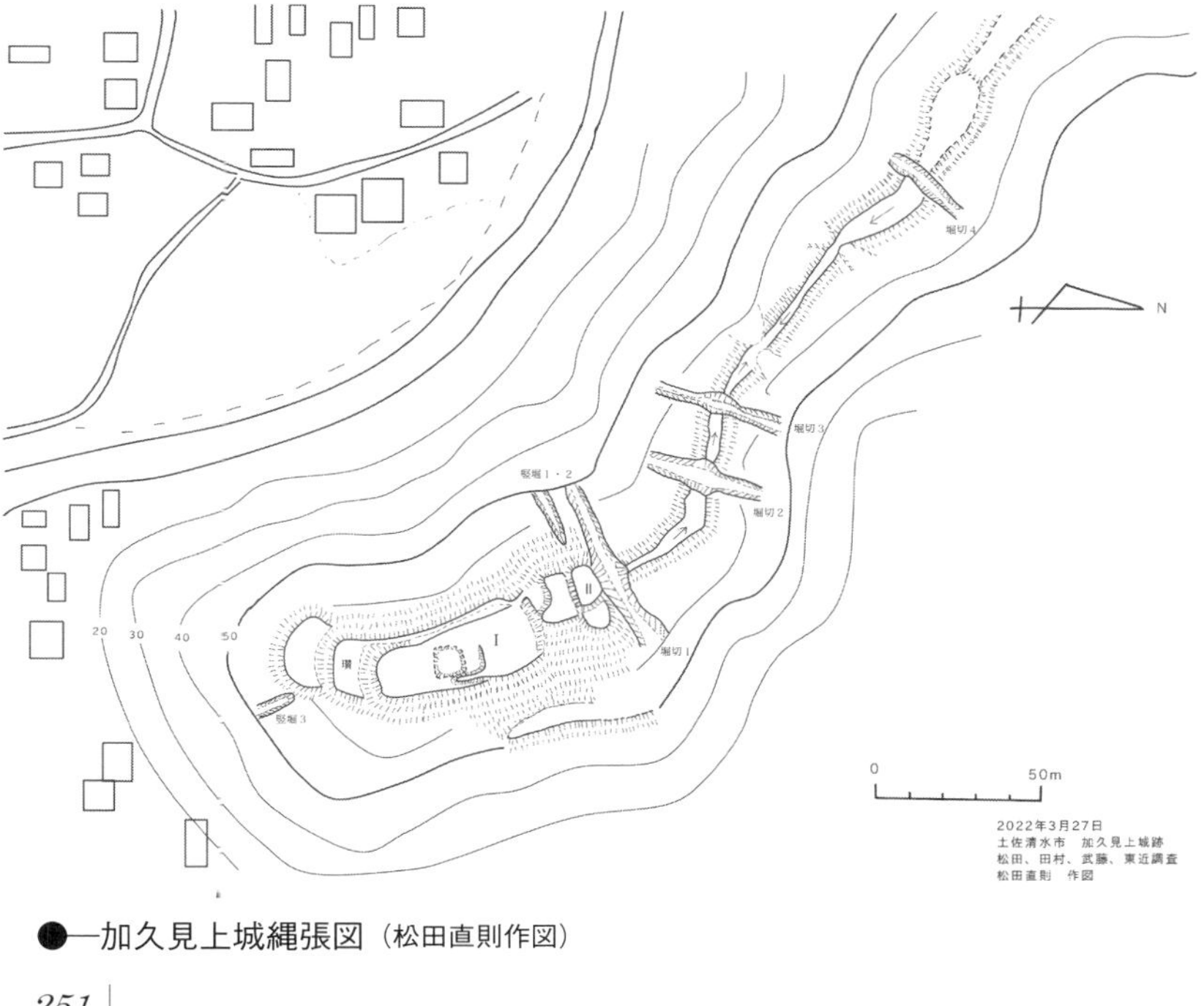

●—加久見上城縄張図（松田直則作図）

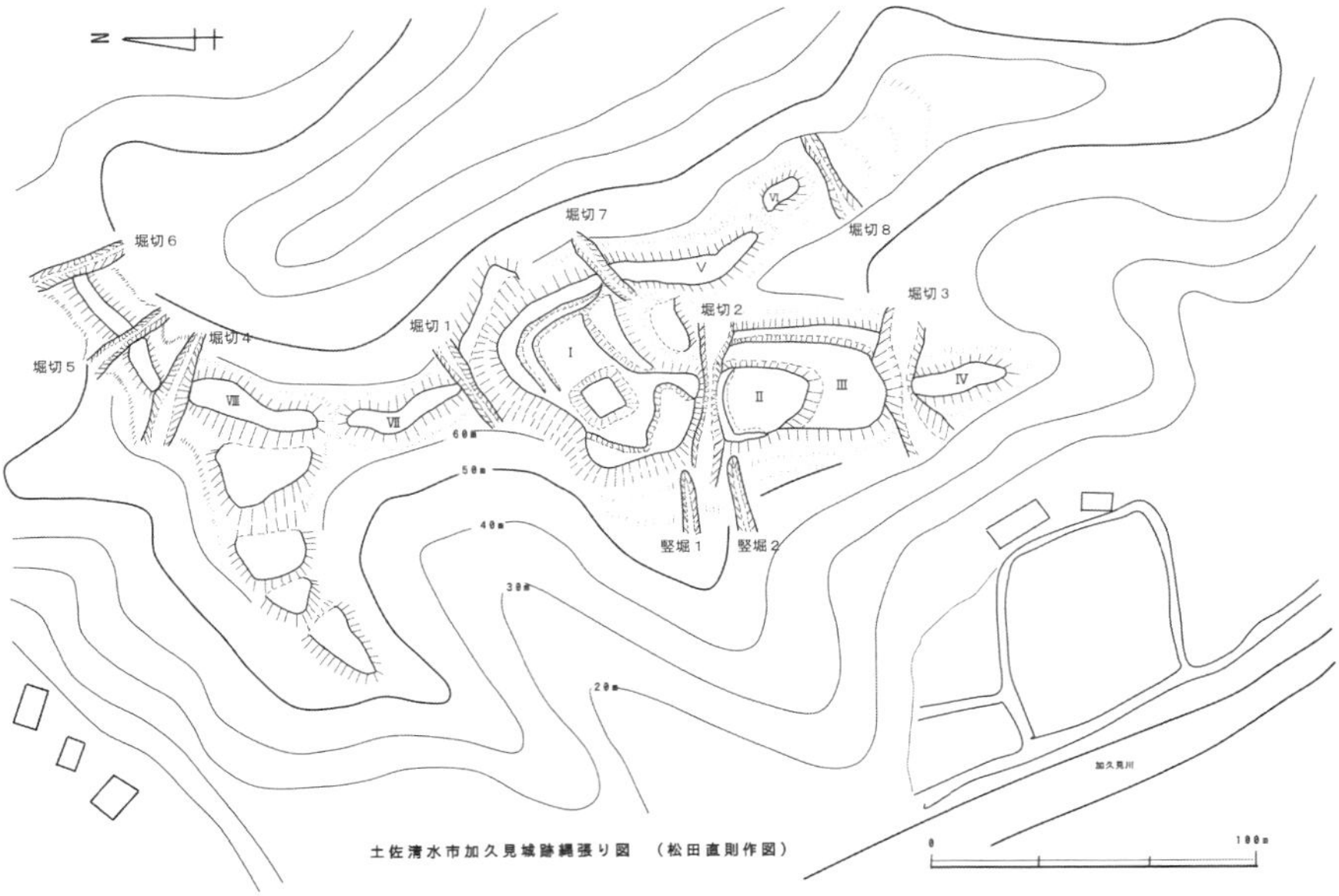

●—加久見下城縄張図（松田直則作図）

器椀が出土しており、これらの遺物を直接加久見氏と結びつける根拠はないが、それ以外の勢力は考えられないため前述した荘官としての推測がされている。しかし、この四国西南端の地にもこれらの流通品が鎌倉時代から運び込まれていることは、この地が流通の拠点として重要な場所であったことを示している。

周辺には寺院跡も存在し、加久見氏推定居館跡の南側には香仏寺《こうふつじ》が所在しており、そこには五輪塔群が残る。天正十七年（一五八九）の長宗我部地検帳では、香仏寺々中と阿弥陀堂がみえるがすでに廃寺となっている。また、加久見集落北西部の小さな谷筋に五輪塔が散在していることから、発掘調査されている地点がある。この場所は、『長宗我部地検帳』で泉慶院《せんけいいん》という加久見氏ゆかりの寺院跡と考えられており、五輪塔・一石五輪塔・石仏と五輪塔の基壇と思われる石材一五〇基が発見されている。居館・寺院・城郭がまとまってみられる加久見平野は、中世の加久見氏の世界を彷彿させる。

【一六世紀代に改修された加久見城】　加久見上城は、標高七三㍍に主郭の曲輪Iがあり、南北五〇㍍、東西二〇㍍ほどの規模を持ち、南北丘陵先端部のもっとも広い平坦部を利用している。その南側にも、二ヵ所の狭い曲輪が造られ、南斜面に一条の竪堀3を設けている。北西部に向けて、細い丘陵尾根が延びるが、曲輪Ⅰの北側に三ヵ所の狭い曲輪があり西側斜面に二条の竪堀1・2（2は堀切1から伸びる竪堀）が設けられている。

北西部尾根は堀切1から4が掘削されているが、堀切3とその北側の堀切4に挟まれた堀切は不明瞭である。各曲輪には、土塁の痕跡は認められず、防御遺構は堀切と竪堀、曲輪斜面の切岸のみとなる。上城跡は、自然地形の急傾斜で登りにくい要害である。曲輪Ⅰに入ると、加久見集落や谷筋の家臣団集落を見渡すことができ、下城と連携した谷筋家臣団集落を防御するような構造であり、この城は下城と同時期に構築されたと考えられるが一六世紀以降の改修は行なわれていない。

加久見下城は、加久見氏推定居館跡の東側丘陵上に構築されている。主郭曲輪Ⅰは、標高七〇メートルの地点で現在水道施設があり一部破壊されている。南北五七メートル東西二〇メートルほどの規模を持つ曲輪で、南側は一段低くなっており、北側は土塁が残存しておりその南側は段状になっている。南側は、堀切を挟んで曲輪Ⅱになるが堀切の西側には二条の連続した竪堀が築かれており、防御を固めている。曲輪Ⅱも北側は、土塁を廻しており南側は一段低い曲輪Ⅲになり、両方の曲輪を合わせると、主郭とほぼ同じ規模になってくる。その南側では、堀切を挟んで曲輪Ⅳになるが最南端の曲輪で切岸は甘く自然の尾根平坦地となっている。主郭曲輪Ⅰの南東側には谷を挟んで丘陵が延びており、堀切を挟んで曲輪Ⅴ・Ⅵとつづいており、さらに堀切が構築され東端部の縄張境界となっている。主郭の北側にも曲輪群Ⅶ・Ⅷと延びているが、曲輪Ⅷの西側には四段の腰曲輪がつづき、北側には三本の堀切が連続して構築されており防御を強くしている。

加久見下城跡は、主郭が一部破壊されているものの、北側の削り出しと考えられる土塁の残存状況は良好で、北側の堀切に向かっての切岸も急峻で北側から主郭に入ることはできない。西側も、堀切から連続した二条の竪堀などはこの城の防御遺構の特徴である。さらに、北側は尾根を連続した堀切で防御しており北側からの敵の侵入に備えている。

曲輪Ⅱの北側の土塁の残存も良好で、主郭の曲輪ⅠとⅡ・Ⅲの曲輪がこの城の中心である。尾根を堀切で防御する手法が主で、曲輪の北側を土塁で囲い込み、竪堀は堀切とセットで二条掘削するところに特徴がある。主に機能した時期は、一五世紀後半から一六世紀後半の一〇〇年間ぐらいと考えられるが不明である。表採遺物をみると、貿易陶磁器の青花皿片で内面に玉取り獅子が描かれている。天正年間頃まで機能

●―加久見平野航空写真（土佐清水市教育委員会提供）

していたかどうかも不明であるが、この頃になると居館推定地の発掘調査でも出土遺物が認められず、土佐清水市内に居館を移している可能性があることから一時期城としての機能は低下していたと考えられ、緊張関係がでてくる頃になると改修が行なわれ防御を強固にしていたと推定する。

【加久見城とたくら山城】　加久見平野の西側標高一五〇メートルの丘陵頂部にたくら山城が構築されている。加久見氏居館推定地の裏山には加久見下城が構築されているが、そこからたくら山城を望むことができ当時は加久見氏の一連の城郭として一つの役割を持った城と考えられる。加久見氏の本城からは加久見平野南から西側に広がる海岸線を見渡すことができないため、たくら山城を利用したと推察する。

たくら山城は、東西五〇メートル南北一五メートルほどの細長い尾根頂部の南側と北側に一段高い平坦部と、それに挟まれた中央部の三ヵ所が削平されている。旧市史では、礎石と土塀とした石積みが南と北の峰を結んで残されていると記載されているが、礎石であるかどうか不明であり、石積みも当時の遺構としての判断は難しい。その他、堀切や竪堀の遺構などは確認できず、平坦部と切岸のみの簡単な普請である。この頂部からは海岸線や現在のあしずり港や越湾など一望でき、城としての機能を考えると海城的な要素を考えていく必要がある。地表面観察では確認できないが、狼煙場《のろしば》としての利用も考えられる。加久見氏の本城である加久見城跡（上・下）と同時期に機能していたと考えたい。

【参考文献】『土佐清水市史』（土佐清水市、一九七九）、松田直則編『土佐の山城』（ハーベスト出版、二〇一九）、田村公利「海の領主加久見氏居館周辺の歴史景観」『土佐史談』二六一号（二〇一六）

（松田直則）

●土佐清水の有力国人の居城

大《おお》岐《き》城《じょう》

〔土佐清水市指定史跡〕

〔所在地〕土佐清水市大岐
〔比　高〕約一〇〇㍍
〔分　類〕山城
〔年　代〕室町時代・戦国時代
〔城　主〕大岐氏
〔交通アクセス〕高知西南交通バス停大岐の浜から徒歩三〇分。

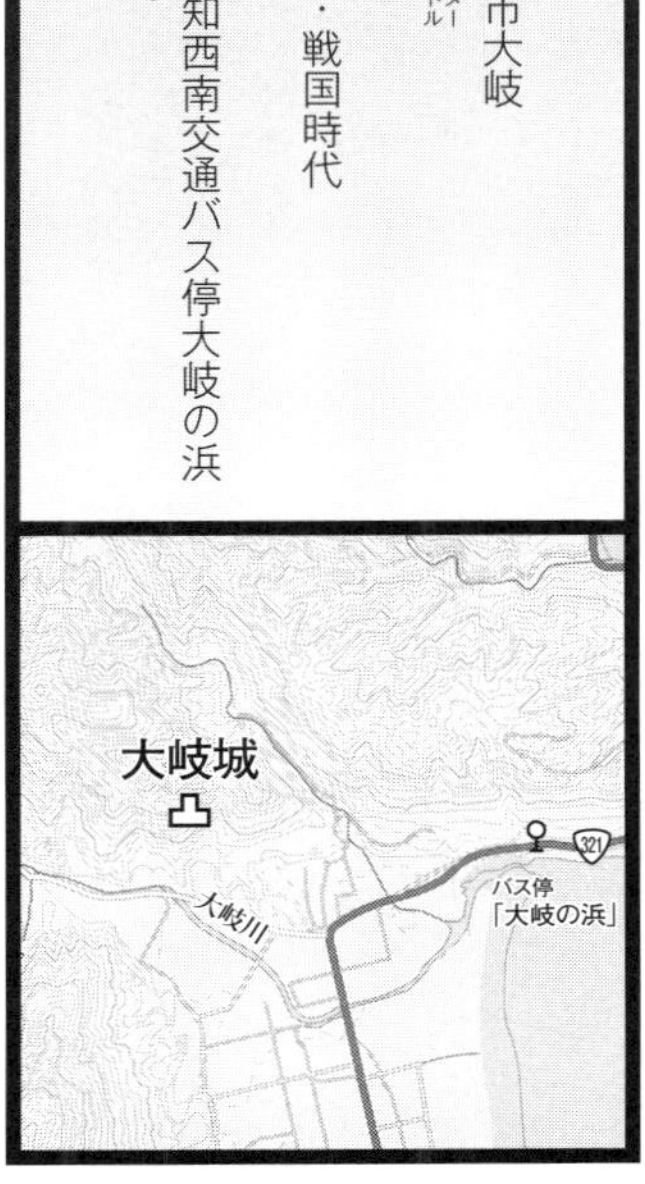

【大岐氏の居館と城】　土佐清水市大岐に所在しており、本奈《ほんな》路《ろ》集落の北側丘陵山頂に大岐城は構築されている。登城口は、二ヵ所ありふるさと林道の分岐から五〇〇㍍ほど進めば、右手に墓地が見えてきて手前の谷筋をとおり谷奥に進むルートと、本奈路集落から西ノ段と呼ばれる丘陵入り口からがある。谷奥を進むルートの谷奥は、一帯が大岐氏の屋敷跡と推定されている地点で、近くの東側山腹には大岐一族の墓所も存在している。

城の歴史をみると、『土佐古城略誌』には大岐氏のことが記されており大岐丹後守家政《いえまさ》、その子政直《まさなお》は大岐能登守で政直の子には長男正行《まさゆき》がおり大岐左京之進、次男の正勝《まさかつ》は宮地右京之進と称すとされている。大岐城は、これら大岐氏の居城であり、以南地域で加久見氏とともに有力な豪族である。大岐氏は、一条兼定《かねさだ》追放の事件で加久見氏連合軍に加わり一条氏家老との衝突があった。四万十川（渡川《わたりがわ》）合戦での大岐氏の動向は不明であるが、その後元親によって所領が安堵されている。『長宗我部地検帳』では、大岐村本奈路の西より西ノサワの北・カズラ谷の土居ヤシキに土居織主扣として、大岐左京之助（介）給と記載されている。この土居ヤシキは、大岐城の南側にあり、大岐城の登り口に当たる。大岐氏は、一条氏から長宗我部氏の傘下に入り、文禄・慶長の役にも参陣しており大岐城もこの時期まで存続している可能性がある。旧市史の考察では、慶長二年（一五九七）の仕置御地検帳で領地が没収されて散田又は名となっており直轄地化され

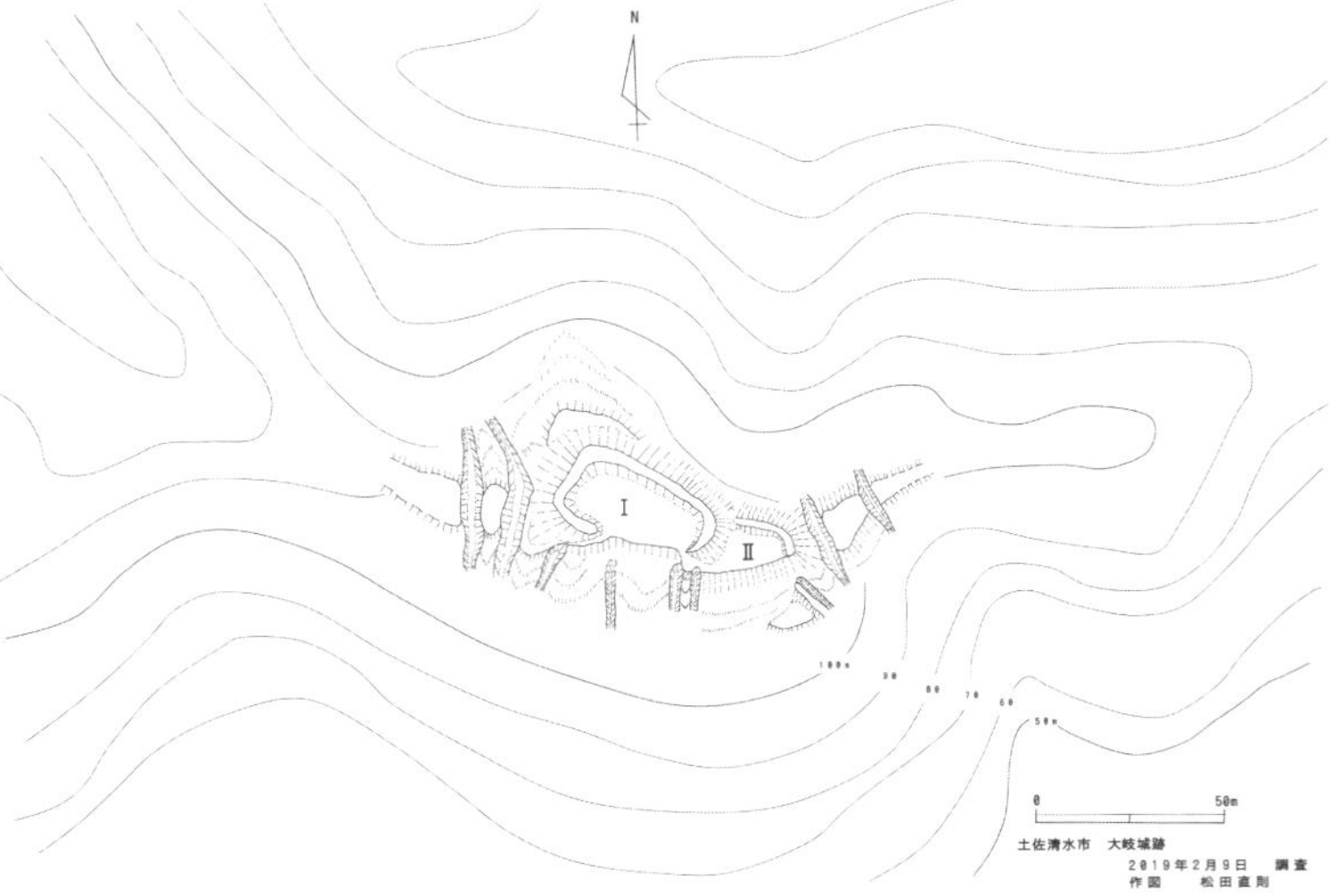

●―大岐城縄張図（松田直則作図）

ていることから、文禄・慶長の役で戦死した大岐左京介以後の大岐氏は没落している。

【大規模な土塁と堀切】　大岐城は、標高約一一〇メートルの丘陵山頂に構築されており、屋敷跡推定地から、谷筋を登り尾根上に出てきて西側に進むと最初の堀切が見えてくる。西側には自然地形か不明なところがあるが平坦部を有し、幅五メートル程の堀切が構えられ西側に曲輪IIが位置する。曲輪IIは、東西が約一七メートル、南北一四メートルほどの広さを持ち、東側から北側にかけて大規模な土塁が構築される。

●―大岐城航空写真（土佐清水市教育委員会提供）

　土塁上から西側堀切にかけての切岸は、切り立っており容易に攻められることはない。南側から曲輪Iの虎口に進めるが、その南側斜面には竪堀二条があり防御を強固にしている。主郭の曲輪Iは、東西約三〇メートル、南北は中央部で一六メートルを測り長方形を呈している。居館側の南側を除き土塁で囲《い》繞《じょう》されているが、北側は上幅六メートルほどを測り盛り土をしたというより北側を削り残し、曲輪の平坦部を形成しているように思える。曲輪Ⅰの北側は北西部に腰曲輪があるが、全体的に急傾斜の自然地形である。南側は、緩傾斜部分もあるが竪堀で横移動を抑止している。西側には二本の堀切が構築されており、幅六《メートル》ほどを測る大規模な堀切で、曲輪Ⅰの西斜面切岸と合わせて西尾根からの攻撃侵攻に対して強固に遮断している。曲輪ⅠとⅡの土塁の残りがよく、南側には土塁が認められないのが特徴である。

南側の麓には、土居屋敷があり丘陵北側を意識しているような土塁の配置であるが、急傾斜の自然地形で北側から攻めてくるのが難しいので、西側尾根からの敵の侵入に備えた構造になっているのではないかと思える。主郭の西側土塁は、削り出し土塁と考えられ、土塁上を見ると、幅四～六の平場となっており北西部のコーナー部分には櫓台を想定してもいいような場所でもある。西側土塁上から堀切をみれば、急傾斜になっており西の防御の強固さを感じることができる。加久見下城の主郭に構築されている土塁も曲輪の端部を削り残した上に盛土した土塁と考えられ、コーナー部分に櫓台の平坦部があり同じような方法で構築されていることから、この地域の特徴として捉えることができる。

丘陵東側には隣接して本奈路城が所在する。大岐城が位置する丘陵の東側先端部で詰は標高約一一〇《メートル》の頂部に構築されている。大岐城は、本奈路城から約二〇〇《メートル》西側尾根頂部に構築されており、同じ丘陵上に構築されている。本奈路城は近年つけられた城跡名で、同じ大岐氏の城と考えられることから、紹介することにする。

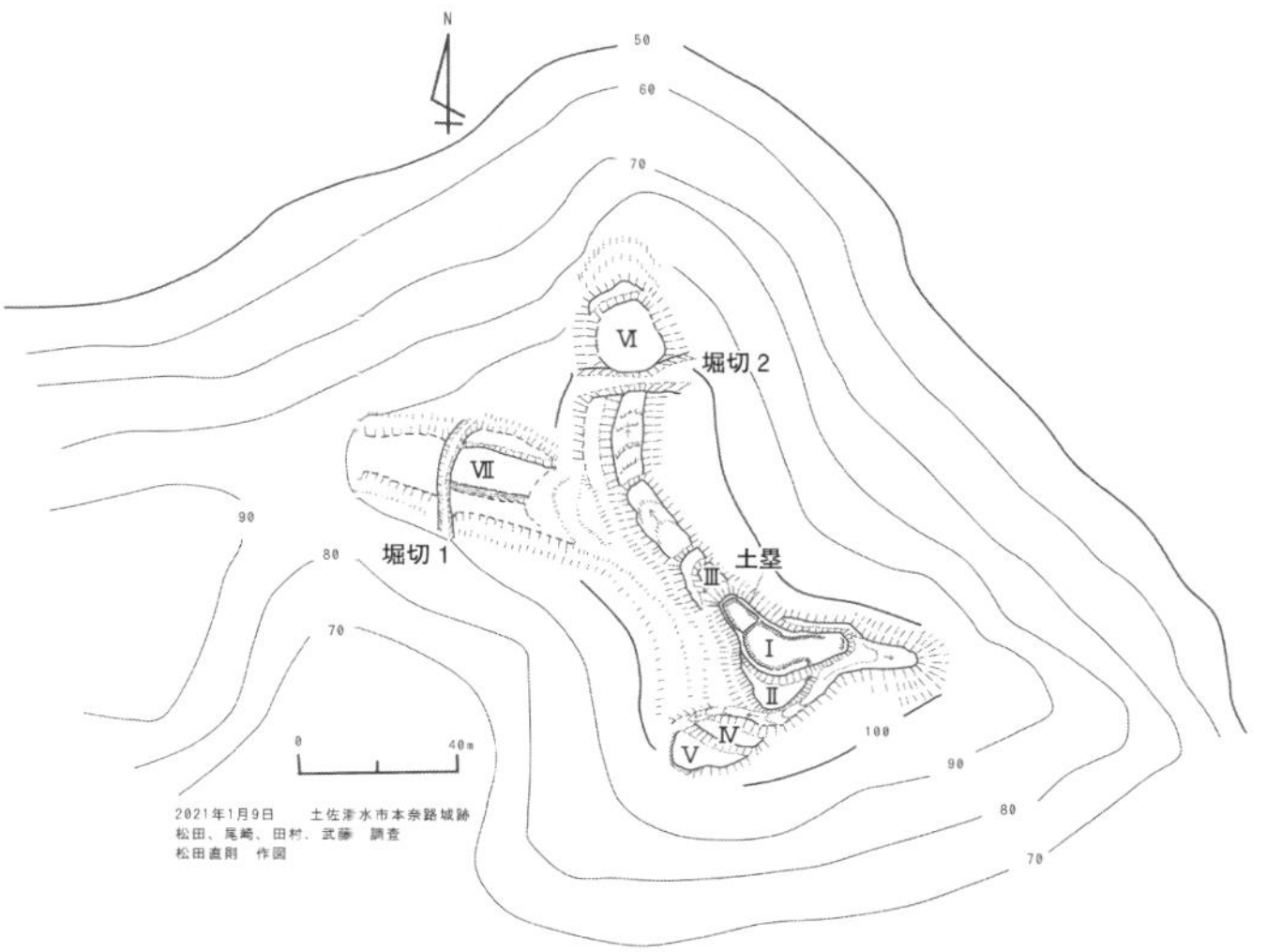

●―本奈路城縄張図（松田直則作図）

【一城別郭の大岐城と本奈路城】 本奈路城の各曲輪は、南北

●—本奈路城航空写真（土佐清水市教育委員会提供）

と東西に延びる尾根の自然地形をうまく利用して構築されている。主郭は曲輪Ⅰで、約東西三〇メートル、南北一五メートルの規模を持つ平坦部を造成している。西端部はやや北側に折れて一段高くなり狭くなっている。

一段高い西端部は土塁が囲繞しており、曲輪Ⅰの中程まで土塁が延びているが東端部には確認できない。尾根は東側に降っているが明瞭な曲輪と判断できる平坦部は確認できない。土塁の裾には、一部腰巻石が確認できる。南側には、曲輪ⅡとⅣ・Ⅴとした平坦部があり、腰曲輪として南側からの防御を意識して構築されていると考えられる。北側も尾根が降っており、曲輪Ⅲとした平坦部が存在するがその北側には数段の傾斜を持った平坦部があり、上端幅約六メートルを測る堀切2で遮断している。曲輪ⅢからⅠを見ると土塁との比高差を感じることができ、土塁上からの攻撃が有効で攻め入られた時の最後の防御地点である。堀切2の北側には約南北一八メートル、東西一五メートルの規模を有する曲輪Ⅵとその北側に細長い腰曲輪が構築されている。

曲輪Ⅲから堀切2までの傾斜を持った平坦部の東側斜面は急峻で、西側は二メートルほどの切岸で防御している。その地点から西側にかけては、曲輪Ⅶとした平坦部が存在し北側は一段低くなって段差がある。曲輪Ⅶは、約東西二〇メートル、南北一六メートルの規模で西側に少し傾斜しており、中程やや南側に幅約二メートルの東西に延びる竪堀状のものが確認でき上端幅約三メートルの規模を持つ堀切1に繋がっている。堀切1が最西端の遺構で、この場所までが本奈路城の縄張と考えられる。

大岐城は、大岐氏の本城であるが本奈路城は大岐氏の支城と考えられている。海に向かって延びる丘陵先端部に構築されており、眼下には集落が構成され小河川が合流し大岐海岸に流れ込んでおり、港的機能を持った場所を監視する城と考えることができる。大岐城と同時期に機能していたとすると、二つの城とも大岐氏の持城で、機能に合わせた使い方をした一城別郭とも考えられる。

【参考文献】『土佐清水市史』（土佐清水市、一九八〇）、松田直則編『土佐の山城』（ハーベスト出版、二〇一九）、『新土佐清水市史』（土佐清水市、二〇二四）

（松田直則）

お城アラカルト

四国西南地域の城郭

松田直則

【四国西南部の中世と公家】　四国西南部は、鎌倉時代に公家の九条家（その後一条家）や西園寺家が幡多荘《はたのしょう》や宇和《うわ》荘を所領した。伊予では南北朝期には西園寺家の一族が下向し直接支配しその後戦国武将として成長している。また、土佐では応仁の乱を避けて前関白一条教房《のりふさ》が下向し、土佐一条家を成立させ天文期には土佐の西半分まで支配域を拡大し勢力を持った。この公家の系譜を持つ両家が西南四国の戦国時代の歴史も紡ぎ、この地域にも多くの城郭を築き痕跡を残している。ここでは、四国の西南地域でもっとも緊張した合戦が起きた永禄から天正期にかけて構築（再構築や改修）された城郭遺構から、伊予の南予と土佐の幡多地域を中心に戦国時代の様相の一端を覗いてみることにする。

【永禄から天正期の様相】　永禄期の愛媛県南予地域の合戦は、永禄十一年（一五六八）に勃発した高島・鳥坂《とさか》合戦があり永禄南予争乱とも呼ばれている。河野・毛利氏や西園寺氏と宇都宮・土佐一条氏と三間衆《みましゅう》も含めた南予勢力が対峙した合戦である。永禄九年（一五六六）に喜多郡錯乱が起こり、同十年毛利の喜多郡出兵があり同十一年高島・鳥坂合戦に至る。この合戦に至る前まで、一条氏から河原渕の加勢を命じられた長宗我部氏が西園寺氏に和睦を提案しているとみられている。南予の武将である御荘《みしょう》・津島《つしま》・法花津《ほけつ》は受諾の意向を持ち、法花津氏ほか宇和郡の領主たちが一条氏から幡多郡内に所領を拝領している。その時に、長宗我部元親の家臣がその和睦の調停を行なっていたとも考えられないだろうか。

　その調停が功を奏していなくとも、その行為は永禄合戦後長宗我部氏が漁夫《ぎょふ》の利を得たとも考えられている。この合戦の時に、南予地域の一部城郭は一条氏の構築技術が導入されたのではないかと考えている。また、資料として残っていないが永禄の合戦でこの南予地域に長宗我部氏家臣が、なんらかのつながりを残していたと考えている。その後、一条兼定《かねさだ》は急速に求心力がなくなり天正二年（一五七四）に土佐を追放され、天正三年（一五七五）には四万十川（渡川）合戦が起こり長宗我部氏が土佐を統一することになる。天正四年（一五七六）以降他県に侵攻を始める長宗我部元親であるが、伊予においては久武親信《ちかのぶ》が三間・岡本合戦の頃以前にこの地域に足を踏み入れている可能性はないだろうか。

　長宗我部家臣の久武親信が岡本城合戦で土井清良に敗れて天正九年（一五八一）に討死したが、その弟である親直《ちかなお》がその後三間盆地まで侵攻して、宇和の西園寺氏を抑え大洲地域へと侵攻を進めることとなる。天正十二年（一五八四）頃の毛利氏との南予争奪においては、長宗我部氏は喜多郡、宇和郡に与同勢力を形成することになり、長宗我部の調略も進み芸土入魂・予土和睦が画策される。山内治朋は、戦国時代の法花津を点描する中で、一次資料から法華津範延《のりのぶ》が西園寺氏と長宗我部氏の一致の中で「和睦・従属・協調なのか不明」としながらも仲介したのではないかと考察している点は注目される。

【四国西南部の城郭分布と南予の城】　ここでは、西南四国の城郭分布の特徴をつかんでおきたい。黒潮町の西本城を調査した時に、報告書作成で県を越えて四国西南部の城郭分布図を初めて作成した。伊予側は西予市宇和町付近までと、土佐側は中土佐町までの城郭分布のドット図（次頁）である。この分布を見てみると、海岸線（C・D・Fグループ）と四万十川流域（E・Hグループ）に集中して分布していることがわかる。また、Eグループ内では一条氏の拠点となった四万十市中村地域や宿毛市に至る中筋川流域に多く分布していることもわかる。伊予側は、西園寺氏の拠点である旧宇和町や鬼北《きほく》町を中心に多く分布している（A・Bグループ）。四万十川流域やその支流にも城郭の分布が認められ、西土佐から松野・鬼北境目地域には多くの城郭分布を確認することができる。

　ここでは、鬼北地域や宇和島市の城郭分布の特徴をみてみることにする。すべての城郭を踏査して実見しているわけではないので、展望として見解を述べることにする。平成二十七年度に実施された第二回清良記シンポジウムにおいて、この鬼北地域の縄張図が作成され公表されている。この地域の城郭の縄張図を俯瞰してみると、連続した二～三重の掘切のある城と連続竪堀（三本以上の連続した竪堀）が確認されている城郭がある。連続堀切は、亀が森城を典型とする構築技術であるが、主郭と考えられる曲輪の北端部には土塁が残りその北側切岸と堀切を合わせて強固な防御施設を構えている。宇和島市津島町の薬師丸城（次頁図）にも、同じ築城思想で構築された城郭が確認で

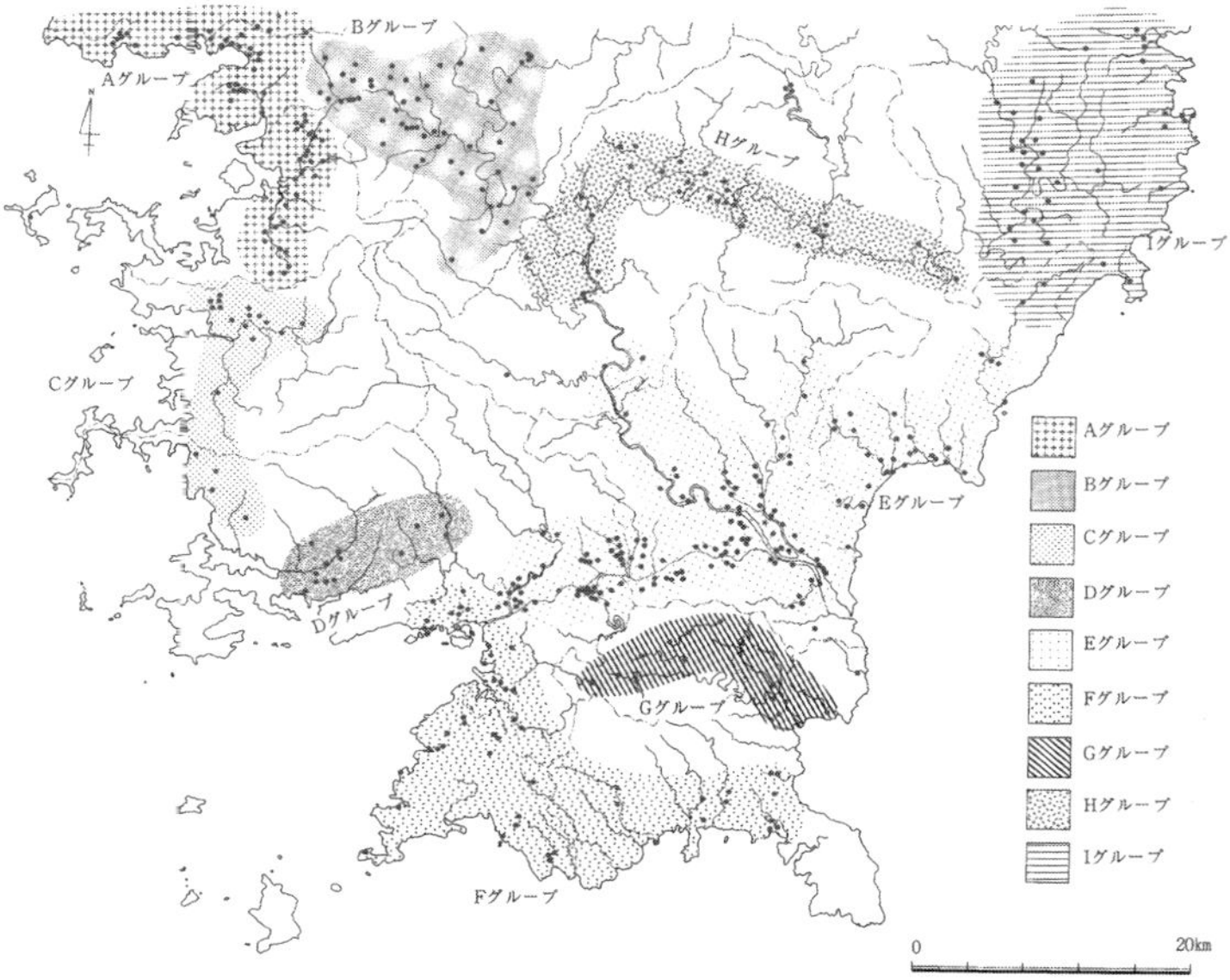

●―四国西南部の中世城郭地域別分布図（高知県立埋蔵文化財センター提供）

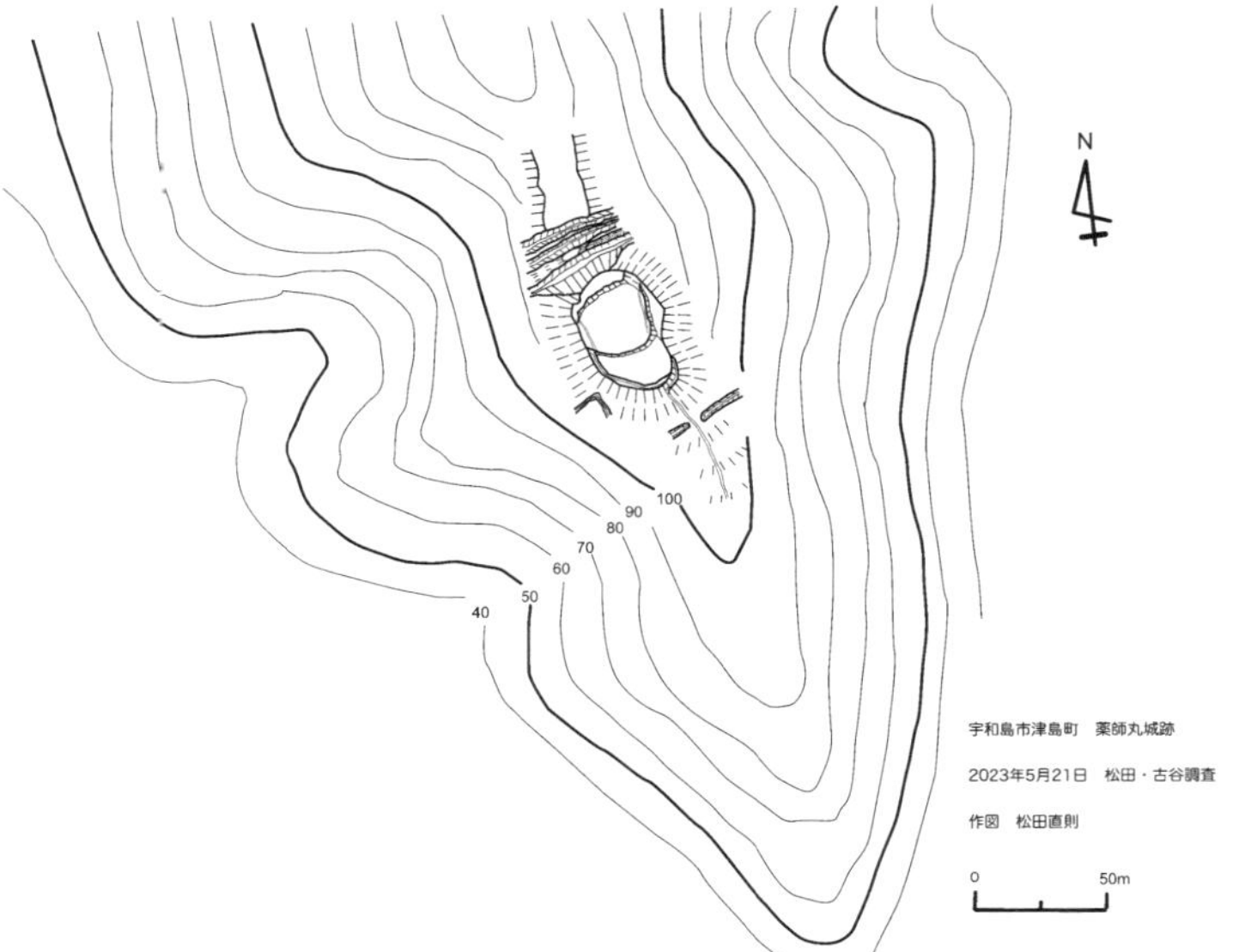

●―薬師丸城縄張図（松田直則作図）

きる。尾根の先端部に構築されているが、主郭の北側尾根部からの侵攻を防ぐ遺構配置で、主郭の北側を削り出してその後盛土して高い土塁を構築している。その北側は、切岸を活かし三重の堀切で防御している。このような構築技術は、先述した亀が森城と同じでこのような城郭が南予地域に多く確認できる可能性がある。

【長宗我部家臣団の城郭】　長宗我部元親は、天正三年に土佐を統一してから、四国制覇に向けて他三国に進攻を始めた。元親の本拠である岡豊城は、瓦葺の礎石建物跡や多くの連続堀切・竪堀が構築されている、その中でも北西部斜面に構築されている畝状竪堀群は特異な遺構である。天正四年から、元親の弟である香宗我部親泰が阿波に総大将として侵攻している。伊予側には、久武親信や親直などが侵攻していくが、親信は天正九年には土居清良《きよよし》との戦いで討ち死にしている。しかし、その後親直が再び侵攻しておりその時に改修構築したと考えられる城郭が伊予岡本城で確認できる畝状竪堀群と考えている。

その後親直は、鬼北から宇和地域に入るがその時に築いたのが黒瀬城郭群が所在する南側丘陵先に所在する我古城である。主郭の西側斜面の緩傾斜地点に畝状竪堀群が構築されており、宇和地域においては特異な遺構を持つ城郭である。短期間に構築したと考えられ、帯曲輪部分の端に土塁を構築しているが途中でやめているような部分も認められる。西園寺氏を攻略してから、大洲地域に向かうが与同勢力の曽根氏などが周辺の河野方の勢力と対峙する中、その時に築かれたのが大洲元城と考えられる。

大洲元城は、発掘調査も実施されており出土遺物も一六世紀後半代のものがあり、畝状竪堀群などが構築されている。この時期の長宗我部元親書状があり、伊予喜多郡の曽根氏（田平氏への元親書状）との同盟関係がうかがわれる資料であるが、ここでも親直（彦七）の名前が出てくる。阿波では、元親が中富川合戦で勝利し徳島県鳴門市の木津城を天正十一年（一五八三）に奪取し東条関之兵衛を据え置くことになる。その時に改修された遺構が岡豊城の北西部斜面に構築されている畝状竪堀群と同じ遺構である。近年一宮城でも、小倉丸で畝状竪堀群が確認されており元親の重臣谷忠澄《ただすみ》や江村親俊が入城したときに、羽柴秀吉の四国攻めに備えて急遽構築したものと推定できる。竪堀部分が明確ではなく不明な点が多いが、筆者は畝状竪堀群の途中廃棄で作りかけと考えている。このように、元親家臣が携わった拠点城郭の改修で畝状竪堀群を構築している可能性が強く、その時期も天正十一年前後で土造り最後の遺構ではないかと考えている。

【参考文献】山内治朋『戦国時代の法花津点描から―一次史料（同時代の資料）から分かること―』（宇和史談会講演会資料、二〇二三）、「一条氏布陣地「高島」をめぐる諸問題」『研究紀要』第28号（愛媛県歴史文化博物館、二〇二三）、『第2回清良記シンポジウム―鬼北地域の「城の読み方」を考える』（鬼北町・鬼北町教育委員会、二〇一六）、石野弥栄「南伊予の永禄合戦に関する再検討」『よど』第16号（西南四国歴史文化研究会、二〇一五）、『西本城跡』（〈財〉高知県文化財団埋蔵文化財センター、一九九九）、『西山城跡』（高知県教育委員会・〈財〉高知県文化財団埋蔵文化財センター、二〇〇八）

●―薬師丸城遠景（松田直則撮影）

一条家の家臣団と城郭

松田直則

【土佐一条家臣団の構成】　前関白である一条教房《のりふさ》は、応仁の乱を避けて応仁二年（一四六八）に土佐の中村に下向する。教房は、以南地域の有力国人である加久見《かくみ》氏の娘を娶り、子の房家《ふさいえ》を当主として土佐一条家を起こしている。土佐一条家は、初代が房家、二代房冬《ふさふゆ》、三代房基《ふさもと》、四代兼定《かねさだ》と四国西南部に勢力を広げて、戦国公家大名として成長していった。一条家の家臣団は、京都から教房とともに下向した者と地元で新たに編成された国衆とが存在している。京都から下向した者の中にも、公家や武家といった性格の違いがあったとされている。

公家衆の中には、東小路・西小路・中御門・冷泉・飛鳥井などがおり、諸大夫や侍衆の醍醐源氏・町氏・白川氏・入江氏・難波氏などがいる。その中で、兼定時代に多くの文書を発給している源康政《やすまさ》がおり、この人も一条家に仕えた諸大夫の子孫と考えられている。幡多の国衆として加久見氏・長尾氏・入野氏・森澤氏・小島氏・依岡《よりおか》氏・立石氏・大岐《おおき》氏などがおり、一条氏の四家老として土居氏・為松《ためまつ》氏・羽生《はぶ》氏・安並《やすなみ》氏などがいる。一条氏は、中村中心部の一条神社西側に居館を構えたと考えられているが、一条氏が山城を構えるというより家臣団の城に居館の御所が囲まれ防御されていると考えた方がよさそうである。何か緊張関係が生じれば家臣団の城に避難するという方法を取っていたと想定できる。

【一条家臣団の城郭】　一条家の家臣団は、どのような城郭を築いたのか見てみることにする。四家老の羽生氏の羽生城は開発で消滅しており、土居氏は持城があったのか不明である。残る為松氏と安並氏の城は現在も一部残存している。為松氏の城は、一条氏居館の西側でもっとも近い場所に構築されている。現在中村城と呼ばれている、長宗我部から山内氏も居城した城の一角にある。

為松氏が、いつ頃城を築いたかは不明である。発掘調査では一五世紀代の遺物が出土していることから、この時期を想定してよいが一条教房が下向した段階では構築されていたと考えられる。為松氏が居城したのは、一条氏が天正二年（一五七四）に九州に追放されるまでと考えられる。為松氏の城と言っても、実質的には一条氏の城として機能していたと考えられる。天正三年には長宗我部氏が入城しており、四万十川（渡川）合戦の頃には当城を拠点として四万十川対岸の一条氏の拠点となった栗本・扇・ナリカド城と対峙している。

安並氏の居城である安並城は、一条氏の居館からすると後川《うしろ》を挟んだ北側に位置している。しかし、後川や岩田川流域の流通の要を押さえており重要な城郭である。その他、国衆としての筆頭が加久見氏である。土佐一条家の初代房家の母となる加久見家の娘という立場から、一条氏との強い結びつきで以南地域の加久見を中心に支配しており勢力を持っていた。同じ以南地域の国衆である大岐氏や立石氏などと共に、海の領主として沿岸地域を押さえており、一条兼定が御所から追放されたときには家臣団の分裂が起きて紛争になっている。一条氏が、戦国大名化していく中で土佐中央部や伊予南部に侵攻している。初代房家の時には一条氏に逆らう入野氏との抗争があり、その時に構築されたのが黒潮町大方下田ノ口に構築された西本城と考えている。

【房家家臣団が構築した西本城】　西本城は、発掘調査の出土遺物をみると、一六世紀初頭までのものであり、長宗我部氏が台頭してくる以前の城郭であることが考えられている。遺構をみると、三重の連続堀切りや連続竪堀《たてぼり》が検出されており、考古学的にはこれらの遺構がすでに一六世紀初頭の段階に出現していると考えることができる。

土佐では最新の防御遺構であり、出土遺物からみると一条氏の築城技術であるとしか考えられない。そうなると何故この時期に一条氏家臣団がこの築城技術を導入できたのであろうか。やはり、一条氏の多彩な家臣団の構成の中で京都か他地域から多くの情報が入り築城技術も採用されはじめたのではないかと想定している。その後、二代の房冬や三代の房基が土佐中央部に向かう時に再構築した城跡にもこれらの築城技術が使用されている。永禄段階になると四代の兼定が伊予の永禄合戦時に南予の城にも使用している。さらに、勢力を持ちはじめた長宗我部氏は、永禄期には一条氏の築城技術を導入しはじめている。

【土佐での杉山城問題】　先述した西本城は、縄張では、三重の堀切や連続竪堀が確認されており、城郭研究者には一六世紀後半代に長宗我部氏が構築した城だと考えられていた。しかし、西本城の出土遺物を詳しくみると、一六世紀後半のものが一点も出土していないことがわかった。一方、四万十川（渡川）合戦で一条方が陣を張った栗本城と扇城の出土遺物をみると、その多くは一五世紀後半の遺物群であるが、その中に数点一六世紀後半代のものがある。西本城にはまったく認められず、考古学と縄張研究の齟齬がでてきており土佐の杉山城問題と言ってもいいくらいの大きな問題である。西本城は、あと主郭遺構が残っているが、この部分を発掘調査した段階で再度構築時期の問題が検討されるであろう。

一六世紀半ばになると、土佐一条家三代の房基が津野氏を攻め仁淀《によど》川流域まで勢力を拡大するが、その時に改修した中土佐町の西山城が調査されている。ここでも連続堀切や竪堀が検出されており、遺物も一六世紀半ばまでのもので後半の遺物は出土していない。土佐清水市の城郭では、二〇城跡残存する中で三城跡に連続竪堀が認められる。構築時期は不明であるが、一六世紀の中頃前後には各地域における境目の城郭に導入されていると考えられる。

●—西本城跡航空写真（高知県立埋蔵文化財センター提供）

一条兼定が、伊予大洲の宇都宮氏を援護するため永禄段階で愛媛県南予に進出しており、鬼北町をはじめとする主要な地域の城にこの連続竪堀が確認されている。これらの状況をみると、永禄の段階にはすでに連続竪堀が採用されていることになる。土佐中央部の長宗我部氏も、永禄三年（一五六〇）以降本山氏の城を奪取したのちに浦戸城や潮江城に連続竪堀を再構築している。まだ今の段階では明確なことは言えないが、連続堀切や竪堀などの土佐での城郭遺構の特徴は、一条家の家臣団によって最初に採用されその後土佐地域国人の城に導入されたと想定している。一条氏が最初に連続竪堀を導入し、その後最終的に長宗我部の家臣団が取り入れた構築技術ではないかと考えている。

【参考文献】 野並史佳「戦国期土佐一条氏についての一考察」『中世土佐一条氏関係の資料収集および遺跡調査とその基礎的研究』（高知大学教育学部、二〇〇五）、松田直則編『土佐の山城』（ハーベスト出版、二〇一九）、『西本城跡』（〈財〉高知県文化財団埋蔵文化財センター、一九九九）、『西山城跡』（高知県教育委員会・〈財〉高知県文化財団埋蔵文化財センター、二〇〇八）

執筆者略歴

岡﨑　壮一	（おかざき　そういち）	1973年生まれ	大洲市教育委員会 文化振興課専門員
尾﨑召二郎	（おさき　しょうじろう）	1967年生まれ	高知県立山田高等学校教諭
神石　都	（かみいし　みやこ）	1974年生まれ	コンソーシアム GENKI 湯築城資料館館長補佐
亀澤　一平	（かめざわ　いっぺい）	1988年生まれ	松野町教育委員会教育課主査
楠　寛輝	（くす　ひろき）	1973年生まれ	松山市教育委員会文化財課主幹
田中　謙	（たなか　けん）	1980年生まれ	今治市文化振興課文化振興係長
西澤　昌平	（にしざわ　しょうへい）	1979年生まれ	宇和島市教育委員会 文化・スポーツ課主任
日和佐宣正	（ひわさ　のぶまさ）	1962年生まれ	別掲
松田　直則	（まつだ　なおのり）	1956年生まれ	別掲
宮地　啓介	（みやじ　けいすけ）	1969年生まれ	高知県立埋蔵文化財センター 調査員
吉成　承三	（よしなり　しょうぞう）	1963年生まれ	高知県立埋蔵文化財センター 調査課長
渡邊　芳貴	（わたなべ　よしたか）	1975年生まれ	西条市教育委員会 社会教育課歴史文化振興係長

編者略歴

松田直則

一九五六年、愛媛県に生まれる
一九八〇年、駒澤大学文学部歴史学科卒業
現在、高知県立歴史民俗資料館副館長
〔主要論文・編著書〕
『土佐の山城』（ハーベスト出版、二〇一九年）、「土佐の戦国時代と長宗我部元親」『戦国時代の考古学』（高志書院、二〇〇三）、「長宗我部氏の城郭」『中世城館の考古学』（高志書院、二〇一四）

日和佐宣正

一九六二年、愛媛県に生まれる
一九八六年、慶應義塾大学文学部卒業
現在、愛媛県立図書館主任主事、戦乱の空間編集会事務局
〔主要論文〕
「伊予宇都宮氏の城」市村高男編著『中世宇都宮氏の世界』（彩流社、二〇一三）、「地方からみた織豊系城郭」村田修三監修・城郭談話会編『織豊系城郭とは何か　その成果と課題』（サンライズ出版、二〇一七）

四国の名城を歩く
愛媛・高知編

二〇二四年（令和六）十一月一日　第一刷発行

編者　松《まつ》田《だ》直《なお》則《のり》
　　　日《ひ》和《わ》佐《さ》宣《のぶ》正《まさ》

発行者　吉川道郎

発行所　株式会社 吉川弘文館
郵便番号一一三―〇〇三三
東京都文京区本郷七丁目二番八号
電話〇三―三八一三―九一五一〈代〉
振替口座〇〇一〇〇―五―二四四番
https://www.yoshikawa-k.co.jp/

印刷＝藤原印刷株式会社
製本＝ナショナル製本協同組合
装幀＝河村　誠

ISBN978-4-642-08460-4

福原圭一・水澤幸一編
甲信越の名城を歩く 新潟編
名城五九を上・中・下越と佐渡に分け紹介。A5判・二六〇頁
二五〇〇円

山下孝司・平山　優編
甲信越の名城を歩く 山梨編
名城六一を国中五地域と郡内に分け紹介。A5判・二九二頁
二五〇〇円

中澤克昭・河西克造編
甲信越の名城を歩く 長野編
名城五九を北信・東信・中信・南信に分け紹介。A5判・三一二頁
二五〇〇円

山口　充・佐伯哲也編
北陸の名城を歩く 福井編
名城五九を越前・若狭に分け紹介。A5判・二七六頁
二五〇〇円

佐伯哲也編
北陸の名城を歩く 富山編
名城五九を呉西・呉東に分け紹介。A5判・二六四頁
二五〇〇円

向井裕知編
北陸の名城を歩く 石川編
名城五六を能登・加賀に分け紹介。A5判・二三六頁
二五〇〇円

中井　均・加藤理文編
東海の名城を歩く 静岡編
名城六〇を西部・中部・東部に分け紹介。A5判・二九六頁
二五〇〇円

中井　均・内堀信雄編
東海の名城を歩く 岐阜編
名城六〇を西濃・本巣郡、中濃・岐阜、東濃・加茂、飛騨に分け紹介。
A5判・二八〇頁／二五〇〇円

吉川弘文館
（価格は税別）

中井 均・鈴木正貴・竹田憲治編

東海の名城を歩く 愛知・三重編

名城七一を尾張・三河・三重に分け紹介。 A5判・三二〇頁／二五〇〇円

仁木 宏・福島克彦編

近畿の名城を歩く 大阪・兵庫・和歌山編

近畿の名城を歩く 滋賀・京都・奈良編

二府四県の名城一五九を紹介。 A5判・平均三三二頁 各二四〇〇円

岡寺 良編

九州の名城を歩く 福岡編

名城六一を豊前・筑前・筑後に分け紹介。 A5判・二七六頁 二五〇〇円

岡寺 良・渕ノ上隆介・林 隆広編

九州の名城を歩く 佐賀・長崎編

名城六八を紹介。 A5判・二八八頁 二五〇〇円

岡寺 良・中山 圭・浦井直幸編

九州の名城を歩く 熊本・大分編

名城六七を紹介。 A5判・二八八頁 二五〇〇円

岡寺 良・竹中克繁・吉本明弘編

九州の名城を歩く 宮崎・鹿児島編

名城六四を紹介。 A5判・三〇八頁 二五〇〇円

上里隆史・山本正昭編

沖縄の名城を歩く

沖縄本島と島嶼部のグスク四六を紹介。 A5判・一九六頁 一九〇〇円

吉川弘文館

（価格は税別）